전략적 관리 기법 200가지

조 직 을 위 한

전략적 관리 기법 200가지

박홍윤 편저

이담 Books

서문

현대는 전략의 시대이다. 급격하게 변화하는 사회 속에서 조직이나 기업이 지속해서 생존하고 발전하기 위해서는 전략적인 시각에서 관리되고 운영되어야 한다.

전략 경영의 대가 헨리 민츠버그(H. Mintzberg)는 "지금 세계 주요 500대 기업 중 최소 350개 기업은 망해 가고 있다"라고 말한다. 과거와 달리 불확실성이 극대화되고 있는 상황에서 현장과 고객의 목소리를 담지 않은 비전과 계획을 세운 기업은 역사에서 사라지게 된다.

불확실성 시대에 조직과 기업이 살아남기 위해서는 급변하는 환경에 대한 올바른 이해와 이에 적응하기 위한 창조적 사고를 요구한다. 그러나 기존에 조직과 기업이 전략적으로 문제를 해결하고자 노력한 결과는 성공보다는 실패가 많다. 그것은 전략적 사고가 뒷받침되지 않은 전략 경영, 전략적 기획을 만들고, 조직구성원 전체의 노력이 이루어지지 않았기 때문이다.

단순하게 전략적 기획을 수립하고 조직의 CEO가 전략적 리더십을 발휘하고 앞서 간다고 성공하지는 못한다. 조직의 모든 구성원이 전략적 리더십을 발휘할 수 있도록 하여야 한다. 전략적 리더십이란 실현 가능한 조직의 미래를 창출하기 위하여 예측하고, 계획하며, 신축성을 유지하며, 전략적으로 생각하고 다른 사람과 협력하여 업무를 수행하는 개인의 능력을 의미한다.

그러나 실제 전략 경영을 한다고 하는 조직 관리팀의 85%는 전략적 이슈에 대해 한 달에 1시간 정도만 생각하고, 기업 구성원의 27%만이 기업의 전략적 계획에 접근한다. 더욱이 조직의 60%는 그들의 예산을 전략적 우선순위와 연계하지 않고 있다. 가장 비관적인 것은 조직구성원의 95%는 조직의 전략을 이해하지 못하고 있다는 것이다(http://www.cosemindspring.com). 20세기 이후 조직과 기업분야의 관리기법에 무수히 많은 이론이 유행처럼 왔다가 사라졌다. 그러나 전략적 기획과 관리는 지난 40여 년간 끊임없이 발전되면서 그의 핵심을 구성하고 있다. 그렇지만 전략경영이나 관리에도 보편타당한 이론이 존재하는 것은 아니다. 다양한 이론과 모형이 제시되고 있다.

전략적 경영과 관리는 조직과 기업을 운영하는 기법이고 수단이다. 이에 지속적인 학습이 요구되고, 학습에 의한 사고와 행동의 변화를 요구한다. 이 책은 이러한 사고와 학습에 도움을 주려는 목적으로 집필되었다.

이 책은 먼저 전략적 관리와 기획을 이해하기 위한 틀로 제1장에서 전략적 관리 및 기획에 대한 다양한 학자 및 기관에서 제시하는 과정 모형을 정리하였다. 이어서 제2장에서는 전략적 관리와 기획의 성공 요인을, 제3장에서는 전략적 관리와 기획이 실패하는 요인에 대한 이론들을 살펴보았다.

제4장에서는 전략적 관리와 기획에서 가장 중요한 요인 가운데 하나인 전략적 리더십이 무엇인지, 전략적 관리와 기획과정에서 리더십이 가져야 할 것에 대한 다양한 주장을 정리하였다.

제5장에서는 전략적 관리 및 경영 전반에서 요구되는 전략적 사고의 구성요소인 창의적 사고, 시스템 사고, 비판적 사고가 무엇인지를 살펴보고, 전략적 관리와 기획 과정에서 사용될 수 있는 기법을 소개하였다. 전략적 관리 및 기획은 변화하는 환경 속에서 해야 할 것과 하지 말아야 할 것을 구분하고, 먼저 할 것과 나중에 해야 할 것을 결정하는 과정이다. 이러한 결정과정에서 여기에 제시하는 기법은 유용하게 사용될 수 있을 것이다.

제6장은 전략적 관리와 기획의 핵심을 구성하는 지피지기 백전불태(知彼知己 百戰不殆)의 논리를 위한 조직의 강점과 약점, 환경이 주는 기회와 위협 요인을 확인하는 데 활용될 수 있는 이론이나 모형을 정리하였다. 제7장은 전략적 목적 달성에 핵심이 되는 전략적 이슈를 확인하는 데 이용될 수 있는 모형을 소개하였다.

제8장은 전략적 관리와 기획이 추구하는 방향을 설정하는 데 필요한 비전, 사명, 목적 및 목표를 설정하는 데 이용되는 기법과 원리를, 제9장에서는 목표를 달성하기 위한 다양한 전략을 제시하였다. 제10장은 전략을 효과적으로 집행하는 데 사용될 수 있는 모형과 이론들을, 제11장에서는 집행 결과에 대한 평가 부분으로 환류에 대한 이론, 모형을 정리하여 제시하였다.

이 책은 전략 경영이나 관리를 체계적으로 이해하고자 하는 사람보다는 전략 경영이나 기획 활동을 수행하거나 이 분야를 어느 정도 이해하고 있는 사람들의 생각이나 실무 활동에 참고할 수 있는 정보를 제공하는 데 주안점을 두었다.

2013. 01.

信香 박홍윤

 ## 제3장 전략적 관리의 실패 요인 ㅣ 59

 ## 제4장 전략적 리더십 ㅣ 75

제5장 전략적 관리와 기획 도구 | 87

제6장 조직 평가 및 환경 분석 | 143

제7장 전략적 이슈 ㅣ 211

제10장 전략집행 | 313

제11장 전략평가 및 피드백 | 351

전략적 관리와 조직변화 과정

현대는 전략의 시대이다. 급격하게 변화하는 사회 속에서 조직이나 기업이 지속해서 생존하고 발전하기 위해서는 장기적이고 전략적인 시각에서 관리되고 운영되어야 한다.

전략적 관리 및 기획은 조직이나 기업의 비전과 목적을 달성하기 위해 비전과 목적을 운영계획, 프로그램, 예산 및 인력계획 등의 관리활동과 연결하는 상호작용적인 복합체이다.

이러한 전략적 관리와 기획은 다음과 같은 특징을 가진다.

◆ 전략적 기획은 과정이 전략적이다. 전략적이란 동적이고, 환경에 가장 잘 적응하는 방법을 선택한다는 의미가 있다.

◆ 전략적 기획은 체계적이다. 전략적 기획은 다양한 구성요소 간의 유기적 연계로 목표를 달성하는 과정이다.

◆ 전략적 기획은 우선순위를 선택하는 활동이다. 전략적 기획은 해야 할 것과 하지 말아야 할 것, 먼저 해야 할 것과 나중에 할 것을 구분하는 행위이다.

◆ 전략적 기획은 참여를 요구한다. 전략적 기획은 그의 성공을 위해서는 조직의 최고관리자부터 하위 계층까지 참여와 몰입을 요구한다.

이러한 전략적 기획 과정을 이해하는 가장 일반적인 방법은 전략적 기획의 논리적 순서를 바탕으로 하는 과정 접근방법이다.

브라이슨(Bryson)의 10단계 전략변화 순환 모형

브라이슨(Bryson)은 "전략적 기획은 그 조직의 실체는 무엇인가, 조직은 무엇을 하고, 조직은 그것을 왜 하는가를 구체화하고 이에 지침이 되는 근본적인 의사결정과 활동을 산출하는 훈련된 노력"으로 정의하고 있다.

그는 비영리조직을 위한 전략적 기획의 과정으로 <그림 1-1>과 같이 10단계로 이루어진 전략변화 순환(Strategy Change Cycle) 모형을 제시하고 있다.

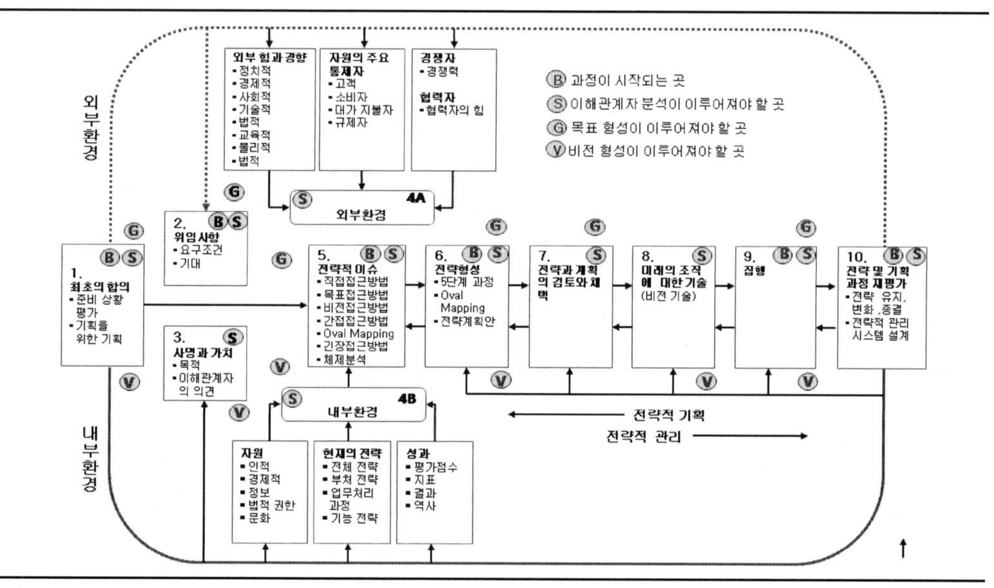

* 자료: Bryson, 2004.

〈그림 1-1〉 전략적 기획 과정

엘리슨과 케이(Allison & Kaye)의 전략적 기획 모형

앨리슨과 케이(Allison & Kaye)는 전략적 기획을 "조직이 그의 임무를 달성하는 데 핵심이 되는 우선순위에 대한 합의를 통하여 조직 환경에 대응하는 체계적 과정이다"라고 정의하면서 <그림 1-2>와 같이 7단계로 구분되는 전략적 기획 과정을 제시하고 있다.

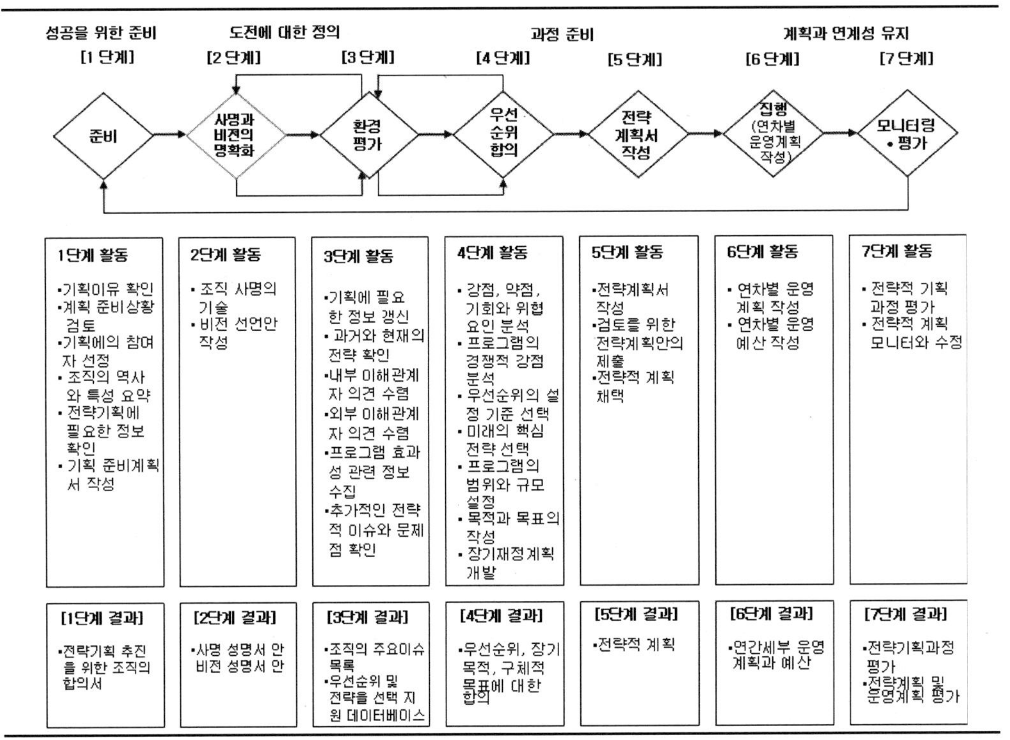

* 자료: Allison & Kaye, 1997.

〈그림 1-4〉 전략적 관리 과정

03
카플란과 노턴(Kaplan & Norton)의 전략적 과정

카플란과 노턴(Kaplan & Norton)은 조직의 전략과 운영을 연계하는 관리 시스템에 의한 변화 과정을 <그림 1-3>과 같이 6단계로 구분하여 설명하고 있다. 모형은 조직과 기업의 환경을 고려하지 않은 조직 내의 관리체계만을 설명하고 있다.

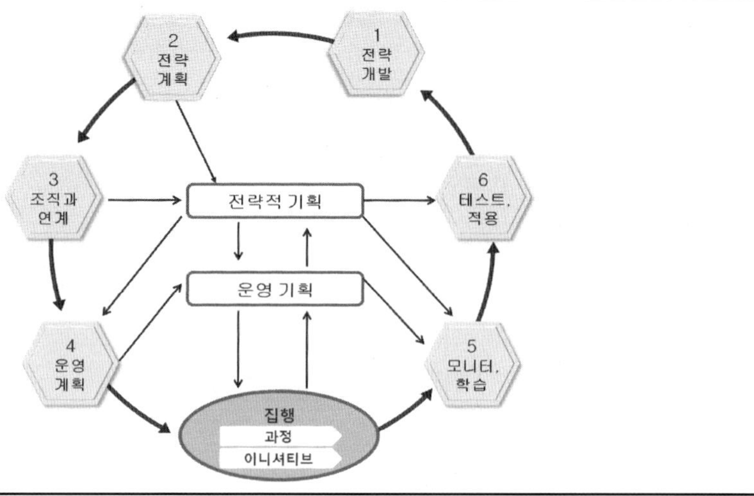

* 자료: Kaplan & Norton, 2008.

〈그림 1-3〉 전략과 운영을 연계하는 폐쇄적 관리 시스템

📊 단계 1: 전략 개발

사명, 가치, 비전 선언서 및 환경 분석과 같은 전략도구, 마이클 포터의 5가지 힘 모형, 블루오션 전략과 같은 방법론, 시나리오 기획, 다이내믹 시뮬레이션, 전쟁 게임 등을 활용하여 전략을 개발한다.

📊 단계 2: 전략 계획

성과목표와 전략적 주도권과 함께 전략 맵과 균형성과표와 같은 도구를 활용하여 전략을 계획하는 단계이다.

📊 단계 3: 조직과 전략의 연계

모든 조직 단위를 전략 맵과 균형성과표로 연계하고, 구성원을 배치하고, 구성원의 개인적 목적을 전략적 목표와 연계하여 조직을 구성하는 과정이다.

📊 단계 4: 계획 집행

질 및 과정관리, 리엔지니어링, 과정 계기판, 자원 능력 기획 및 동적 예산편성 등의 도구를 활용하여 운영계획을 수립하는 과정이다.

📊 단계 5: 모니터와 학습

문제, 장애요인, 도전에 대하여 모니터하고 학습을 한다. 이 과정은 운영과 전략에 대한

정보를 조심스럽게 설계된 관리자 검토 회의와 통합하여 관리하게 된다.

📊 단계 6: 전략 테스트와 적용

내부 운영 자료와 외부 환경 자료를 활용하여 전략을 실험하고 적용한다. 이에 의하여 새로운 통합 전략기획과 운영 사이클을 시작한다.

04
NPR의 전략적 기획과 성과평가 과정 모형

NPR(National Partnership for Reinventing Government)은 "전략적 기획은 조직의 지도층이 조직의 미래를 결정하고, 조직의 미래를 달성하는 데 필요한 절차와 운영방침을 개발하며, 그의 성공 여부를 측정하는 방법을 결정하는 지속적이고 체계적인 과정이다"라고 정의하고, 전략적 기획과 성과평가의 연계과정을 <그림 1-4>와 같이 제시하고 있다.

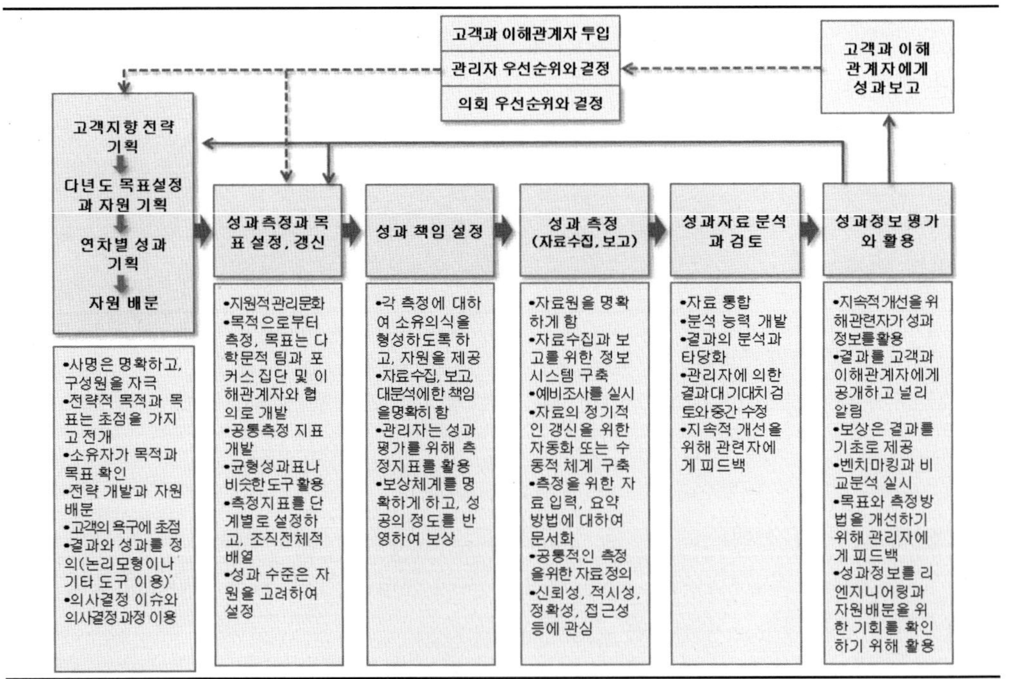

* 자료: PBM SIG, 2001.

〈그림 1-4〉 전략적 기획과 성과평가 과정

UNDP의 결과에 기초한 라이프 사이클 접근방법

UNDP는 결과에 기초한 관리(RBM: Result Based Management)를 위해서 전략적 기획과 과정에 대한 모니터링 및 결과에 대한 평가라는 세 차원을 바탕으로 5개의 단계로 구성된 모형을 <그림 1-5>와 같이 제시하고 있다. 모형은 이해관계자의 참여를 전체 과정에서 확보할 것을 강조하고 있다.

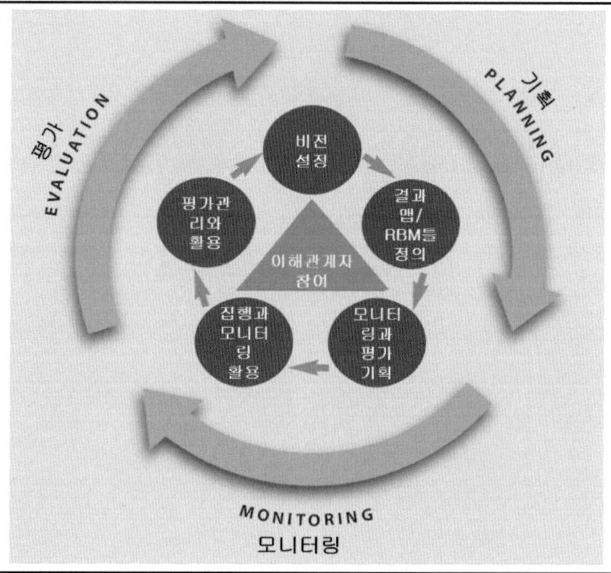

* 자료: UNDP, 2009.

〈그림 1-5〉 RBM 라이프 사이클 접근방법

애리조나 주 정부의 전략적 관리 과정

애리조나 주 정부는 전략적 관리를 "미래에 조직이 번영할 수 있도록 조직의 위치를 결정하는 과정"으로 정의하고 있다. 전략적 관리 과정으로 <그림 1-6>과 같이 6단계로 구분하고 있다.

질 관리와 전략적 기획의 구성요소는 다음과 같다.

◆ 고객 지향의 서비스와 생산을 촉진

◆ 구성원의 참여와 팀워크를 강조

◆ 결과에 초점을 두기 위해 성과측정을 수행

◆ 자료 수집과 해석에 의존

◆ 사실을 기초로 한 관리를 지원

◆ 효율적이고 효과적인 자원 배분과 관리

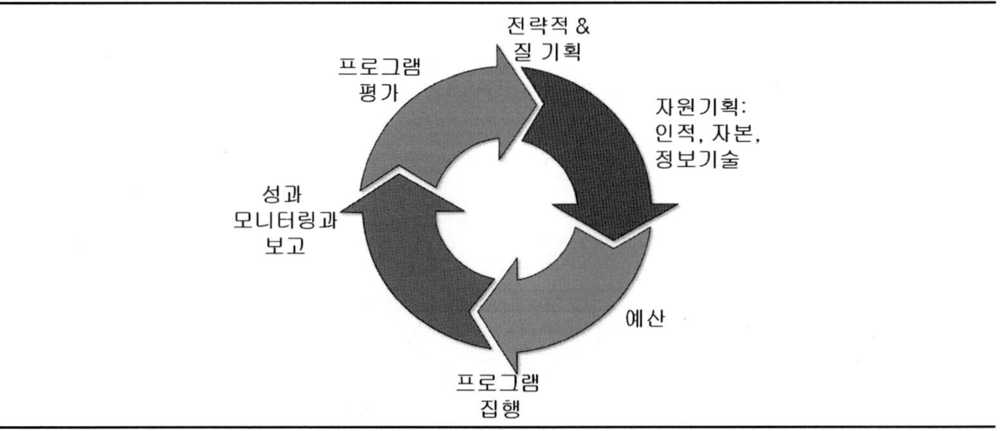

〈그림 1-6〉 전략적 기획과 질 관리 과정

07
미주리 주 정부의 전략적 기획 모형

미주리(Missouri) 주 정부는 전략적 기획과 성과평가를 통합한 전략적 기획 모형으로 〈그림 1-7〉을 제시하고 있다. 이 모형은 성과측정을 위해서 조직의 목표를 측정 가능한 성과와 측정지표의 형태로 제시하고 이에 따라 구체적인 목표와 측정방법을 제시할 것을 요구한다.

다음으로 목표 달성을 위한 전략의 수립과 집행 및 집행의 결과에 대한 평가에 이르는 순환과정을 제시하고 있다.

주 정부의 기관들은 3~5년 앞을 보면서 전략적 계획을 수립하고, 매년 검토하여 계획을 수정하는 지속적인 과정으로 전략적 기획을 운영한다.

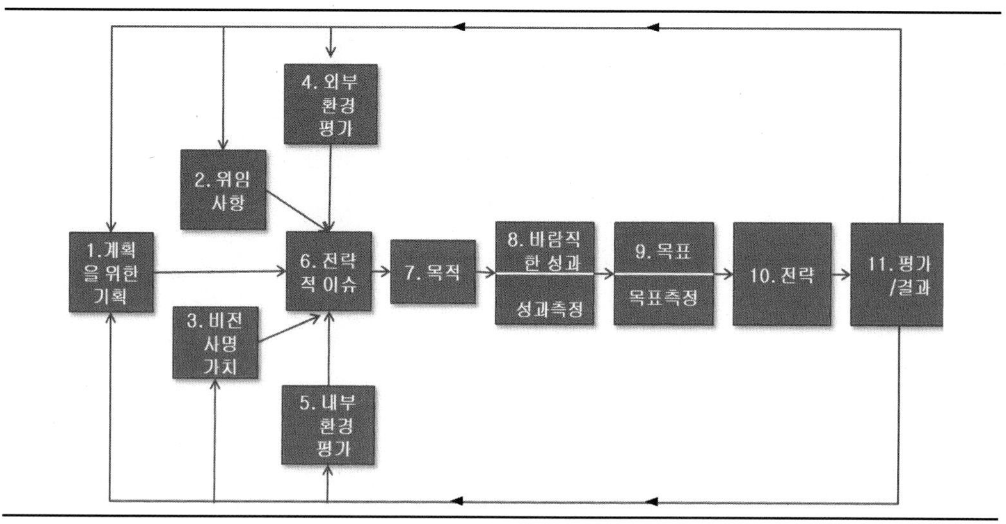

* 자료: State of Missouri, 1999.

〈그림 1-7〉 전략적 기획 모형

08
미국 해군성(DON)의 TQL 모형

미국 해군성(DON)의 TQL(Total Quality Leadership)국은 고위 관리자를 위한 전략적 관리 과정을 <그림 1-8>과 같이 제시하고 있다. 모형은 전략적 기획을 준비하는 사전기획 과정, 전략적 기획을 수립하는 과정, 전략적 계획을 완성하고 널리 알리는 전개과정, 전략을 실천에 옮기는 집행과정, 집행결과의 성과에 대한 측정과 이해관계인에게 알리는 의사전달 과정으로 구성하고 있다.

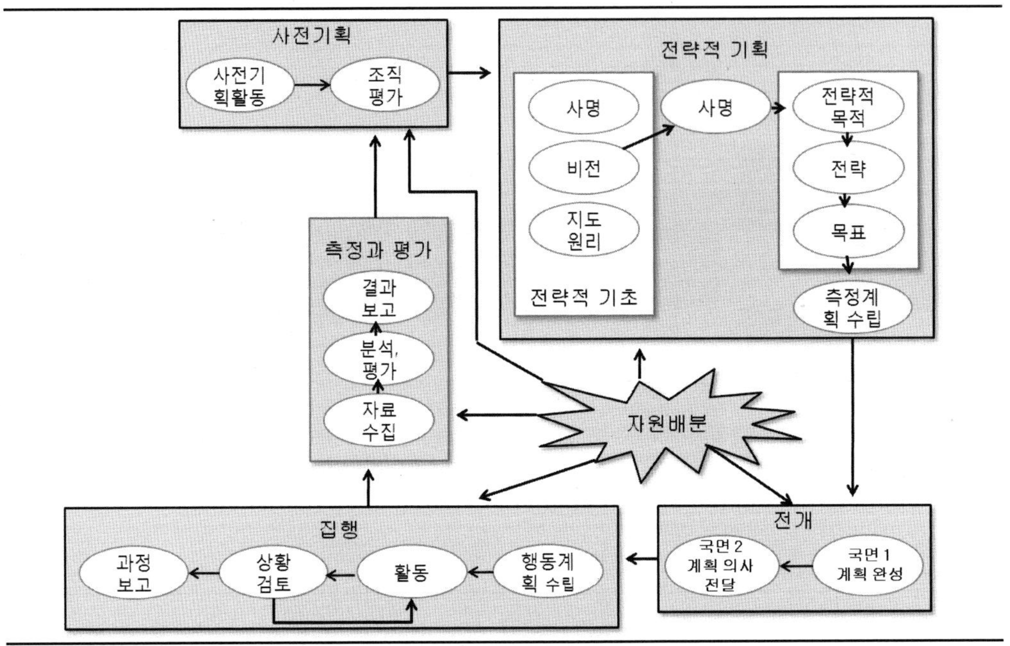

* 자료: DON, Total Quality Leadership Office, 2000.

〈그림 1-8〉 전략적 관리 과정

09
NASA의 전략적 관리 과정 모형

NASA는 전략적 관리를 <그림 1-9>와 같이 전략적 기획과 성과관리를 통합한 모형을 제시하고 있다. NASA의 전략적 관리 모형은 크게 전략적 기획, 집행과 성과기획, 성과평가의 3단계로 구분된 과정을 제시하고 있다. 모형은 다른 모형과는 달리 기관 내의 하위 부서와 개인의 책임까지 언급하고 있다는 점에서 차이를 보인다.

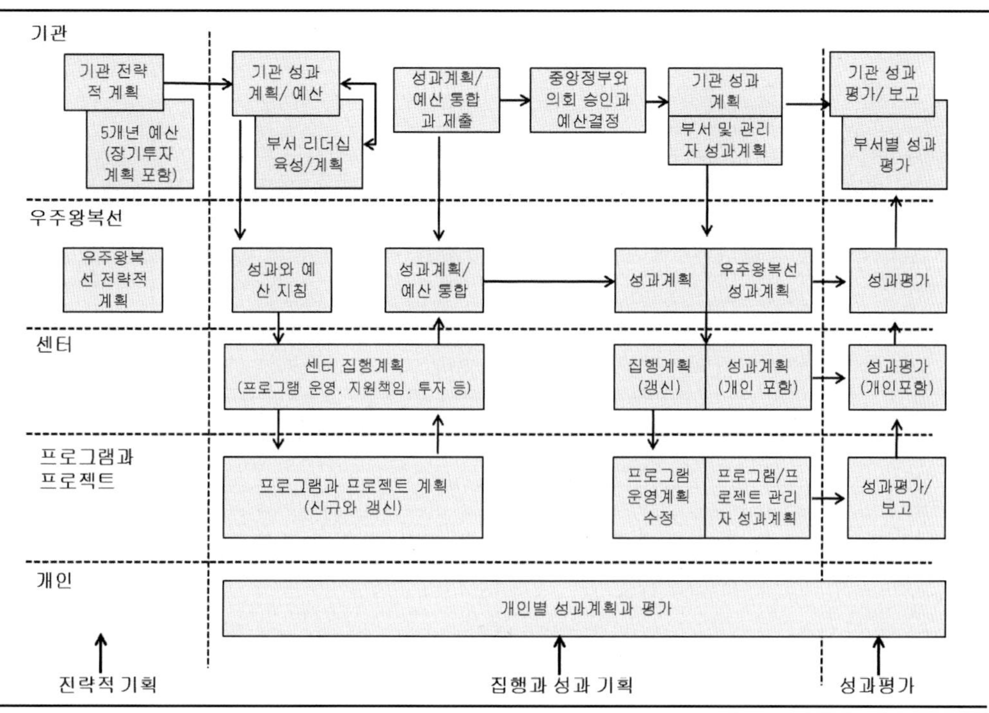

* 자료: NASA, 2000.

〈그림 1-9〉 전략적 관리 요소

10
데이비드(David)의 포괄적·전략적 관리 모형

데이비드(David)는 전략적 관리를 "조직이 그의 목적을 달성할 수 있도록 기능 간 의사결정을 하고, 집행하며, 평가하는 기술이며 과학이다"라고 정의하고 있다. 이러한 정의를 바탕으로 전략적 관리 과정을 <그림 1-10>과 같이 전략 형성, 전략 집행, 전략 평가의 3단계로 구분하고 다시 세분하고 있다.

큰 조직에서 이들 과정은 조직의 계층별로 형성되어 상호작용과 커뮤니케이션 과정을 통해 통합되어 운영되게 된다. 그러나 작은 조직에서는 계층별 구분이 없이 하나의 조직 단위에서 통합적으로 형성, 집행, 평가가 이루어지게 된다.

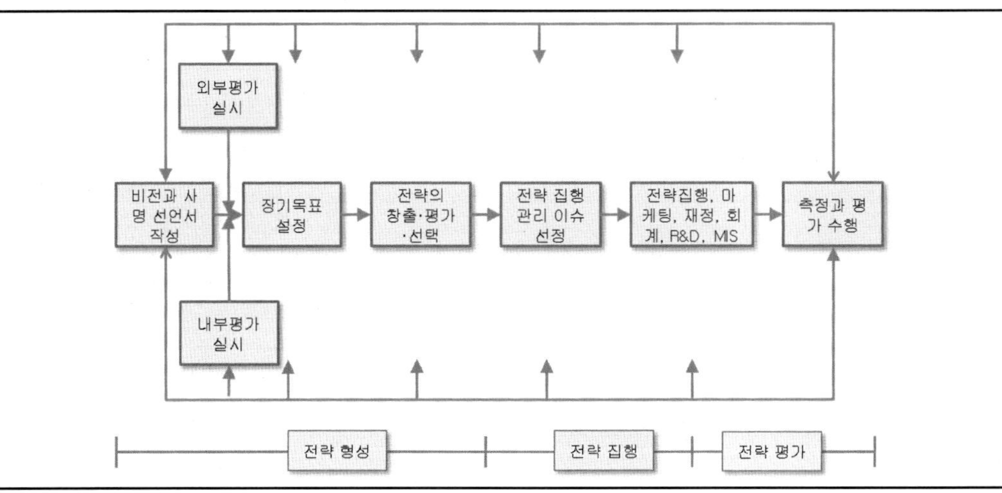

* 자료: David, 2006.

〈그림 1-10〉 포괄적·전략적 관리모형

11
코터(Kotter)의 조직변화 8단계 모형

코터(Kotter)는 조직변화를 위한 8단계의 모형을 <그림 1-11>과 같이 제시하고 있다. 그리고 코터는 변화를 추진하는 조직이 성공하지 못하는 이유를 각 단계에서 나타나는 <표 1-1>과 같은 함정 때문이라면서 이를 적절하게 극복할 것을 주장하고 있다.

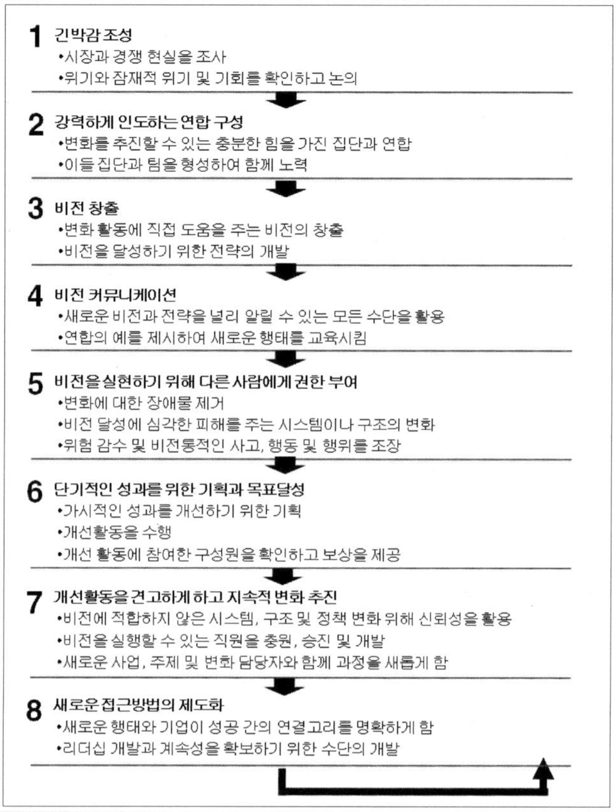

1 긴박감 조성
- 시장과 경쟁 현실을 조사
- 위기와 잠재적 위기 및 기회를 확인하고 논의

2 강력하게 인도하는 연합 구성
- 변화를 추진할 수 있는 충분한 힘을 가진 집단과 연합
- 이들 집단과 팀을 형성하여 함께 노력

3 비전 창출
- 변화 활동에 직접 도움을 주는 비전의 창출
- 비전을 달성하기 위한 전략의 개발

4 비전 커뮤니케이션
- 새로운 비전과 전략을 널리 알릴 수 있는 모든 수단을 활용
- 연합의 예를 제시하여 새로운 행태를 교육시킴

5 비전을 실현하기 위해 다른 사람에게 권한 부여
- 변화에 대한 장애물 제거
- 비전 달성에 심각한 피해를 주는 시스템이나 구조의 변화
- 위험 감수 및 비전통적인 사고, 행동 및 행위를 조장

6 단기적인 성과를 위한 기획과 목표달성
- 가시적인 성과를 개선하기 위한 기획
- 개선활동을 수행
- 개선 활동에 참여한 구성원을 확인하고 보상을 제공

7 개선활동을 견고하게 하고 지속적 변화 추진
- 비전에 적합하지 않은 시스템, 구조 및 정책 변화 위해 신뢰성을 활용
- 비전을 실행할 수 있는 직원을 충원, 승진 및 개발
- 새로운 사업, 주제 및 변화 담당자와 함께 과정을 새롭게 함

8 새로운 접근방법의 제도화
- 새로운 행태와 기업이 성공 간의 연결고리를 명확하게 함
- 리더십 개발과 계속성을 확보하기 위한 수단의 개발

* 자료: Kotter, 1995.

〈그림 1-11〉 조직변화를 위한 8단계

〈표 1-1〉 조직변화 단계에서 나타나는 함정

단계	함정
긴박감 조성	안전지대로부터 사람들을 끄집어내는 어려움을 과소평가하는 것 위험으로 활동 불능 상태가 되는 것
강력하게 인도하는 연합구성	고위층에서 팀워크에 대한 사전 경험이 없음 팀의 리더십을 고위 계선 관리자가 아닌 인력, 질 관리나 전략적 기획부서로 좌천시키는 것
비전창출	비전이 너무 복잡하여 5분 동안에 전달하기에 모호하게 작성하는 것
비전 커뮤니케이션	비전을 널리 전파하지 않는 것 비전과는 역행하는 방법으로 행동하는 것
권한부여	변화활동에 저항하는 권력이 있는 사람을 제거하지 못하는 것
단기성과를 위한 계획과 목표달성	단기적인 성과를 운에 맡기는 것 초기(변화 초기 1~2년 내)에 성과를 달성하지 못하는 것
개선과 지속적 변화 추진	1차의 성과개선으로 너무 일찍 축배를 드는 것 저항자들이 전쟁에서 이긴 군대를 인정하지 않는 것
새로운 접근방법의 제도화	새로운 사회규범과 변화와 일치되는 공유된 가치체계를 창출하지 못하는 것 새로운 접근방법에 익숙하지 않은 사람을 리더십의 지위로 승진시키는 것

* 자료: Kotter, 2007.

버크와 리트인(Burke-Litwin)의 조직변화 모형

버크-리트인(Burke-Litwin)의 모형은 조직변화와 성과를 구체화하기 위해서 개발되었다. 모형은 조직변화를 가져오게 하는 가장 중요한 요인으로 외부 환경을 제시하면서 환경의 변화가 조직의 사명, 문화, 리더십 및 전략에 영향을 준다고 한다. 그리고 이들 요인을 변화시키게 되면 조직 내의 구조나 관리 관행 등의 다른 변화를 가져오게 된다고 한다.

버크-리트인 모형은 12개의 조직변수와 이들의 관계를 <그림 1-12>와 같이 제시하고 있다. 이러한 구성요소는 상호작용 함으로써 어느 하나의 변화가 궁극적으로 다른 요소에 영향을 미친다.

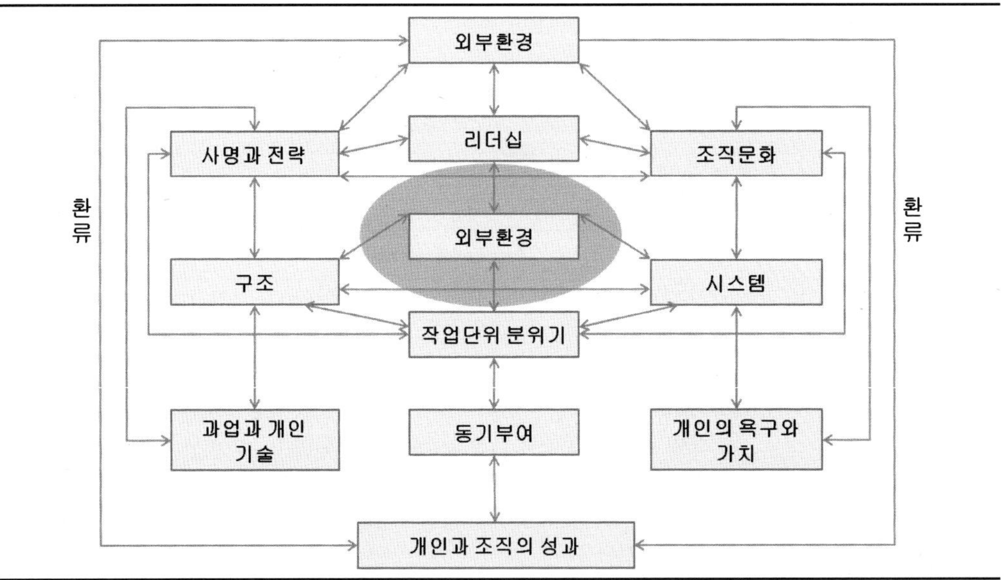

* 자료: Burke & Litwin, 1992.

〈그림 1-12〉 조직 성과와 변화 모형

버크와 리트인은 조직의 변화를 그 특성과 조직의 분위기를 변화시키는 일차적인 전환적 변화와 그의 성격, 즉 조직문화를 변화시키는 이차적이면서 근본적·변혁적 변화로 구분한다. 조직이 일차적인 변화인 전환에 관심을 두고 있다면 외부 환경, 사명과 전략, 리더십, 조직문화, 성과 등에 초점을 두고, 근본적인 변혁에 관심이 있다면 구조, 시스템, 관리 관행, 분위기, 성과, 과업요건과 개인의 기술/능력, 개인의 욕구 및 가치 등에 초점을 두라고 요구하고 있다.

12개 구성요소에 대한 자료수집에 기준이 될 수 있는 질문을 보면 <표 1-2>와 같다.

<표 1-2> 구성요소별 주요 질문

구성요소	주요 질문
1. 외부 환경	◆핵심적인 외부의 변화 추진요인은 무엇인가? ◆이 요인이 조직에 영향을 미칠 가능성은? ◆조직은 이러한 변화를 인식하고 있는가?
2. 사명과 전략	◆최고관리자가 생각하는 조직의 사명과 전략은? ◆조직은 명확한 비전과 사명 진술서를 가지고 있는가? ◆이를 조직구성원들은 어떻게 생각하고 있는가?
3. 리더십	◆누가 조직의 전체적인 방향을 제시하여 주는가? ◆누가 역할 모형인가? 리더십 스타일은? ◆구성원들이 생각하는 관점은 무엇인가?
4. 조직 문화	◆조직의 행태를 이끄는 명시적 묵시적인 규칙, 가치, 관습 및 원리는 무엇인가?
5. 구조	◆기능과 사람들이 업무 영역과 책임 수준에 어떻게 배치되는가? ◆핵심적인 의사결정, 의사전달과 통제활동은?
6. 시스템	◆보상체계와 평가체계, 정보관리, 인적자원관리 및 자원기획 등과 관련된 조직의 정책과 절차?
7. 관리 관행	◆관리자들은 조직의 전략을 수행하기 위하여 인적·물적자원을 어떻게 사용하는가? ◆관리자들의 관리 스타일은 어떠하고, 관리자는 부하와 어떻게 관계를 형성하고 있는가?
8. 작업 단위 분위기	◆팀원이 집단으로 가지고 있는 인상, 기대 및 느낌은? ◆팀 내 구성원과의 관계 및 다른 팀과의 관계는?
9. 과업과 개인 기술	◆작업의 효과성을 위하여 필요한 과업의 요구조건과 개인이 가지고 있는 기술, 능력 및 지식은 무엇인가? ◆조직의 직무와 사람의 일치도는 어떠한가?
10. 개인욕구와 가치	◆구성원들은 자신의 업무를 소중하게 생각하는가? ◆직무 풍요화와 직무만족을 가져오는 심리적인 요인은 무엇인가?
11. 동기부여	◆구성원들은 조직이 전략을 실행하는 데 필요한 행동을 하고자 하는 동기부여를 받고 있다고 생각하는가? ◆1~10의 구성요소 가운데 어떠한 요소가 동기부여에 가장 큰 영향을 미치는가?
12. 개인과 조직성과	◆생산성, 고객 만족, 질 등의 차원에서 성과수준은? ◆어떠한 요인이 동기부여와 성과에 큰 영향을 미치는가?

* 자료: www.childhope.org.uk/wcore/showdoc.asp?id=553

13

데밍 사이클(PDCA/PDSA)

미국 통계학자이며 경영컨설턴트인 데밍(Deming)의 이름으로 제시된 데밍 사이클 모형 또는 PDCA 사이클은 오랜 과학적 접근방법의 산물이다. 데밍은 품질이 이윤보다 중요하고, 품질은 장기적 계획을 통해서만 달성할 수 있다고 한다. 데밍은 '어떠한 일이든 계획을 세우고 실행하였으면 이를 평가하고, 평가 결과를 기초로 하여 새로운 계획에 반영하거나 개선활동을 통한 환류가 있어야 조직의 성과가 향상된다'고 한다.

PCDA 모형

데밍 사이클은 <그림 1-13>과 같이 PDCA(Plan-Do-Check(Study)-Act)로 이루어진 논리적 순서를 연결한 모형으로 설명하고 있다.

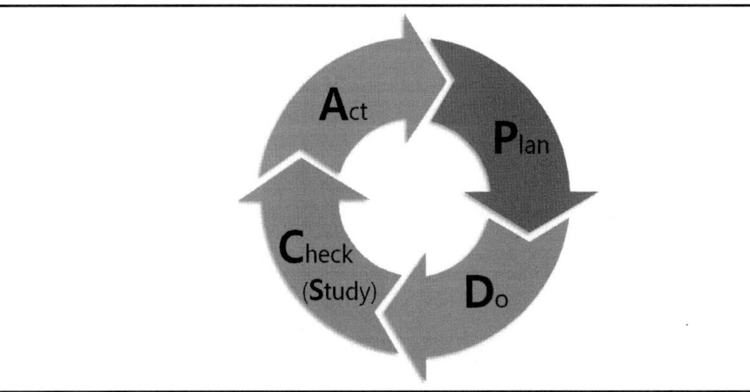

〈그림 1-13〉 PDCA 모형

■ 계획(Plan)

개선을 목표로 변화를 계획하거나 테스트한다. 계획 단계에서는 문제 인식을 위한 자료수집, 수집된 자료의 분석, 개선계획을 수립한다. 개선계획에서는 계획 목표 및 계획을 평가하기 위한 기준(5W: who, what, where, when, how) 등을 설정한다.

■ 실행(Do)

실행은 변화를 위해 계획을 이행하는 과정이다.

■ 확인/학습(Check/Study)

실행이 마무리되면 변화를 확인, 검토, 분석하는 과정이 요구된다. 여기서 얻은 정보는 조직구성원이 공유하여 학습할 수 있도록 한다.

■ 조치(Act)

조치는 확인과 학습 단계에서 얻은 것을 기초로 환류하는 단계이다. 변화가 성공적이었다면 이를 표준화로 정착시키고, 변화를 가져오지 않았다면 계획을 수정하거나 새로운 계획을 수립하여 변화를 추진한다.

FOCUS PDCA 모형

모형은 PDCA를 실시하기 전 단계로 FOCUS(Find-Organize-Clarify-Understand-Select) 과정을 제시하고 있다.

- ◆ **발견(Find)**: 개선의 기회 또는 개선이 필요한 과정을 발견한다.
- ◆ **조직(Organize)**: 과정을 이해하는 팀을 구성한다.
- ◆ **명확화(Clarify)**: 과정에 대한 현재의 지식을 명확하게 한다. 규범적인 것과도 비교한다.
- ◆ **이해(Understand)**: 과정에서 변이의 원인을 이해한다.
- ◆ **선택(Select)**: 개선이 필요한 것을 선택한다.

활용

- ◆제품이나 조직의 지속적 개선 프로젝트를 추진할 때
- ◆새로운 개선 프로젝트를 시작할 때
- ◆과정, 제품 및 서비스에 대하여 새로운 또는 개선된 설계를 할 때
- ◆반복적인 업무 과정을 명확하게 할 때
- ◆문제나 근본적인 원인을 확인하고 우선순위를 설정하기 위하여 자료를 수집하고 분석하고자 할 때
- ◆특정한 변화를 집행할 때

14
6시그마(6Σ)

의의

6시그마 경영은 불량을 통계적으로 측정·분석하고 그 원인을 제거함으로써 6시그마 수준의 품질을 확보하고자 하는 전사적 차원의 활동이다. 6시그마는 고객의 관점에서 문제를 정의하고, 현재 상황을 객관적인 지표로 측정하며, 문제의 원인을 근거와 타당성 있게 과학적이며 체계적으로 분석하며, 핵심원인을 파악하여 실무 차원의 개선 방안을 적용하고 그 상황이 지속할 수 있게 관리하는 방법이다.

시그마(Σ)는 그리스어로 통계학에서 완벽한 것으로부터 주어진 프로세스가 어느 정도 떨어져 있는가 하는 표준편차를 측정하는 용어이다. 1시그마는 완벽한 제품이 30.9%, 불량률

이 69.1%의 상태를 의미하고, 3시그마는 완벽한 제품이 93.3%, 불량률이 6.7%, 6시그마는 완벽한 제품이 나올 확률이 99.99966%, 불량 확률이 0.00034%로 백만 개당 3~4개의 불량률이 나올 확률을 의미한다.

특징

- ◆**통계에 의한 분석**: 6시그마는 단순한 경험이나 직관이 아닌 현상을 통계적으로 처리하여 문제를 확인, 정의, 개선한다.
- ◆**고객 만족 추구**: 6시그마 경영은 고객의 목소리를 바탕으로 품질에 영향을 주는 핵심 사항(CTQ: Critical to Quality)을 발견하고 이를 개선한다.
- ◆**재무 성과와 연계**: 품질관리의 성과를 재무적으로 제시하여 참여자들이 변화의 가치를 인식할 수 있도록 한다.
- ◆**전문 컨설턴트에 의한 주도**: 6시그마 경영은 프로젝트를 전담하는 마스터 블랙 벨트나 블랙 벨트와 같은 전문가가 주도하여 추진한다.
- ◆**탑-다운 방식의 운영**: 6시그마 경영은 경영층과 관리층이 중심이 되어서 추진한다.

6시그마의 방법

◼ DMAIC 방법

DMAIC는 주로 기존 프로세스를 개선하는 것을 목적으로 <그림 1-14>와 같이 5단계로 진행된다.

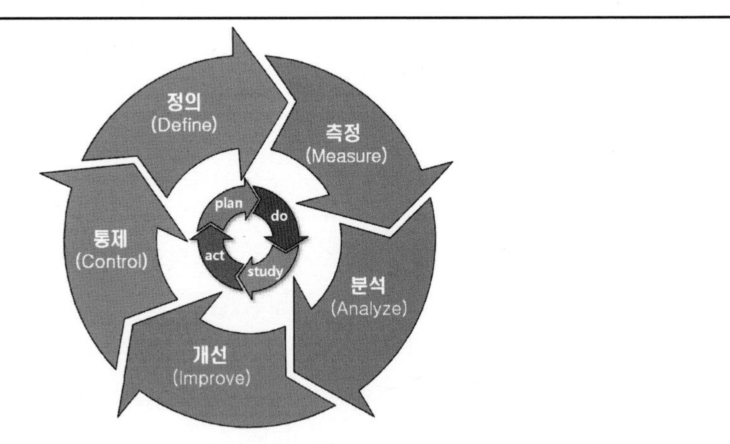

〈그림 1-14〉 DMAIC 모형

◆**정의(Define)**: 고객의 목소리에 의하여 문제를 정의하는 단계이다. 이를 바탕으로 비교적 단기간에 달성할 수 있는 목표를 구체적으로 설정한다.

◆**측정(Measure)**: 측정은 현 프로세스의 핵심적인 측면을 측정하고 관련된 자료를 수집한다. 측정을 통해서 현재의 프로세스의 능력, 제품의 질 수준, 위험 수준 등 품질에 미치는 요인을 밝혀낸다.

◆**분석(Analyze)**: 문제의 원인과 결과의 관계를 조사하고 확인하기 위하여 분석한다. 이들의 관계를 밝히기 위하여 가능한 모든 요소를 분석하여 결함의 근본적인 원인을 확인한다.

◆**개선(Improve)**: 실험설계, 조작, 오류 보강, 표준화 등의 기술을 바탕으로 한 자료 분석에 기초하여 현재의 프로세스를 개선하거나 최적화한다.

◆**통제(Control)**: 목표로부터의 변이를 불량으로 나타나기 전에 수정하도록 프로세스를 통제한다. 통계적 과정 통제, 생산 부서, 작업장 공개 및 지속적인 과정 모니터링과 같은 통제 시스템을 운영한다.

DMADV 방법

DMADV 방법은 새로운 제품의 개발이나 과정 설계를 목표로 하는 프로젝트이다. DMADV의 과정은 <그림 1-15>와 같다.

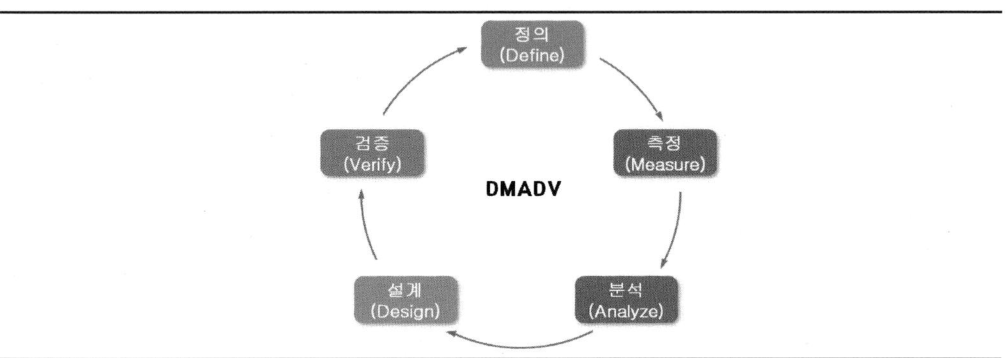

〈그림 1-15〉 DMADV 모형

◆**정의(Define)**: 고객 욕구와 기업전략과 일치하는 목표를 수립한다.

◆**측정(Measure)**: 질 결정에 핵심이 되는 요인, 생산 능력, 생산 과정 능력 및 위험을 측정하고 확인한다.

◆**분석(Analyze)**: 대안적인 제품이나 과정의 개발과 설계, 최고 수준의 설계를 고안하고, 최고 수준의 설계를 선택할 수 있도록 분석한다.

◆**설계(Design)**: 설계를 구체화하고, 설계를 최적화하며, 설계를 입증하기 위해 계획과 시뮬레이션을 한다.

◆**설계확인(Verify)**: 시험적으로 운영하거나 생산과정에 적용한 뒤에 과정을 책임지는 사람에게 전수한다.

6시그마 추진조직

성공적인 6시그마를 집행하기 위해서는 CEO 및 최고관리계층은 6시그마에 대한 비전을 제시하고 다른 역할자는 자신의 역할을 제대로 수행할 수 있도록 권한과 자원을 제공하여야 한다. 이 외에 실행요원을 보면 <표 1-3>과 같은 계층제적인 역할을 수행하게 된다.

〈표 1-3〉 6시그마 경영의 실행요원

구분	위상(요건)	세부 역할
챔피언 (Champions)	6시그마 최고책임자 (사업부장)	6시그마 경영의 비전과 전략 수립 －프로젝트 추진상의 장애물 제거 및 지원 －프로젝트 성과에 대한 인센티브 제공
마스터 블랙 벨트 (Master Black Belts)	전문 추진 지도자 (BB 10명 지휘)	－챔피언을 보좌 －해당 부문 BB에 대한 자문과 지도 －문제 해결 과정에서 생기는 각종 애로 처리
블랙 벨트 (Black Belts)	전문 추진 책임자 (BB자격 획득, 리더십 보유)	－프로젝트 수행 전담(full time) －교육 및 문제 해결을 위한 컨설팅 －그린 벨트 양성 교육 담당
그린 벨트 (Green Belts)	현업 담당자 (기본교육 이수자)	－통계적 기법을 사용하여 기본문제를 해결 －개선 프로젝트와 고유 업무를 병행 －BB의 팀원 교육을 보조
팀원	현업 담당자	－프로젝트 개선활동에 참여

성공의 조건

▣ 최고관리자의 적극적 지지

6시그마는 하향식의 경영혁신 방법으로 CEO 및 최고관리층의 적극적인 지지와 지원이 있어야 한다.

▣ 충분한 준비

도입을 위해 핵심 인력의 육성과 교육, 기업 경영 자료 관리, 6시그마에 대한 이해 등을 위해 충분한 시간을 가지고 도입하여야 한다.

■ 전사적 · 전략적 관리와 유기적 연계

6시그마는 조직 및 기업의 근본적인 비전 및 목적과 밀접하게 연계되어 추진되어야 한다. 6시그마는 조직의 생존을 위한 필요조건이지 충분조건은 아니다.

한계
- ◆새로운 접근방법이 아니다.
- ◆눈에 보이는 것만을 다룬다.
- ◆단기적 시관을 가진다.
- ◆유능한 컨설턴트가 부족하다.
- ◆수단에 의한 목표의 대치 현상이 나타날 수 있다.
- ◆보수적인 변화를 추구할 위험이 있다.

15
레빈(Lewin)의 조직변화 이론

변화관리 추진과정의 대표적인 연구자인 레빈은 개인, 집단, 조직 등 여러 수준의 태도 변화에 적용할 수 있는 일반적인 변화단계이론을 제시하고 있다. 그는 조직변화를 해빙(unfreezing), 변화(moving), 재동결(refreezing)의 3단계에 걸쳐 일어난다고 설명하였다.

■ 해빙단계(unfreezing)

이 단계는 변화의 필요성을 인식시키고 동시에 변화가 원만히 진행되도록 준비하는 과정이다. 이 단계의 목적은 변화에 대한 동기를 유발하고, 개인 또는 집단으로 하여금 변화를 위한 준비를 하게 한다. 변화관리 중 가장 어려운 단계로 변화의 추진력과 저항력 사이에 균형이 깨어져 변화의 동기부여가 형성되는 과정이다. 이 단계의 특징을 보면 다음과 같다.
- ◆혁신을 위한 압력이 조직 내부와 외부의 합리적 창도자와 급진자 및 기술, 경제상황, 기타의 변화로부터 온다. 그러나 관리층이 혁신의 요구에 적절히 응할 수 없다.
- ◆과거의 성공기록을 갖고 있는 변화 안내자가 나타나고, 그와 관리층 간의 관계를 명백히 하기 위하여 필요한 권력배분 방법을 제시한다.
- ◆변화발안자는 최고관리층의 잠정적 지지를 받는다. 또는 변화관리자가 최고관리층을 겸하고 있을 수도 있다.

■ 변화단계(changing)

이 단계에서는 개개인이 변화에 대한 동기부여를 받고, 새로운 행동을 받아들일 준비가 갖추어지게 된다. 조직구성원은 새로운 전제와 가치관을 통하여 만족감과 자아실현의 욕구충족을 경험하고, 변화를 수용한다. 이 단계에서는 변화 추진력이 증가하고 상대적으로 저항력이 감소하여 새로운 정보와 견해에 바탕을 둔 새로운 태도와 행동으로 발전시켜 조직을 균형상태로 돌아가게 만드는 과정이다. 이 단계의 특징을 보면 다음과 같다.

◆ 변화발안자는 업무, 인간, 기술, 구조 가운데 하나 이상을 변화시키기 위한 일련의 새로운 조치들을 제시한다.
◆ 최고관리자는 변화발안자의 제안에 대하여 제한된 범위 내에서 이를 시험적으로 택할 것에 합의한다. 소수의 합리적 창도자와 급진자들이 이 제안을 실험하고 그 결과의 타당성을 인정한다.
◆ 합리적 반항자와 수호자들이 반항하기 시작한다.

■ 재동결 단계(refreezing)

재동결 단계는 앞 단계에서 새롭게 형성된 가치관과 태도 및 실제 행동을 계속적으로 반복하고 강화함으로써 지속적인 행동패턴으로 고착시키는 과정이다. 이 단계에서 중요한 것은 앞 단계에서 일으킨 변화가 종전의 상태로 되돌아가지 않도록 하는 활동이다. 이 단계의 특징을 보면 다음과 같다.

◆ 합리적 반항자들과 수호자들이 더욱 강력하게 반항한다.
◆ 합리적 창도자들과 급진자들은 변화제안을 조직 전체에 걸쳐서 광범위하게 적용한다. 성공률이 실패율보다 높음이 판명된다. 실패부분에 대해서 합리적 창도자와 급진자들은 그것이 합리적 반항자와 수구자들의 잘못된 접근법 때문이라고 주장한다.
◆ 제안된 변화는 조직의 일상생활에 일부가 된다. 급진자들은 성공을 과장하여 표명한다. 조직은 이러한 변화의 과정을 겪으면서 다음과 같은 변화가 일어나게 된다.
◆ 변화의 대상이 되었던 인간들 또는 피동적 입장에 있었던 인간들은 자신에 대한 부정적 인식으로부터 점차적으로 긍정적·적극적 의식을 갖게 된다.
◆ 초기의 추상적·일반적 목표가 점차적으로 구체적·특정적으로 변화된다.
◆ 사람들 간의 기존의 사회관계가 새로운 관계로 재편성된다.
◆ 변화를 위한 동기가 외부적으로 존재하던 것이 점차적으로 새로운 행동의 내면화 방향, 즉 동기가 내면적으로 발생하는 방향으로 전환된다.

【참고자료】

배영일 (2002), 「6시그마 경영의 이해와 실천」, 삼성경제연구소, 『CEO Information』, 제349호.
신승호 (2006), 「공공부문 BSC 운용이 조직성과에 미치는 영향에 관한 실증연구: PDCA 모형을 중심으로」, 단국대학교 대학원 박사학위논문.
오석홍(1998), 『조직이론』, 박영사.
Allison, M. & Kaye, J. (1997). Strategic Planning for Nonprofit Organizations: A Practical Guide and Workbook. New York: Wiley.
Bryson, J. M. (2004). Strategic Planning for Public Service and Non-Profit Organizations (3rd ed.). San Francisco: Jossey-Bass.
Burke, W. W. & Litwin, G. H. (1992). A Causal Model of Organisation Performance and Change. Journal of Management, 18(3): 523~545.
David, Fred R. (2006). Strategic Management: Concepts of Strategic Manage-ment (10th ed). New Delhi: Prentice-Hall of India.
Department of the Navy, Total Quality Leadership Office. (2000). Strategic Management for Senior Leaders: A Handbook for Implementation; http://unpan1.un.org
Greg Bruce (2006). Six Sigma for Small Business. Wisconsin: Entrepreneur Media, Inc.
Hughes Joy R., Applying Change And Organizational Theories In A Library Reorganization; http://net.educause.edu/ir/library/text/CEM 9043.txt
Kaplan Robert S. and Norton David P. (2008). Integrating Strategy Planning and Operational Execution: A Six-Stage System. Harvard Business Publishing Newsletters, May 01, 2008.
Kotter, John P. (2007). Leading Change-Why Transformation Efforts Fail. Harvard Business Review, January: 92~107.
NASA. (2000). NASA Strategic Management Handbook-The Red Book, NASA; http://www.hq.nasa.gov/
NPR(National Partnership for Reinventing Government). (1999). Balancing Measures: Best Practices in Performance Management; http://www.orau.gov/pbm/documents/documents.html
Moen, Ronald & Clifford Norman, Evolution of the PDCA Cycle; http://www.pkpinc.com/files/NA01MoenNormanFull paper.pdf
State of Arizona. (1998). Strategic Planning and Performance Measurement Handbook.
State of Missouri. (1999). Missouri Integrated Strategic Planning-Model and Guidelines.
Tichy Noel M. (1983). Managing Strategic Change: Technical, Political, and Cultural Dynamics. New York: John Wiley and Sons.
UNDP. (2009). Handbook On Planning, Monitoring And Evaluating For Development Results.
http://en.wikipedia.org/wiki/Six_Sigma

제2장

전략적 관리의 성공 요인

전략적 기획은 많은 노력과 시간을 요구하는 과정이다. 특히 비영리조직이나 공공조직은 조직 간 네트워크, 공동체 및 조직의 경계를 넘어서 상호 조정과 협력 체계를 구축하는 데 많은 관심을 둬야 한다. 이러한 전략적 관리와 기획과정이 성공하기 위해서는 다음과 같은 조건을 가질 필요가 있다.

◆전략적 기획은 최고관리자의 적극적인 지지와 관심이 있어야 한다.
◆전략적 기획은 참여적 기획이 되어야 한다.
◆전략적 기획은 계선관리자의 주요 업무가 되어야 한다.
◆전략적 기획은 조직 전체의 관리와 통합되어야 한다.
◆전략적 기획은 명확한 목표 및 방향 설정과 성과측정이 있어야 한다.
◆전략적 기획은 하나의 학습 과정이 되어야 한다.
◆전략적 기획은 과정을 중시하여야 한다.
◆전략적 기획은 집행을 고려하여 수립되어야 한다.

01

전략에 초점을 두는 조직의 5가지 원리

카플란과 노턴(Kaplan & Norton)은 전략에 초점을 두는 조직의 5가지 원리를 <그림 2-1>과 같이 설명하고 있다.

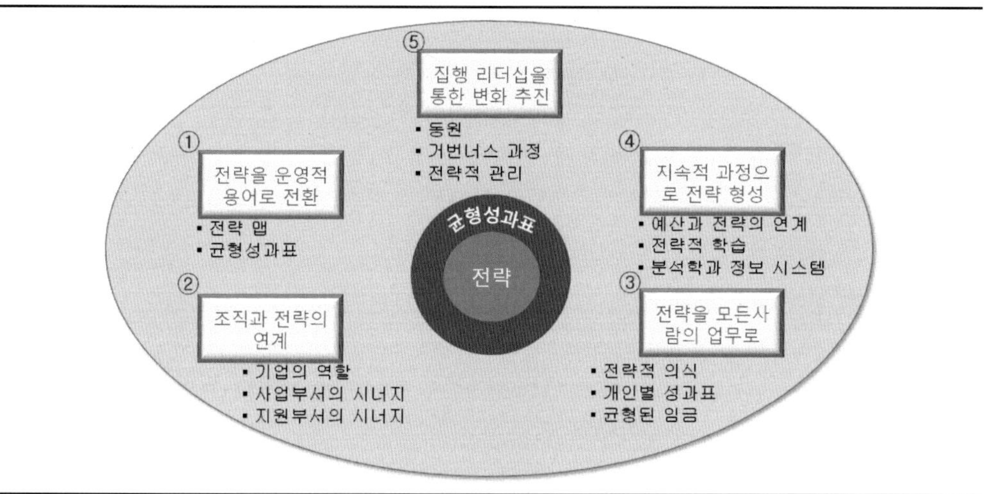

* 자료: Kaplan & Norton, 2001.

〈그림 2-1〉 전략에 초점을 두는 조직의 원리

원리 1: 전략을 운영상의 용어로 전환하라

조직은 성장 전략에 핵심적인 구성요소를 구체화하기 위하여 전략을 전략 맵과 균형성과표의 논리적 구성으로 바꾸어야 한다. 이는 모든 조직의 하부단위와 직원에게 공통적이고 이해할 수 있는 준거점을 형성하여 준다.

원리 2: 조직을 전략과 연계시켜라

조직은 관련된 개별 전략을 연결하고 통합하여야 시너지를 창출할 수 있다. 이를 위해 전체 조직의 전략적 우선순위를 설정하고, 개별 조직단위는 이를 바탕으로 중장기 계획과 BSC를 개발한다. 조직의 개별 지원부서는 최고의 시너지를 창출할 수 있도록 계획과 BSC를 개발하여야 한다.

◢ 원리 3: 전략을 모든 사람의 업무가 되게 하라

전략이 성공하기 위해서는 조직의 모든 구성원이 전략을 이해하고, 조직 구성원의 업무와 연계되도록 하여야 한다. 즉, CEO나 관리자만 참여하여 전략을 집행하여서는 성공하지 못한다. 이를 위하여 하향식의 명령이 아닌 하향식의 커뮤니케이션이 활성화되어야 한다.

◢ 원리 4: 전략을 지속적 과정이 되도록 하라

대부분 조직은 단기적인 문제와 성과를 검토하기 위해서만 회의를 할 뿐, 장기적이고 전략적인 문제에 대한 논의는 거의 하지 않는다. 전략이 지속적인 과정이 되도록 하기 위해서는 첫째, 조직은 전략과 예산과정을 연계시키고, 둘째, 전략을 검토하는 간단한 관리자 회의제도를 도입하여 운영하고, 마지막으로 관련된 전략에 대한 학습과 채택의 과정을 거치도록 할 필요가 있다. 이에 의하여 지속해서 전략에 초점을 두도록 하여야 한다.

◢ 원리 5: 변화를 위하여 리더십을 동원하라

앞의 4개의 원리는 BSC의 도구, 틀과 이를 지원하기 위한 과정에 초점을 둔다. 이 외에 전략에 초점을 두어서 성공하기 위해서는 집행 팀의 소유의식과 참여가 필수 조건이다. BSC는 변화를 인식하게 하는 도구가 될 수 있다. 집행의 리더십은 변화를 위하여 조직의 거버넌스 체제를 구축하여 함께 추진하여야 한다.

【참고자료】

Kaplan Robert S. and Norton David P. (2001). Transforming the Balanced Scorecard from Performance Measurement to Strategic Management: Part Ⅱ. *Accounting Horizons*, 15(2): 147~160.

02
휘트모어(Whitmore)의 GROW 모형

GROW 모형은 코칭 활동의 대가인 휘트모어(John Whitmore)에 의하여 개발되어 널리 사용되고 있다. GROW 모형은 개별 코칭 이외에 다양한 형태로 조직발전에 활용될 수 있는 모형이다.

GROW 모형은 조직에서 지시보다는 질문을 사용하여 변화를 더욱 쉽게 촉진하고자 한다. GROW 모형은 Goal(목표), Reality(현실), Options(선택) 및 의지(Will)의 머리글자를 따서 이름한 모형이다. GROW 모형은 리더는 조직구성과 토의로 목표를 설정하고, 현실을 명확하게 파악할 수 있도록 하며, 지속적이고 신중한 피드백을 통해 스스로 대안을 선택하고 직접 행동에 옮길 수 있도록 한다.

◆**목표(Goal)**: 토론을 거쳐서 일정한 기간에 달성하고자 하는 성과목표를 개발

◆**현실(Reality)**: 목표를 달성하기 위해서는 자신의 현재 상황을 스스로 평가할 수 있어야 하고, 구체적인 성과 예를 제공

◆**선택(Options)**: 목표를 달성할 수 있는 가능한 행동 대안을 제시하여 리더와 함께 대안을 평가하여 최종 선택

◆**의지(Will)**: 대안을 실천에 옮길 수 있도록 실천의지를 갖추게 하고, 실천 과정의 장애물 확인 및 일정합의와 구체적으로 변화 과정에서 코치가 지원할 것에 대해 합의

각 단계에서 제시되는 물음을 보면 다음과 같다.

목표

◆당신은 자신이 얼마나 발전되기를 원하는가?

◆당신은 이 과정을 통해서 얻고자 하는 결과가 무엇인가?

◆이 과정이 당신에게 얼마나 도움을 줄 것으로 생각하는가?

◆이 과정이 필요로 하는 것을 충분히 지원할 수 있을 것인가?

◆이 과정이 성공할 것으로 생각하는가?

현실

◆당신의 관리나 리더십 스타일이 어떠하다고 생각하는가?

◆당신의 리더십 스타일을 다른 사람은 어떻게 생각하는가?

◆그 예를 제시할 수 있는가?

대안

◆이 상황을 어떻게 변화시킬 수 있는가?

◆이 상황을 어떻게 개선할 수 있는가?

◆구체적인 행동 대안들을 제시할 수 있는가?

◆이러한 행동 대안의 장단점을 알고 있는가?

◆제시된 대안들 가운데 선택하고 싶은 것이 있는가?

의지

◆이러한 대안을 어떻게 행동으로 옮길 것인가?

◆실천 과정에서 발생할 수 있는 장애요인을 알고 있는가?

◆당신의 코치로부터 더 많은 지원이 필요한 것은 무엇인가?

◆당신의 조직은 변화를 위하여 사내 지원을 하고 있는가?

◆사내 지원이 없다면 사내 지원 체계를 제공할 수 있는가?

◆이러한 행동계획을 문서화할 수 있는가?

【참고자료】

존 휘트모어 지음, 김영순 옮김 (2007), 『성과 향상을 위한 코칭 리더십』, 김영사.

03
애리조나 주 정부의 성공적인 전략적 기획과정

◆기획과정은 기관장의 적극적 지지가 있어야 한다.

◆기획과정은 참여적으로, 기획가 혼자서 수행하여서는 안 된다. 기획과정은 계획이 모든 구성원의 지침이 되도록, 모든 수준에서 계선의 집행자와 관리자에 이르기까지 직원이 참여하여야 한다.

◆기획과정은 신축적이고, 조직에 적합하며, 사용자 지향적이어야 한다.

◆기획과정은 책임과 일정을 명확하게 하고, 결과에 관하여 책임을 부여하고 확보하도록 하여야 한다.

◆기획과정은 조직 전체에 활기를 불어넣고, 이해와 공동 목적을 만들어내야 한다.

◆기획과정은 그의 환경을 이해하고 정치적으로 대응해야 한다.

◆기획과정은 인적 문제나 재정 상황 및 예산과 관련하여 목적, 목표, 자원과 산출이 현실적이어야 한다.

◆기획의 권고안에 대하여는 엄격한 증거를 바탕으로 제시되어야 한다.

◆이해관계자 간의 갈등 해결방법과 전략이 있어야 한다.

◆더욱 적은 자원으로 더욱 많은 것을 수행할 수 있도록 자원에 관한 의사결정과 지식을 창출하도록 하여야 한다.

◆낡은 것과 정적인 것이 아닌 신선하고 지속적인 과정이 되도록 지속해서 검토하고 수정되어야 한다.

◆성공적인 기획과정은 다음의 물음에 답을 요구한다.

  • 우리는 지금 어디에 있는가?

  • 우리는 어디로 가기를 원하는가?

  • 우리가 어느 정도 발전되었는지를 어떻게 측정할 것인가?

・우리는 어떻게 그곳에 갈 수 있을 것인가?
・우리는 어떻게 우리의 발전을 추적할 것인가?

【참고자료】

State of Arizona. (1998). *Strategic Planning and Performance Measurement Handbook.*

04

11가지 전략적 기획의 성공을 위한 팁

■ 기획팀의 구성원을 신중하게 선택하라

기획팀에는 계획의 내용에 적극 이바지하고, 전략의 성공적인 집행을 추진할 수 있는 지위에 있는 사람을 포함해야 한다.

■ 전략적 기획은 단순한 사건이 아니다. 그것은 과정이다

계획의 성공을 위해서는 일상 업무과정과 계획을 통합해야 한다.

■ 관리자에게 전략적 기획과정에 대하여 교육을 해라

관리자들이 전략적 기획에서 사용하는 비전, 사명, 목적과 같은 용어를 이해하고, 기획과정에서 중요한 역할을 하도록 하여야 한다.

■ 기획팀 이외의 구성원을 참여시켜라

조직구성원의 광범위한 참여와 이들에게 지속해서 피드백을 시켜서 관심을 두도록 해야 한다.

■ 전략회의에 앞서 적절한 정보를 수집하라

회의에서 다룰 이슈나 의사결정에 필요한 정보를 사전에 수집하고, 이를 전략기획팀 구성원이 공유할 수 있도록 하라.

■ 전략회의는 사무실과 멀리 떨어진 곳에서 하라

전략회의가 사무실과 가까운 곳에서 개최되면 회의가 중단되거나 주의가 산만하게 된다.

■ 전략회의는 충분한 시간을 가지고 하라

전략적 사고는 충분한 논의가 요구된다.

■ 공개적인 커뮤니케이션을 조장하라

전략회의나 기획과정에 다양한 참여자가 참여하고, 의견을 제시할 수 있도록 하여야 한다. 이는 조직문화와 관련이 있다.

■ 전략을 널리 알려야 한다

전략이 수립되면 조직의 구성원 모두가 전략을 알아야 한다. 한 번 전달하여서는 달성될 수 없다. 지속적이고 반복적으로 알려야 한다.

■ 계획을 살아 있도록 하라

계획 집행을 위한 행동계획의 수립, 집행에 대한 모니터링 과정, 지속적인 검토 회의 등을 통하여 계획에 생동감을 불어넣어야 한다.

■ 전략적 계획과 예산과정을 연계하라

예산과정과 전략적 계획이 유기적으로 연계되지 않은 계획은 실효성을 확보할 수 없다.

【참고자료】

William S. Bill. (2004). *Strategic Thinking-A Four Piece Puzzle*. CA: Douglas Mountain Publishing.

05
성공적인 전략적 기획의 5가지 핵심 요소

■ 전략적 기획의 채택

"23%의 기업만이 중요한 전략적 결정을 위해 공식적인 전략적 기획 과정을 활용하고 있다. 52%의 기업은 이러한 결정을 소규모의 고위 집단이 한다." 전략적 기획은 하나의 사건이 아닌 과정이다. 과정의 핵심은 조직 모든 수준에서의 참여이다.

■ 커뮤니케이션

"인적 자원과 IT 부서 개발계획의 2/3는 조직 전체의 전략과 연계되어 있지 않다." 전략적 기획 과정은 상향적·하향적 커뮤니케이션이 활발하게 있어야 성공할 수 있다.

■ 혁신

"조직은 그것이 어떻게 될 것인지를 알지 못하는 모험적인 것을 추진하는 용기가 필요하다.

왜? 만약 그것이 어떻게 될 것인지를 안다면, 단지 이미 알고 있는 것만을 개선할 뿐이다. 그러나 어느 정도 위험하고 새로운 것을 추구한다면, 조직은 진정한 혁신을 실현하게 될 것이다."

▰ 프로젝트 관리

"아주 비관적으로, 조직구성원의 95%는 자기 기업의 전략을 알지 못한다." 조직구성원이 조직의 전략을 알지 못한다면 어떻게 전략의 목적을 달성할 수 있을 것인가.

▰ 문화

"조직의 문화를 이해하지 못하면 계획을 지원하기 위한 가치와 문화를 개발하는 데 실패한다." 조직의 변화는 구성원이 변화가 가치 있고, 구성원이 책임의식을 공유할 경우에만 성공한다.

【참고자료】

http://www.bia.ca/articles/5-Key-Factors-Successful-Strategic-Planning.htm

06
스미스(Smith)의 전략적 관리 기본 특징

스미스(Smith)는 전략적 관리의 기본 특징을 <그림 2-2>와 같이 요약하고 있다. 이는 전략적 관리의 성공 요인이 되기도 한다.

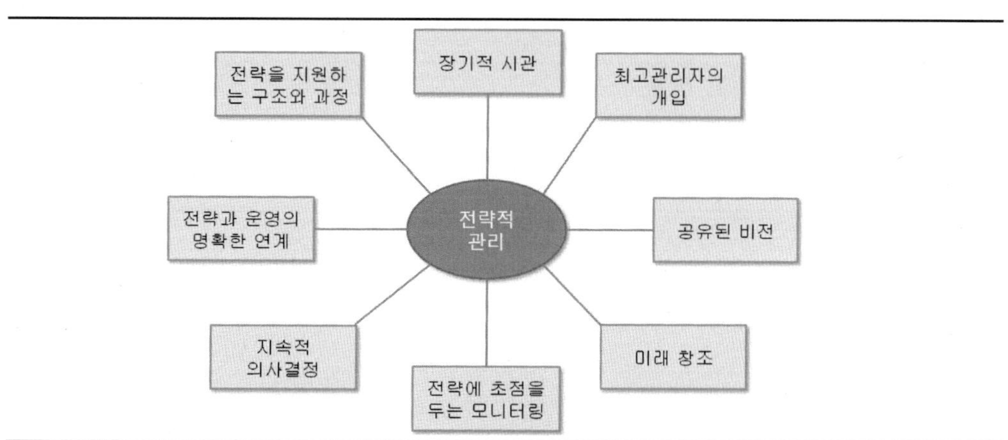

* 자료: Smith, 1994.

〈그림 2-2〉 전략적 관리의 기본 특징

■ 장기적 시관

전략적 관리는 현재가 아닌 장기적인 것에 초점을 두라고 요구한다. 전략적 관리는 현재가 아닌 장기적인 목표 달성에 초점을 맞춘다.

■ 최고관리자의 개입

기획과정에서 최고관리자는 중요한 역할을 하여야 한다. 특히 장기 방향 설정과 자원 확보에 적극 개입하여야 한다.

■ 공유된 비전

비전을 조직구성원 모두가 공유할수 있도록 커뮤니케이션을 활성화하고, 구성원의 적극적 참여를 제고하여야 한다. 기획과정에 구성원의 적극적 참여가 요구된다.

■ 미래의 창조

전략적 관리에서 미래는 과거의 투사가 아닌 적극적으로 창조된 것이다.

■ 전략에 대한 모니터링

전략적 관리에서 모니터링은 지속하여야 하고, 전략에 초점을 두어야 한다. 모니터링의 기준은 장기적인 목적이 된다.

■ 지속적인 의사결정

전략적 관리는 한 번에 마무리되는 과정이 아닌 지속적인 학습 과정이고, 검토와 피드백을 기초로 하는 지속적인 의사결정이다.

■ 전략과 운영의 명확한 연계

전략이 효과적이기 위해서는 행동계획과 밀접하게 연계되어야 한다.

■ 전략을 지원하는 구조와 과정

조직의 모든 구조와 과정은 전략 지향적으로 형성되고 운영되어야 한다.

【참고자료】

Smith, R. J. (1994). *Strategic Management and Planning in the Public Sector*. London: Longman.

최고의 성과를 내는 조직의 특성

포포비치 등(Popovich, et al.)은 높은 성과를 내는 정부조직의 특성으로 다음을 제시하고 있다.

◆높은 성과를 내는 조직은 자신의 사명이 명확하다.
◆높은 성과를 내는 조직은 성과를 정의하고 결과에 초점을 둔다.
◆높은 성과를 내는 조직은 구성원에게 권한을 부여한다.
◆높은 성과를 내는 조직은 구성원에게 성공에 대해 동기부여를 하고 영감을 준다.
◆높은 성과를 내는 조직은 신축적이고 새로운 조건에 민첩하게 적응한다.
◆높은 성과를 내는 조직은 성과를 위해 경쟁적이다.
◆높은 성과를 내는 조직은 고객의 욕구를 충족하기 위해 업무 과정을 재구조화한다.
◆높은 성과를 내는 조직은 이해관계자와 커뮤니케이션을 활발하게 한다.

【참고자료】

Popovich Mark G. ed.(1998). *Creating High-Performance Government Organizations*. San Francisco, Jossey-Bass Publishers.

카우프만 등(Kaufman, et al.)의 핵심 성공 요인

◆핵심 성공 요인 1: 안전지대(현재의 패러다임)에서 벗어나서, 새롭고 더욱 광범위한 사고, 기획, 행위, 평가와 지속적 개선을 활용하라.
◆핵심 성공 요인 2: 목적(무엇)과 수단(방법)을 구별하라.
◆핵심 성공 요인 3: 세 가지 수준의 기획과 결과(거시/성과, 중 범위/산출, 미시/제품) 모두를 이용하라.
◆핵심 성공 요인 4: 모든 목표(비전과 사명을 포함)를 준비하라. 목표는 SMART하게 설정하여야 한다.
◆핵심 성공 요인 5: 기획과 지속적 개선을 위해 이상적 비전(어떠한 유형의 세계, 측정 가능한 성과, 미래를 위해 우리가 원하는 것)을 활용하라.
◆핵심 성공 요인 6: 결과(충분하지 않은 자원, 수단, 방법이 아닌)와의 차이로 욕구를 정의하라.

【참고자료】

Kaufman Roger A., Hugh Oakley-Browne and Ryan Watkins. (2003). *Strategic Planning For Success: Aligning People, Performance, and Payoffs*. John Wiley & Sons.

09
바람직한 전략적 계획의 특징

미국의 GAO(Government Accountability Office)는 바람직한 전략적 계획을 <표 2-1>과 같이 6개 분야로 구분하여 설명하고 있다.

〈표 2-1〉 바람직한 전략적 계획의 특징

특징	설명
목적, 범위, 방법론	전략을 형성하게 된 이유, 전략이 다루는 범위, 전략을 개발하게 된 과정을 명확하게 함
문제 정의, 위험 평가	전략이 지향하는 방향에서 특별한 문제와 위협요인을 명확하게 함
목적, 하위 목표, 활동, 성과측정	전략이 달성하고자 하는 것이 무엇이고, 이러한 결과를 달성하기 위한 단계, 우선순위, 일정, 결과 달성에 대한 성과측정을 명확하게 함
자원, 투자, 위기관리	전략에 필요한 비용, 자원, 자원과 투자의 유형은 무엇이고, 어느 곳의 자원과 투자가 위험 감소와 그 비용의 균형에 기초로 하는지를 명확하게 함
조직의 역할, 책임, 조정	누가 전략을 집행하고, 그들의 역할은 다른 사람과 어떻게 비교되고, 그들의 역할을 조정하게 될 메커니즘이 무엇인가를 명확하게 함
통합과 집행	전략이 다른 전략의 목적, 목표 및 활동과 어떻게 관계(수평적 통합)를 형성하고, 전략을 집행하기 위해 정부의 하위 수준 및 그들의 계획과 어떻게 연계(수직적 통합)되어 있는가를 명확하게 함

* 자료: GAO. 2010.

【참고자료】

GAO. (2010). *National Capital Region: 2010 Strategic Plan is Generally Consistent with Characteristics of Effective Strategies*, GAO-12-276T; http://www.gao.gov/assets/590/586601.pdf

10
전략적 사고와 기획을 위한 핵심 성공 요인

■ 목적에서부터 출발하라

"행동이 없는 비전은 백일몽이고, 비전이 없는 행동은 악몽이다."(일본 속담) 계획을 수립

하기 위해서는 조직의 목적 설정을 고객 및 최종사용자와 함께 시작하여야 한다. 전략, 목적
과 행동은 조직의 비전, 사명 및 고객의 기대와 연계되어야 한다. 조직이 달성하고자 하는
방향이 설정되면 이를 위한 구체적인 행동계획을 수립하고, 이들 계획은 조직 전체적인 시
각으로 통합하여야 한다.

■ 자료를 충분히 확보하라

"중요한 것은 질문하는 것을 멈추지 않는 것이다."(Albert Einstein)

정보와 연구는 성공적인 전략적 기획의 연료이다. 기획과 관련된 자료와 변화 경향을 모
니터할 수 있는 시스템이 구축되어야 한다.

■ 지원자를 끌어들여라

조직의 모든 수준에서 구성원을 참여시켜라. 참여를 통해 이용할 수 있는 지식과 경험을
얻게 된다. 참여로 조직구성원과 핵심 이해관계자가 변화의 영향을 이해하고 이들이 변화를
촉진할 수 있도록 하여야 한다. 그리고 변화가 행동으로 이어지도록 훈련, 기술, 경험 및 지
식을 습득하여야 한다.

■ 혁신과 소유의식을 조장하라

계획이 자기 것이라는 소유의식은 결과를 보다 효과적으로 달성하게 한다. 조직의 모든
수준에서 관리자나 구성원이 혁신을 중시하고 이해하도록 하여야 한다.

■ 실행에 초점을 두라

실행이 없는 계획은 의미가 없다. 조직은 항상 계획의 최종 목적에 초점을 유지하도록 하
여야 한다. 성공적인 실행을 위해 계획이 전체의 전략적 비전과 조직의 목적과 명확하게 연
계되어 있어야 한다.

■ 지속적인 과정이 되도록 하여야 한다

기획은 PDCA 과정의 한 부분이다. 전략적 기획은 지속적인 학습과 개선을 수반하는 순환
과정이 되어야 한다. 그리고 피드백의 결과는 다음 단계에 반영되어야 한다.

■ 명확하고 의도적으로 커뮤니케이션을 하라

기획과정에서 조직 전체 구성원을 대상으로 지속적인 커뮤니케이션을 수행하는 것이 성
공에 핵심이 된다. 전략적 기획 과정에서의 광범위한 참여와 투입이 필요하다.

■ 전략적 기획과정에 도움을 주는 사람을 찾아라
전략적 기획에 대한 전문가의 도움을 얻는 것도 성공의 조건이 된다.

【참고자료】

http://chatsworthconsulting.com/article/CriticalSuccessFactorsforStrategicThinkingandPlanning.pdf

11
그레이(Gray)의 전략적 기획 성공 요인

◆ 전략적 기획은 계선관리자의 기능이며, 이들에게는 전략적 분석 및 참여에 대한 훈련이 요구된다.

◆ 전략적 사업 단위(SBU)는 명확하게 정의되어야 한다. 그래야만 전략사업의 집행에서 중요한 변수를 통제할 수 있다.

◆ 전략사업 단위의 개념을 정의할 때 외부의 관점을 고려하여야 한다. 이로써 동적 환경에 효과적으로 접근할 수 있게 된다.

◆ 사업 목표를 달성하는 데 있어 행동계획이 전략을 집행과 연결하는 중요한 역할을 한다는 것을 명심하여야 한다.

◆ 성공적 전략관리를 위한 필수 요건인 참여적 전략개발은 조직문화의 개선을 전제로 해야 한다.

◆ 성공을 위해서는 관리행위와 전략기획 시스템과 다른 통제 시스템이 조직 전체의 관리와 일치되도록 운영하여야 한다.

◆ 마케팅과 생산관리 부문에서 생산성을 서로 다르게 이해하기 때문에 생산성 향상은 조직 전체의 전략사업으로 추진되어야 한다.

◆ 효과적으로 관리되는 조직은 집권화와 분권화가 다 잘 이루어져야 한다. 집권화된 조직은 일관된 통제를, 분권화된 조직은 환경 변화에 신속한 대응을 가능하게 한다.

◆ 전략적 기획을 기존의 조직활동과는 별개의 것으로 이해해서는 아니 된다.

【참고자료】

Gray, Daniel H. (1986). Uses and Misuses of Strategic Planning, *Harvard Business Review*, 64(1): 89~97.

12
미국 최고 기업의 8가지 속성

■ 실천적 성향(A bias for Action)

성공한 기업은 분석적 의사결정을 하지만 사실에 얽매이지는 않는다. 최고 기업의 우월성은 수행하고, 결정하고, 노력하는 데 있다.

■ 고객에게 밀착(Close to the Customer)

성공한 최고의 기업은 그들이 봉사하는 고객으로부터 배운다. 혁신 기업은 그들의 최고 제품에 대한 아이디어를 고객에게서 얻는다.

■ 자율성과 기업가정신(Autonomy and Entrepreneurship)

혁신적 기업은 조직 전체에 많은 리더와 혁신가를 육성한다. 그리고 그들에게 많은 자율성을 부여한다. 그들은 단기적인 성과를 추구하지 않고, 실패에 대하여 관대하다.

■ 사람을 통한 생산성(Productivity through People)

최고의 기업은 일반사원을 질과 생산성의 원천으로 취급하고, 개개 구성원을 존중한다.

■ 관리자의 참여, 가치 추구(Hands-On, values Driven)

최고 기업의 관리자들은 실제 현장에 참여하여 가치를 창조한다.

■ 핵심에 집중(Stick to the Knitting)

최고 기업은 자신들이 잘 알고 있는 것에서 성공한다. 이들은 잘하는 것에 집중하여 성과를 높이고 있다.

■ 단순한 구성, 최소의 직원(Simple form, lean staff)

성공한 조직의 구조는 매우 단순하다. 매트릭스 조직과 같이 복잡한 조직을 사용하지 않고, 최고수준의 직원도 최소화하고 있다.

■ 엄격함과 동시에 온건함의 속성(Simultaneous Loose-Tight Properties)

성공한 조직은 집권화와 동시에 분권화된 구조를 가진다. 이에 의해 현장 부서에 많은 자율성을 부여하고 있다. 동시에 핵심 가치에 대하여는 집권화된 체제를 구축하고 있다.

【참고자료】
Peters, Thomas J. & Waterman, Robert H. Jr. (1983). *In Search of Excellence: Lessons from America's Best-Run Companies*. Waner Books.

13
탁월한 조직을 만드는 열 가지 열쇠

🔳 분명한 목표를 지닌 설득력 있고 긍정적인 비전을 가진다

비전을 실현하기 위한 목표를 설정하라. 대부분 사람이 이 말에 동의하면서도 목표가 없는 경우가 많다. 목표가 없는 사람은 자신만의 상황을 만들어가는 대신 눈앞에 닥친 상황에 대처하기 급급하다.

🔳 적시에 적절한 내용의 의사전달을 한다

역할과 책임을 매우 분명하게 하고 이를 사람들에게 전달해라. 역할과 책임이 불분명하면 책임 소재를 파악할 수가 없다. 뛰어난 사람은 자신의 역할이 명확하지 않은 조직에서 일하고 싶어하지 않는다.

🔳 적재적소에 딱 맞는 인재를 선발한다

직원의 욕구와 목표를 파악하여 조직의 목표와 개인의 목표를 연계하도록 하여야 한다.

🔳 기억해라: 우리는 같은 팀이다

창의적 문제 해결을 위해서는 문제가 파악되었을 때 그걸 누군가의 탓으로 돌려서는 아니 된다. 조직이 해결할 문제이다. 다른 사람 탓으로 돌리면 개인은 자신의 행동을 방어하려고 하고, 그 때문에 문제 해결을 위한 모험을 피하고, 아울러 창의력도 발휘되지 않는다.

🔳 지속적인 개선과 혁신으로 창조적 활동을 한다

새로운 변화를 주도하는 역할 모델이 되기 위해서는 변화 과정에 직원을 참여시키고, 명령하지 말고 질문을 하고, 기대치와 직원의 책임감을 향상하며, 과도하게 커뮤니케이션을 하고, 긍정적 자세를 유지하여야 한다.

🔳 탁월한 성과에 대한 인정과 보상을 한다

칭찬은 모두의 일이다. 칭찬은 장기적인 효과를 가져온다.

◪ 책임을 중시한다

변함없는 책임감을 모든 구성원에게 요구한다. 일단 회사나 팀에서 결정이 내려지면 거기에 대한 변함없는 책임감을 요구해야 회사가 성공할 수 있다. 관심과 책임감은 다르다.

◪ 모든 직원이 배우고 성장한다

전 직원이 성장, 발전 계획을 갖게 해라. 조직은 모든 직원에게 배우고 성장한다고 생각하여야 한다. 학습에는 직원의 직접적인 참여가 요구된다. 그렇지 않으면 자기 의사가 제대로 반영되지 않았다고 생각하여 사람들은 의욕을 잃게 된다.

◪ 문제는…… 문제없어!

신속하게 문제를 파악하고 해결해라. 최고의 조직이 보통 조직과 다른 점은 문제를 신속하게 해결한다는 점이다. 최고 조직의 리더는 문제에 대한 분명한 입장을 갖고 있다. 문제가 없는 조직은 죽은 조직이다. 문제를 신속하게 해결하면 조직은 훨씬 강하게 된다.

◪ 중요한 것은 고객이다

고객과 직원의 욕구를 모두 충족시키는 정책과 절차를 마련해라. 고객에게 편리한 정책은 시행 초 직원에게 어려움을 주나 시간이 지나면 직원은 고객이 만족하는 모습으로 더 열심히 일할 것이다.

【참고자료】

피터 B. 스타크 · 제인 플레어티 지음, 정재창 옮김, 『이기는 리더십 기술 67가지』, 김앤김북스.

14
성공적 기업 기획의 12개 공통 속성

◆ 성공적인 기업은 기획을 1년 과정이 아닌 지속적인 과정으로 다룬다.
◆ 성공적인 기업은 실제 전략을 정의하고 있는 전략적 계획을 수립한다.
◆ 성공적인 기업은 계획의 집행은 일상적인 과업 수준에서 수행된다는 것을 이해하여, 지원하고, 모니터하며, 통제하기 위해 계획 거버넌스를 구축한다.
◆ 성공적인 기업은 기획에서의 언어, 성과, 과정에서 변이와 모호성을 제거하여 집행 단계에서의 위험을 줄인다.
◆ 성공적인 기업은 고객 중심의 관점에서 성과를 제시하는 계획을 수립한다.

◆성공적인 기업은 조직의 핵심 능력, 문화, 조직 구조가 서로 적합한 계획을 설계한다.

◆성공적인 기업의 전략적 기획과정은 하향식과 상향식 커뮤니케이션을 촉진한다.

◆성공적인 기업은 기획과 집행 간의 엄격한 연계를 제공하는 계획을 수립한다.

◆성공적인 기업의 계획은 투명성을 높이고, 집행자에게 권한부여를 하여 완전하고 효과적으로 조직에 이바지하게 한다.

◆성공적인 기업의 계획은 명확하고 결과를 달성하는 단계를 제시하고, 조직 전체에 광범위하게 전달을 한다.

◆성공적인 기업의 기획과정은 운영계획을 예산, 자원, 일정 및 개인의 책임과 연계한다.

◆성공적인 기업의 기획 접근방법은 반복될 수 있고, 예측할 수 있으며, 측정할 수 있는 결과를 제공한다.

【참고자료】

Joe Evans. 12 Common Traits of Companies with Successful Corporate Planning; http://www.methodframeworks.com

15
전략적 계획을 위한 중요한 조언

■ 신속히 행동하라

계획은 자원 배분결정에 대한 긴박성이 떨어지기 전에 계획의 정당성을 확보하여 신속하게 추진하여야 한다. 그렇지 않으면 기업의 관심이 다른 곳으로 집중하여 계획을 추진하지 못할 수 있다.

■ 일선 관리자를 교육해라

계획의 성공은 모든 계층의 관리자들이 전략적 사고를 향상해야 가능하다. 많은 기업이 기업을 분석하기 위해 외부 컨설턴트에 의존하고 자체 관리자의 질에는 관심이 부족하다. 성공적인 기업은 전략적 기획과정을 교육과정으로 이해한다.

■ 전략 사업단위를 명확하게 하라

전략수립에서 전략 사업단위를 정확하게 설정하는 것은 계획의 핵심이다. 그러나 전략 사업단위의 범위는 수정 변경되는 데 그 기간을 너무 짧게 해선 아니 된다.

■ 형식보다 핵심에 초점을 두라

성공적으로 계획을 실행하는 기업은 형식이나 기법에 대하여 논의하지 않는다. 이들은 실질적인 전략에 초점을 둔다. 많은 기업이 기본적인 결정은 하지 않고 다른 것에 많은 자원을 낭비한다.

■ 전략 사업단위를 관리할 수 있는 포트폴리오로 생각하라

종종 전략 사업단위를 기본 시장 단위로 결정하려는 경향이 있다. 그러나 성공적인 기업은 포트폴리오 계획을 하나의 다단계 계획으로 통합하여 본다.

■ 계획 평가과정에 많은 관심을 기울여라

성공한 기업은 재무적 계획과 전략적 계획 모두에 관심을 둔다. 특히 전략적 계획의 검토에 많은 시간과 최고관리자의 개입이 활발하게 이루어진다.

■ 일률적인 조치를 피하라

계획의 집행에서 획일적 시스템보다는 신축적이고 비공식적 과정을 이용한다.

■ 자원배분을 사업계획에 연결해라

전략적 계획이 조직의 자원배분 시스템과 연계되지 않으면 아무 효용이 없다. 성공적인 기업은 둘의 유기적인 연계를 명확하게 한다.

■ 자본투자와 같이 전략적 비용과 인력자원을 명확하게 하라

전략적 계획은 모든 자원의 재배분을 목적으로 한다. 많은 기업이 투자에 대한 자본배분에만 초점을 두어서 계획과정을 무의미하게 한다. 이에 자원배분을 공식화하여 운영하는 것이 필요하다.

■ 새로운 사업개발에 대하여 명백한 계획을 수립하라

포트폴리오 기법은 신규 사업 문제는 다루지 않지만 이에 대하여서도 중점을 두도록 하여야 한다.

■ 계획 도입 초기에 전략적 지원을 명확하게 하라

전략적 계획이나 포트폴리오 등의 기법에 대하여 최고경영자는 명확한 입장 표명을 하고 지지하고 있다는 것을 널리 알려야 한다.

【참고자료】

Haspeslagh Philippe C. (1982). Portfolio Planning: Uses and Limits. *Harvard Business Review*, 60(1): 58~73.

전략적 관리의 실패 요인

【참고자료】

http://www.cosemindspring.com

01

그레이(Gray)의 실패 요인

▣ 계선관리자들의 준비 미비

전략적 기획은 계선관리자의 기능이고, 전략기획의 전문가는 이들을 지원하는 역할을 하여야 한다. 계선관리자에게 중요한 역할을 수행하도록 하지 않으면 이들의 역할과 책임을 기대하지 못한다.

▣ 전략사업 단위의 불분명한 정의

전략사업단위를 명확하게 하고 있더라도, 종종 시대에 뒤처질 수 있다. 전략사업단위는 그의 전략적 행동이나 경쟁의 힘에 중요한 작용을 한다. 전략사업단위 내에는 전략 집행에 필요한 모든 것을 포함하고, 전략 단위의 경계는 내부보다는 외적인 요인을 고려하여 설정하고, 규모의 경제, 시설과 서비스의 공유 등을 고려하여야 한다.

▣ 목표의 불명확성

전략의 목표는 구체적으로 표현되어야 한다. 많은 조직이 목표를 일반적이고 추상적으로 표현하고 있다. 목표는 SMART 기준을 충족하여야 한다. 일반적인 목표는 집행을 어렵게 한다.

▣ 구체적 활동계획의 부재

전략의 성공을 위해서는 더욱 구체적인 행동계획을 수립하여야 한다. 미완성 계획을 보완하는 것은 행동계획을 구체화하는 것이다. 그러나 이러한 노력이 많은 집행활동을 물거품으로 만들거나 염증을 일으키게 한다. 성공을 위하여 운영계획과 전략 계획의 연계, 부서 간 연계, 바람직한 목표 달성을 위한 단계의 구체화, 집행계층의 계획 수립에의 참여가 중요하다.

▣ 사업단위계획의 부적절한 검토

아주 바람직한 원리에 의해 전략개발과정이 진행되었다고 하더라도 최종 검토 단계에서 전략 계획이 파괴되거나 전체 시스템이 무너질 수 있다. 종종 사업 단위의 부처할거주의가 조직 전체의 기획을 무시하는 결과를 가져오기도 한다.

▣ 전략 계획과 다른 통제 시스템의 부적절한 연계성

전략적 기획체계는 예산, 정보 시스템 및 보상체계와 같은 다른 통제 시스템과 통합되어야 목표를 달성할 기회를 가지게 된다. 즉, 기획과 예산의 통합, 기획과 정보 시스템의 통합, 그리고 기획과 보상 시스템의 유기적인 연계가 부족하면 집행의 효율성은 떨어진다.

【참고자료】
Gray, Daniel H. (1986). Uses and Misuses of Strategic Planning. *Harvard Business Review*, 64(1): 89~97.

02
왜 전략적 계획은 종종 실패하는가?

▰ 불충분한 우선순위

가장 최고수준에서 전략은 우선순위로 선택되어야 한다. 이는 조직의 미래를 결정한다. 그러나 이러한 결정은 종종 직관이나 조직의 내부 정치에 의해 결정된다. 잘못된 목표에 초점을 둔 전략적 계획은 효과적으로 집행되지 못하게 된다. 효과적으로 전략적 계획에 몰입하기 위해서는 객관적으로 먼저 해야 할 것을 결정하여야 한다.

▰ 목표달성을 지원하는 세부 계획의 부족

로드맵이 없이는 목표에 도달할 수 없다. 모든 조직은 다 계층적인 활동으로 구성되고, 이 모두는 계획이나 집행에서 일정한 책임을 가져야 한다. 지침이 없이는 계선 운영 관리자가 무엇을 할지를 모르거나 과정에서 그의 창의적인 노력을 투자할 수 없게 된다.

▰ 불충분한 커뮤니케이션과 조정

계획을 공표하고 조직의 인트라넷에 이를 게시하는 것은 이메일을 보내서 이를 읽어볼 것이라고 가정하는 것과 같다. 계획에 대하여 전달하고 받고 피드백을 하는 과정이 부족하다는 것은 이를 집행하지 않겠다는 것과 같은 것이다.

▰ 전략과 조직문화의 불일치

전략적 계획은 조직의 핵심 가치와 목적에 대한 것이다. 조직은 공식·비공식 운영 절차를 가진 인간 시스템이다. 계획이 이러한 실체를 인식하지 못한다면 전략은 실패하게 될 것이다.

▰ 계획의 목적을 고려하지 않은 책임성

책임성은 계획의 집행에서 시작이면서 끝이다. 책임성은 책무, 권한, 보상과 처벌로 이어진다. 계획이 이러한 책임성을 구성하는 요소와 일치하지 않을 때 계획의 목표는 다른 우선순위에 밀려서 희생하게 된다.

◾ 불충분한 기획 거버넌스

최고수준에서 전략적 계획은 전체 계획에 관하여 책임을 질 수 있는 통제자가 필요하다. 이 최고수준에서 책임성을 확보하지 못하게 되면 예측한 효과가 발생하지 않게 된다.

◾ 잘못 정의된 전략적 목적

목적이 올바른 것이라고 하더라도 간결하지 못하고 모호하게 정의되면 계획의 목적을 회피하거나 오해를 하여 본래의 목적을 달성하지 못하게 된다.

【참고자료】

A Division of Forte Solutions Group. Bridging the Gap Between Strategy and Execution; www.methodfr
ameworks.com

03
전략이 실패하는 이유

◾ 예측되지 않은 시장의 변화

전략은 시장이 예측하지 못한 상태로 변화되는 경우에 실패할 수 있다. 제품 생명주기가 짧아졌다거나, 기술변화의 빈도가 너무 자주 일어나거나, 금융시장이 요동을 칠 수 있다. 이들에 대한 예측의 부재는 전략 실패의 요인이 된다. 이에 대응하기 위해서 CEO는 시간을 가지고 상황을 분석하고, 자기가 무엇을 알지 못하고 있는지를 정확하게 파악하고, 신축적이고 대응적으로 변화에 적응하여야 한다.

◾ 경쟁자의 전략에 대한 효과적 대응 미흡

전략은 경쟁우위를 확보하기 위한 것이다. 그러나 전략은 경쟁상대가 이에 효과적으로 대응함으로써 실패할 수 있다. 이에 대응하기 위하여 경쟁자의 예상되는 대응 전략을 항상 고려하여야 한다.

◾ 충분하지 않은 자원의 지원

많은 전략은 이를 집행하는 데 필요한 충분한 자원을 제공하지 못하기 때문에 실패한다. 자원의 부족은 자본 집약적 전략에서는 더욱 치명적이다. 이를 극복하기 위해서는 전략계획에 대한 재정평가가 선행되어야 한다. 그리고 재정적, 기술적, 시간상으로 실행 가능한 전략을 수립하여야 한다.

■ 적극적 수용, 이해 및 커뮤니케이션의 실패

집행자가 전략을 이해하지 못하고, 이를 자기 것으로 적극 수용(Buy-in)하지 못하는 커뮤니케이션의 오류는 전략 실패의 요인이 된다. 전략이 성공하기 위해서는 CEO 및 전략 집행자들의 전략에 대한 소유의식과 몰입 및 헌신이 필수적인 요인이 된다.

■ 적시성과 차별성 부족

어떤 전략은 비슷한 전략이나 아이디어를 가지고 먼저 시장에 침투하여서 실패하기도 한다. 또한 어떤 전략은 시장에서 차별성이 없어서 실패하기도 한다. 좋은 전략은 경쟁자와 차별성을 가져야 한다. 그리고 적절한 시기에 진입과 퇴출이 이루어져야 한다.

■ 초점의 부족

모든 고객에게 모든 것을 제공하려고 하면 차별성을 찾을 수 없다. 이러한 전략은 자원의 우선순위를 결정할 수 없다. 전략적 기획이 성공하기 위해서는 선택과 집중, 우선순위에 의한 자원 배분을 위해 명확한 초점이 있어야 한다.

■ 나쁜 전략-잘 이해하지 못한 사업 모형

때로 전략을 단순하고 불충분하게 인식하기 때문에 실패한다. 고객에 대한 잘못된 이해로 시장의 욕구를 충족시키지 못하는 사업 모형은 실패하게 된다.

【참고자료】

John Sterling. (2003). Translating strategy into effective implementation: dispelling the myths and highlighting what works. *Strategy & Leadership*, 31(3): 27~34.

04
7가지 전략적 기획의 실패 요인

■ 통합의 결여

전략이 효과적이기 위해서는 조직 및 사람에 대한 계획이 사업계획과 통합되고, 전략적 사업계획이 효과적으로 집행되기 위해서는 전략적 사고가 사업계획의 수립과정과 통합되어야 한다

■ 전체가 아닌 사업의 한 부분만 봄

조직이 작용하는 방법과 과정이 진행되고 조정되는 방법에 대하여 같이 관심을 주어야 한다. 성과와 보상을 일한 사람 및 이유와 연계하여야 한다. 사람, 과정, 기술은 전략을 집행하게 하고, 성공의 가능성을 증대시키는 엔진이다.

■ 충분히 크게 생각하지 않음

좋은 사고는 지속적 편익을 가져오는 차별화된 아이디어에서 나와야 한다. 성공한 기업은 급진적이고 혁신적인 아이디어를 가지고 그들 산업을 개혁할 것이다.

■ 현실에 기초하여 미래를 제한하여 생각함

현재의 상황이 가져오는 제약요인에 의해서 당신의 미래가 제약되어서는 아니된다. 조직의 사람과 운영계획은 미래의 바람직한 것을 달성하는 데 요구되는 변화를 추진하기 위한 도구이다.

■ 주요 이해관계자를 포함하지 않음

세계는 한 사람이나 집단만으로 모든 장점을 보기에는 너무 넓다. 모든 계층, 공급자 및 기타 핵심적으로 영향을 주는 사람을 대표하는 핵심 구성원을 포함해야 한다. 서로 다른 의견을 포용할 뿐만 아니라 그들의 소유의식을 높여야 한다.

■ 자료를 무시함

신뢰할 수 있는 현재의 재정, 시장과 직원에 대한 자료를 가지고 일을 하지 않는다면, 영향을 받게 된다. 또한 객관적 관점만으로는 추측이 요구되는 많은 것을 무시하게 된다.

■ 비전과 연계하여 주요 활동을 측정하지 않음

성과관리, 보상, 재정활동, 균형성과는 전략적 계획에 대한 전술적 발전과정을 모두 보여주어야 한다. 조직은 측정할 수 있는 것만 얻게 된다.

【참고자료】

Helen M. Mitchell. Top 7 Strategic Planning Mistakes; http://strategicmgmtresources.com

전략적 계획이 실패하는 6가지 중요한 이유

■ 커뮤니케이션의 부족

너무도 자주 전략적 계획이 조직 전체에 전파되지 않고 있다. 때로 CEO와 고위관리자들은 계획을 모든 사람이 알게 되면 경쟁자에게 들어가서 경쟁력을 상실할 수도 있다고 믿기도 한다. 그러나 효과적으로 전략적 계획을 전달하지 못하는 것은 집행할 시간을 잃어버리는 것이 된다. 계획이 조직의 모든 부문에 전달될 수 있도록 하라. 이것이 성공적인 집행의 기회를 극적으로 높이는 방법이다.

■ 계획에 대한 관리자의 헌신 부족

관리자를 가능한 계획의 개발 초기에 참여하고 개입하도록 하라. 이것이 관리층이 계획에 헌신하도록 하는 데 핵심이 된다.

■ 효과적인 피드백과 모니터링의 실패

모든 계획은 핵심적인 이정표를 가지고 정기적으로 검토를 해야 한다. 계획에 대한 모니터링과 피드백은 작은 활동으로 모든 사람을 올바른 방향으로 이끌게 한다.

■ 타당하지 않은 기획-비효과적인 전략 형성

대안적인 시나리오를 생각하여 보았는가? 가정을 검토하여, 가정이 올바른가? 결정에서 배경 자료는 충분하였는가? 현재의 경향을 적절하게 진단하였는가 아니면 직관으로 하였는가?

■ 기능 계획과 연계부족

기능부서 간에 핵심적 성과지표가 서로 맞도록 조화롭게 계획이 수립되었는가? 정상적으로 경쟁하는 기능부서가 전체 전략적 계획의 목표 달성에 이바지할 때에 보상을 주는가?

■ 자원의 요구/배분에 대한 잘못된 평가

일정에 맞추도록 충분한 자원을 배분하였는가?

【참고자료】

http://www.paramountlearning.co.uk/2010/04/23/six-principle-reasons-why-strategies-fail/

06
실패의 5가지 이유

📶 커뮤니케이션

커뮤니케이션의 부족은 전략 실패의 핵심적인 요인이 된다. 종종 전략적 계획을 수립한 뒤에 바위 밑에 숨겨둔다. 비전과 전략적 목적을 이해관계자에게 알리지 않기도 한다. 조직 전체 구성원에게 알려서 공유하지 않기도 한다. 관리층이 수립한 전략을 따르지 않는 것은 커뮤니케이션의 부족으로 이해될 수 있다.

📶 리더십

많은 사람이 리더십을 조직 최고관리자의 활동으로만 생각하고 있다. 또한 진정하게 동기부여를 받는 리더가 없다는 것도 문제점으로 지적된다. 나약한 리더십은 부적절한 자원배분, 마무리 작업의 미흡, 부적절한 감시, 적절하게 조정되지 않은 목적·전략·활동, 비효과적인 보상과 처벌 등을 가져온다.

📶 아이디어를 넘어서는 계획이 없음

실패한 전략적 관리를 보면 이들에게는 아주 훌륭한 계획이 없다. 단지 매력 있고 높은 수준의 아이디어만 존재한다. 계획이 단순한 발의의 수준을 벗어나지 못하고 있다. 즉, 전략적 계획이 전략적이지 않다. 전략적이지 못한 기획은 구체적인 집행으로 이어지지 못한다.

📶 소극적 관리자

성공하지 못한 조직에서는 전략적 계획은 시작만 하면 저절로 집행될 것이라고 생각한다. 전략의 집행은 접시돌리기와 같다. 계속 추진력을 주지 않으면 접시는 떨어지게 된다. 관리자는 개별적인 전술을 어떻게 집행할 것인가를 알아야 한다. 이들 관리자에게 명확하게 책임이 부여되지 않으며 전략적 계획은 성공할 수 없다.

📶 동기부여와 개인의 소유의식

이 요인은 구성원에게 '전략적 기획이 나에게 무엇인가?'라는 물음과 관련이 있다. 조직구성원 개개인에게 전략적 기획이 자기 것이라는 소유의식이 없게 되면 집행의 효과성을 확보하지 못하게 된다. 실패한 조직은 전략적 기획의 목적에 대한 구성원의 동일체감이 없다.

【참고자료】

Paul Johnson. The Top Five Reasons Why Strategic Plans Fail; http://www.businessknowhow.com/manage/splanfail.htm

07
전략적 기획 실패의 5가지 이유

■ 구조적 실패

조직이 성공하기 위해서는 확고한 기초가 있어야 한다. 조직의 기본적인 기초는 사명, 비전, 가치, 핵심역량, 가치 명제이다. 그러나 이들 용어가 서로 혼재되어서 명확하게 제시되지 못하고 있다. 이들을 명확하게 하지 않고서는 전략적 계획을 수립해서는 안 된다.

■ 가정의 실패

조직구성원은 사실적 지식과 사실에 대한 해석 두 가지를 기초로 활동한다. 전략적 기획은 귀납적인 사실과 연역적인 해석 또는 가정을 명확하게 구분하여 수립하여야 한다. 그러나 전략적 계획을 수립하면서 사실과 가정의 구분을 무시하곤 한다.

■ 커뮤니케이션의 실패

전략적 계획은 글로 써서 거기에 몰입할 때까지는 실질적인 계획이 아니다. 전략적 계획은 글로 작성하고 모든 구성원이 공유하여야 한다. 조직 전략이 명확하지 않고, 잘 작성되지 않고, 책임이 있는 사람이 이용할 수 없다면 실패하게 될 것이다. 그러나 많은 전략적 계획은 다음 전략적 기획을 수립할 때까지 책상 서랍 속에서 잠잔다.

■ 합의 형성의 실패

전략적 기획은 조직 발전을 촉진하여야 하는데 발전은 변화를 요구한다. 그러나 조직에서 변화는 저항에 직면하게 된다. 저항은 변화에 대한 두려움, 소극적 행태, 냉소, 빈정거림 등의 형태로 나타난다. 이러한 심리적인 저항은 전통적인 계층제 조직으로 극복할 수 없다. 변화와 전략적 계획에 대한 구성원의 합의가 없이는 전략적 계획은 실패하게 된다.

■ 집행의 실패

가장 공통적인 실패의 요인으로 집행의 실패를 들 수 있다. 집행의 실패는 조직의 최고층에서 시작한다. 조직의 최고관리자가 전략적 기획에 대한 소유의식이 없다면, 계획의 집행

은 중단되게 된다. 집행에 대한 적절한 위임과 명확한 책임이 부여되지 않으면 전략적 계획
은 집행되지 못하고 실패하게 된다.

【참고자료】

Marshall Advisory Group. Five Reasons Why Strategic Planning Fails to Produce Desired Results; http://www.ma
rshalladvisory.com

08
전략적 기획이 실패하는 이유

■ 계획은 다음에 의해 실패한다
◆계획을 수립한 후에 신속하게 집행하지 않아서
◆계획의 진행 사항을 추적 평가하지 않아서

■ 변화 관리에 대한 실패
◆변화에 대한 내부 저항에 대한 부적절한 이해
◆과정, 기술 및 조직 간의 관계에 대한 비전의 부족

■ 필요한 시간에 대한 과소평가
◆핵심적인 경로분석을 하지 않음

■ 불충분한 커뮤니케이션
◆이해관계자와의 불충분한 정보 공유
◆이해관계자와 그의 대표를 배제

■ 환경의 반응을 예측하지 못함
◆경쟁자가 무엇을 할 것인지
◆정부가 개입할 것인지

■ 자원 능력에 대한 과대평가
◆새로운 전략을 인력, 장비, 과정이 처리할 수 있는가?
◆새로운 직원과 관리자의 기술 개발 실패

■ 조정의 실패

◆ 보고와 통제관계가 적절하지 않음

◆ 조직 구조가 충분히 신축적이지 않음

■ 고위 관리자의 지지와 지원의 실패

◆ 시작부터 고위 관리자의 참여를 얻지 못함

◆ 과업 수행에 필요한 충분한 자원 획득 실패

■ 구성원의 몰입을 얻는 데 실패

◆ 새로운 전략이 구성원에게 잘 설명되지 못함

◆ 구성원이 새로운 전략을 포용하는 데 인센티브가 없음

■ 고객에 대한 이해의 실패

◆ 왜 고객은 구매하는가?

◆ 제품에 대한 실질적 욕구가 존재하는가?

◆ 부절적하거나 부정확한 마케팅 조사

【참고자료】

Dutch International Management Consultant Agency; http://www.dimca.eu/reasons-why-strategic-plans-fail.html

09
기획의 실패 요인

■ 최고관리자의 실패

◆ 기획을 인정하지 않고, 한 명의 기획가만으로도 기획할 수 있다고 생각한다.

◆ 최고관리자가 기획을 충분하게 지원하지 않으므로 계선관리자들로 하여금 계획의 중요성을 과소평가한다.

◆ 기획가에게 현재의 활동에 관하여 관심을 두지 말고, 계선관리자들을 교란하지 말라고 지시한다.

◆ 기획가의 지위를 일반관리자와 같은 수준으로 한다.

◆ 관리자들이 시스템을 벗어나는 것을 허락한다.

◆기획에 너무 적은 시간을 소비한다.

■ 기획가의 실패

◆혼자서 모든 기획을 하고자 한다.

◆기획가가 재능이 없다.

◆기획에는 일부 시간만 할애하고 시간 대부분을 다른 활동에 활용한다.

◆기획을 행동으로 전환하도록 하는 통제 메커니즘이나 다른 절차가 시스템 내에 없다.

◆기획가가 전체를 보지 못하고 자기의 전문적인 시각으로만 기획하는 좁은 시각의 전문가이다.

■ 조직의 실패

◆전체 조직이 기획 과정에 대하여 이해하지 못하고 있다.

◆관리자들이 미래의 계획이 아닌 현재의 결과를 바탕으로 판단한다.

◆조직이 준비도 되어 있지 않은 상황에서 발전된 관리 방법을 활용하고자 한다.

【참고자료】

Gupta, C. B. (2005). *Corporate Planning and Policy (7ed)*. New Delhi: Sultan Chad & Sons.

10

정부 프로그램 집행실패의 요인

1960년대 미국은 소수민족의 고용창출 프로젝트로 약 2천3백만 달러를 투자하여 약 2,200개의 일자리 창출을 계획하였다. 그러나 단지 20개의 일자리만 창출된 것으로 보고되었다. 이에 대하여 프레스만과 윌다브스키(Pressman & Wildavsky)는 사업의 실패 요인으로 다음을 제시하였다.

◆집행과정에 참여자와 참여기관(중개집단)이 너무 많아 상호협조가 부족하여 집행을 어렵게 하였다. 즉, 사공이 많으면 배가 산으로 간다는 것이다.

◆집행지도자가 너무 자주 교체되어 집행을 어렵게 하였다. 집행지도자나 CEO가 바뀌게 되면 정책이나 프로그램에 관한 관심이 줄어들고 우선순위에서 밀려나게 된다.

◆목표달성에 대한 실현 가능성이 있는 정책수단이 마련되지 않았다. 많은 프로그램이 실현 가능성을 고려하지 않고 큰 비전과 목적을 가진 사업을 계획으로 제시하고 있다.

◆ 적절한 집행기관이 집행을 담당하지 않았다. 집행은 정당한 기관과 사람이 담당하여야 한다.

◆ 정책결정 당시에 집행의 문제를 고려하지 않고 결정하였다. 정책결정에서 집행을 고려하지 않은 정책은 실행 가능성이 떨어지고 실행 가능성이 떨어지면 효과성을 확보할 수 없다.

◆ 정책활동이 기초하고 있는 이론에 대한 신중한 검토가 없었다. 많은 프로그램이나 전략은 이론을 바탕으로 한다. 경제정책이나 프로그램은 경제이론을 바탕으로 한다. 이러한 이론이 검증되지 않은 것일 때 효과가 있을 수 없다.

【참고자료】

Pressman, Jeffrey & Wildavsky, A. (1984). *Implementation, 3rd ed*. Berkeley: University of California Press.

11
실패하는 사람들의 10가지 습관

■ 첫 번째 습관: 모험은 하지 마라

지나치게 소심한 사람은 성공할 확률이 낮다. 창업보다 어려운 것은 성공한 위치에 있으면서 모험을 감행하는 일이다. 아인슈타인의 일대기를 쓴 월터 아이잭슨(Walter Isaacson)은 독일을 떠나 프린스턴 대학으로 연구실을 옮긴 아인슈타인이 필요로 했던 것은 '책상 한 개, 의자 한 개, 연필 몇 자루, 종이 그리고 앞으로 저지를 모든 실수를 담을 대형 휴지통이었다'고 한다.

■ 두 번째 습관: 입장을 절대로 바꾸지 마라

실패하기 위해서는 완고해져라. 익숙함에 빠져버려서는 안 된다. 항상 다른 가능성을 생각하여야 한다. 처음 PC를 개발한 IBM은 대형 메인 프레임 컴퓨터에 대한 태도를 바꾸지 않아서 PC 경쟁에서 뒤처졌다. 유연성과 적응력은 단순한 경영 기술이나 기술역량 이상으로 리더십의 필수 요소이다.

■ 세 번째 습관: 자기 자신을 격리시켜라

자기 자신을 고립시키는 것은 항상 자신을 최우선의 자리에 놓는 것이다. 자신이 최우선이면, 경쟁자나 고객을 보지 못한다. "성공을 위하여 필요하다면 어떠한 조직도 개혁하고, 어떠한 방법도 폐기하고, 어떠한 이론도 포기할 각오가 있어야 한다(헨리 포드)." 고립의 궁전에 갇히면 무엇을 알 수도 없고, 자신이 무엇을 모르는지도 모른다.

■ 네 번째 습관: 한 치의 오류도 없는 사람인 척하라

망하고 싶다면 오류가 전혀 없는 리더인 척하라. 이들에게 최대의 정보원은 자신이다. 정말 좋은 정보는 맨 밑바닥 현장에 있다. 자신의 판단이 늘 100% 옳다고 확신하면 밑바닥 정보를 보지 못하고, 실패의 확률이 높아지게 된다.

■ 다섯 번째 습관: 법은 정도껏 지켜라

똑똑하고 열정적이지만 옳은 것에 다소 불분명한 견해를 지닌 사람들은 실패할 확률이 높다. 부패에 관대하거나 정도를 지키지 않거나, 인기에 영합하여 거짓되게 행동하게 되면 신뢰를 잃게 되어 조직까지 위험에 처하게 된다. 윤리는 삶과 분리되지 않는다.

■ 여섯 번째 습관: 생각할 시간을 갖지 마라

우리는 정보화 시대에 살고 있다. 정보화와 기술의 시대에 쏟아지는 정보에 얽매여서 생각할 시간을 가지지 않는 것은 실패를 가져온다. 자료가 현실을 위장할 수 있다. 1970년 심리학자들은 경마하는 사람들이 5개의 정보를 알고 있을 때보다 40개의 정보를 알고 있을 때 더 나쁜 결과를 보였다고 한다. 정작 중요한 문제는 숨어 있다. 성공을 위해서는 하던 일을 멈추고 생각할 시간을 가지는 것이다.

■ 일곱 번째 습관: 전문가와 외부 컨설턴트를 무조건 믿어라

황소를 사는 사람은 사람이 아닌 황소를 보아야 한다. 황소를 구매함에 있어서 전문가의 의견이 항상 옳은 것은 아니다. 종종 조직의 계획을 컨설턴트에 위임하거나 구매하여 사용하고자 한다. 그 계획은 조직의 것이 아닌 컨설턴트의 것이다. 지금도 전문가들은 새로운 경영이론을 만들어내고 있다. 그 새로운 경영이론은 조직을 혁신하기보다는 새로운 일을 하나 더 만들어내는 것이 될 수 있다. 그것은 혁신과 변화를 보기보다 경영모형을 보기 때문이다.

■ 여덟 번째 습관: 관료주의를 사랑하라

베버의 관료주의는 종종 가장 합리적인 조직으로 인정받고 있다. 그러나 관료주의의 역기능은 조직을 파괴하고 변화에 저항하며, 고객보다는 관료 중심적으로 업무를 처리한다. 관료주의에 젖은 사람은 남보다 먼저 일을 하지 않고, 직원의 상상력을 짓밟는다. 관료주의는 성공을 저해할 뿐만 아니라 최악에는 재앙을 가져온다.

■ 아홉 번째 습관: 헷갈리는 메시지를 전달하라

직원이나 고객에게 일관성이 없는 혼란스러운 메시지를 전달하는 것은 목표를 헷갈리게 하여 결국은 실패를 부른다. 회사가 망하기 전 회사에는 정체불명의 메시지가 난무하게 된

다. 조직을 변혁하고자 할 때 제일 먼저 해야 할 일은 뒤죽박죽으로 혼란스러운 메시지를 일관성 있게 정리하는 일이다.

▄ 열 번째 습관: 미래를 두려워하라

미래에 대하여 조심성 있는 태도를 보이는 것이 현명하다고 생각하나, 이것이 상투적인 태도가 되면 파멸로 이어진다. 미래에 대하여 두려워할 명분은 항상 있다. 그러나 최악의 시나리오는 거의 일어나지 않는다. 전략의 성공에 필요한 인내는 낙천적이어야 한다.

▄ 완벽한 실패를 위한 마지막 습관: 일에 대한 당신의 열정을 상실하라. 영원히.

【참고자료】

도널드 R. 카오 지음, 김원욱 옮김, 『실패하는 사람들의 10가지 습관』, 더난출판.

제4장

전략적 리더십

전략적 리더십이란 실현 가능한 조직의 미래를 창출하기 위하여 예측하고, 계획하며, 신축성을 유지하며, 전략적으로 생각하고 다른 사람과 협력하여 업무를 수행하는 개인의 능력을 의미한다. 전략적 리더십은 전략적 관리와 기획의 성공에서 가장 중요한 요소다.

조직에서 전략적 리더십은 최고관리자에게서 나올 수도 있고 전략전문가에 의하여 나올 수도 있다. 오늘날 전략에 대한 책임은 조직의 최고관리자의 전유물이 아니다. 거의 모든 계층의 관리자가 이에 책임을 가져야 한다. 즉 조직의 최고관리자, 최고관리자로부터 특정한 업무에 관하여 위임받은 책임자, 조직의 주요 사업별 책임자, 기능별 책임자, 일선관리자 등이 각 부문에서 전략가가 될 수 있다.

변화와 적응을 요구하는 21세기 전략적 리더는 다음과 같은 기능에 관심을 가져야 한다.

◆조직의 목적과 비전의 결정
◆핵심적인 경쟁력의 개발과 유지
◆인적 자원의 개발
◆효과적인 조직문화의 형성
◆윤리적 활동의 강조
◆균형 있는 조직 통제의 정착

전략적 리더십의 통합 모형

볼과 후이지버그(Boal & Hooijberg)는 창발적 리더십 이론과 새로운 리더십 이론인 비전 리더십, 카리스마적 리더십, 변혁적 리더십 이론을 바탕으로 전략적 리더십에 대한 통합적 모형으로 <그림 4-1>을 제시하고 있다.

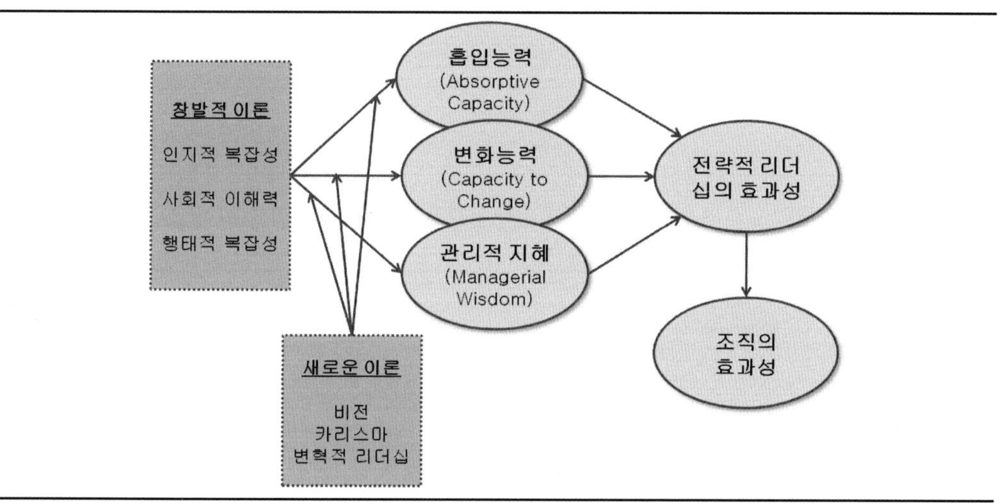

〈그림 4-1〉 전략적 리더십의 통합 모형

전략적 리더십의 기본 특징으로 다음의 세 가지를 제시하고 있다.

◆흡입 능력(Absorptive Capacity): 흡입 능력은 학습 능력을 의미한다. 새로운 정보를 인식하고, 이를 흡수하고, 새로운 목적을 위해 이를 적용하는 능력, 지속해서 창조하고 재창조하는 능력 등을 의미한다.

◆적응 능력(Adaptive Capacity): 적응 능력은 변화에 대한 능력을 의미한다. 급격하게 변화하는 환경에서 조직의 성공은 전략적 신속성에 달려 있다. 조직의 신축성은 조직의 최고관리자로부터 생긴다. 이를 위해 리더는 인지적이고 행태적인 복잡성과 신축성을 가져야 한다.

◆관리적 지혜(Managerial Wisdom): 관리적 지혜는 시간과 깨달음을 속성으로 한다. 이에는 환경에서의 변화에 대한 인지 능력, 사회적 행위자와 그들의 관계에 대한 인식을 포함한다.

【참고자료】
Boal Kimberly B. & Robert Hooijberg. (2001). Strategic Leadership Research: Moving On. *Leadership Quarterly*, 11(4): 515~549.

02
핵심 전략적 리더십의 활동

효과적인 전략적 리더십이 전략적 관리에서 수행하여야 할 주요 활동을 보면 <그림 4-2>와 같이 구분될 수 있다.

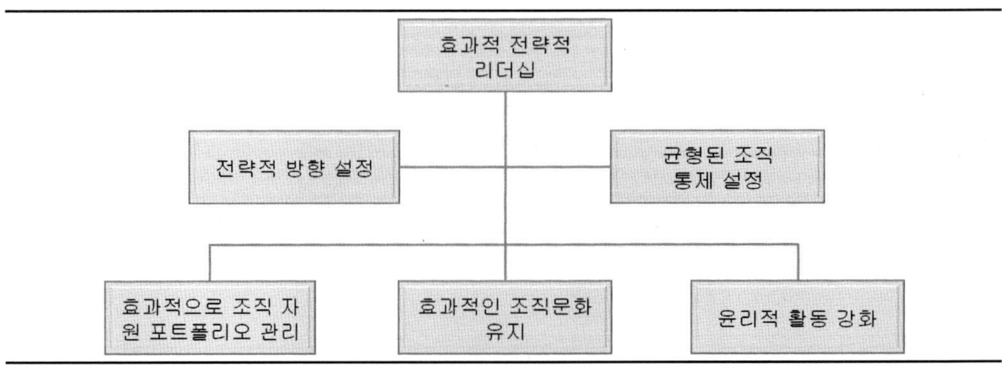

〈그림 4-2〉 전략적 리더십의 주요 활동

◆**전략적 방향 설정**: 전략적 리더는 전략적 방향으로 5~10년의 장기적인 비전을 설계하여야 한다. 장기적 비전에는 핵심적인 이념과 미래에 대한 계획이 포함된다.
◆**효과적으로 조직 자원 포트폴리오 관리**: 전략적 리더는 조직의 능력을 조직화하고, 능력을 활용할 수 있도록 구조화하며, 이러한 자원으로 경쟁적 우위를 달성할 수 있도록 전략을 개발하고 집행하는 활동을 하여야 한다. 특히 전략적 리더는 조직의 핵심역량을 찾아서 유지하도록 하여야 한다.
◆**효과적인 조직문화와 유지**: 조직문화는 조직구성원이 공유하고 있는 이념, 상징, 핵심 가치 등으로 일하는 방법에 영향을 준다. 건전하고 효과적인 조직문화로는 기업가 정신을 지향하는 것이 중요하다.
◆**윤리적 활동의 강화**: 조직의 전략을 집행하기 위한 과정의 효과성은 윤리적 활동을 기반으로 할 때 증대된다. 윤리적 조직은 조직의 사회적 자본을 형성하고 자부심을 증대시킨다.

◆**균형된 조직통제 설정:** 조직통제는 집행과정에 중요한 부분으로 조직이 바람직한 결과를 달성하는 데 필수 요소이다. 이를 위해 BSC가 기본적인 틀로 제시될 수 있다.

【참고자료】

http://asso.nordnet.fr/adreg/Hitt%20et%20al%20strategic%20leadership.pdf

03
변혁적 리더십

번스 등(Burns, Watson & Rainey)은 기존의 교환적·거래적 리더십은 하급 관리자에 초점을 둔 리더십 모형이라면서, 이에 대응하는 모형으로 안정보다는 변화에 능동적으로 적응하거나 변화를 유도하는 최고관리층의 리더십으로 변혁적 리더십(Transformational Leadership) 모형을 <그림 4-3>과 같이 제시하고 있다.

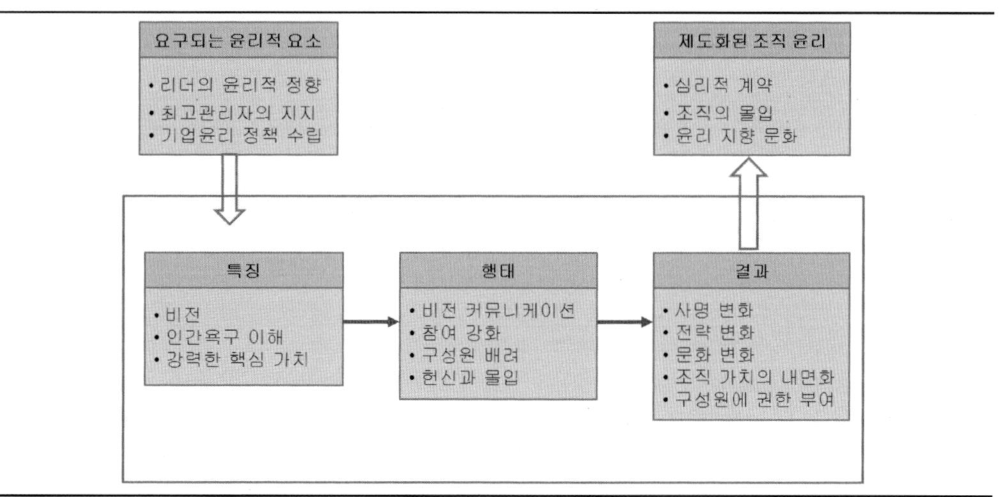

*자료: Carlson & Perrewe, 1995.

〈그림 4-3〉 변혁적 리더십 과정

변혁적 리더십의 특징을 보면 다음과 같다.

◆**카리스마적 리더십:** 리더는 조직이 직면하는 난관을 극복하고, 현재에 대한 각성을 바탕으로 명확한 방향의식을 가지고 솔선수범하며, 부하에게 자긍심과 신념을 불어넣어 준다.

◆**영감적 리더십**: 리더는 부하로 하여금 도전적 목표와 사명, 미래에 대한 비전을 받아들이도록 지원과 격려를 한다.

◆**지적 자극**: 교환에 의한 보상보다는 부하들로 하여금 새로운 이상을 추구하도록 지적인 자극을 한다.

◆**개별적 배려**: 리더는 부하 개인의 특성을 파악하고 그 특성에 적합하게 코칭과 권고를 한다.

◆**촉매적 리더십**: 리더는 부하에게 형식적 관행을 타파하고, 창조적 사고와 학습 의지를 가지도록 장려한다.

[참고] 카리스마적 리더십

- 뛰어난 비전
- 개인적 위험의 감수
- 관습에 얽매이지 않는 전략적 선택
- 상황에 대한 정확한 평가
- 부하에 대한 계몽
- 자신감의 전달
- 개인적 권력의 활용

【참고자료】

Stone, A. G. & Patterson K. The History of Leadership Focus;
   http://www.regent.edu/acad/global/publications/slproce-edings/2005/stone_history.pdf

Burns, J. M. (1978). *Leadership*. New York: Harper & Row, Publishers.

Carlson, D. S. & Perrewe, P. L. (1995). Institutionalization of organizational ethics through transformational, leadership. *Journal of Business Ethics*, 14, 829~838.

04
전략적 리더십의 9가지 역할

◆**항법자**(Navigator): 핵심적 이슈, 문제, 행동에 영향을 주는 기회의 복잡함에서 명확하고 신속하게 업무 처리

◆**전략가**(Strategist): 조직의 비전에 맞는 장기적인 행동과정이나 목표를 개발

◆**기업가**(Entrepreneur): 새로운 제품, 서비스 및 시장을 위한 기회의 확인과 탐색

◆**동원자**(Mobilizer): 신속하게 업무를 처리하여 복잡한 목표를 달성할 수 있도록 이해관계자, 능력 및 자원을 적극 확보하고 배치

◆ 인재 옹호자(Talent Advocate): 구성원이 적시 적소에 조직이 필요로 하는 기술과 동기부여를 할 수 있도록 사람을 유인하고, 개발하며 유지

◆ 매력적인 사람(Captivator): 공동의 목적을 위해 열정과 헌신을 육성

◆ 글로벌 사상가(Global Thinker): 박식하고 다양한 관점을 개발하여 조직의 성과를 최적화하는 데 사용하기 위하여 모든 정보를 통합

◆ 변화 추진자(Change Driver): 변화를 포용하는 분위기를 조성하고, 변화가 급진적이라고 하더라도 새로운 이념을 구성원이 받아들일 수 있도록 지원

◆ 기업 보호자(Enterprise Guardian): 모험적인 계획을 추구하는 용감한 의사결정을 통하여 주주의 가치를 증진

【참고자료】

Loren Appelbaum & Matthew Paese. The Nine Roles Of Strategic Leadership; http://www.ddiworld.com

05
전략적 리더십의 5가지 구성요소

◆ 전략적 구성요소: 리더십은 다른 사람이 지향하도록 방향을 설정하는 것을 의미한다.

◆ 행동 구성요소: 리더십은 A 지점에서 B 지점으로의 이동을 의미한다. 즉, 리더십은 움직임을 의미한다.

◆ 문화적 구성요소: 리더는 전략적 사고와 학습, 전략적 행동을 공유하는 문화를 형성하여야 한다.

◆ 사회 정치적 구성요소: 세계 권력구조의 변화, 즉 민주화, 시장경제 체제, 규제, 거버넌스 구축 등은 조직에 큰 영향을 미치는 힘으로 이에 대한 정확한 이해가 요구된다.

◆ 도덕적 구성요소: 조직 리더십의 도덕적 차원은 명확하여야 한다. 전략적 리더는 정직, 공정, 개방적이어야 한다.

【참고자료】

http://cobweb2.louisville.edu/faculty/regbruce/bruce//rflct600/vinod2.htm

NPR의 전략적 리더십

◆ **직접 개입(personal involvement)**: 효과적 리더십은 전략적 기획의 모든 면에 직접 관여한다. 즉, 조직 전반에 대하여 명확하고, 일관되며, 가시적이고 실질적으로 참여한다.

◆ **비전과 가치(vision and values)**: 효과적 리더십은 비전을 현실로 바꾸는 능력이다. 최고 리더는 조직의 임무, 전략적 방향과 비전을 구성원이나 외부 고객에게 명확하게 전달한다. 성공한 조직은 사업 단위가 조직 전체의 목표 달성에 필요한 개별화된 계획을 수립할 수 있는 권한을 부여한다.

◆ **절박감(sense of urgency)**: 효과적 리더십은 일종의 절박감을 가지고 조직을 운영한다. 성공한 조직들이 가지고 있는 좀 더 고객 지향적이고, 적극적으로 움직이고자 하는 추진력은 큰 사건이나 새로운 리더십에 의하여 만들어진다.

◆ **성공을 위한 틀(framework for success)**: 성공적인 리더십은 개인적 능력뿐만 아니라 성공을 위한 틀을 구축하라고 요구한다. 성공적인 조직은 고위관리자의 리더십 이외에 모든 계층에서 리더를 육성하고, 개발하며 응분의 보수를 주는 리더십 체제를 구축하고 유지하는 것이 중요하다고 인식한다.

【참고자료】

NPR(National Performance Review). (1997). *Serving the American Public: Best Practice in Performance Measurement.* http://govinfo.library.unt.edu/npr/library/papers/benchmrk/customer.html

코비(Covey)의 성공한 사람의 7가지 습관

경영과 리더십의 대표적 학자 코비(Stephen Covey)의 "성공하는 사람들의 7가지 습관(The 7 Habits of Highly Effective People)"은 전략적 기획을 개인에게 적용한 것으로 조직의 리더에게도 적용될 수 있는 논리이다.

◢ 주도적이 되라(Be Proactive)
우리의 삶은 우리 결정의 산물이지, 우리 조건의 결과가 아니다. 이에 자신의 결정에 대하여 책임을 가지고 자신의 환경에 대하여 주도적이고 능동적으로 행동하여야 한다.

◢ 목표를 확립하고 시작하라(Begin with the End in Mind)

성공을 위해서는 자신의 삶에서 가장 중요시하는 가치와 인생의 목표를 발견하고 명확하게 하여야 한다. 조직의 경우에도 성공한 조직은 명확한 비전과 사명의식을 가진 조직이다. 이는 정신적인 창조를 의미한다.

◢ 소중한 것을 먼저 하라(Put First Things First)

정신적인 창조로 설정한 목표를 달성하기 위해서는 긴급성보다는 일의 중요성, 즉 목표달성과 직접 관련된 일을 기초로 하여 계획하고 우선순위를 설정하고 실행하도록 하여야 한다.

◢ 승 - 승을 생각하라(Think Win-Win)

대인 관계에서 가장 기본이 되는 것은 상호 이익이 되는 해결방법을 찾는 것이다. 대부분 성과는 공동 노력의 산물이기 때문이다.

◢ 먼저 이해하고 다음에 이해시켜라(Seek First to Understand, Then to be Understood)

다른 사람들에게 진정을 가지고 영향을 주기 위해서는 감정이입을 가지고 듣고, 개방적인 마인드를 가지고, 들은 것에 대하여 서로 이해를 함으로써 다른 사람들에게 영향을 주어야 한다.

◢ 시너지를 내라(Synergize)

독립적으로 문제를 해결하기보다는 협력으로 문제를 해결하는 것이 더욱 많은 것을 얻을 수 있다. 이것은 창조적인 협력의 습관을 기른다.

◢ 끊임없이 쇄신하라(Sharpen the Saw)

지속가능하고, 장기적이며 효과적인 삶을 위하여 자신의 자원, 에너지와 건강을 균형되게 하고 항상 새롭게 하는 것이 필요하다. 그리고 실패로부터 배워야 한다.

【참고자료】

스티븐 코비 저, 김경섭 역 (2003), 『성공하는 사람들의 7가지 습관』, 김영사.

스티브 잡스(Steve Jobs)의 리더십

◆ 집중(Focus): 제품의 가짓수를 줄이고 소수의 위대한 제품을 만드는 데 집중하라.

◆ 단순화(Simplify): 불필요한 것을 제거하고 단순화하라.

◆ 처음부터 끝까지 책임짐(Take Responsibility End to End): 하드웨어, 소프트웨어, 애플리케이션까지 소비자 경험의 처음부터 끝까지 통제하는 생태계를 구축하라.

◆ 뒤졌을 때, 뛰어넘기(When Behind, Leapfrog): 뒤처졌을 때는 혁신에 의거해서 더 멀리 도약하라.

◆ 이익에 앞서 제품 우선(Put Product Before Benefits): 제품의 완결성을 수익보다 더 중시하여야 한다. 훌륭한 제품에 우선순위를 두어야 직원도 동기부여를 받는다.

◆ 포커스 그룹에 노예가 되지 않음(Don't Be a Slave to Focus Group): 고객이나 소비자 조사에 얽매이지 마라.

◆ 현실 왜곡(Bend Reality): 불가능하다고 생각되는 것이라도 해야 할 것이면 밀어붙여라.

◆ 가치 귀속(Impute): 제품이나 회사에 대한 이미지를 만들어라.

◆ 완벽함을 추구(Push for Perfection): 항상 완벽에 가까이 가려고 노력하라.

◆ A급 인재에게만 관대하게 대함(Tolerate Only "A" Players): 직원을 중시하고, 이들에게 영감을 주도록 하여야 한다.

◆ 대면적 관계 형성(Engage Face-to-Face): 많은 아이디어는 사람과 사람의 만남에서 얻을 수 있다.

◆ 큰 그림과 세부적인 것 모두 알기(Know Both the Big Picture and The Details): 항상 큰 그림만을 보아서는 아니 되고 때로는 구체적이고 세부적인 것에도 관심을 둬야 한다.

◆ 인문학과 과학의 결합(Combine the Humanities with the Sciences): 과학에 인간미를 입혀서 인간화를 추구하라.

◆ 현실에 안주하지 말고 끝없이 노력하라(Stay Hungry, Stay Foolish): 스티브 잡스의 중요한 퍼스낼리티는 인내이다.

【참고자료】

Walter Isaacson. (2012). The Real Leadership Lessons of Steve Jobs, *Harvard Business Review*, (4); http://hbr.org/2012/04/ the-real-leadership-lessons-of-steve-jobs/ar/pr

09

비전 리더십의 특징

◆**좋은 전달자**(Good Communicator): 비전을 가진 리더는 좋은 의사전달 기술을 가진다. 자신의 꿈과 목표를 구성원에게 어떻게 전달하여야 하는지를 알 뿐만 아니라 적극적인 청취자이기도 하다.
◆**카리스마적 리더**(Charismatic Leader): 비전을 가진 리더는 카리스마를 가진다. 카리스마는 대중의 충성을 불러일으키는 개인적인 리더십의 마술이다. 카리스마는 리더와 리더의 열정에 사람을 끌어당기는 매력이다.
◆**최고의 조직가**(Chief Organizer): 비전을 가진 리더는 최고의 조직가이다. 많은 리더가 과정을 관리하는 행정가이지만 리더는 주요부서나 기능을 설정하기 위해 조직을 구성한다.
◆**모험가**(Risk-taker): 비전을 가진 리더는 현저하게 모험을 추구하는 사람이다.
◆**전략적 기획가**(Strategic Planner): 비전을 가진 리더는 전략적 기획가이다. 이들은 궁극적인 비전을 달성하기 위해 전략을 수립하고 행동계획을 수립한다.

【참고자료】

Monica Patrick, Demand Media. Characteristics of Visionary Leadership; http://smallbusiness.chron.com

10

비전 리더십의 7가지 기둥

◆**원리 1**: 비전 리더는 외부자의 관점에서 사회적 가치의 변화에 대한 인식을 유도하기 위해 현지관찰을 하여야 한다.
◆**원리 2**: 저항이 있다고 하더라도, 절대 포기하지 말아야 한다. 리더는 하향적 내부의 지식을 결합하여 내·외부의 저항을 뚫고 나아가야 한다.
◆**원리 3**: 변혁은 조직 내 혼돈을 창출하고자 하는 하향적 활동을 통하여 전통적이고 오래된 시스템을 상징적으로 분열시키는 것에서 시작한다.
◆**원리 4**: 변혁의 방향은 상징적으로 가시적인 이미지와 비전을 가진 리더의 상징적 행동으로 제시된다.

◆ 원리 5: 신속하게 새로운 물리적·조직적 그리고 행동체계를 구축하는 것이 성공적인
변혁에 핵심이 된다.
◆ 원리 6: 진정한 변화를 추구하는 리더는 변혁을 추구하는 것이 필수적이다.
◆ 원리 7: 결과로부터 피드백 하는 혁신 시스템을 구축한다.

【참고자료】

Michael E. Rock. The 7 Pillars of Visionary Leadership: Aligning Your Organization for Enduring Success;
http://www.canadaone.com/ magazine/leadership1.html

11
노울즈(Knowles)의 창조적 리더십

◆ 창조적 리더는 인간의 본성에 대하여 긍정적인 가정을 받아들인다. 사람들은 스스로 통
제하고 자신의 능력을 창조적이고 생산적으로 사용하고자 한다.
◆ 창조적 리더는 자기가 생각한 대로 성취하는 힘을 가지고 있다고 믿고 있으며 그것을
이용한다.
◆ 창조적 리더는 개성을 매우 높게 평가한다. 창조적 리더는 자신만이 가진 장점, 관심사,
재능과 목적에 의하여 일할 때 더 높은 수준에서 일을 처리하게 된다.
◆ 창조적 리더는 창조성을 자극하고 보상한다. 그들은 가속적으로 변화하는 세계에서 창
조성을 개인과 조직 그리고 사회의 생존을 위한 기본 조건으로 생각한다.
◆ 창조적 리더는 지속해서 변화하는 과정에 몰입하고 변화를 능숙하게 관리한다.
◆ 창조적 리더들은 외적인 동기 유발 요인보다는 내적 동기를 더 강조한다.
◆ 창조적 리더는 사람들로 하여금 스스로 통제할 것을 권한다.
◆ 위대한 리더는 태어나는 것이라기보다는 만들어지는 것으로 생각한다.

【참고자료】

Knowles, M. (1990). *The Adult Learner, A Neglected Species (4th ed)*. London: Gulf Publishing.

제5장

전략적 관리와 기획 도구

전략적 관리와 기획은 전략적 사고(Strategic Thinking)의 산물이고, 전략적 관리와 기획은 조직과 조직구성원의 전략적 사고를 증진하는 학습 과정이다. 전략적 사고는 문제의 기술과 분석을 기초로 하는 합리성을 중시하지만, 기본적으로 창조적이고 직관적이다. 전략적 사고가 없는 계획은 전술적 또는 운영적인 계획이 된다.

전략적 사고는 합리적 사고와 직관적 사고 둘 다를 합한 것이다. 전략적 사고는 인지 능력이다. 즉 뇌의 우뇌와 좌뇌를 모두 포함하는 것이다. 전략적 사고에서는 문제의 기술과 분석을 기초로 하는 합리성을 중시하지만 기본적으로 창조적이고 직관적이다. 전략적 사고는 열린 마음으로 문제를 보고 문제의 해결 방법을 모색하는 것을 의미한다. 전략적 사고는 문제의 핵심을 선택하고 핵심을 해결하고자 하는 사고의 선택과 집중을 요구한다. 전략적 사고는 행동 지향적인 사고이다. 전략적 사고는 소위 80/ 20법칙에 의하여 중요한 것과 중요하지 않은 것을 구별하는 사고이다.

01
전략적 사고

비판적 사고와 창의적 사고

전략적 사고는 <그림 5-1>과 같이 과학적 시스템 사고와 비판적 사고 및 창의적인 사고의 결합을 요구한다. 전략적 사고는 비판적 사고를 조장하는 좌뇌의 활동과 감정과 창의성을 강조하는 우뇌의 종합적 사고를 요구한다. <표 5-1>은 비판적 사고와 창의적 사고의 특징을 보여준다.

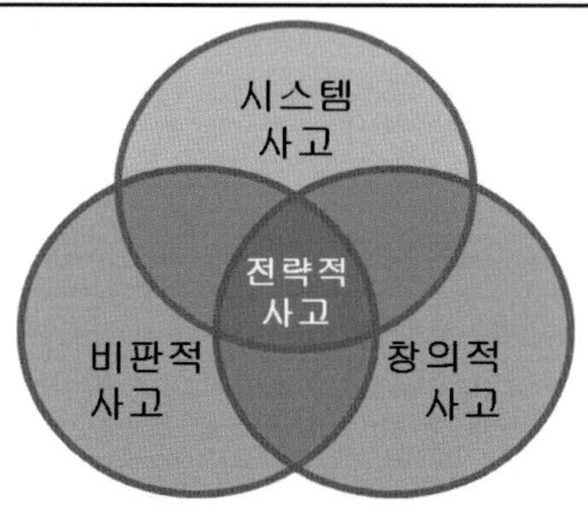

〈그림 5-1〉 전략적 사고

〈표 5-1〉 비판적 사고와 창의적 사고

비판적 사고	창의적 사고
분석적	발생적
수렴적	분산적
수직적	수평적
확률적	실현 가능성
판단	판단의 중지
집중적	분산적
객관적	주관적
좌뇌	우뇌
예, 그러나(yes but)	예, 그리고(yes and)

시스템 사고

시스템(System)은 부분으로 구성되어 상호작용을 하는 단일복합체로 정의되는 데 이러한 시스템은 다음과 같은 속성을 가진다.

◆ 체제는 전체성, 전환성, 규제(환류)성, 구조 분화성, 불확정성을 특징으로 한다.

◆ 체제의 구성요소들은 상호 기능적으로 연결되어 있다.

◆ 체제의 구성요소들 관계는 체제 내에서만 의미가 있다.

◆ 체제는 결정론을 의미한다.

◆ 체제는 환경－투입－전환－산출－환류의 순환과정으로 유지된다.

◆ 체제는 구성요소 간의 균형 및 본래의 균형 상태로 돌아가려는 항상성(Homeostasis)을 가진다.

◆ 체제는 목적달성에 순기능과 역기능을 가진다.

◆ 체제론은 전체 체제의 변화를 설명하는 총체적 입장을 택한다.

◆ 체제 내에는 조정과 통제의 기구를 가진다.

가장 간단한 체제모형은 <그림 5-2>와 같은 순환과정을 가진다.

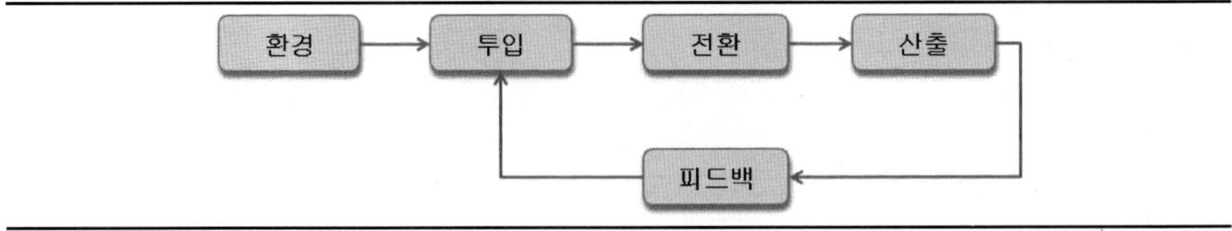

〈그림 5-2〉 시스템의 기본 모형

◆**환경**: 시스템을 둘러싸고 있는 모든 것으로 고객, 경쟁기업, 정부, 정치 사회적 환경, 국제적 환경 등으로 구성된다.

◆**투입**: 투입은 환경으로부터 변화에 대한 요구와 지지, 제품을 만들기 위한 물적·인적 자원, 정보자원, 시간자원이 해당한다.

◆**전환**: 투입된 자원을 활용하는 단계로 제품개발, 제조, 서비스 창출 등의 활동이 해당한다. 전환과정은 다양한 구성요소의 상호작용으로 구성된다.

◆**산출**: 전환과정에 의해서 만들어진 결과물로 고객에게 제공되는 제품이나 서비스를 의미한다.

◆**피드백**: 다음 단계의 활동을 위해 검토하고, 기존의 과정을 수정 보완하는 환류의 과정을 의미한다.

전략적 사고의 단계

오매(OhMae)는 전략적 사고 과정을 <그림 5-3>과 같은 과정으로 설명하고 있다.

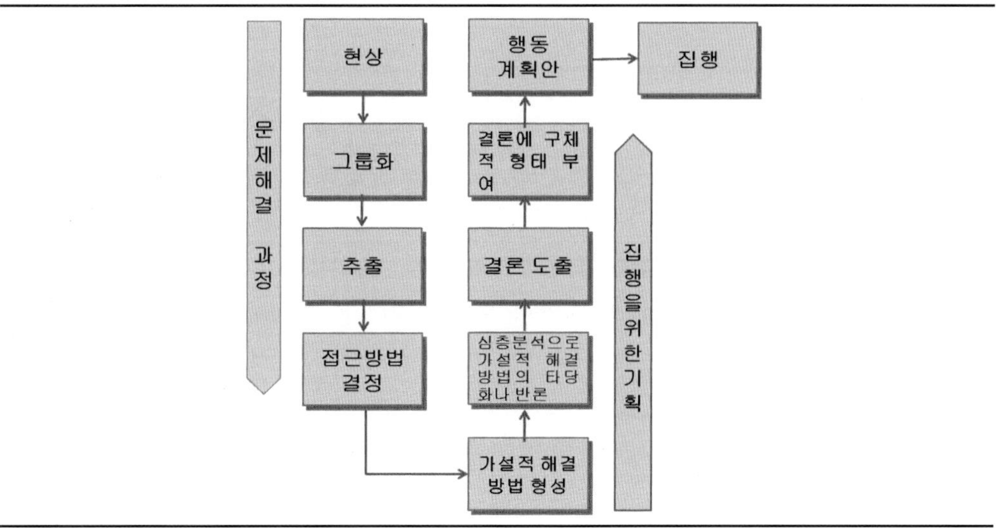

* 자료: Ohmae, Kenichi, (1982). *The Mind of the Strategist*, McGraw-Hill.

〈그림 5-3〉 전략적 사고의 단계

리드카(Liedtka)의 전략적 사고

리드카는 전략적 사고를 <그림 5-4>와 같이 5가지의 특성을 가지는 것으로 설명하고 있다.

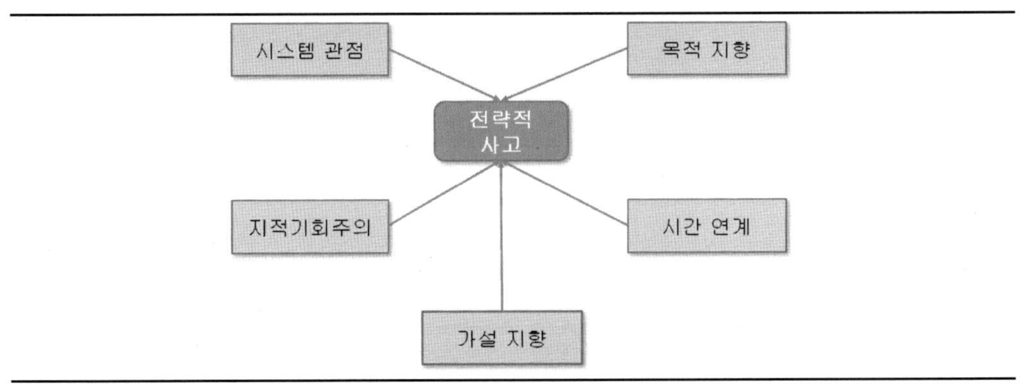

* 자료: Liedtka, 1998.

〈그림 5-4〉 전략적 사고

◆ **시스템 또는 총체적(holistic) 시관**: 전략적 사고는 시스템적 관점에서 부분의 상호작용에 의한 시너지를 강조한다.

◆ **목적 중시**: 전략적 사고는 목적을 달성하기 위한 사고이다.

◆ **시간의 연계**: 전략적 사고는 과거, 현재, 미래의 시간을 연계하여 생각한다.

◆ **가설 지향적**: 전략적 사고는 가설을 만들고 이를 검증한다. 전략적 사고는 본질에서 창조적이고 끊임없이 가설을 제기하고 검증하고자 한다.

◆ **지적 기회주의**: 전략적 사고는 항상 가능성을 열어두는 지적 기회주의를 지향한다.

【참고자료】

Liedtka, J. (1998). Strategic thinking; can it be taught? *Long Range Planning*, 31(1): 120∼129.

본(Bonn)의 전략적 사고

구성요소

본은 전략적 사고를 <그림 5-5>와 같이 3가지 특성으로 설명하고 있다.

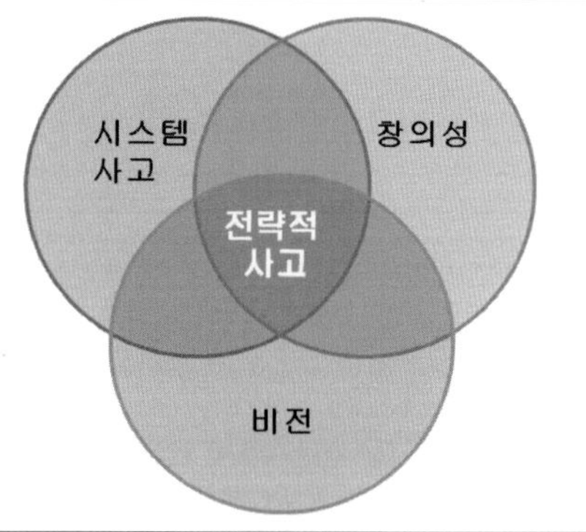

* 자료: Bonn, 2005.

〈그림 5-5〉 전략적 사고의 구성요소

▦ 시스템 사고(Systems Thinking)

전략적 사고는 조직을 부분으로 구성되어 상호작용을 하는 통합된 체계로 이해한다 이는 시간이 지남에 따라서 변화를 가져오고 다시 피드백으로 영향을 주는 체제로 본다.

▦ 창의성(Creativity)

전략은 경쟁적 우위를 창출하기 위해 아이디어와 문제 해결방법을 개발하는 것이다. 전략적 사고자는 더욱 나은 방법과 새로운 접근방법을 모색하여야 한다.

▦ 비전(Vision)

전략은 공통적인 믿음, 바람직한 미래의 비전과 관련된다. 전략적 사고는 이러한 비전을 달성하기 위한 활동이다.

다차원적인 조직의 전략적 사고 향상 방법

본은 조직의 전략적 사고 향상 방법을 <그림 5-6>과 같이 제시하고 있다.

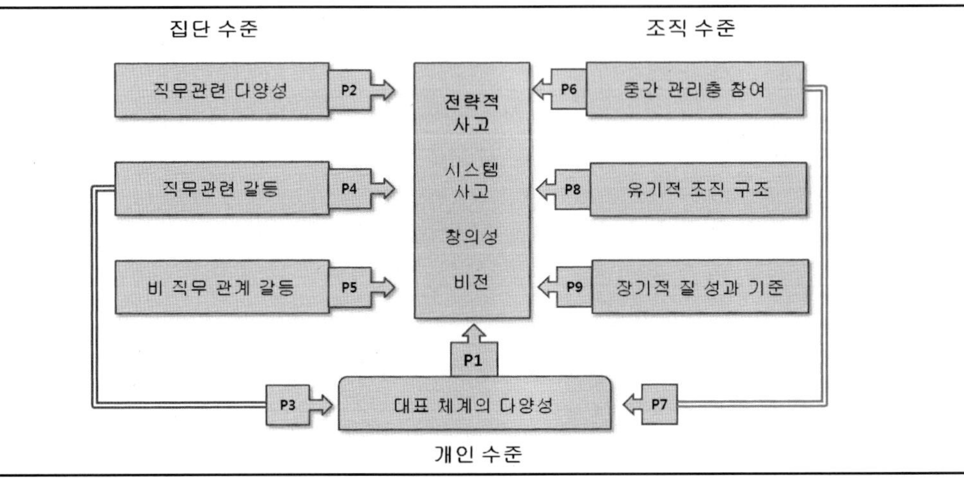

* 자료: Bonn, 2005.

〈그림 5-6〉 전략적 사고 향상 방법

◆P1: 높은 전략적 사고 능력을 갖춘 의사결정자는 낮은 전략적 사고 능력을 갖춘 의사
결정자보다 대표 체계에서 더욱 큰 다양성을 보여줄 것이다.

◆P2: 직무와 관련된 다양성 차원에서 이질적인 고위관리자 집단은 더 높은 전략적 사고
를 한다.

◆P3: 과업과 관련된 갈등은 고위관리자의 대표체계에서 다양성을 증가시킨다.

◆P4: 과업과 관련된 갈등은 고위관리자의 전략적 사고 능력을 증대시킨다.

◆P5: 인간관계와 관련된 갈등은 고위관리자 집단의 전략적 사고를 감소시킨다.

◆P6: 전략적 의사결정과정에 중간관리자의 참여는 조직 내 전략적 사고를 촉진한다.

◆P7: 전략적 의사결정과정에 중간관리자의 참여는 대표체계에서 개인의 다양성을 증대
시킨다.

◆P8: 유기적인 조직은 조직 내에서 전략적 사고를 촉진한다.

◆P9: 조직의 보상 체계가 장기적이고 질적인 성과의 비중을 높이면 조직 내 전략적 사
고를 촉진한다.

【참고자료】

Bonn Ingrid. (2005). Improving strategic thinking: a Multilevel Approach. *Leadership & Organization Development Journal*, 26(5): 336~354.

전략적 사고 능력 틀(SICF)

LPP 360은 전략적 사고력 틀(SICF: Strategic Intelligence Capability Framework)로 <그림 5-7>을 제시하고 있다.

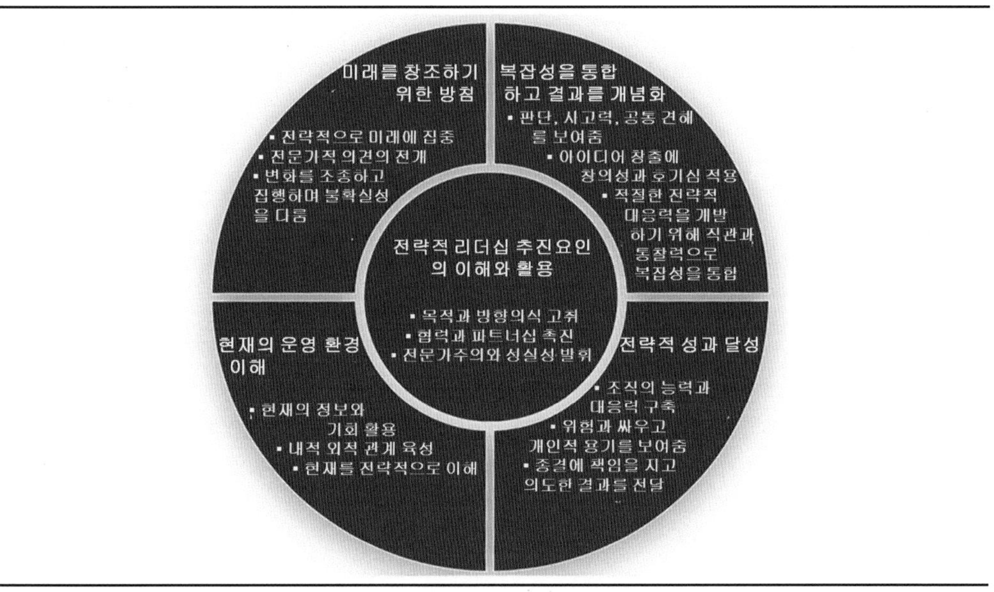

* 자료: LPP 360, Strategic Intelligence Capability Framework(SICF); *www.lpp360.com.au*

〈그림 5-7〉 전략적 사고 틀

위대한 전략적 사상가의 10가지 기본조건

◆ **기본조건 1**: 비전을 가져야 한다. 전략적 목적을 가지고 생각하고, 비전이 있는 과정을 창출할 때 위대해진다. 위대한 전략적 사상가는 비전이 있는 사람이다.

◆ **기본조건 2**: 경험으로부터 배우고, 평생 배우는 사람이 되어야 한다. 위대한 전략적 사상가는 그들이 하는 모든 것을 지속해서 개선하고자 한다.

◆ **기본조건 3**: 시간을 효율적이고 효과적으로 사용하는 방법을 배워야 한다. 위대한 전략

적 사상가는 시간에 높은 가치를 부여하며 전략적 시간 관리의 대가이다.

◆**기본조건 4**: 자기 주변에 일어나고 있는 것에 대해 매우 높은 수준의 의식을 가지고 이 모든 것을 흡수하기 위해 자신을 열어놓아야 한다. 위대한 전략적 사상가는 일어나는 모든 것의 속에 있으면서 이를 생각할 시간을 가진다.

◆**기본조건 5**: 인내하여야 한다. 전략적으로 생각하는 것은 오늘, 내일, 다음 주보다 장기적인 미래를 생각하는 것이다.

◆**기본조건 6**: 명확하고 초점을 두는 이정표와 목적이 있어야 한다. 또한 자기 생각이 옳은지에 대하여 자주 검토하여야 한다. 자기 성찰의 과정이 필요하다.

◆**기본조건 7**: 편견이 없어야 한다. 전략적 사상가는 자기가 생각한 것을 지속해서 판단하여 자기 자신을 구속하지 않는다. 그들은 마음을 열고 보다 구체적으로 검증하고자 한다.

◆**기본조건 8**: 아이디어를 창출하면서 현실적이고, 장기적인 관점에서 실현 가능한 것인지에 대하여 정직하여야 한다. 이것은 성공을 촉진할 뿐만 아니라 가능성을 높인다. 위대한 전략적 사상가는 약속하고 약속을 지킨다.

◆**기본조건 9**: 자기 자신을 위하여 시간을 유보하여야 한다. 위대한 전략적 사상가는 생각하기 위해서 시간을 가진다.

◆**기본조건 10**: 다른 사람의 자문이나 관점을 구하여야 한다. 이를 위해 동료 자문 집단에 가입하거나, 관련 집단에 적극 참여하여야 한다.

【참고자료】

Ebersole, J. G. Jr. The Top 10 Essential Requirements To Be A Great Strategic Thinker; http://www.1000advices.com/guru/strategy_thinking_10requirements_ge.html

06
전략적 사고: 10개의 큰 아이디어

▪ 장기 기획(Long-Range Planning)

장기기획은 관리자로 하여금 분기나 1년을 넘어서는 자원배분을 생각하게 하고 기업에 영향을 주는 외적 요인을 고려하도록 한다.

▪ 전략적 분석(Strategic Analysis)

전략적 사고와 활동은 관리자들이 시장, 경쟁자 및 산업에 대하여 더 잘 이해할 수 있도록 새로운 분석도구를 개발하도록 한다. 이러한 분석 도구로는 시장 분할, 제품의 수명주기 이론, SWOT 분석, 산업구조 분석 등이 있다.

■ 질(Quality)

데밍(Deming) 이후 전략적 기획과 관리는 조직과 기업의 질에 관한 관심을 요구하고 있다. TQM, BPR, 6시그마 등은 전략적 사고가 질을 강조함으로써 개발된 도구들이다.

■ 포트폴리오 이론(Portfolio Theory)

포트폴리오 이론은 기업의 제품, 서비스, 시장을 자원배분의 의사결정을 할 수 있도록 나눌 수 있다는 전제를 기초로 한다. BCG 모형, GE/맥킨지 매트릭스 등은 전략개발의 유용한 도구가 되고 있다.

■ 시나리오 기획(Scenario Planning)

시나리오 기획 기법은 기업을 둘러싸고 있는 환경과 상호작용하는 것을 생각하는 유용한 방법을 제공한다. 시나리오 기획은 서로 다른 전략의 효용성을 탐구하기 위해 조직과 그의 환경에 대한 가능한 미래를 형성하여 분석한다.

■ 자원배분 모형(Resource Allocation Models)

전략가들은 자원배분에 지침이 될 수 있는 더 유용한 원리를 지속해서 찾고 있다. 자원을 기초로 한 시관(RBV), 마이클 포터의 일반전략모형 등은 경쟁우위를 위한 자원배분 전략의 시각을 제공한다.

■ 기업문화(Corporate culture)

사회 심리학을 기반으로 하는 조직문화에 대한 이론은 전략의 집행이나 조직변화에 중요한 요인이다. 전략적 사고는 건전한 조직문화의 형성 및 조직문화와 전략의 적합성 등에 관심을 둔다.

■ 리더십 기술(Leadership Craft)

효과적인 리더십은 기업의 전략 선택과정에서 핵심적인 변수로 인식하고 있다. 리더는 전략과 조직의 가치를 연결하고 전략을 성공적으로 집행하도록 하는 책임을 가진다. 특히 인간에 대한 긍정적인 가정을 바탕으로 하는 권한 부여, 참여를 강조하고 있다.

■ 문제의 측정(Metrics that matter)

합리적 사고와 연계하여 전략적 사고는 문제에 대한 측정방법에 지속해서 관심을 둔다. 비용 편익분석, 균형성과표, 성과측정 방법의 개발 등은 이러한 사고의 표현이다.

■ 전략적 조직 설계(Strategic organization design)

조직의 효율성, 효과성 및 전반적인 성과를 극대화할 수 있는 최적의 조직 설계에 대한 관심은 전략사업단위(SBU), 전략적 제휴 등에 대한 관심을 가지게 한다.

【참고자료】

Allio, R. J. (2006). Strategic thinking: the ten big ideas. *Strategy & Leadership*, 34(4): 4~13.

◆창의적 사고

전략을 형성하는 것은 고도의 창의성을 요구한다. 전략 형성의 가장 중요한 기술은 고뇌를 바탕으로 만들어지는 창의성이다. 창조적인 일은 약동적이고, 영감을 불어넣고, 신과 같은 그러면서도 한편으로는 일상적이고, 평범하며, 고뇌, 좌절, 잘못, 실패로 가득 찬 것이기도 하다.

창의적 사고를 바탕으로 하는 창의적 문제 해결(CPS: Creative Problem Solving)은 특정의 문제 상황에서 발산적 사고와 수렴적 사고를 사용하여 문제를 발견하고, 사실 자료를 참조하여 문제를 구체화하고, 창의적인 아이디어를 창출하여 해결방안을 도출하는 일련의 과정을 의미한다.

창의성은 조직의 창의적인 분위기에서 창출될 수 있다. 폐쇄적이고, 억압적인 조직문화 속에서는 창의성을 발휘하기 어렵다. 조직의 창의적인 분위기를 조성하기 위하여 관리자는 다음과 같은 것을 제공하여야 한다.
- 개인과 집단에게 자율성과 도전성을 제공한다.
- 개인의 아이디어에 대하여 채택 여부 등의 응답을 한다.
- 호기심과 경이로운 것을 촉진할 수 있는 능력을 제고한다.
- 생각이 다르다는 것을 관용적으로 받아들인다.
- 내적 외적인 조직의 의사전달을 확대한다.
- 실패를 인정하도록 한다.

07
왈라스(Wallas)의 모형

왈라스는 인간 두뇌의 작용과 관련하여 창의성의 작동 원리를 <그림 5-8>과 같이 제시하고 있다.

◆ 준비(Preparation) 단계: 문제, 이슈, 욕구의 정의, 해결을 위한 정보의 수집, 해결되었다는 것을 판단하기 위한 기준 설정
◆ 심사숙고(Incubation) 단계: 문제로부터 한발 물러서서, 예측하고 검토함. 이 과정은 마지막 순간까지 진행
◆ 계발(Illumination) 단계: 창조적 해결의 기초를 제공하기 위해 마음속으로 아이디어를 생각함, 이 아이디어는 전체의 부분이 될 수도 있고, 전체가 될 수도 있음, 계발은 최종 아이디어 선정으로 매우 짧은 시간에 일어날 수 있음
◆ 확인(Verification): 최종 아이디어가 사전에 설정한 기준에 적합한지 아닌지를 알기 위해서 행동으로 옮기는 단계임

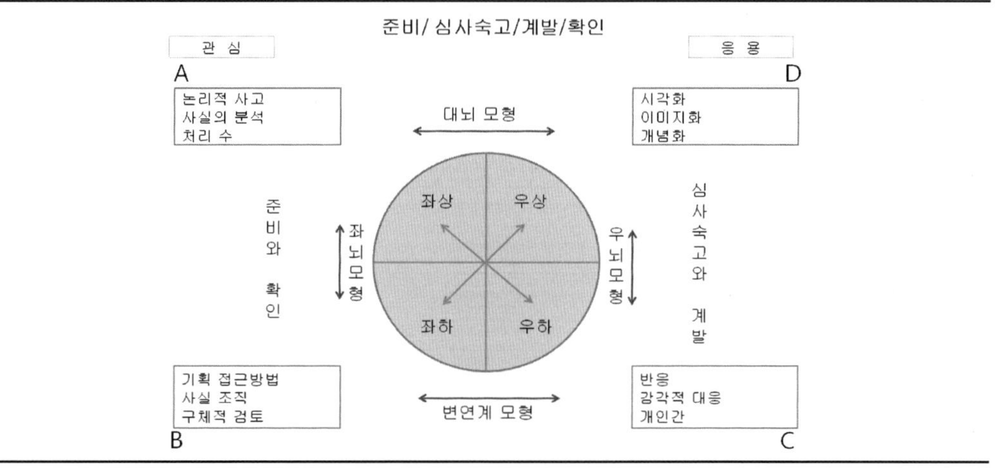

* 자료: Wallas, G., 1926.

〈그림 5-8〉 상호작용 모형(전체 뇌의 창의성)

【참고자료】

Wallas, G. (1926). *The Art of Thought*. New York: Harcourt Brace.

08
창의적 문제 해결(CPS) 모형

오스본(Osborn)의 창의적 사고를 위한 7단계 모형
◆ 방향결정(Orientation): 문제를 명확하게 함

◆준비(Preparation): 타당한 자료의 수집

◆분석(Analysis): 관련 자료를 분해

◆아이디어 창출(Ideation): 아이디어 창출 방법에 따라 대안을 모색

◆검토(Incubation): 아이디어를 보다 명확하게 함

◆종합(Synthesis): 부분 조작을 하나로 통합함

◆평가(Evaluation): 최종 아이디어를 판단함

오스본-파네스(Osborn-Parnes)의 6단계 모형

이들은 <그림 5-9>와 같이 6단계 모형을 제시하고 있다.

◆1단계: 목표발견(Objective Finding): 목표, 희망 사항 또는 도전의 확인

◆2단계: 사실 발견(Fact Finding): 관련된 자료의 수집

◆3단계: 문제 발견(Problem Finding): 목표달성을 위해 해결에 필요한 문제의 확인

◆4단계: 아이디어 발견(Idea Finding): 확인된 문제를 해결하기 위한 아이디어 창출

◆5단계: 해결책 발견(Solution Finding): 아이디어에서 집행을 위한 방안으로 이동

◆6단계: 수용안 발견(Acceptance Finding): 행동을 위한 계획 수립

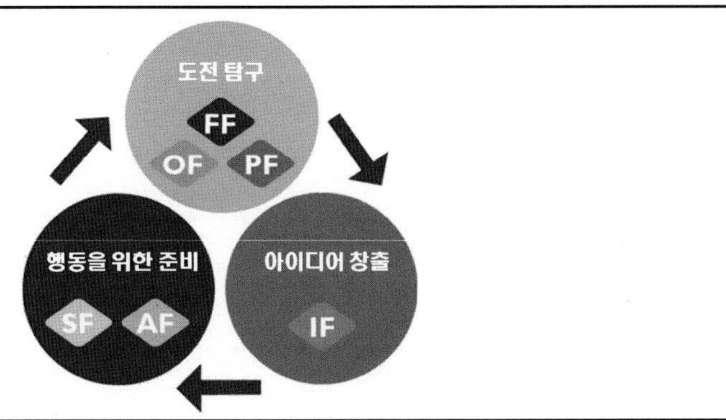

* 자료: http://www.creativeeducationfoundation.org

〈그림 5-9〉 CPS 모형

트레핑거와 이삭센(Treffinger & Isaksen)의 모형

트레핑거와 이삭센은 다음의 CPS 접근방법의 기본 원칙에 의해 CPS를 <그림 5-10>과 같이 하나의 시스템으로 이해하고 있다. 모형에 의한 문제 해결단계는 <표 5-2>와 같이 요약될 수 있다.

◆창조적인 가능성은 모든 사람에 있다.

◆창조성은 매우 광범위한 그리고 무한한 영역이나 주제에 관여하는 모든 사람에게서 표

현될 수 있다.

◆창조성은 개인의 관심, 선호, 스타일에 따라 다양하게 표현된다.

◆사람들은 창조적으로 움직일 수 있다. 그러나 목표달성의 수준이나 정도는 서로 다르다.

◆개인은 훈련으로 창조적 활동을 개선할 수 있다.

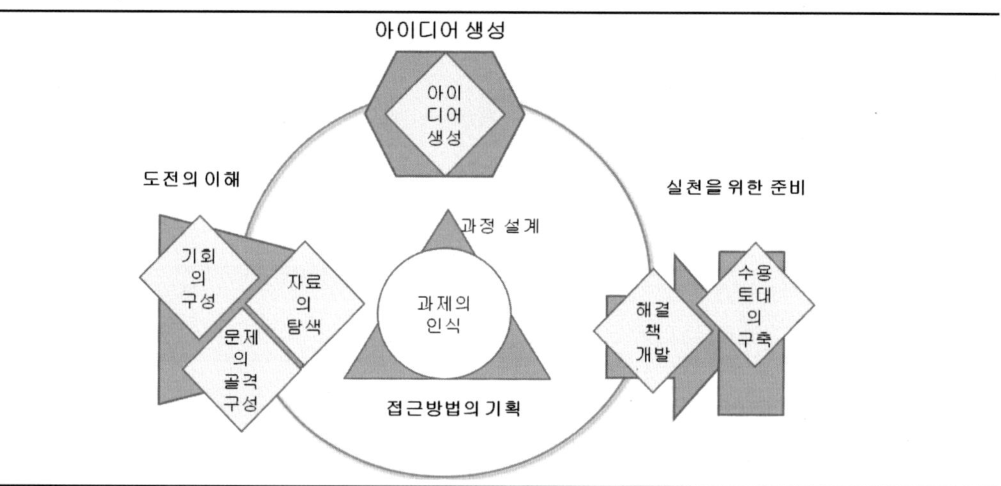

* 자료: Isaksenm & Treffringer, 2000.

〈그림 5-10〉 CPS 틀

〈표 5-2〉 창의적 문제 해결 모형의 단계

요소구분	활동요소	단계	내용
관리요소	접근 계획	과제의 인식	과제의 상황을 여러모로 이해하고, CPS 적용 여부를 판단한다.
		과정의 설계	CPS 적용 여부를 결정한 후, 이를 위한 계획을 수립하고 준비한다.
과정요소	문제이해	기회의 구성	광범위한 목표나 도전, 기회를 확인하여 초점화하여 문제 해결 노력에 대한 방향성을 잡는다.
		자료의 탐색	과제의 다양한 측면을 면밀하게 탐색하여, 어떤 측면이 CPS의 주요 초점이 되어야 하는가를 결정한다.
		문제의 골격구성	문제가 무엇인지에 대한 진술을 여러 개 만든 후, 구체적인 진술문 하나를 선택한다.
	아이디어 생성	아이디어 생성	진술문에 맞는 새롭고, 다양하며, 독특한 아이디어를 생성한다.
과정요소	실천을 위한 준비	해결책의 개발	다양한 대안들을 다듬어 개선하고 향상하여 잠재적인 해결책으로 구성한다.
		수용 토대 구축	잠재적인 해결책을 탐색한 후, 이를 지지하는 요소를 찾는 동시에 저항요소를 극복하면서 성공적으로 실천 가능성을 높이는 방법을 찾는다. 최종적으로, 구체적인 실천 계획을 개발하고, 실천 행위를 모니터링하며, 필요하면 이를 수정해나간다.

* 자료: 임철일 외, 2009.

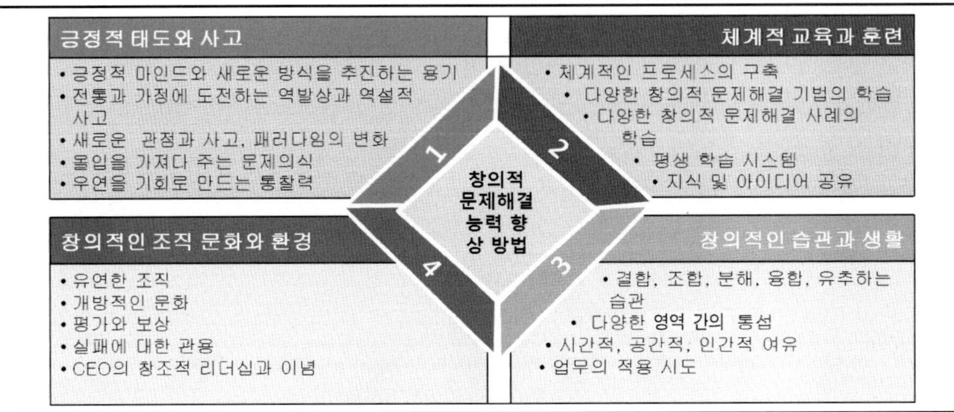

* 자료: http://www.k-cps.co.kr/chang/chang1.php

〈그림 5-11〉 창의적 문제 해결 능력 향상 방법

【참고자료】

임철일 외 (2009). 「온라인 지원 시스템 기반의 '창의적 문제 해결 모형'을 활용하는 통합형 대학 수업 모형의 개발」, 『교육공학연구』, 25(1): 171~203.

Treffinger, D. J. & Isaksen, S. G. (2005). Creative Problem Solving, *Gifted Child Quarterly*, 49(4): 342~353.

Paul E. Plsek. Working Paper: Models for the Creative Process, 재인용; http://www.directedcreativity.-com/pages/WPModels.html; http://www.creativeeducationfoundation.org

◆ 아이디어 창출기법

전략적 기획은 미래지향적인 활동이며, 전략적 기획에서 해결되어야 하는 전략적 이슈는 정형화된 문제 해결방법이 없는 것들이 대부분이다. 이러한 문제를 해결하기 위해서는 다양한 아이디어를 창출하여야 한다. 여기에서 제시하는 다양한 아이디어 창출기법은 전략적 기획의 전 과정에서 다양하게 활용될 수 있다.

전략적 아이디어 착상법은 초기에는 개인적인 방법이 제시되었으나 오늘날에는 집단적인 발상법과 이를 발전시킨 시스템적인 발상법으로 발전되고 있다. 개인적인 발상법에는 5W1H 기법, 오스본의 체크리스트 기법, 유추법 등이 있고, 집단적인 발상법에는 브레인스토밍법, 스노 카드 기법 등이 있으며, 시스템적 발상법에는 매트릭스 기법, 모호로지컬 기법 등이 있다. 실제 대안의 발상 과정에서는 이러한 다양한 방법들이 혼합되어 사용된다.

전략적 기획에서 아이디어를 창출하기 위해서는 창의적인 개인 이외에 개인의 창의성을 조장하는 조직의 분위기와 이를 활용하는 제도적 장치가 있어야 한다.

브레인스토밍 기법

의의

브레인스토밍(brainstorming) 기법은 전략적 기획 과정에서 가장 많이 사용되는 기법이다. 브레인스토밍 기법의 아버지로 불리는 오스본(Alex Osborn)은 "새로운 아이디어를 창출하는 것보다 엉터리 같은 아이디어를 제시하기가 더 쉽다"고 이야기하고 있다. 종종 새로운 아이디어는 체계적인 사고보다는 엉뚱한 사고에서 나온다.

일반적인 회의방법은 사고를 구조화하고 자유로운 의견의 제시를 어렵게 하여 문제 해결을 왜곡하거나 가능한 대안의 수를 억제한다. 그러나 브레인스토밍에서는 아이디어에 대하여 평가를 하지 않는다. 브레인스토밍은 자유로운 분위기에서 스스로 아이디어를 제시하고 다른 사람의 아이디어로부터 새로운 아이디어를 창출하는 방법이다. 브레인스토밍은 뇌(brain)에 폭풍(storming)을 일으키는 활동이다.

브레인스토밍은 6~12명 정도의 그룹이 적정하다. 그룹에서는 진행자와 기록원을 선발하고, 제시된 아이디어는 화이트보드나 칠판에 기록한다. 회의에 앞서 진행자는 해결하고자 하는 주제와 브레인스토밍 방법에 대하여 간략하게 설명을 한다.

방법

효과적인 브레인스토밍을 하기 위해서는 다음과 같은 규칙을 지켜야 한다.

◆ 제시된 아이디어나 의견을 평가하지 말아야 한다. 나쁜 아이디어란 없다고 생각하여야 한다. 타인의 아이디어가 엉뚱하다고 웃거나 하여서는 아니 된다.

◆ 브레인스토밍에서는 사고를 구조화하려고 하여서는 아니 된다. 예로 닭고기를 요리하는 방법을 생각할 때에 닭고기를 튀겨서 먹는 방법을 주제로 제시해서는 안 된다.

◆ 브레인스토밍은 양적으로 많은 아이디어를 창출하기 위한 기법이다. 생각할 수 있는 모든 아이디어가 제시될 수 있도록 하여야 한다.

◆ 브레인스토밍에서는 다른 사람의 아이디어를 확대, 개선, 표절하는 것도 인정하여야 한다.

◆ 하나의 문제나 이슈에 초점을 두도록 한다. 브레인스토밍에서는 하나의 주제가 마무리된 뒤에 새로운 주제를 다루도록 해야 한다.

회의 진행자는 참여자가 자유스럽게 회의에 참여하게끔 분위기를 조성하여 참여자들이 긴장하지 않도록 한다. 주제에 대한 설명은 너무 구체적이어서는 아니 되고, 주제를 명확하게 하려면 질의응답의 시간도 필요하다. 브레인스토밍은 아이디어가 고갈되었을 때 중단하고 다음에 아이디어를 평가하여야 한다.

이 외에 다음과 같은 것도 진행과정에서 고려될 필요가 있다.

◆ 생각할 시간을 충분히 주어야 한다.
◆ 원탁회의 형식을 취하고, 팀에서 적극적 참여자를 확보한다.
◆ 사전에 일상적인 주제를 대상으로 예행연습을 한다.
◆ 사고에 활력을 주기 위하여 휴식 시간을 가진다.
◆ 말하라고 강요하거나 빨리 말하라고 하지 않는다.
◆ 말은 이슈에 대하여 간단히 하도록 한다.
◆ 목소리의 크기를 조심하여야 한다.
◆ 모든 사람의 발언에 경청을 한다.
◆ 다른 사람이 이야기하는 것을 중단시키지 않는다.

【참고자료】

박홍윤 (2009), 『공공조직을 위한 전략적 기획론』, 대영문화사.

10
6-3-5 브레인라이팅 기법

의의

6-3-5 브레인라이팅(6-3-5 brainwriting) 기법은 브레인스토밍을 기반으로 하는 창의성 개발 기법이다. 이 기법도 브레인스토밍과 같이 아이디어의 질이 아닌 수를 증대시키는 방법이다. 6-3-5 브레인라이팅은 <그림 5-12>와 같이 짧은 시간에 많은 아이디어를 창출할 수 있도록 한다.

6-3-5 기법에서는 6명이 하나의 집단을 구성하여 원탁에 앉아서 아이디어를 창출하게 된다. 회의를 진행하는 기법은 브레인스토밍과 같이 자유스러운 분위기에서 자신들의 의견과 아이디어를 제시한다.

6-3-5 브레인라이팅을 위해서 진행자는 <표 5-3>과 같은 형식의 종이를 6장 준비한다. 논리적으로 6-3-5 기법은 30분 동안에 108개의 대안을 구상할 수 있게 된다.

〈그림 5-12〉 6-3-5 브레인라이팅

〈표 5-3〉 6-3-5 sheet

문제: 지역경제 활성화를 위한 기업 유치 방법은?

이름	아이디어 **1**	아이디어 **2**	아이디어 **3**
홍길동	A1: 세금감면	A2: 공장부지 제공	A3: 인력제공
백두산			
한라산			
이철수			
이영희			
김철수			

과정

◆회의 진행자는 참석자를 소개하고 분위기를 조성한다.

◆주제에 대한 설명과 회의진행 방법에 대하여 설명한다.

◆진행자는 6-3-5 시트를 준비하여 1장씩 나누어준다.

◆참석자는 5분 동안에 3개의 아이디어를 시트에 적는다.

◆아이디어를 적은 종이는 5분이 지나면 옆 사람에게 넘겨준다.

◆이를 5번 반복하게 된다.

활용

6-3-5 기법은 이용이 쉽고, 빠른 시간에 많은 아이디어를 창출할 수 있으며, 진행자가 특별한 자격을 가지지 않아도 되고, 말이 필요 없는 장점이 있다. 이 방법은 브레인스토밍보다는 다른 사람의 아이디어를 기초로 새로운 아이디어를 창출할 수 있게 하는 효과가 있다.

그러나 한정된 시간으로 참석자들이 압력을 받아서 사고를 제한할 수 있다. 실제 창출되는 아이디어는 논리적 숫자인 108개의 아이디어보다는 적다.

11
형태학적 분석법

의의

새로운 것은 지금까지 없었던 것을 새롭게 만들 수 있지만, 기존에 있던 것을 새롭게 조합하여 만들 수도 있다. 형태학적 분석법(Morphological Analysis)은 주로 후자와 관련된 아이디어 창출 및 문제 해결 기법이다.

형태학적 분석은 1960년대 불가리아 출생의 스위스 물리학자 츠비키(Fritz Zwicky)가 다차원적이고 비계량적인 복잡한 문제를 해결하기 위하여 가능한 모든 해결방법을 탐색하기 위해서 개발하였다. 이 방법은 츠비키가 제트 및 로켓 추진체를 개발하는 데 처음으로 사용된 뒤에 마케팅이나 새로운 아이디어의 개발에 응용되고 있다.

방법

형태학적 분석법은 주로 인과적 모형화나 시뮬레이션할 수 없는 문제를 해결하는 데 도움이 된다. 예로 신차를 개발한다고 하자. 우선 차를 구성하는 요소(속성)를 확인하고, 각 요소를 보여주는 형태를 가능한 다양하게 선정한다. 이 과정은 전문가 이외에 상상력도 요구된다. 이에 대한 매트릭스를 작성한 뒤에 브레인스토밍 등의 기법으로 개개의 요소를 연결하여 아이디어를 개발한다.

이 방법은 우선 다양한 구성요소로 이루어진 시스템을 하위 구성요소로 분류하고 하위 구성요소를 문제 해결에 큰 영향을 주는 핵심적인 것과 그렇지 않은 것으로 분류한다. 이에서 핵심적인 구성요소 간의 관계에 의해서 시스템의 구성요소를 결정하도록 한다.

<표 5-4>는 자동차 개발에 대한 형태학적 분석의 사례이다. 개발 대상으로 고소득층인 사람이 작은 엔진을 부착하거나 픽업을 선택할 수는 없을 것이다.

<표 5-4> 사례: 자동차 개발을 위한 형태학적 분석 사례

형태 \ 요인	형태1	형태2	형태3	형태4	형태5	형태6
디자인(전면)	공격형	모난형	슬림형	유선형	스포티	강건형
엔진	경유 100-200 hp	경유 200-300 hp	중유	하이브리드	수소	전기
좌석/공간	2	4	5	6	7+	6+기타 공간
차량 타입	리무진	미니 밴	SUV	왜곤	쿠페	픽업
차량 스타일	신뢰형	굴형	친숙형	건방진 형	프랑스 형	미국형
특별제공품 (제공자)	DVD플레이어 (블록버스터와 협력)	온라인 상점에서 음악 다운로드 서비스	카 튜닝 쿠폰 제공	국내도시 간 기차 여행 쿠폰 제공	매년 차량 도색 서비스	냉장고, 부엌용품 제공
대상집단	고소득층	아이 없는 맞벌이 부부	급격하게 상위 계층이 된 사람	건강과 환경을 중시하는 사람	부유한 은퇴자	귀족풍의 사람

* 자료: Krogerus, M. & Tschappeler, T. (2012). The Decision Book, W. W. Norton & Company, New York.

활용

이 방법은 마케팅이나 국가의 정책형성과 같이 고려하여야 할 변수가 많고, 숫자로 표현할 수 없는 복잡한 현실 세계의 문제를 해결하는 데 도움을 준다. 특히 문제나 시스템을 단순화하여 이해를 쉽게 하는 장점이 있다.

【참고자료】

Ritchey, T. (2002). Modelling Complex Socio-Technical Systems Using Morphological Analysis; www.swemorph.com

Ritchey, T. (2011). General Morphological Analysis: A general method for non-quantified modeling; www.swemorph.com

Mindtools, Attribute Listing, Morphological Analysis and Matrix Analysis. http://www.mindtools.com

12

오스본(Osborn)의 체크리스트 기법

창의성 개발의 대가인 오스본(Alex Osborn)의 체크리스트 기법은 개인이나 집단의 브레인스토밍 등에서 새로운 아이디어를 개발하기 위해서 사용될 수 있는 기법이다. 체크리스트 기법은 체크리스트의 내용에 따라서 하나씩 순차적으로 생각하여 감으로써 아이디어를 창출하게 된다.

다르게 사용하면?	새로운 용도로 사용하면? 바꾸어 새롭게 사용하면?
적용하면?	이것과 비슷한 다른 것은? 이것을 이야기하는 다른 아이디어는? 과거에 이와 비슷한 것은 없었을까? 어떻게 모방할 수는? 누구에게 대신하도록 할 수는 없을까?
수정하면?	새롭게 비틀면? 의미, 색상, 동작, 냄새, 맛, 형태, 모양을 바꾸면? 기타 다르게 바꾸면?
확대하면?	무엇인가를 추가하면? 시간을 늘리면? 빈도를 증대하면? 더 강하게 하면? 더 높게 하면? 더 길게 하면? 더 두껍게 하면? 더 무겁게 하면? 가치를 추가하면? 구성요소를 추가하면? 이중으로 하면? 배가시키면? 과장하면? 농도를 진하게 하면?
축소하면?	무엇인가를 빼면? 더 작게 하면? 간결하게 하면? 소형화하면? 더 낮게 하면? 더 짧게 하면? 더 좁게 하면? 더 가볍게 하면? 생략하면? 날렵하게 하면? 쪼개면? 줄여서 말하면? 빈도를 줄이면? 농도를 흐리게 하면?
대체하면?	누군가 대신하면? 다른 것으로 대체하면? 다른 구성요소로 하면? 다른 물질로 하면? 다른 과정으로 하면? 다른 힘으로 하면? 다른 장소에서 하면? 다른 접근방법으로 하면? 다른 목소리 톤으로 하면? 다른 시간에 하면?
재정렬하면?	구성요소를 서로 바꾸면? 다른 모양으로 하면? 다르게 배열하면? 다른 순서로 하면? 인과관계를 바꾸면? 장소를 바꾸면? 일정을 바꾸면? 더 일찍 하면? 더 늦게 하면?
역으로 하면?	긍정과 부정을 바꾸면? 반대로 하면? 앞뒤, 아래위, 안과 밖을 바꾸면, 역할을 바꾸면? 형세를 역전하면? 부당하게 대우하면?
결합하면?	혼합하고, 합하고, 분류하고, 하나의 세트로 하면? 하나로 결합하면?

【참고자료】

Osborn, Alex F. (1957). *Applied imagination: principles and procedures of creative problem-solving*. New York: Scribner.

13
스캠퍼(SCAMPER) 기법

의의

스캠퍼 기법은 창조적 문제 해결방법으로 엘버리(Bob Eberly)가 오스본의 체크리스트 기법을 기반으로 개발한 기법이다. 이는 <표 5-6>과 같이 요약될 수 있다.

〈표 5-6〉 SCAMPER 기법

구분	내용	예
대체(Substitute)	사람, 구성요소, 부품을 대체한다.	무인경비시스템, 종이컵, 쌀국수
결합(Combine)	다른 기능이나 물건을 하나로 연결한다.	스마트폰, 물티슈, 지우개 달린 연필, 샴푸와 린스 결합, 보온 겸용 밥솥
응용(Adapt)	기능이나 제품의 외형을 바꾼다.	양문형 냉장고, 장미 넝쿨을 철조망에 적용
수정(Modify)	크기, 형태, 구조 등을 수정한다.	노트북, 휴대용 정수기

다른 용도로 사용 (Put to Other Use)	다른 용도로 또는 새롭게 사용한다.	하수도 청소 내시경, 와인 냉장고, 솥뚜껑 삼겹살
제거(Eliminate)	축소, 단순화, 여분의 것을 제거한다.	무선 마우스, 테 없는 안경, 씨 없는 수박, 무설탕 음료수, 무알코올 맥주
역발상(Reverse)	거꾸로, 뒤집어서, 반대로 사용한다.	누워서 머리 감는 의자, 누드 김밥

SCAMPER에 활용할 수 있는 물음

◢ 대체
◆한 부분을 대체 또는 변경할 수 있는가?

◆어떤 사람으로 바꿀 수 있는가?

◆규정을 바꿀 수 있는가?

◆다른 재료나 물질을 사용할 수 있는가?

◆다른 과정이나 절차를 이용할 수 있는가?

◆그의 모양, 색상, 소리 또는 냄새를 바꿀 수 있는가?

◆그의 이름을 바꿀 수 있는가?

◆다른 것을 위해서 한 부분을 대체할 수 있는가?

◆다른 곳에 이 아이디어를 사용할 수 있는가?

◆이것에 대한 나의 감정이나 태도를 바꿀 수 있는가?

◢ 결합
◆아이디어나 부품들을 어떻게 결합할 수 있을까?

◆이 부분의 목적을 결합 또는 재결합할 수 있을까?

◆다른 목적으로 이것을 결합 또는 혼합할 수 있을까?

◆사용 횟수를 극대화하기 위해서 어떻게 결합할 수 있을까?

◆부품들을 어떻게 결합할 수 있을까?

◆개선하기 위하여 다른 능력 있는 사람과 결합할 수 있을까?

◢ 변경
◆다른 어떤 것이 이것과 같은가?

◆다른 맥락에서 이것과 유사한 것이 있는가?

◆과거에 비슷한 아이디어와 관련된 교훈이 있는가?

◆제시된 다른 아이디어는 무엇인가?

◆어떻게 하면 복사하거나 빌려오거나 도용할 수 없는가?

◆누구에게 대신 시킬 수 있는가?

◆어떤 아이디어를 혼합할 수 있는가?

◆어떤 과정을 변경할 수 있는가?

◆어떤 다른 맥락에서 내 생각을 끼워 넣을 수 있는가?

◆내 영역 밖의 어떤 아이디어를 혼합할 수 있는가?

수정

◆어떻게 확대하거나 크게 할 수 있을까?

◆어떻게 과장되게 할 수 있을까?

◆어떻게 더 높게, 크게, 강하게 할 수 있을까?

◆어떻게 하면 횟수를 늘릴 수 있을까?

◆어떻게 하면 2개 또는 그 이상으로 복제할 수 있을까?

다른 용도로 사용

◆어떻게 하면 다른 것으로 이용할 수 있을까?

◆의도하지 않은 다른 사람이 이용할 수는 없는가?

◆어떻게 하면 아이 또는 어른들이 이용할 수 있는가?

◆능력이 없는 사람들이 이용케 할 수는 없는가?

◆현재의 상태에서 새롭게 이용할 방법은 없는가?

◆수정한다면 다른 이용방법이 있는가?

◆다른 시장이나 산업에서 아이디어를 사용할 수는 없는가?

제거

◆단순화할 수 있는 방법은?

◆기능을 변경하지 않고 제거할 수 있는 부분은 무엇인가?

◆핵심이 아니거나 불필요한 것은 무엇인가?

◆규칙을 무시할 수는 없는가?

◆작게 만들 수 있는 것은 무엇인가?

◆줄이거나 생략할 수 있는 속성은 무엇인가?

◆콤팩트 또는 더 작게 할 수는 없는가?

거꾸로 하면?

◆다른 배열의 순서가 더 좋지 않을까?

◆구성요소를 서로 바꿀 수 있을까?

◆이용할 수 있는 다른 형태, 구성, 배열이 있는가?

◆원인과 결과를 바꿀 수 있는가?

◆전달 속도나 일정을 바꿀 수 있는가?

◆긍정적인 것과 부정적인 것을 바꿀 수 있는가?

◆회전시키거나, 들어 올리거나, 내린다면?

◆거꾸로 생각하면?

◆처음 의도한 것과 정반대로 하고자 한다면?

【참고자료】

Olivier Serrat. (2009). *The SCAMPER Technique, ADB, Knowledge Solutions*; http://beta.adb.org/publications/scamper-technique
http://litemind.com/scamper/
www.ocwee.com/YonseiUniv/YS_01/pdf/12.pdf

14
마인드맵

의의

마인드맵(Mind map)은 영국의 교육학자 토니 부잔(Tony Buzan)이 개발한 학습과 기억의 방법이다. 생각의 지도라 할 수 있는 <그림 5-13>과 같은 마인드맵은 백지 위에 키워드나 이미지로 중심 주제를 적고 여기에서 가지를 쳐가면서 핵심어, 이미지, 색상, 기호, 상징 등을 사용하여 방사형으로 펼쳐나감으로써 창의력, 사고력, 기억력을 향상하는 기법이다.

마인드맵은 논리적·이성적인 좌뇌와 창의력, 색상, 감성 등을 담당하는 우뇌의 활동을 조합하여 두뇌 기능을 최대화하고자 한다. 마인드맵의 방사사고(Radiat Thinking)는 중심점으로부터 진행되거나 중심점에 연결되는 결합적 사고과정으로 비전과 목적을 중심으로 하는 전략적 기획과정에 유용한 방법으로 활용될 수 있다.

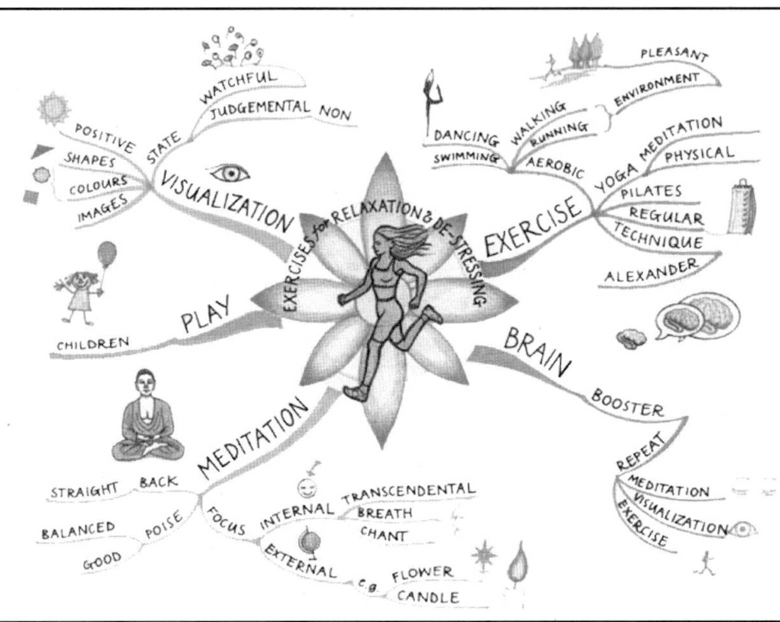

〈그림 5-13〉 마인드맵 사례

구성요소

◆**주제어**: 마인드맵은 하나의 주제어를 가진다. 이에 의해서 집중력을 향상하여 두뇌의 효용을 극대화하고자 한다.

◆**키워드**: 마인드맵은 문장 대신에 키워드로 연계된다. 키워드는 단어일 수도 있고, 이미지로 형상화할 수도 있다.

◆**색상**: 마인드맵은 키워드를 다양한 색상으로 표현한다. 색상은 강조점에 시선을 끌 수 있고, 전달력과 기억력을 향상한다.

◆**이미지**: 마인드맵은 이미지화에 의해서 시각적 표현을 할 수 있도록 한다. 특히 이미지와 단어를 조합할 때 이를 보다 명확하게 하는 효과를 제공한다.

◆**연상결합**: 마인드맵은 연상으로 유사한 것을 생각하고 이를 연계하도록 한다. 연상결합은 창의성의 핵심 요인이 된다.

작성 지침

◆**종이**: 백지를 사용하고, 수평으로 사용하도록 한다.

◆**주제어**: 틀에 가두지 말고 자유롭게 표현하고, 가능한 한 화려하게 한다.

◆**선**: 선은 중심에서 모두 연결되어야 한다. 선의 중심에서 멀어질수록 가늘게 표현한다.

선의 길이는 키워드의 길이와 일치시킨다.

◆**색상**: 세 가지 이상의 색을 사용하도록 하고, 주 가지마다, 다른 색을 사용한다.

◆**단어**: 하나의 선 위에 한 단어만을 적는다. 단어는 핵심 단어를 중심으로 적는다.

◆**이미지**: 이미지는 가능한 한 많이 사용하도록 한다.

활용

마인드맵은 다양한 의사결정, 생각을 조직화하기 위해서, 창의적인 사고, 기억력 향상, 브레인스토밍 등과 연계한 그룹 마인드맵 구상 등에 활용될 수 있다.

전략적 기획에서 전략적 이슈나 문제의 구체화, 문제 해결을 위한 대안의 개발 등에 활용될 수 있다.

【참고자료】

배리 부잔 지음, 권봉중 옮김 (2010),『토니 부잔의 마인드맵 북』, 비즈니스맵.
http://en.wikipedia.org/wiki/Mind_map
http://www.buzankorea.co.kr

15
TRIZ 기법

의의

TRIZ는 러시아인 알트슐러(Altshuller)가 제창한 창조적 문제 해결을 위한 구조적 접근방법을 말한다. 특허등록을 담당하던 알트슐러가 기술적인 문제 해결을 위해서 제시한 TRIZ는 브레인스토밍과 마인드맵의 단점을 보완하고 실행력을 제고시키는 매우 강력한 기법이지만 복잡하여 체계적인 훈련과 교육이 필요한 기법이다. 현재 국내외 대기업에서는 이를 기술개발에 적극 활용하고 있다.

TRIZ는 주로 기술적인 문제 해결을 위해서 만들어진 기법이나 비기술적인 문제 해결에서도 그 가치가 인정되어 전략적 기획에서 그 활용도가 높아지고 있다.

창조적인 문제에서 해답은 많이 나올 수 있지만 가장 적합한 해결방법을 선별하여야 한다. 이를 개념이라고 한다. TRIZ의 개념은 <그림 5-14>와 같이 이상성, 시스템 사고, 심리적 타성, 자원, 모순, 기능, 문제 일반화, 공상과학으로 구성된다.

TRIZ에서 이상성은 발명의 최종 목표이며 이를 위해 모순을 극복하고, 기능을 최적화해야 하며, 시스템 사고에 의해 유해 기능과 유익한 기능을 최적화해야 한다. 또한 공상과학에 따라 상상력을 극대화함으로써 이상성을 증대하고, 자원을 활용해 비용을 최소화할 필요가 있다. 심리적 타성을 극복하기 위해서는 문제를 일반화해야 하며, 공상과학에 따라 상상력을 증대하고, 시스템 사고에 의해 관점을 다양화할 필요가 있다.

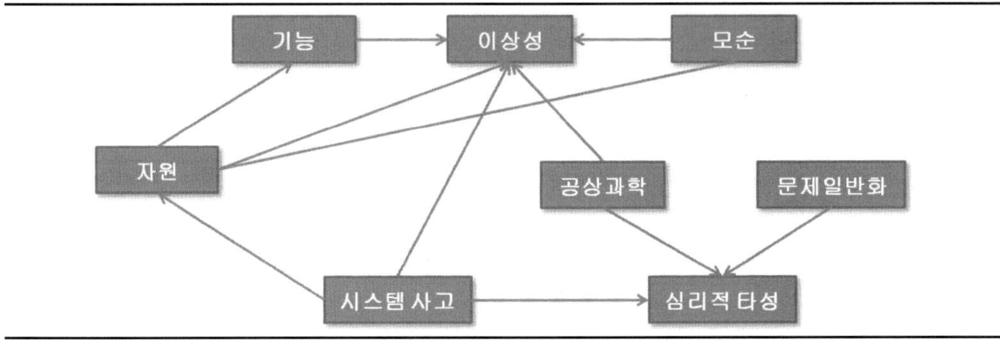

〈그림 5-14〉 TRIZ 시스템

문제 해결 과정

- ◆1단계 문제 분석: 기술모순을 정의하고, 모순 집합을 제품과 도구로 준비하여 적는다. 이에 의해서 모순을 극대화하고 명확하게 한다.
- ◆2단계 문제 모델 분석: 동작 영역과 시간 영역을 정의하고, 제품의 환경과 관련된 물질―장―자원을 정의하여 목록화한다.
- ◆3단계 이상적 최종해와 물리적 모순 정의: 물리적 모순을 거시적 관점과 미시적 관점에서 기술한다.
- ◆4단계 자원의 활용: 2단계에서 찾은 자원을 활용하여 문제의 해결 가능성을 생각한다.
- ◆5단계 지식 기반의 활용: 표준해, 물리적 효과를 이용해 문제를 해결할 수 없는가 생각해 본다.
- ◆6단계 문제 재구성 혹은 변환: 문제를 다시 정의한다.
- ◆7단계 물리적 모순 제거원리의 검토: 얻어진 해의 품질을 검증한다.
- ◆8단계 얻어진 해의 사용: 얻은 해법이 다른 곳에서 이용 가능한지를 검토한다.
- ◆9단계 해의 경로 분석: 문제 해결의 경로를 분석하여 학습에 활용한다.

일반법칙 및 발명원리

알트슐러는 문제에는 시간과 주제, 공간에 상관없이 공통의 문제유형이 존재하고 공통의 해답을 적용할 수 있다고 하여 문제 해결방법을 일반화하고 구조화하고 있다. 그는 이와 관련하여 39가지의 표준특징과 발명원리 40개, 시스템 오퍼레이터 440개, 문제 31가지로 분류하여 일반적인 해결방법에 대한 원칙을 제시하고 있다. 알트슐러가 제시하고 있는 발명원리를 그 사용빈도의 순으로 보면 다음과 같다.

◆35: 모수 변화(Parameter changes)

◆10: 사전준비 조치(Prior action)

◆1: 분할(Segmentation)

◆28: 기계식 시스템의 대체(Replace a Mechanical System)

◆2: 분리(Extraction)

◆15: 유연성(Flexibility)

◆19: 주기적 조처(Periodic action)

◆18: 기계적 진동(Mechanical vibration)

◆32: 색상변화(Color changes)

◆13: 반전(Inversion)

◆26: 복제(Copying)

◆3: 지엽적 품질(Local quality)

◆27: 일회용품(Cheap short-living objects)

◆29: 공압 및 수압(Pneumatics and hydraulics)

◆34: 폐기 또는 복구(Discarding and recovering)

◆16: 과부족 조치(Partial or excessive action)

◆40: 복합재료(Composite materials)

◆24: 중간매개물(Intermediary)

◆17: 다른 차원(Another dimension)

◆6: 범용성(Universality)

◆14: 타원체(Spheroidality)

◆22: 해로운 것을 유익한 것으로 전환(Convert harm into benefit)

◆39: 불활성 환경(Inert environment)

◆4: 비대칭(Asymmetry)

◆30: 연한 껍질이나 얇은 막(Flexible shells and thin films)

◆37: 열팽창(Thermal expansion)

◆36: 상태 전이(Phase transitions)

◆25: 셀프서비스(Self-service)

◆11: 사전 보호조치(Beforehand cushioning)

◆31: 다공성 소재(Porous materials)

◆38: 강한 산화제 활용(Use strong oxidizers)

◆8: 평형추(Counterweight)

◆5: 병합(Merging): 시간, 공간

◆7: 포개기(Nesting)

◆21: 건너뛰기(Skipping)

◆23: 피드백(Feedback)

◆12: 동일역가(Equipotentiality)

◆33: 동질성(Homogeneity)

◆9: 사전예방조치(Preliminary anti-action)

◆20: 유용한 조치 지속(Continuity of useful action)

【참고자료】

젠리흐 알트슐러 지음, 박성균·박선순 옮김 (2012), 『Triz는 과학이다. 에디슨은 Why 시행착오를 더
　　했을까』, 인터비전.
한국트리즈협회; http://www.triz.or.kr/sub05/index.php?menu=2

16
피시-보닝(Fish—Boning) 기법

의의

피시-보닝 기법은 대안의 수가 비교적 제한적인 때에 사용되는 방법이다. 피시-보닝은
<그림 5-15>와 같이 그 모양이 물고기의 뼈와 비슷하다고 해서 붙여진 방법이다. 피시-보닝
의 출발점은 하나의 이슈이다. 사례의 문제는 1차 대학 진학에서 실패한 경우의 대안을 탐
색하고 있다.

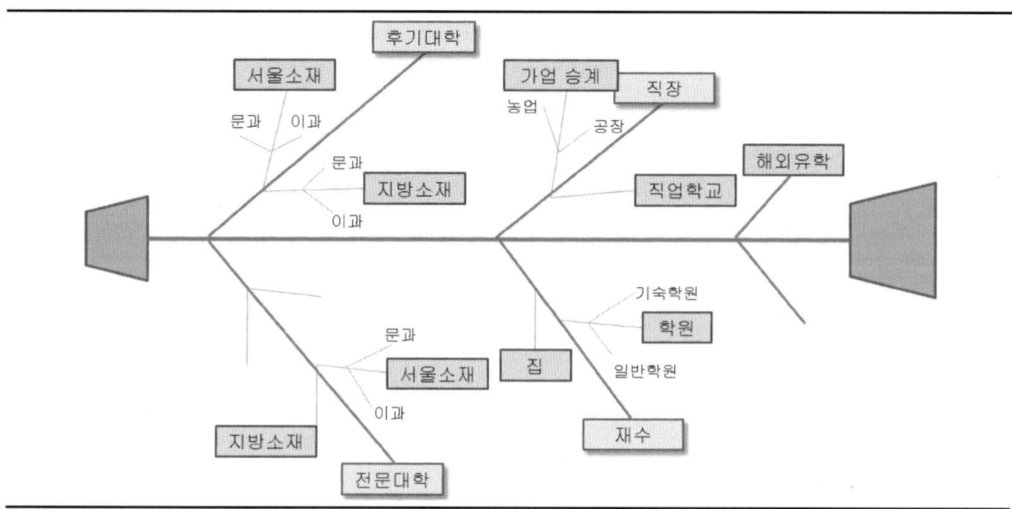

〈그림 5-15〉 피시-보닝의 예

과정

◆**이슈 및 문제 확인**: 합의 또는 해결하고자 하는 문제나 이슈를 설정한다. 문제나 이슈는 1개를 선정하여야 한다.

◆**기본 구조의 선정**: 이슈의 핵심을 중심으로 물고기 뼈의 기본 틀을 선정한다. 여기서는 사람-방법-물질-장치가 사용되곤 한다.

◆**브레인스토밍**: 관련된 대안을 브레인스토밍으로 도출한다.

◆**아이디어의 분류와 분석**: 아이디어는 그룹화하고 이들 간에 계층의 관계를 규명하여 가지를 구성한다.

◆**다이어그램 검토**: 전체 회의에서 다이어그램의 논리적 모순이나 추가 아이디어 등을 생각하여 보완하는 과정이다.

◆우선순위 결정방법

전략적 관리와 기획은 해야 할 것과 하지 말아야 할 것, 먼저 하여야 할 것과 나중에 해야 할 것을 구분하는 활동이다. 전략적 이슈, 아이디어, 전략적 활동에서 우선순위의 선택은 핵심적인 활동이다.

17

투표방법

의의

다수가 의사결정을 할 때 사용되는 가장 간단한 방법은 투표방법이다. 그러나 애로(Kenneth Arrow)는 그의 불가능성 정리에서 투표의 완전한 방법은 없다는 것을 증명하여 1972년 노벨 경제학상을 받았다.

의사결정자가 많은 경우 결정방법은 합의에 따른 결정방법과 다수결에 의한 결정방법이 있다. 이들의 효과를 보면 합의에 따른 결정은 구성원 간에 이견을 좁혀서 동의를 유도할 수 있고, 협력적인 상황에서는 합의에 따른 결정이 시간을 보다 효율적으로 활용할 수 있다. 반면에 서로 경쟁적인 상황에서는 합의보다는 다수결 원칙이 의사결정의 갈등이나 시간을 절약하는 데 바람직하다.

투표방법의 유형

◢ 단순 다수 투표

대안이나 후보자가 한 표라도 많으면 많이 얻은 것을 선택하는 방법이다. 이에서 기권투표는 계산되지 않는다. 이 방법은 대안이나 후보자의 수가 많은 경우 소수의 득표로 선택되는 문제점을 가진다.

◢ 절대다수 투표

절대다수는 여러 개의 대안이나 후보자 가운데 전체 수의 반보다 최소한 하나라도 많이 득표한 것을 선택하는 방법이다. 기권표는 전체 수에 포함한다.

◢ 결선투표 방법

1차 투표에서 과반수가 나온 안건이나 후보자가 선정되지만, 과반수 득표가 없는 경우에 상위 2명을 대상으로 투표하는 방법이다.

◢ 1인 2표 및 다수투표제

투표자가 2개의 대안이나 2인의 후보자를 선택하고 합산하여 다수 득표자를 선택하는 방법이다. 선거에서는 가장 낮은 지지자가 당선되는 모순이 나타날 수도 있다.

■ 콩도르세(Condorcet) 방법

모든 대안이나 후보자를 쌍으로 투표하여 승리한 수가 많은 대안이나 후보자를 선택하는 방법이다.

■ 보르다(de Borda) 방법

대안이나 후보자에 대하여 투표자는 자신의 선호도에 따라서 순위를 매겨서 투표한다. 각 순위에 가중치(1위 10점, 2위 9점 등)를 주어 이를 합하여 순위를 결정하는 방법이다.

■ 벤담(Jeremy Bentham) 방법

대안에 대한 수와 각각의 효용을 수치화하고 합산하여 순위화하는 방법이지만 선호의 수치화가 어려워 적용에 문제가 있다.

■ 승인(approval) 투표제

투표자가 각 대안이나 후보자에 대하여 찬성(yes), 반대(no) 가운데 하나를 선택하여 투표하는 방법이다. 이에 의해서 찬성을 많이 얻은 대안이나 후보를 선정하는 방법이다. 승인투표는 <그림 5-16>의 투표용지 A와 같이 2명을 선출할 때 2명을 투표하는 방법과 투표용지 B와 같이 후보자 모두에 대한 선호를 합산하여 선택하는 방법이 있다.

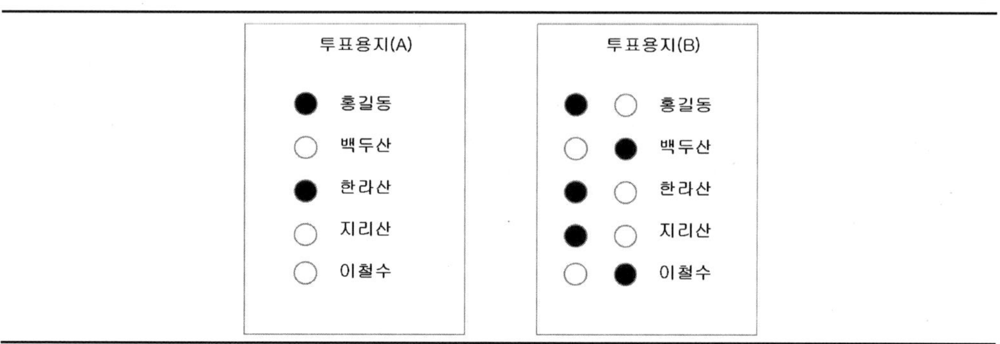

〈그림 5-16〉 승인투표방법

【참고자료】

Tjosvold Dean, Richard H. G. Field. (1983). Effects of Social Context on Consensus and Majority Vote Decision Making. *Academy of Management Journal,* 26(3): 500-506.

임혁백 (2007), 『시장, 국가, 민주주의-한국 민주화와 정치경제이론』, 나남출판.

18

파레토 원리(80-20 법칙)

의의

이탈리아 경제학자 파레토(Vilfredo Pareto: 1848~192)는 이탈리아 부의 80%는 인구의 20%가 소유하고 있다는 소득 분포를 밝히고 있다. 파레토 원리에서는 결과의 80%는 투입이나 원인이 되는 것의 20%에 의해서 발생한다고 한다.

파레토 경제 원리는 이후 시간 관리나 생산성 관리에 많이 응용되고 있다. 파레토 원리는 성과를 높이기 위해서는 핵심이 되는 20%에 우선순위를 두고 관심을 둘 것을 권고한다.

뒤에 설명하는 ABC 기법은 업무를 세 그룹으로 분류하나 파레토 원리는 이분법을 사용한다. 즉, 어떤 현상에 핵심적인 것과 그렇지 않은 것으로 분류한다. 이에 너무 단순하게 현상을 보는 위험이 있다.

사례

파레토의 80:20 법칙은 사회의 다양한 부분에서 적용되고 있다. 조직에서 근로자의 20%가 전체 업무의 80%를 담당한다. 범죄자의 20%가 전체 범죄의 80%를 저지른다. 전체 운전자의 20%가 전체 교통사고의 80%를 일으킨다. 백화점 매출의 80%는 20% 품목에서 나온다. 우리가 입는 옷은 소유하고 있는 옷의 20%에 불과하다. 많은 의사결정의 80%는 전체 시간의 20% 정도에서 결정된다. 성공한 사람들은 자기 목표를 위해서 자기 시간의 80%를, 나머지 20%를 일상적인 활동에 사용한다. 우리가 일상적으로 받는 이메일의 20%만 필요하고 나머지 80%는 스팸메일이거나 보지 않아도 되는 것들이다.

활용

<표 5-7>은 1년간 호텔의 불만 사항에 대한 자료이다. 파레토 분석에 의하면 <그림 5-17>의 전체 9개 범주의 불만 사항 가운데에서 누적되는 퍼센트가 80%에 해당하는 것은 바퀴벌레 등의 해충 문제, 냉난방, 조명문제이다. 조직은 주로 이 3개의 부문을 해결하여야 할 과제로 선정하여 집중적으로 관리하게 되면 불만 사항의 80% 정도를 줄일 수 있게 된다.

〈표 5-7〉 1년간 호텔의 불만 사항

범주	불만 횟수	%	누적 %
바퀴벌레 등	932	42.46	42.46
냉난방 문제	508	23.14	65.6
조명 문제	340	15.49	81.09

소음 문제	115	5.24	86.33
인터넷 문제	96	4.37	90.7
TV의 질	83	3.78	65.6
뜨거운 물	57	2.60	94.48
욕실 관련	43	1.96	99.04
낡은 가구	21	0.96	100
합계	2,195		

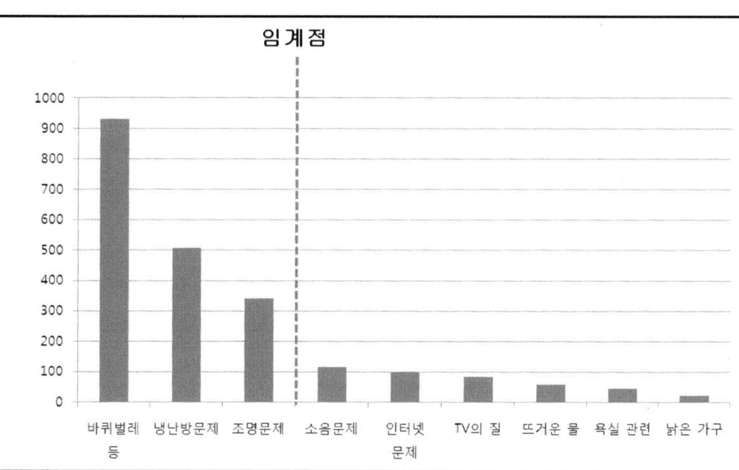

〈그림 5-17〉 파레토 도표

19
롱테일 법칙(Long Tail Law)

롱테일 법칙은 크리스 앤더슨(Chris Anderson)이 소개하고 있는 법칙으로 80:20의 파레토 법칙과는 대립하는 현상을 의미한다. 예로 기존의 대형서점은 20%의 인기도서의 매출이 전체 매출의 80%를 차지한다. 그러나 <그림 5-18>과 같이 아마존과 같은 인터넷 서점은 파레토 법칙에서 의미하는 80%의 비인기 서적이 전체 매출의 80%를 차지한다. 이를 롱테일 현상이라고 한다.

이러한 롱테일 현상을 이용하고 있는 것으로 야후나 구글과 같은 포털 서비스와 달리 플리커는 사진 전문 검색 프로그램이다. 이러한 롱테일을 가능하게 하는 것은 물류비용 등을 절감할 수 있게 하는 IT 기술의 발달과 연계되어 있다.

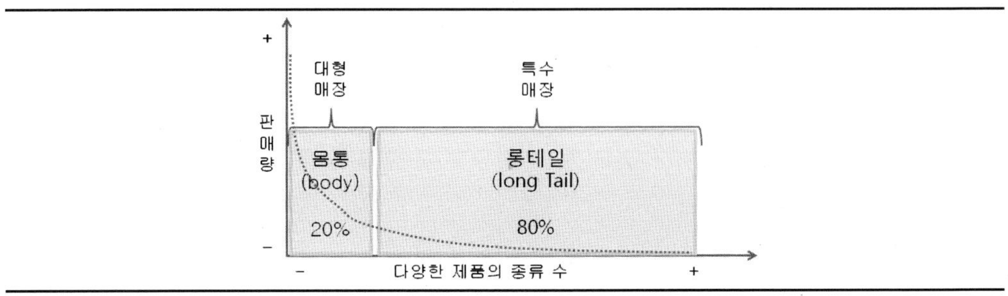

〈그림 5-18〉 롱테일 현상

롱테일을 바탕으로 하는 마케팅 기법은 수요가 매우 낮은 계층이나 잠재적인 계층을 대상으로 하는 것에서 살펴볼 수 있다. 예로 큰 치수 옷 쇼핑몰은 전체 큰 치수 옷의 80%를 이들에게서 구매하는 결과를 가져오고 있다. 롱테일 현상은 종종 블루오션의 영역을 찾을 때에도 활용된다.

【참고자료】

크리스 앤더슨 저, 이노무브그룹 역 (2006), 『롱테일 경제학(THE LONG TAIL)』, 랜덤하우스코리아.

20
델파이(delphi) 기법

의의

델파이 기법은 위원회나 전문적인 토론이 가지는 비능률성을 극복하기 위한 방법으로 1950년대 RAND 회사에서 개발되었다. 델파이는 구조화된 설문조사로 전문가의 의견을 수집하는 방법이다.

델파이는 그리스 시대 델파이 신전에서 신탁을 받아서 예측하는 오라클(oracle)에서 따서 명명한 기법으로 주로 관련 분야 전문가들의 의견을 통합하여 합의하는 기법이다.

델파이 기법은 회의 방법이 가지는 문제점을 극복할 수 있도록 한다. 회의는 대부분 진행자나 소수에 의해서 주도되어 소수 의견을 제시할 가능성이 적다. 그리고 동료나 상관의 의견에 대하여 자유롭게 반대의 의견을 제시하기 어렵다. 이에 의해서 참여자 모두의 의견을 통합하는 데 한계를 가진다.

델파이 기법은 정보가 부족한 상황에서 미래예측을 하고자 할 때 유용하다. 즉, 전략적 기획에서 장기적인 환경예측이나 전략적 대안의 결과를 예측하고자 할 때에 사용될 수 있는

주관적인 기법이다. 델파이 기법은 익명성, 반복, 환류 및 통계적인 처리를 바탕으로 합의하
고자 한다.

과정

◆ 델파이 조사팀을 구성한다.
◆ 조사팀은 설문 주제와 구조화된 설문지를 개발한다.
◆ 문제나 이슈에 대한 전문가를 선정한다. 전문가는 주제와 직접 관련된 분야 이외에 간
  접적으로 연계된 분야에서도 선정할 수 있다. 전문가의 수는 제한이 없지만 많을수록
  좋다.
◆ 설문지를 우편이나 전자우편으로 배부한다.
◆ 수집된 설문지에 대하여 통계처리를 한다.
◆ 분석한 결과와 함께 처음에 배부한 설문지를 같은 사람에게 다시 배부하여, 처음의 의
  견을 수정할 것인지를 물어서 결과를 회신하도록 한다. 결과는 같은 방법으로 통계처리
  를 한다.
◆ 이 과정에서 전문가의 의견이 어느 정도 합치되면 설문을 중단하고 그의 결과로 예측
  한다. 그러나 의견의 합치가 이루어지지 않으면 앞의 과정을 반복한다. 이에 의해서 주
  제에 대한 정확한 예측이나 우선순위를 결정한다.

활용

델파이 기법은 주제나 이슈에 대한 합의를 위해서 사용될 수 있다. 이 외에 1차 조사 결과
를 바탕으로 의견이 다른 전문가를 선발하여 회의나 토론을 추진하면 문제나 이슈를 더욱
명확하게 할 수 있고, 문제 해결을 위하여 다양한 대안을 창출할 수도 있다.

델파이 기법은 PEST 및 SWOT 분석과 같은 외부 환경 평가, 대안의 창출, 대안의 평가,
시나리오의 창출 등에 활용될 수 있다.

【참고자료】

Kerstin Cuhls. Delphi method; http://www.unido.org/fileadmin/import/16959_Delphi Method.pdf

힘의 장 분석 방법

의의

힘의 장 분석(Force Field Analysis)은 의사결정과 관련하여 찬성하는 힘과 반대하는 모든 힘을 명확하게 하여 의사결정을 지원하는 기법이다. 힘의 장 분석은 사실, 자료, 브레인스토밍, 설문조사 등의 자료를 바탕으로 추출할 수 있고, 우선순위 기법 등에 의해서 힘의 강도를 결정할 수 있다.

<그림 5-19>의 예에서 찬성이 18로 반대의 15보다 많음을 보여준다.

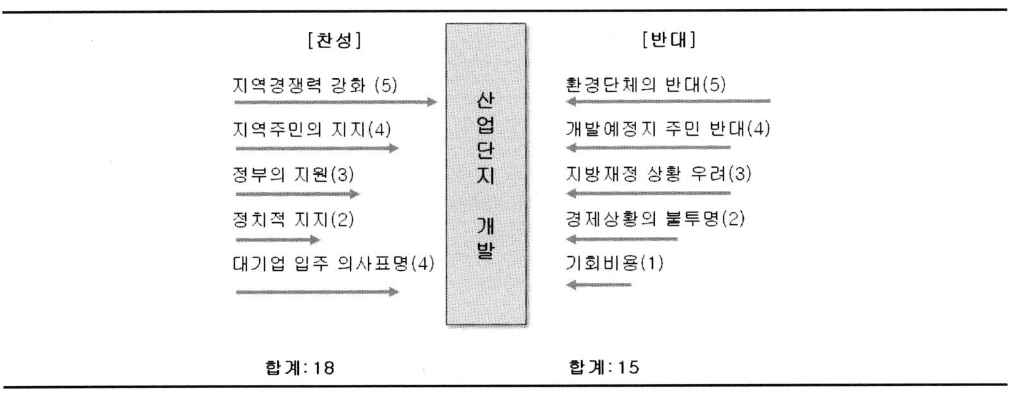

〈그림 5-19〉 힘의 장 분석 사례

방법

◆종이 가운데에 변화를 위한 계획이나 대안을 기술한다.

◆왼쪽에는 변화를 추진하는 모든 힘의 목록을 기술하고, 오른쪽에는 이에 반대하는 모든 힘의 목록을 기술한다.

◆각 힘에 대하여 점수(1: 매우 약함~5: 매우 강함)를 배정한다.

◆점수를 합산하여 힘의 방향을 결정한다.

활용

◆찬성과 반대의 힘을 명확하게 하여 반대의 영향을 줄이는 데 활용될 수 있다.

◆사업에 대한 추진력을 증대시키는 데 활용할 수 있다.

◆특히 전략 집행의 문제점을 확인할 수 있도록 한다.

【참고자료】
Force Field Analysis: Analyzing the pressures for and against change;
http://www.mindtools.com/pages/article/newTED_06.htm

22

PINC 여과기 모형

PINC 여과기(PINC Filter) 모형은 힘의 장 분석 기법을 확대한 기법이다. 문제 해결을 위한 대안이 항상 부정과 긍정의 두 가지 방향만 가지는 것이 아닌 방향이 모호한 경우도 있다. PINC에서 P는 긍정(Positive), I는 호기심 유발(intriguing), C는 걱정을 끼치는 것(Concerning)을 의미한다.

이 방법은 브레인스토밍이나 NEF 기법 등과 함께 사용될 수 있으며, <표 5-8>은 하나의 예이다.

<**표 5-8**> PINC 여과기 모형의 사례

아이디어: 산업단지 개발

긍정	부정
지역경쟁력 강화 대기업 입주 확정 정부지원	환경단체 반발 지방재정의 악화 우려 개발예정지 주민 반발
호기심 유발	걱정이 되는 것
경제자유지역 지정 지역 대학의 취업률 확대	세계경기의 전망 기업 유치

◆ 긍정: 대안이나 아이디어가 실제 가치를 증대시키는 것
◆ 호기심 유발: 가치를 증대시킬 수 있는 것인지를 생각해 보는 것으로서, 어리석게 보여서 초기에 배제될 가능성을 줄이기 위해서 분석
◆ 부정: 대안이나 아이디어가 실제 가치를 감소시키는 것
◆ 걱정이 되는 것: 부정적인 결과를 가져오지 않을까 걱정되는 것으로 지속해서 검토되어야 할 것을 보여주기 위한 것

【참고자료】
◆ http://creatingminds.org/tools/pinc_filter.htm

스노 카드 기법

의의

스노 카드(snow card) 기법은 어떤 문제에 합의를 위한 효과적인 집단 의사결정 기법이다. 이 기법은 참여적인 전략적 기획과정의 모든 단계에서 매우 효과적으로 사용될 수 있다.

스노 카드 기법은 회의 참여자들이 주제와 관련된 자신의 아이디어를 생각한다. 이를 하나의 포스트잇에 하나씩 써서 제시한다. 제시한 아이디어는 화이트보드에 유사한 것끼리 그룹화하여 분류한다. 그룹화한 모습이 눈꽃송이와 같다고 해서 스노 카드라고 한다. 이렇게 그룹화한 것에 대하여 우선순위를 설정하거나 그룹화를 반복하여 합의점을 도출한다.

방법

이 과정을 보다 세분하면 다음과 같다.

◆ 회의의 진행자를 선발한다.

◆ 참여자를 선정한다. 참여자의 수는 5~9명이 이상적이지만 15명 정도까지도 운영될 수 있다. 참여자가 많을 때에는 집단을 다시 세분할 수 있다.

◆ 화이트보드와 포스트잇 및 원형 테이블을 준비하고, 참여자들이 둘러앉는다. 진행자는 회의 진행 방법에 대하여 간단하게 설명한다.

◆ 회의 진행자는 하나의 질문, 문제, 이슈를 제시한다. 회의는 주제를 하나씩 제시하고 합의가 마무리되면 다음 주제로 넘어간다.

◆ 참여자들은 주제에 대하여 가능한 한 많은 아이디어를 생각해내어서 개인 연습지에 기록한다.

◆ 참여자는 자신의 생각 가운데 좋다고 생각하는 5~7개 정도를 선택하여, 포스트잇에 각각 하나씩 적는다.

◆ 개개의 포스트잇은 비슷한 내용별로 그룹화하여, 화이트보드에 붙이고, 범주별로 참여자들은 키워드를 중심으로 이름을 붙인다.

◆ 그룹의 이름은 서로 구별할 수 있도록 다른 색의 포스트잇으로 붙이거나, 이름을 다른 색으로 표시하도록 한다.

◆ 그룹별로 분류된 항목들은 참석자들이 동의할 때까지 수정하고 재분류를 한다. 그룹들은 논리적으로, 우선순위에 의하여, 때로는 임시로 순서를 결정한다. 이 과정에서 새로운 항목이 추가될 수도 있고, 기존의 항목이 제거될 수도 있다. 때로는 하위 범주로 재분류할 수 있다.

◆ 참여자들이 그룹화에 만족하게 되면, 결과를 주제로 토론하고 서로 비교한다.

◆ 다음으로 그룹화한 항목들의 우선순위를 결정하도록 한다. 우선순위를 결정하기 위하여 참여자들에게 7~8개 정도의 스티커를 주어서 중요한 항목에 1개씩을 붙이도록 하여 스티커의 수에 의하여 우선순위를 결정한다.

◆ 회의가 끝나면 순서별로 정리하여 모든 사람에게 나누어준다. 이에는 항목 선정과 우선순위 결정의 이유 등을 개괄적으로 제시한다.

【참고자료】

Bryson, J. M. (2004). *Strategic Planning for Public Service and Non-Profit Organizations (3rd ed.)*. San Francisco: Jossey-Bass.

24

ABC 분석 기법

의의

ABC 기법은 중요도가 다른 것을 분석하여 서로 다르게 관리하고 통제하는 방법이다. 즉, 전략에서 선택과 집중을 위한 방법에 활용될 수 있다. ABC 기법은 조직의 활동, 고객, 문서, 재고품, 판매 영역 등을 A, B, C의 세 개의 그룹으로 분류한다. 일반적으로 A 그룹은 매우 중요, B 그룹은 중요, C 그룹은 중요하지 않은 것으로 분류하게 된다. ABC 관리는 조직의 자원을 보다 중요한 것에 투자하도록 하여 성과, 효과성 및 생산성을 증대하는 방법이다.

ABC 분석은 파레토 분석의 응용 형태로 ERP(Enterprise Resource Planning-전사적 자원 관리) 및 시간 관리 등의 관리체계에서도 활용하고 있다.

사례

ABC 기법은 소품종 대량생산 체제, 다양한 품목을 관리하는 유통산업, 다량의 문서를 관리하는 경우, 세부 활동이 많은 사업의 우선순위를 결정하는 데 활용될 수 있는 기법이다.

[사례 1] 재고관리의 예

공장에서 부품별 연간 평균 사용량과 단위당 비용으로 연간 총 사용액을 결정한다. 이에 의하여 총 사용액의 순으로 전체 사용량의 70%까지 사용한 부품을 A 그룹으로 분류하고, 다음 20%를 B 그룹, 하위 10%를 C 그룹으로 분류하여 A, B, C 그룹의 순으로 더 많은 관심을 가지고 통제를 한다. 이의 사례는 아래의 <표 5-9>와 <표 5-10>과 같다.

〈표 5-9〉 연간 부품별 총비용

부품명	연간 사용량(단위)	단위당 비용(원)	연간 비용	순위	누적 %	분류
6	50	1190	59,500	1	70	A
2	50	170	8,500	2	80	B
7	15	5	7,650	3	89	B
4	25	170	4,250	4	94	C
3	15	150	2,250	5	97	C
5	5	170	850	6	98	C
8	20	21.25	425	7	98.5	C
1	17	25	425	8	99	C
9	16	26.56	425	9	99.5	C
10	17	25	425	10	100	C

〈표 5-10〉 요약표

분류	항목	전체 부품에서 항목의 비율(%)	총사용액	총액 중 범주 사용액의 비율(%)
A	6	10	59,500	70
B	2, 7	20	16,150	19
C	1, 3, 4, 5, 8, 9, 10	70	9,350	11
합계	10	100	85,000	100

* 자료: http://www.slideshare.net/

[사례 2] 고객관리의 예

대부분 백화점은 소위 VIP에 해당하는 20% 고객이 전체 매출의 80%를 차지한다고 한다. 강남에 있는 백화점은 이 비율이 85%에 이른다고 한다. 이에 백화점은 고객의 구매액을 기준으로 A, B, C 그룹으로 분류하여 연 1억 이상의 A 그룹자만이 입장할 수 있는 라운지를 운영하여 별도 관리한다.

25
아이젠하워 매트릭스

시간 관리의 한 방법으로 아이젠하워 방법은 무엇이 중요하고 위급한 것인가를 판단하는 데 도움을 준다. 미국 대통령 아이젠하워(Dwight D. Eisenhower)는 "가장 위급한 것이 항상 가장 중요한 것은 아니고, 중요한 것이 항상 위급한 것은 아니다"고 말하고 있다. 우리는 위급한 문제가 중요한 문제라고 생각하지만 그렇지는 않다는 것이다.

아이젠하워 대통령이 종종 사용하였다는 아이젠하워 매트릭스는 어떠한 문제가 발생하면 먼저 <그림 5-20>의 매트릭스에 그 일을 분류하여 적어놓고 그 일을 어떠한 방법으로 처리할 것인가를 결정한다.

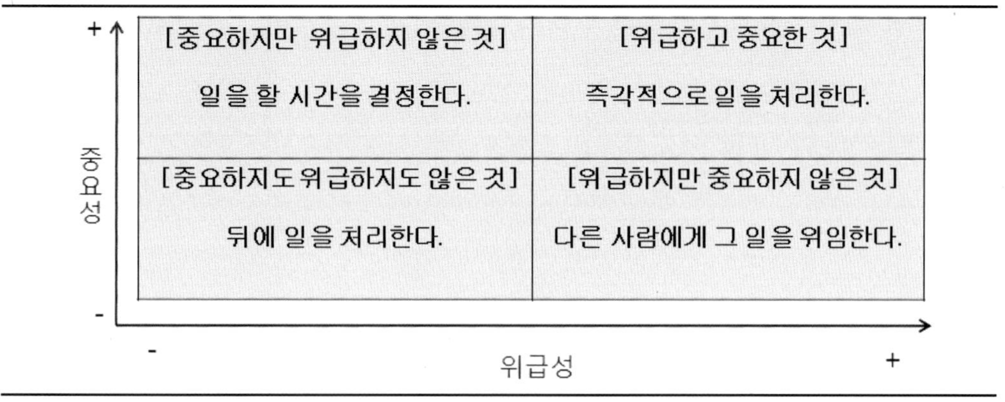

〈그림 5-20〉 아이젠하워 매트릭스

그 일이 위급하고 중요한 것이라면 즉각적인 의사결정을 하여야 한다. 한편 그 일이 중요하지만 위급하지 않은 것이라면 전략적이고 장기적인 의사결정을 하여야 할 영역이다. 이들은 위급성이 나타나기 전에 미리 준비하는 활동이 요구된다. 그 일이 위급하지만 중요하지 않은 것이라면 부하에게 위임하여 처리하도록 할 필요가 있다. 일이 중요하지도 위급하지도 않은 것이라면 시간적인 여유가 있을 때 개별적으로 처리한다.

26
그리드 기법

그리드(grid) 기법은 가장 일반적인 기법으로 먼저 우선순위를 결정하고자 하는 주제나 이슈에 대한 평가 기준을 참여자나 이해관계자 간에 합의하여 도출한다. 그리고 참여자들은 각 대안이나 의견에 대하여 기준별로 평가하고 평가 점수를 종합하여 우선순위를 결정한다.
<표 5-11>은 전략적 문제를 해결하기 위하여 제시된 4개의 안에 대한 우선순위를 결정하는 예이다. 사례에서 우선순위는 전체 합을 기준으로 1안, 3안, 2안, 4안의 순으로 결정된다.
우선순위는 기준별로 매우 매력 3점, 보통 매력 2점, 낮은 매력 1점으로 결정하여 항목별로 판단자가 점수를 주고, 이를 합산하는 방법과 합의로 각 항목에 대하여 점수를 주어서 결정하는 방법이 이용될 수도 있다. 이 외에 우선순위 결정 기준에 대하여 비중을 달리하여

판단할 필요가 있을 때에는 기준별로 비중을 결정하여 점수를 준다.

〈표 5-11〉 기준 그리드에 의한 우선순위 결정

기준 대안	전략적 매력도	재정적 매력도	집행의 어려움	불확실성과 위험	이해관계자의 수용도	합
1안	√√√√	√√√	√√	√√√	√√√√	16
2안	√√	√√√	√√√	√√	√	11
3안	√√√	√√	√√	√√√	√√	12
4안	√	√	√√√	√√	√√√	10

27
쌍대 비교

쌍대 비교는 서로 다른 의견이나 대안들을 두 개씩 비교하여 우선순위를 결정하는 방법이다. 예로 A, B, C, D 4개의 항목 간에 우선순위를 결정하고자 할 때 두 개씩 서로 비교하여 중요성의 빈도로 우선순위를 결정하는 방법이다. 4개의 항목이 있으면 총 비교의 수는 6개가 된다.

쌍대 비교에서 우선순위는 비교의 결과에 대한 빈도를 계산하여 우선순위를 설정하게 된다. 이러한 쌍대 비교는 판단자의 일관성 문제 등을 가져올 수 있다.

예를 들어 A, B, C, D 네 개 항목의 우선순위를 비교하기 위하여 〈표 5-12〉와 같이 두 개의 항목 간에 우선순위를 비교한다. 비교의 결과를 보면 다음과 같다. 이에 의하여 D, A, C, B의 순으로 우선순위를 결정하는 방법이다.

A=2, C=1, D=3, B=0

〈표 5-12〉 쌍대 비교에 의한 우선순위 결정

비교 항목	더 중요한 것
A : B	A
A : C	A
A : D	D
B : C	C
B : D	D
C : D	D

POSEC 방법

POSEC 방법은 많은 사람에 의해서 효과적인 것으로 입증되고 있는 시간관리 기법 가운데 하나이다. POSEC 방법은 매슬로우(Abraham Maslow)의 욕구 계층제 이론을 모방하여 제시된 방법으로 "조직화, 간소화, 효율화 및 공헌으로 우선순위를 설정(Prioritize by Organizing, Streamlining, Economizing and Contributing)"한다는 머리글자를 따서 명명한 기법이다.

매슬로우는 인간의 욕구를 생리적 욕구→안전욕구→사회적 욕구→존경의 욕구→자아실현의 욕구로 구성되는 계층제 모형을 제시하고 있다. 이들의 욕구는 하위욕구부터 발현되고, 하위욕구가 충족되면 상위욕구가 발현된다고 한다.

POSEC 방법은 목적과 과업을 보다 작은 단위로 분류하고 이들을 우선순위에 의하여 달성하여 자기실현이라는 삶의 목표를 달성하는 방법을 제시하고 있다.

◢ 우선순위(Prioritize)

목표에 따라서 해야 할 일을 정하고 해야 할 일의 우선순위를 설정하는 것은 시간과 자원을 효율적으로 활용하는 핵심적인 활동이다. 즉, 개인 활동의 효율성과 팀의 효과성을 높이기 위해 중요성에 따라서 일상적인 일의 순서를 설정하여야 한다.

◢ 조직화(Organize)

조직화는 매슬로우의 생리적 욕구(의식주와 관련된 욕구)나 안전욕구를 충족하기 위한 방법이다. 조직화는 개인이 목표를 달성하는 과정에서 일상적으로 해야 할 일의 흐름과 구조를 기획하는 것을 의미한다. 의식주와 같이 삶에 있어서 필수적인 것을 적절하게 조직화하게 되면 개인은 안전과 자유와 같은 안전 욕구도 함께 얻게 된다. 다양한 일을 체계화하고, 모니터링하거나, 업무를 보다 쉽게 할 수 있도록 작업장을 정리하는 활동이 해당된다. 주로 매슬로우의 생리적 욕구와 관련된 활동은 이러한 조직화로 해결될 수 있다고 한다.

◢ 간소화(Streamline)

간소화의 원리는 집안일과 같이 하기 싫지만 해야 하는 일에 적용한다. 이러한 일은 더욱 단순화하고 신속하게 처리할 수 있게 하면 업무의 효율성과 질은 더욱 높아지게 된다. 매슬로우의 안전의 욕구와 관련된 활동을 위해서는 시간의 간소화 원리가 요구된다.

■ 효율화(Economize)

효율화는 매슬로우의 사회적 욕구의 실현과 관련을 가진다. 언젠가는 해야 하거나, 지금 하는 것을 좋아하지만, 시급하게 필요로 하지는 않는 일은 효율화하는 것이 필요하다. 즉, 취미나 오락과 같은 것은 좋아하지만, 개인의 목표나 조직의 목표달성을 위해 시급하지 않다. 효율화에는 새로운 기술의 습득, 좋아하는 프로젝트에 참여하는 것, 하루 가운데 자기만의 시간을 가지는 것들이 있다. 이러한 일들은 종종 중요한 목록에는 포함되지 않는다.

■ 기여(Contribute)

기여는 매슬로우의 자아실현의 욕구와 관련되는 것으로 단기적으로는 자아실현이나 비전을 달성하는 데 큰 기여를 하지 않지만, 이에 집중하게 되면 장기적으로 목표달성에 크게 기여할 수 있는 것에 대해서는 시간을 지속적으로 투자할 필요가 있다. 즉, 자기 능력의 개발에 의한 자아실현의 욕구를 충족하기 위해서는 시간을 할애하여 지속적으로 추진하여야 한다. 예로 자신이 능력 있는 스포츠맨이 되는 것이 인생의 꿈이라면 이를 위해 매일 시간을 투자해야 한다.

【참고자료】

http://www.articlesbase.com/time-management-articles

29
행동 우선순위 매트릭스

우리는 이용할 수 있는 시간보다 더 많은 활동을 원하고 있다. 행동 우선순위 매트릭스 (Action Priority Matrix)는 이러한 상황에서 우선순위를 결정할 때에 사용될 수 있는 유용한 기법이다.

<그림 5-21>은 행동 우선순위 매트릭스의 기본 유형이다. 이는 행동이 목표달성에 이바지하는 정도인 영향과 그 행동에 요구되는 시간과 자원의 양이라는 두 개의 차원으로 구분하고 있다. 이에 의해서 행동에 대한 노력으로 가장 큰 보상을 주는 것을 선택하도록 한다.

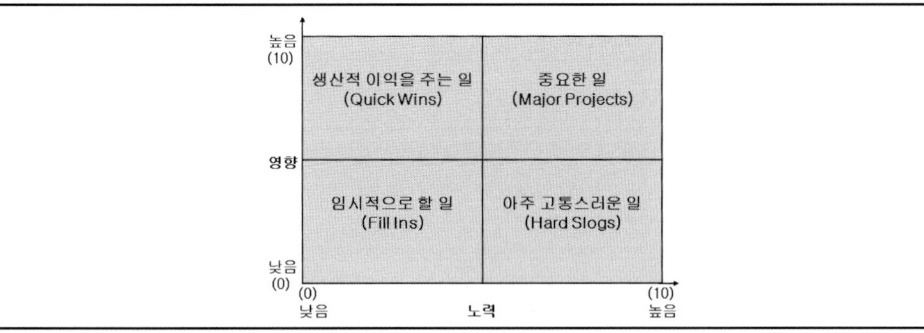

〈그림 5-21〉 행동 우선순위 매트릭스

생산적 이익을 주는 일(Quick Wins)

적은 노력으로 큰 영향을 가져오는 일로 가장 매력적인 일이다. 이러한 일에 대하여는 가능한 많은 시간을 투자하도록 한다.

중요한 일(Major Projects)

큰 영향을 얻기 위해 많은 시간과 노력이 요구되는 일이다. 그러나 중요한 일을 하게 되면 생산적으로 이익을 가져다주는 일을 하지 못할 수가 있다. 이러한 일은 생산적인 일을 위해 중단하거나 보다 신속하고 효율적으로 일을 마무리할 수 있도록 하여야 한다.

임시로 할 일(Fill-ins)

낮은 영향과 적은 노력이 요구되는 일은 여유시간이 있을 때만 하면 된다. 그러나 더 나은 것이 있다면 그 일은 중단하여야 한다.

아주 고통스러운 일(Hard Slogs)

낮은 영향과 많은 노력이 요구되는 일은 피하는 것이 좋다. 이들은 적은 결과를 가져올 뿐만 아니라 더 좋은 결과를 위해서 사용할 수 있는 시간을 소비하도록 한다.

매트릭스를 작성하기 위해서는 다음과 같은 과정이 요구된다.

◆ 매트릭스 작성을 위해서 먼저 관련된 모든 행동 목록이나 대안을 작성한다.

◆ 개개 대안이나 활동에 대하여 영향과 노력의 측면에서 각각 0에서 10(0은 영향이 없음, 10은 극대의 영향)의 점수를 부여하여 시트에 배정하여 분류한다.

◆ 매트릭스를 활용함에 있어서 착안점은 그 일을 함으로써 다른 효과를 얻지 못하게 된다는 것을 고려하여야 한다는 것이다.

30
N/3 기법

N/3 기법은 브레인스토밍 등에 의해서 제시된 아이디어가 많을 때 이를 요약하거나 우선순위를 결정할 때 유용하게 사용될 수 있다. 예로 브레인스토밍으로 30개의 아이디어가 제시되었다면 이 가운데에서 3개의 아이디어를 선정하고 이들의 우선순위를 설정한다고 하자.

N/3 기법에서 N은 아이디어의 수이다. 이 아이디어의 수를 3으로 나눈 값인 5는 결정에 참여한 사람이 자기가 선호하는 아이디어에 투표할 수 있는 횟수를 의미한다. 결정방법은 다음과 같다.

- ◆ 진행자는 화이트보드에 제시된 모든 아이디어를 적는다.
- ◆ 투표자는 자신이 가장 선호하는 아이디어 N/3개를 선택하여 각각 1개의 스티커를 붙인다.
- ◆ 스티커의 수로 아이디어와 그의 우선순위를 결정한다.

31
10-4 기법

10-4 기법은 탈리 시트(Tally Sheet) 기법으로 설명되는 방법으로 많은 수의 아이디어를 요약하거나 우선순위를 결정할 때 유용한 방법이다. 이 방법은 N/3 방법보다 투표자가 더 많은 생각을 해야 한다.

이 방법은 익명을 요구할 때에는 투표용지를 이용할 수도 있고, 그렇지 않은 때에는 화이트보드를 이용할 수도 있다.

- ◆ 회의 진행자는 화이트보드에 제시된 모든 아이디어를 적는다.
- ◆ 우선순위 결정자에게 총 10점을 부여한다.
- ◆ 개인은 자기가 선호하는 아이디어에 자기에게 주어진 10점을 배정하여 부여한다. 이 경우 한 항목에 4점 이상을 부여할 수 없다.
- ◆ 점수 배정이 끝나면 합산하여 우선순위를 결정한다.

컬러 스티커 방법

컬러 스티커 방법은 10-4 기법과 유사하지만 보다 가시적인 방법을 활용한다. 여러 대안을 선택하는 참여자나 투표자에게는 색깔별로 점수가 부여된 컬러 스티커(붉은색 5점, 청색 4점, 검은색 3점, 노란색 2점, 파란색 1점)를 지급한다. 투표자는 결정하고자 하는 항목에 자기에게 주어진 스티커를 하나의 항목에 하나씩을 붙인다.

결정은 스티커 점수 합에 의해서 이루어지고 점수에 의하여 우선순위를 결정한다. 이상의 투표에 대한 집계는 엑셀과 같은 프로그램을 활용하여 작업하게 되면 신속하게 처리할 수 있다.

100달러 테스트

100달러 테스트(The Hundred Dollar Test)는 10-4 기법과 유사한 방법으로 다양한 대안의 우선순위를 설정하고자 할 때에 사용될 수 있다. 이 방법은 의사결정자에게 100달러를 주고 개개의 대안이나 아이디어에 이를 배분하도록 하여 우선순위를 결정하는 방법이다. 이 방법은 돈을 기준으로 하기 때문에 결정자로 하여금 경제적 편익을 생각하게 하는 효과가 있다.

우선순위의 결정은 참여자가 배정한 돈의 합에 의해서 이루어지게 된다. <표 5-13>은 참여자가 100달러를 개개의 대안에 배정한 모습이다.

〈표 5-13〉 100달러 테스트 사례

문제: 고객 홍보 방법

달러	아이디어
5	TV 광고
35	신문 광고
20	홍보전단지 배포
40	인터넷 광고
0	방문 홍보

NUF 테스트

NUF 테스트는 선택한 아이디어의 우선순위 결정이나, 아이디어가 효과적이고 실현 가능성이 있는 것인지를 신속하게 결정할 필요가 있을 때 사용할 수 있는 기법이다. 이 방법은 선택한 아이디어를 새롭고(New), 유용하며(Useful), 실현 가능(Feasible)한가라는 세 가지 차원으로 판단한다.

◢ 얼마나 새로운가(New)
아이디어가 과거에 사용하지 않던 새로운 것인지를 판단한다.

◢ 얼마나 유용한가(Useful)
아이디어가 문제를 해결하는 데 유용한가를 판단한다.

◢ 얼마나 실현 가능한가(Feasible)
아이디어를 실제 사용할 수 있는 것인가를 판단한다.

선택된 아이디어는 <표 5-14>와 같이 3개 차원에 대하여 1~10 점수로 평가한 뒤에 이를 합산하여 우선순위를 정하게 된다.

<표 5-14> NUF 테스트 사례

기준	점수	비고
새로움(New)	5	유사한 아이디어가 과거에 있었음
유용함(Useful)	8	문제 해결에 결정적인 도움 제공
실현 가능(Feasible)	9	저렴한 비용으로 추진 가능
합계	22	

◆ 기타 기법

기타 참여적·전략적 관리에서 나타나는 갈등과 갈등을 해결하기 위한 방법은 문제 해결을 위해서 전략적 기획가가 꼭 인식하여야 할 기법이다.

35
협상전략

의의

전략적 기획을 위해서는 전략적 방향설정에서 집행 및 평가에 이르기까지 다양한 이해관계자와 협상이 요구된다. 협상은 크게 승-승 접근방법(win-win approach)과 승-패 접근방법(win-lose approach)으로 구분될 수 있다. 이에서 승-패 접근방법은 일반적으로 제로섬 게임이 된다.

승-승 전략을 위해서는 사전에 자신들의 주장을 결정하고 이를 얻기 위해서 협상을 하기보다는 원칙을 설정하고 협상에 임하는 것이 바람직하다. 이러한 협상의 원칙으로는 다음과 같은 것들이 있다.

- ◆사람과 문제를 분리하라.
- ◆상황이 아닌 이익 및 결과에 초점을 두라.
- ◆상호 이익이 될 수 있는 대안을 개발하라.
- ◆내용 및 절차의 정당한 기준을 수립하라.

사배이지(Savage) 등은 협상에서 <그림 5-22>와 같이 네 가지 선호로 협상 전략을 선택하는 방법을 제시하고 있다.

즉, ① 협상의 결과를 중시하는가? ② 상대방과의 관계를 중요시하는가?에 의해서 상대방의 생각을 고려하지 않는 네 가지의 전략(C1, P1, S1, A1)을 제시하고, 상대방의 생각으로, ③ 상대방이 협상의 결과를 중요시하는가? ④ 상대방이 협상 상대와의 관계를 중시하는가?에 의한 전략(C2, S2, P2, P)을 16개의 상황과 연계시키고 있다.

■ 협력의 신뢰 형성(P1)

협상의 실제 결과와 쌍방의 관계가 모두 중요한 때에는 협력적인 신뢰를 형성해야 한다. 이 전략은 쌍방의 개방성을 기초로 하여 실질적인 목표와 긍정적인 관계를 형성하는 win-win의 결과를 모색하는 방법으로 쌍방이 상호 의존적일 때 활용할 수 있다.

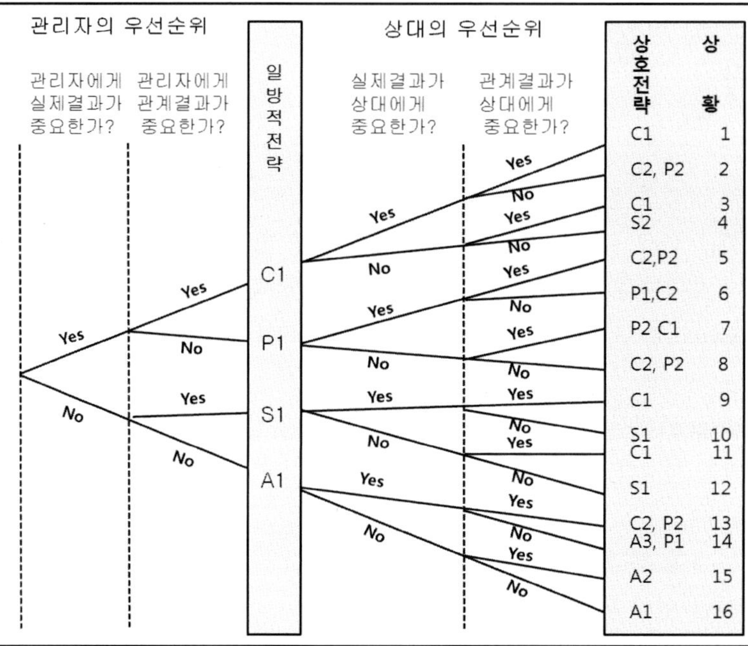

* 자료: Savage, et al., 1989.

〈그림 5-22〉 협상의 유형

■ 무조건 복종(S1)

협상의 실질적인 결과보다는 상대방과 긍정적인 관계를 형성하고자 할 때에 사용된다. 이에서는 조정 대신에 복종을 선택하여 상대방이 요구하는 것을 제공하게 된다. 이 전략은 상대방과의 관계에서 권력관계와 무관하게 사용될 수 있다. 특히 복종에 의해 잃는 것이 없으면서 의존적인 관계를 확대할 때 바람직하다.

■ 확고한 경쟁(P1)

협상의 실제 결과는 중요하지만, 쌍방의 관계가 중요하지 않을 때, 관리자는 경쟁을 고려한다. 이 상황은 상대에 대한 신뢰가 없거나 관계 형성이 좋지 않았을 때 사용된다. 경쟁을 위해 다양한 권력을 사용한다. 경쟁에서는 상대에 대한 싸움, 위협, 허세 등을 사용하여 상대방이 협상에서 사용할 수 있는 정보량을 억제하게 된다.

■ 적극적 회피(A1)

적극적 회피 전략은 협상에서 실질적 결과를 얻을 수도 없고, 상대와의 관계 형성도 중요하지 않았을 때 사용할 수 있다. 적극적 회피를 위해 관리자는 상대방에게 협상에 관심이 없음을 이야기한다.

그러나 적극적 회피는 종종 상대와의 관계에 부정적인 결과를 가져올 수 있다.

■ 원칙에 의한 협상(C2)

원칙에 의한 협상은 상대가 정보를 공개할 때는 언제나 이에 대응할 것을 가정한다. 즉, 자신은 공개하고 상대방은 공개하지 않으면 경쟁이 된다. 이러한 상황에서는 원칙에 의한 협상이 요구된다. 즉, 신뢰나 믿음보다는 서로에게 이익이 될 수 있도록 하는 협상을 할 때 필요하다.

■ 부분적 복종(S2)

협상자에게 협상결과나 상대방과의 관계가 중요하지만, 상대방이 협상결과도 중시하지 않고 관계에 대하여도 무관심한 경우에 사용되는 전략이다. 부분적 복종에서는 상대의 중요한 요구에 묵종하여 상대에게 이익을 주면서 자신에게 실질적인 결과를 얻을 수 있도록 하는 것이 필요하다.

■ 부드러운 경쟁(P2)

엄격한 경쟁을 완화할 필요가 있을 때에 사용된다. 협상자에게 상대방과의 관계가 중요하지는 않지만, 상대방으로서는 관계가 매우 중요한 상황이 있을 수 있다. 상대방이 권력이 있고, 잠재적 위협을 한다고 하면, 관계를 유지하는 정당한 경쟁전략을 사용하는 것이 필요하다.

■ 소극적 회피(A2)

협상자는 협상결과나 상대방과의 관계가 중요하지 않지만, 상대방은 관계를 유지하는 것이 매우 중요하면 협상을 다른 사람에게 위임할 수 있다. 소극적 회피는 적대 관계를 피할 수 있게 한다.

■ 대응적 회피(A)

협상자에게 실질적 결과나 상대방과의 관계가 중요하지 않지만, 상대방에게는 실질적 결과는 중요하고 협상자와의 관계가 중요하지 않은 상황에서 사용되는 전략이다. 협상자는 대응적 회피로 주제에 대해 통제를 하게 되는데 통제는 직접적인 것보다는 표준화된 운영절차나 정책을 개발하여 대응하게 된다.

【참고자료】

Savage, G. T., Blair J. D. and Sorenson, R. L. (1989). Consider Both Relationships and Substance When Negotiating Strategically, *Academy of Management Executive,* 3(1): 37~48.

36
갈등해결 모형

　조직과 기업에서 갈등은 변화와 혁신의 동인이면서 때로는 이를 저해한다. 이에 적절한 갈등관리는 조직운영에서 매우 중요한 과제이다. 조직에서 갈등은 매우 다양한 요인에 의해서 발생한다. 일반적으로 갈등은 목표, 현상에 대한 지각의 차이, 상호 의존적인 관계 등에 의해서 발생하게 된다.

　조직에서 갈등은 개인 갈등, 개인 간 갈등, 집단 내 갈등, 집단 간 갈등, 조직 내 갈등, 조직 간 갈등으로 분류할 수 있다. 상대방이 있는 갈등을 해결하기 위한 전략은 자기의 주장을 관철하고자 하는 욕구와 타인의 주장도 만족하게 해주고자 하는 욕구에 의하여 <그림 5-23>과 같이 5가지 전략이 있다.

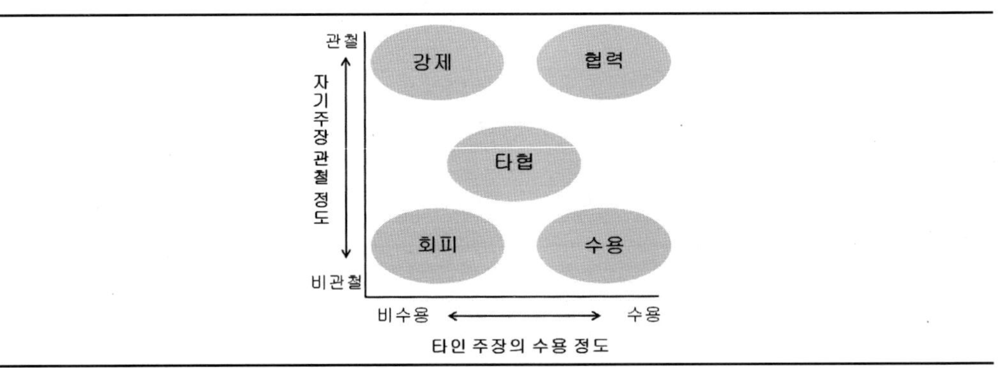

〈그림 5-23〉 갈등에 대한 전략

◢ 회피전략

갈등문제에 대하여 아무런 대응을 하지 않는 것을 의미한다.

◢ 수용전략

수용전략은 자기주장은 관철하지 않고 타인 주장만을 받아들여서 문제를 해결하는 방법이다.

■ 타협전략

자기주장과 타인 주장을 적절하게 혼합하여 해결하는 방법이다.

■ 강제전략

자기의 주장만을 내세우고 타인의 주장을 완전하게 억제하는 전략이다.

■ 협력전략

관련자가 모두 만족스러운 상황에서 문제를 해결하고자 하는 전략이다.

이 외에 갈등관리를 하지 않고 당사자가 대립적인 관계에서 서로 싸우는 경쟁적인 관계가 있을 수 있다. 경쟁적 관계에서 갈등관리의 결과는 한편은 얻고 다른 한편이 잃게 되는 결과를 가져온다. 각 상황에 따라서 사용되는 전략과 그 결과를 보면 <표 5-15>와 같다.

〈표 5-15〉 리더의 갈등관리 전략

전략	상황	결과
경쟁전략	1. 신속한 결정이 요구될 때(예: 비상시) l 2. 중요한 문제에 대하여 비인기 조치를 할 때(예: 비용절감, 규칙 강화, 규율 등) 3. 조직 복지처럼 중대한 문제에 대하여 의견을 달리할 때 4. 비경쟁적인 행태를 이용하려는 사람들에 반대할 때	Win-Lose
협력전략	1. 두 대안을 타협하기에는 중대한 문제이기 때문에 통합된 해결책이 필요할 때 2. 리더의 목적이 학습에 있을 때 l 3. 다른 관점을 가진 사람들의 통찰력을 흡수할 때 4. 합의를 위해 관련인의 몰입이 필요할 때 l 5. 인간관계를 어지럽히는 감정을 해결할 필요가 있을 때	Win-Win
타협전략	1. 목표가 중요하지만, 노력을 기울일 가치가 없다거나 기존의 방식에 균열이 예상될 때 2. 비슷한 권력을 가진 반대자가 상호배타적 목표를 주장할 때 3. 복잡한 문제에 대하여 일시적인 해결을 모색할 때 4. 시간적 제약으로 손쉬운 해결책을 생각할 때 5. 협력이나 경쟁전략이 실패할 경우를 대비해야 할 때	Win-Lose/ Win-Lose
회피전략	1. 문제가 지엽적이고 더 중요하며 급한 문제가 있을 때 2. 자신의 관심을 만족하게 할 가능성이 희박할 때 3. 잠재적인 균열이 갈등해결로부터 얻는 혜택을 웃돌 때 4. 수집된 정보가 즉각적인 결정을 무용하게 할 때 5. 타인이 갈등을 보다 효과적으로 해결할 수 있을 때 6. 문제가 다른 문제들의 징후로 등장할 때	Lose-Lose
수용전략	1. 자신의 결정이 그릇된 것으로 판단할 때 2. 문제가 다른 사람에게 더 중요하게 간주할 때 3. 차후의 문제에 대한 사회적 신뢰를 확립하려고 할 때 4. 실패 시 손실을 최소화하고자 할 때 5. 조화와 안정이 특히 중요할 때 6. 오류를 통한 학습으로 부하의 발전을 허용할 때	Win-Lose
강제전략	1. 위기 상황 2. 상대방보다 더 많은 자원과 권력을 가지고 있을 때	Win-Lose

* 자료: Gordon J. R. (1999). *A Diagnostic Approach to Organization Behavior*. Boston Mass: Allyn and Bacon.

제6장

조직 평가 및 환경 분석

종합적 분석 기법

종합적 분석 기법은 조직의 내적 능력인 강점과 약점, 외적 환경인 기회와 위협 요인을 함께 평가하는 방법이다.

01

SWOT 분석

의의

SWOT 분석은 조직이나 개인이 어떠한 결정을 하고자 할 때 초기 단계에서 이용하는 가장 일반적인 도구로 개인이나 조직의 강점(Strengths), 약점(Weaknesses), 기회(Opportunities), 위협(Threats)을 확인하는 방법이다.

SWOT 분석은 우리는 지금 어디에 있고, 어디로 가야 하는지를 결정하는 데 필요한 정보를 제공해준다. 우리는 우리가 어디에 있는지를 알아야만 어디로 갈지를 알 수 있게 된다. SWOT 분석은 조직의 내적 능력평가로 조직의 현재 위치를 알려주며, 외적 환경 분석으로 조직의 능력이 어떠한 상태인지와 어떠한 방향으로 가야 하는지를 결정하는 데 필요한 정보를 제공해주게 된다.

SWOT 분석은 자기가 추진하고자 하는 목적이나 목표와 관련하여 <표 6-1>과 같이 4가지 셀에 대한 정보를 수집 정리하여 분석한다. <표 6-2>와 <표 6-3>은 하나의 예이다.

〈표 6-1〉 SWOT 분석의 기본 유형

내부	강점(Strength)	약점(Weakness)
외부	기회(Opportunity)	위협(Threat)

〈표 6-2〉 콘텐츠 산업의 SWOT 분석

강점(Strength)	약점(Weakness)
디지털 기술 축적 인프라(인터넷, 모바일) 구축 풍부한 문화 원형 모바일 콘텐츠 시장 선도 정부의 육성 의지	핵심 장비, 원천기술 대외의존 내수 시장 협소 문화적 차이, 언어 장벽 세계시장에 어필할 창의력 부족 해외배급망 확보 애로
기회(Opportunity)	위협(Threat)
한류 확산 콘텐츠에 대한 수요 확산 세계적인 Test-Bed 네트워크의 다양화와 활용확대 비즈니스의 핵심 원천	신진기업의 세계 시장 선점 글로벌화에 따른 개방 가속화 선진국의 지재권 보호강화 지재권 보호 미흡으로 시장위축 가격경쟁력 저하

* 자료: 박정수 (2007). 문화 콘텐츠산업의 2020 비전과 전략. 산업연구원.

〈표 6-3〉 서울시 도시 계획을 위한 SWOT 분석

강점	약점
◆정도 600년의 고도 ◆수려한 자연환경 ◆중추관리기능 집적 ◆고급인력 및 기술의 집적	◆국제 경쟁력 미흡 ◆서울 고유의 정체성 미흡 ◆지역 간 불균형 개발 ◆개발 가용지 고갈
기회	위협
◆동북아 경제권의 급격한 부상 ◆동북아의 전략적 관문에 위치 ◆환경인식 변화 ◆시민참여의식 증대	◆주변지역의 과도한 개발과 집중 ◆수도권 내 지자체 간 경쟁심화 ◆지역 간/계층 간 격차심화 ◆행정기능 및 공공기관 지방이전 ◆통일로 급격한 인구유입 가능성

* 자료: 서울시. 2020년 서울도시기본계획.

SWOT 분석과정

(외부 환경 평가)

▨ 평가계획의 수립

합리적 평가를 위해서는 평가 일정, 평가자, 평가 항목, 기본 분석 방법, 평가보고서 양식, 자료원 등에 대한 계획이 수립되어야 한다. 그러나 평가는 비용을 수반하는 행위임을 고려하여야 한다.

▨ 자료의 수집

전략적 기획은 미래 지향적인 활동이기 때문에 미래 지향적이고 문제 해결 지향적이며, 목적 지향적인 정보 수집 행태가 요구된다.

▨ 현재 상황의 분석

조직과 관련된 환경의 실체를 정확하게 기술하여야 한다. 현재에 대한 정확한 기술을 위하여 과거로부터 현재까지의 변화 추세 및 현재 상황을 가져오게 된 요인들을 파악할 필요가 있다.

▨ 미래 변화의 예측

미래의 변화 예측은 항목별로 정리하여 목록화하고, 대분류별로 5개 이내로 선정하여 분석하는 것이 필요하다. 미래예측에서는 다음을 분석하여야 한다.

◆앞으로 환경은 어떻게 달라질 것인가?
◆어떠한 힘이 환경의 변화에 영향을 미칠 것인가?

◆이러한 변화는 지속할 것인가, 중단될 것인가?

◆이러한 변화가 조직에 어떠한 영향으로 나타날 것인가?

▰ 기회 및 위협 요인의 도출

환경 분석에서 제시된 것 가운데 조직에 영향을 줄 수 있는 중요한 기회 및 위협 요인을 각각 5~10개 정도로 선정한다. 선정에서는 다음을 고려하여야 한다.

◆환경의 변화가 조직의 고객, 이해관계자, 경쟁적인 다른 조직에 어떠한 영향을 미칠 것인가?

◆환경의 변화가 조직의 임무, 목적, 목표 달성에 어떠한 영향을 줄 것인가?

◆환경의 변화가 조직에 기회가 되는가? 위협이 되는가?

▰ 우선순위의 결정

선정된 기회 요인과 위협 요인의 우선순위를 결정하고 우선순위에 의해서 정리한다.

(내부 능력평가)

▰ 평가계획의 수립

내부 능력평가를 위하여 외부 환경 평가와 같은 계획을 수립한다.

▰ 자료 수집

조직의 능력평가에 활용될 수 있는 자료를 다양하게 수집한다.

▰ 자료 분석

수집된 자료는 양적·질적인 분석 방법을 활용하여 분석한다. 자료 분석에서 평가는 성과지향적이어야 한다.

▰ 조직의 성과평가

성과평가 단계에서는 다음과 같은 결과를 산출하도록 한다.

◆조직은 어디에 있었는가?

◆지금까지 조직은 내·외부 고객의 욕구를 충족시켰는가?

◆조직의 산출물과 서비스의 질은 최상의 것이었는가?

◆조직은 내적으로 무엇이 변화되었는가?

◆무엇이 달성되었는가?

◆앞으로 달성하여야 할 것은 무엇인가?

◆현 상태의 조직성과를 확인한다.

◆현재의 프로그램과 활동을 확인한다.

◆기획과 예산 및 다른 관리활동은 통합되었는가?

◆과정, 프로그램 및 서비스 전달 체제에서 개선되어야 할 영역은 없는가?

■ 조직의 강점과 약점 도출

현재의 성과평가를 바탕으로 전략기획팀은 브레인스토밍이나 스노 카드(snow card) 기법 등을 활용하여 조직의 강점과 약점의 목록을 작성한다.

■ 강점과 약점의 우선순위 결정

선정한 조직의 강점과 약점은 5~10개만 선정하여 우선순위를 결정하고 정리한다.

【참고자료】

박흥윤 (2009), 『공공조직을 위한 전략적 기획론』, 대영문화사.

02
균형성과표(BSC)

의의

균형성과표(BSC: Balanced Score Cards)는 조직의 사명과 성과를 관리할 수 있도록 측정지표를 만들어주는 관리 틀이다. BSC는 전통적인 재무지표 중심의 관리에 대한 비판에서 비재무지표를 포함한 틀을 제공하고 있다. 재무적인 정보는 과거의 자료로 미래에 대하여 알려주는 것이 없으며, 변화보다는 보수적 특성이 있다.

BSC는 1992년 카플란(Robert S. Kaplan)과 노튼(David P. Norton)이 제시한 뒤에 계속 발전하면서 전략과 성과평가를 연계하여 전략의 실행력을 제고시키기 위한 모형으로 발전되고 있다. 1990년대 후반부터 기업 이외에 공공부문에까지 확대되어 사용되고 있다.

균형

균형은 <그림 6-1>의 네 가지 차원에서의 균형이 강조되고 있다.

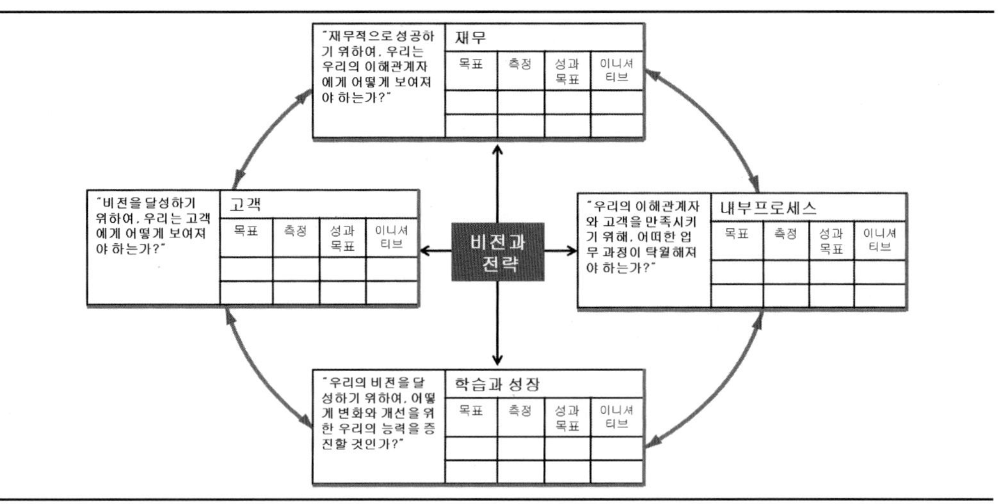

* 자료: Kaplan & Norton, 2008.

〈그림 6-1〉 Kaplan & Norton의 비전과 전략의 달성: 4가지 관점

■ 재무적: 비재무적

조직이나 기업은 가시적이고, 과거지향적인 재무적 지표 이외에 미래의 조직성과에 영향을 줄 수 있는 기술, 인적 자산과 같은 무형의 자산에도 관심을 둬야 한다.

■ 결과: 과정

조직의 지속적인 성장을 위해서는 결과 이외에 결과를 가져오는 과정에 대하여도 같이 관심을 둬야 한다. 결과와 연계되지 않는 과정의 개혁은 조직의 자원낭비를 가져온다.

■ 단기: 장기

전통적 재무지표 중심의 관리는 단기적 관리에만 초점을 두고 있다. 바람직한 전략적 관리를 위해서는 장기적인 조직의 비전이나 사명 및 목적에 대해서도 균형된 관심을 요구한다.

■ 내부: 외부

전통적인 관리는 조직 내의 효율성에 초점을 두고 있다. 바람직한 조직의 변화를 위해서는 고객 및 이해관계자와의 상호작용과 같은 외부와의 관계도 관심을 둬야 한다.

BSC는 다음 4가지 문제에 초점을 둔다.

◆**고객 관점**: 고객은 우리를 어떻게 보는가? 오늘날 고객의 관점에서 무엇을 할 것인가는 최고관리자가 최고의 우선순위를 가지는 관점이고, 조직의 사명으로 선언하고 있다. 이

에 고객이 관심이 있는 것(시간, 질, 성과와 서비스, 비용)을 측정할 수 있도록 관리되어야 한다.

◆ **내부프로세스 관점**: 우리가 탁월해져야 할 것은 무엇인가? 고객의 욕구를 충족시키는 것은 내부의 업무 처리 과정, 의사결정과 활동으로 나타나게 된다. 내부프로세스 관점은 사업이 효율적으로 운영되고 고객의 욕구에 맞게 처리되고 있는지를 측정한다.

◆ **학습과 성장 관점**: 우리는 지속해서 가치를 개선하고 창출할 수 있는가? 조직의 환경은 지속해서 변화한다. 변화 속에서 제품이나 서비스 및 조직 내의 업무 처리 과정은 지속해서 개선되어야 한다. 조직의 변화에 대한 학습은 단순한 교육이 아닌 원활한 의사전달, 위기에의 신속한 대응 등을 요구한다.

◆ **재무 관점**: 우리는 이해관계자에게 어떻게 보이는가? 이윤, 성장, 주주의 가치와 같은 전통적인 재무적 관점은 조직의 생존과 번영에 핵심을 구성한다. 재무 관점에는 위험 평가나 비용-편익 분석 등이 요구된다.

BSC는 기본적으로 사실에 기반을 두고서 측정할 수 없는 것은 개선할 수 없다는 것을 기본으로 한다. 4개의 관점이 조직의 비전과 전략을 달성하기 위해서는 목표, 측정, 성과목표 및 주도권 및 환류의 구성요소로 이루어지는 활동을 요구하게 된다.

◆ **목표**: 달성하고자 하는 미래의 바람직한 상태를 의미
◆ **측정**: 목표달성을 측정할 수 있는 지표 등의 변수
◆ **성과목표**: 측정을 위하여 구체화한 목표를 의미
◆ **이니셔티브**: 목표달성을 위한 프로그램 및 프로젝트를 의미
◆ **이중 피드백**: 시스템 논리에 의하여 측정과 학습의 결과를 다른 구성요소와 연계하는 지속적인 환류

활용

◆ 균형성과표는 조직의 성과창출에 핵심적인 요인에 집중할 수 있도록 한다.
◆ 조직의 비전과 전략에 대한 포괄적 이해를 증진한다.
◆ 전략적 목표와 장기 성과 목표 및 연차별 예산과 연계한다.
◆ 전략의 핵심 요소를 추적할 수 있도록 한다.
◆ 균형성과표는 어떻게 결과가 달성되는가를 보여준다.
◆ 균형성과표는 비행기의 조종실처럼 품질, 리엔지니어링, 고객에 대한 서비스 등을 통합적으로 관리하는 시각을 제공한다.
◆ 균형성과표는 조직의 구성원들에게 조직의 훌륭한 성과를 위하여 자신들이 해야 할 일을 명확하게 하여 준다.

【참고자료】

Kaplan, R. S. and Norton, D. P. (1992). The Balanced Scorecard: Measures that Drive Performance, *Harvard Business Review*, (January-February): 71~79.

Kaplan, R. S. (2010). Conceptual Foundations of the Balanced Scorecard, *Harvard Business School, Working Paper: 10-074*.

Kaplan, R. S. and Norton, D. P. (2008). Execution: A Six-Stage System, *Harvard Business Publishing Newsletters*, (May).

03 볼드리지 성과 향상 프로그램

의의

미국의 맬컴 볼드리지 성과 향상 프로그램(Baldrige Performance Excellence Program)은 1980년대 미국의 경제 위기에 대응하여 제정한 볼드리지 국가품질개선법에 기반을 두고 있다. 미국은 이 프로그램을 바탕으로 국가품질관리 대상(The Malcolm Baldrige National Quality Award)을 제정하여 제조업, 서비스업, 중소기업, 교육, 보건 및 비영리조직의 6개 분야에 대하여 매년 상을 수여한다.

볼드리지 기준은 최고의 성과 모형을 제시하는 질 통제 시스템 모형이다. 모형이 주는 최대의 이점은 적용 과정에서 이루어지는 자기 평가와 환류에 있다. 상을 받은 조직의 공통점은 TQM을 별개의 프로그램이 아닌 조직과 TQM의 철학 및 실제를 통합하여 조직의 일상적인 활동에 활용한다는 것이다.

상은 공공과 민간 간의 협력으로 만들어진 기준을 활용하여 조직을 평가하는 데 그 기준은 조직 운영에 사용하고 있는 과정에 대한 접근방법, 접근방법을 실천하는 방법과 산출인 결과(results)에 초점을 두고 만들어졌다.

이 상은 고객지향의 품질, 리더십, 지속적인 개선 및 학습, 종업원의 참여 및 개발, 신속한 대응, 설계 품질 및 예방, 미래에 대한 장기적 관점, 사실에 의한 경영, 파트너십 개발, 기업의 책임 및 시민 정신, 결과 중심 등의 가치를 지향하며, 이 모든 것을 갖춘 기업에 수여한다. 볼드리지 국가품질관리 대상에서 자기 평가와 수상자를 평가하기 위한 기본 틀은 <그림 6-2>와 같다.

기준

볼드리지 기준은 성과지향요구 사항을 7개 영역에 17개 항목으로 제시하고 있다. 항목은 과정과 결과의 차원에서 핵심 요인을 제시하여 자체 평가를 할 수 있도록 한다.

이 진단평가는 성과를 높이기 위한 유용한 관리도구로 활용할 수 있다. 모형은 개선 과정으로 다음의 4단계를 제시하고 있다.

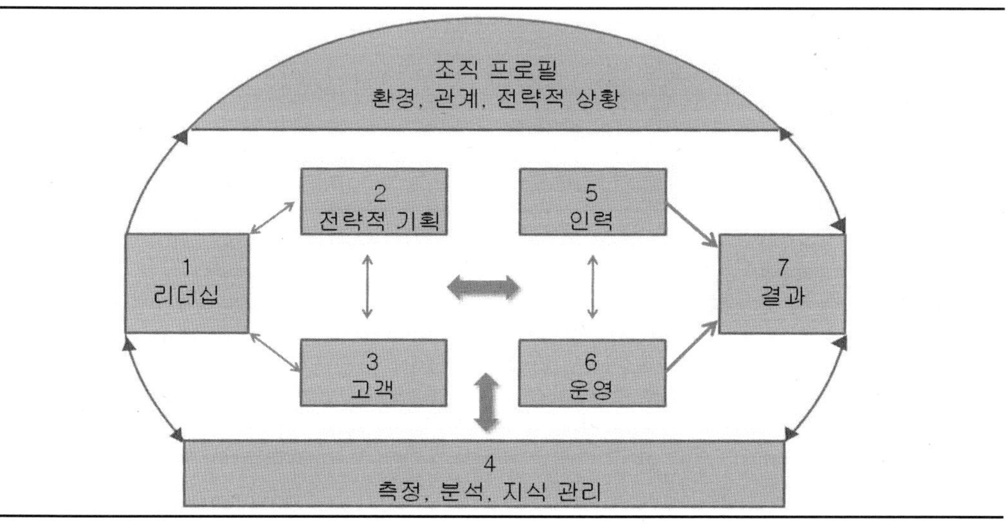

* 자료: http://www.nist.gov

〈그림 6-2〉 성과 탁월성 틀을 위한 볼드리지 기준

◆**접근방법**: 과정, 측정 방법의 선택, 필요한 사항의 전개를 포함하는 기획
◆**전개**: 계획의 집행
◆**학습**: 과정평가와 혁신을 위한 기회의 포착을 포함하는 새로운 지식의 습득
◆**통합**: 평가 결과, 과정과 조화 및 작업 부서 운영 및 더 나은 측정 방법의 선택 등을 기초로 한 계획의 수정

이 기준은 탁월한 성과를 가지는 조직의 핵심 가치 및 개념의 관계를 <그림 6-3>과 같이 제시하고 있다.

활용

볼드리지 성과 향상 프로그램은 자기 평가를 위한 틀을 제공한다. 항목은 과정과 결과의 두 가지 차원에서 평가하게 된다. 이들 평가는 전략적 기획에서 조직의 강점과 약점을 명확하게 하는 데 유용한 틀을 제공한다.

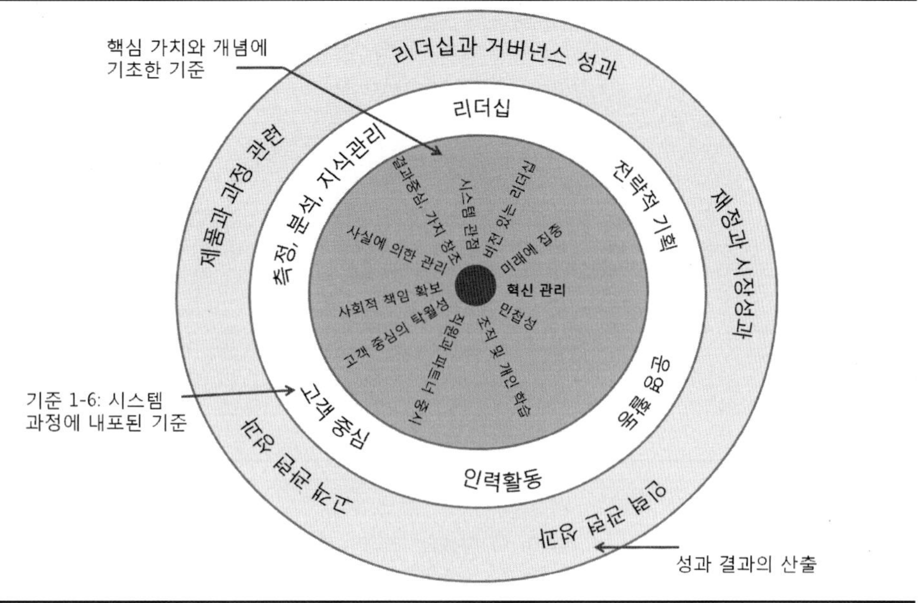

〈그림 6-3〉 핵심 가치와 개념의 역할

【참고자료】

Baldrige Performance Excellence Program. (2011). 2011 - 2012 *Criteria for Performance Excellence*; http://www.nist.gov

04

EFQM Excellence 모형

의의

유럽 품질관리재단(The European Foundation for Quality Management)은 미국의 말콤 볼드리지 대상에 대응하는 모형으로 EFQM 모델을 제시하고 있다. EFQM이 제시하는 탁월한 조직모형(Excellence Model)은 오늘날 유럽에서 가장 널리 이용되고 있는 TQM 모형 가운데 하나이다.

탁월한 조직이 가지는 특성

모형은 탁월한 조직이 가지는 기본 특성과 개념으로 <그림 6-4>를 제시하고 있다.

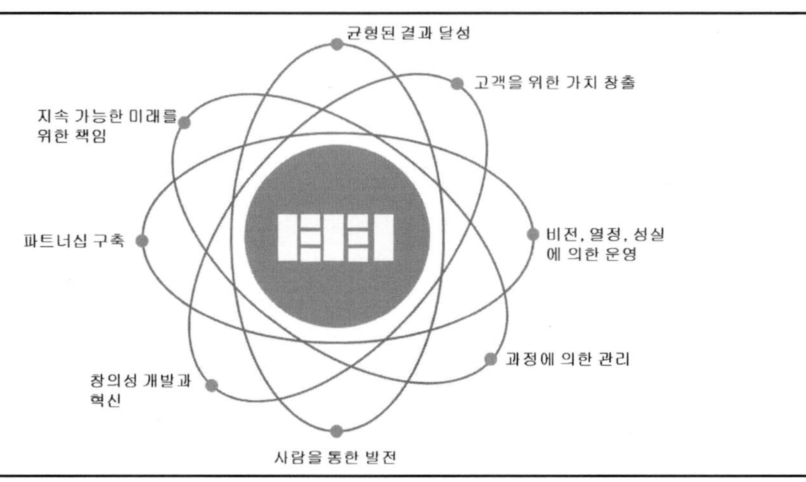

* 자료: http://www.efqm.org

〈그림 6-4〉 탁월한 조직이 가지는 특성

▣ 균형된 결과 달성

◆**정의**: 탁월한 조직은 조직의 사명을 달성하면서 조직의 비전을 향하여 발전한다. 이를 위하여 관련된 이해관계자의 장기와 단기의 욕구를 충족하기 위해 일련의 균형된 결과를 기획하고 달성한다.

◆**핵심변화**: 조직의 비전, 사명 및 전략의 달성과정을 모니터할 수 있도록 핵심적인 결과 세트를 개발하고, 리더가 효과적이고 적시에 의사결정을 할 수 있도록 한다.

▣ 고객을 위한 가치 창출

◆**정의**: 탁월한 조직은 고객이 자신들의 존재에 가장 핵심적인 이유라는 것을 알고, 고객의 욕구와 기대를 이해하고 예측하여 고객을 위하여 가치를 혁신하고 창출하도록 노력한다.

◆**핵심변화**: 조직이 제공하는 가치를 명확하게 정의하여 널리 알리고, 제품과 서비스를 설계하는 과정에 고객을 적극 참여시키는 데 초점을 둔다.

▣ 비전, 열정 및 성실성에 의한 운영

◆**정의**: 탁월한 조직은 미래를 계획하고 미래를 만드는 리더를 가지고 있으며, 미래의 가치와 윤리를 위하여 솔선수범한다.

◆**핵심변화**: 이 개념은 역동적인 것으로 리더가 조직의 지속적인 성공을 위하여 모든 이해관계자가 헌신할 수 있도록 적응하고, 반응하며, 이를 획득하는 데 초점을 둔다.

■ 과정에 의한 관리

◆**정의**: 탁월한 조직은 균형 있고 지속 가능한 결과를 창출하기 위해 사실에 기초한 의사 결정에 따라 과정을 구조화하고 전략적으로 구축하여 관리한다.

◆**핵심변화**: 전통적인 조직의 경계를 넘어서는 세밀한 관리로 전략을 실천에 옮길 수 있도록 설계한다.

■ 사람을 통한 발전

◆**정의**: 탁월한 조직은 조직구성원을 귀중하게 생각하면서 조직과 개인의 목적이 균형 있게 달성할 수 있도록 권한부여의 문화를 창출한다.

◆**핵심변화**: 조직의 전략적 요구와 개인의 헌신 및 참여를 유도할 수 있도록 개인의 기대와 열정 사이에 균형을 창출한다.

■ 창의성의 육성과 혁신

◆**정의**: 탁월한 조직은 조직 이해관계자의 창의성을 활용하여 지속적이고 체계적인 혁신으로 향상된 가치의 증진과 성과 수준을 창출한다.

◆**핵심변화**: 네트워크의 개발과 활용의 필요성 및 창의성과 혁신의 잠재적 원천으로 모든 이해관계자를 활용해야 함을 의미한다.

■ 파트너십 구축

◆**정의**: 탁월한 조직은 서로의 성공을 위하여 다양한 파트너와 신뢰관계를 추구하고 개발하며 유지한다. 파트너십은 고객, 사회, 주요 공급자, 교육기관 및 NGO와 형성한다.

◆**핵심변화**: 파트너십 구축을 위한 신뢰관계의 형성 및 연대감 형성을 위해 지속적인 상호작용이 요구된다.

■ 지속 가능한 미래를 위한 책임

◆**정의**: 탁월한 조직은 윤리적 사고, 명확한 가치 및 최고의 조직 행태 기준을 가지는 문화를 가진다. 이들은 조직이 경제적·사회적·생태학적으로 지속가능성을 가지도록 한다.

◆**핵심변화**: 이 개념은 조직의 관리와 활동에 대한 적극적인 책임성 확보와 광의의 공동체에 대한 조직의 영향을 관리하는 데 초점을 둔다.

모형의 구성요소

EFQM은 탁월한 조직의 모형으로 9개의 구성요소로 이루어진 <그림 6-5>의 모형을 제시하고 있다. 이들 9개 구성요소는 다시 2~5개의 하위 구성요소를 가지고 있다.

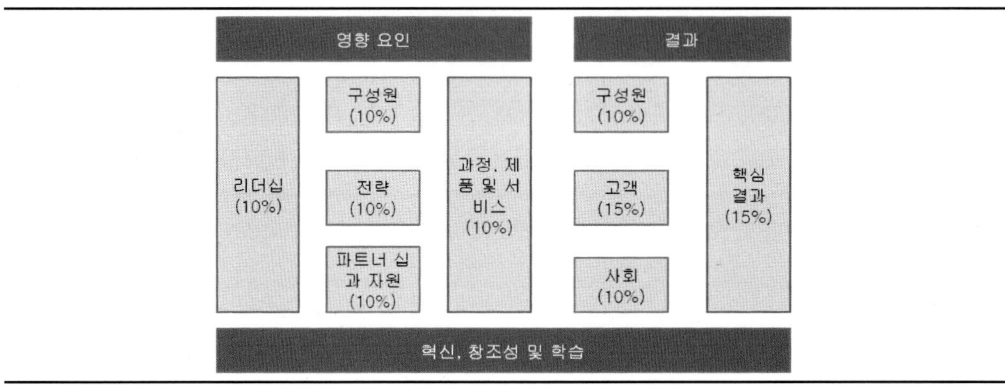

* 자료: http://www.efqm.org

〈그림 6-5〉 EFQM 모형

RADAR 논리

EFQM 모형은 자체평가를 할 수 있도록 하고 있다. 자체평가는 결과(Results), 접근방법(Approach), 집행(Deployment), 평가 및 검토(Assessment & Review)의 과정으로 이루어진 <그림 6-6>과 같은 RADAR 논리를 기초로 하여 수행된다.

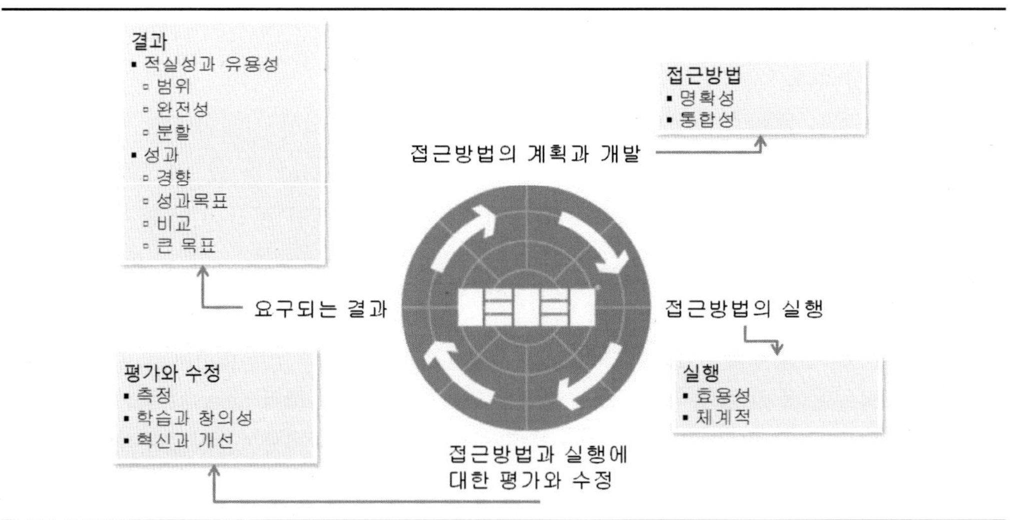

* 자료: http://www.efqm.org

〈그림 6-6〉 RADAR 모형

핵심적인 결과를 달성하기 위하여 다음과 같은 것이 요구된다.

◆ **결과**: 조직의 정책과 전략 형성과정의 한 부분으로 조직이 목표로 하는 결과를 결정하

여야 한다.

◆**접근방법**: 조직은 현재와 미래에 바람직한 결과를 달성하기 위한 통합적이고 명확한 접근방법을 계획하고 개발해야 한다.

◆**집행**: 접근방법을 올바르게 운영하기 위하여 체계적인 방법으로 접근방법을 활용하여야 한다.

◆**평가와 검토**: 지속적인 학습활동을 통하여 결과를 모니터링하고 분석하여 접근방법을 평가하고 검토하여야 한다.

앞에서 살펴본 9개 구성요소의 하위 요소는 RADAR의 논리 기준에 의하여 각각 평가하게 된다. 이상의 논리에 의한 자체평가 도구는 EFQM 사이트에서 구매하여 활용할 수 있다.

활용

◆모형은 조직의 성과 평가, 평가 후 개선할 부분의 확인, 벤치마킹, 전략 검토 및 전략을 창출하는 데 활용할 수 있다.

◆최고의 조직으로 가기 위한 방향을 설정하는 데 활용된다.

◆조직 내외와 아이디어와 정보의 교환에 있어서 공통적인 언어를 제공한다.

◆조직의 효율성과 효과성을 개선하기 위해 기존 또는 계획 중인 활동과 통합하는 데 이용될 수 있다.

◆조직관리 시스템을 위한 기본 구조를 제공한다.

【참고자료】

http://www.efqm.org

05
영국 표준협회의 SIGMA 프로젝트

의의

SIGMA 프로젝트는 1999년 영국 표준협회(British Standards Institution)에서 제시한 '지속가능성 관리를 위한 통합지침(SIGMA Project: Sustainability Integrated Guidelines for Management)'을 의미한다. 지침은 미래의 성공적인 조직은 경제적·사회적·환경적으로 지속가능한 미래를 창출하는 기업이라는 전제를 하고 있다.

지침원리

지속 가능한 조직을 위한 SIGMA는 <그림 6-7>과 같이 자본원칙과 책임성 원칙이라는 두 가지 핵심 구성요소를 가진다.

* 자료: www.projectsigma.com

〈그림 6-7〉 SIGMA 지침 원리

■ 5가지 자본원칙
◆**자연자본**: 조직이 의존하게 되는 자연자원과 생태계
◆**사회적 자본**: 사회적 관계와 구조
◆**인적 자본**: 사람
◆**생산자본**: 고정자산
◆**금융자본**: 이윤과 손실, 판매, 현금 등

■ 책임성 원칙
5개의 자본으로 구성된 조직 전체 시스템은 조직이 외부 세계 및 이해관계자와 연계를 나타내는 책임성(accountability) 원리에 둘러싸인다. 책임성은 다음의 3가지 요소로 구성된다.
◆**투명성(Transparency)**: 이해관계자에게 보고하여야 할 의무
◆**대응성(Responsiveness)**: 이해관계자에게 응답해야 할 의무
◆**준수(Compliance)**: 조직이 설정한 기준과 법을 준수할 의무

책임성 확보 방법

조직의 책임성은 그의 환경 및 이해관계자에 대한 투명성 확보와 대응 및 관련된 규범 및 기준을 준수함으로써 확보하게 된다. 이들 활동의 관리는 <그림 6-8>의 틀과 <표 6-4>와

같은 방법이 사용된다.

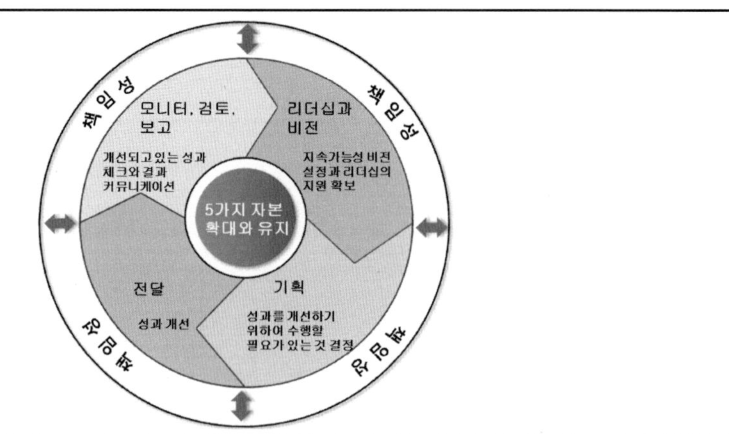

* 자료: www.projectsigma.com

〈그림 6-8〉 SIGMA 관리 틀

〈표 6-4〉 책임성 확보를 위한 관리

관리의 국면	목적
리더십과 비전 (leadership & Vision) ◆LV1. 조직의 정당화 논리와 최고관리자의 헌신 ◆LV2. 비전, 사명과 운영원리 ◆LV3. 커뮤니케이션과 훈련 ◆LV4. 문화 변화	◆지속가능성 문제에 역점을 두는 조직의 정당성 논리를 개발하고, 최고관리자가 지속가능한 개발을 핵심과정과 의사결정에 통합하도록 헌신하도록 함 ◆이해관계자의 확인과 핵심적인 영향 및 제시된 접근방법에 대하여 개방적으로 논의 ◆지속가능한 발전을 위한 사명, 비전 및 운영원리를 수립하고, 이를 위한 높은 수준의 전략 형성 ◆지속가능성 이슈에 대한 의식을 높이고, 이들이 어떻게 조직의 운영과 미래의 방향 및 조직의 훈련과 발전에 요구되는 사항에 영향을 줄 것인지를 이해함 ◆조직문화가 지속가능한 방향으로 갈 수 있도록 지원
기획(planning) ◆P1. 성과 평가 ◆P2. 법적 규제 분석과 관리 ◆P3. 활동, 영향과 성과 ◆P4. 전략적 기획 ◆P5. 전술적 기획	◆현재의 지속가능성에 대한 성과, 법적 요구사항의 준수와 자발적인 노력을 조사 ◆핵심적인 조직의 지속가능성 문제를 확인하고 우선순위를 설정 ◆조직의 지속가능성과 관련된 이슈에 대한 비전에 관심을 두고 문제를 해결하기 위한 전략적 계획을 수립 ◆계획에 대하여 이해관계자의 자문 획득 ◆구체적인 목표, 성과목표 및 책임성에 대하여 합의한 지속가능성 전략을 집행하기 위한 전술적이고 단기적인 행동계획을 수립
전달(delivery) ◆D1. 변화 관리 ◆D2. 관리 프로그램 ◆D3. 내부 통제와 외부의 영향	◆관리 프로그램을 전략적, 전술적 기획과 조직의 지속 가능한 비전에 맞추어 배열하고 우선순위를 설정 ◆필요한 활동, 영향과 산출 및 법과 자율 규제 활동을 관리하고 적절한 내적 통제가 수행될 수 있도록 함 ◆전략과 행동계획을 수행하여 성과를 개선 ◆지속가능한 발전을 위하여 공급자, 동료 및 기타 이해관계자에 대하여 적절한 외부 통제를 시행함

모니터, 검토 및 보고 (monitor, review and report)	
◆MRR1. 모니터링, 측정, 회계검사 및 환류 ◆MRR2. 전술적, 전략적 검토 ◆MRR3. 과정 보고 ◆MRR4. 보고에 대한 보장	◆공표한 가치, 전략, 성과 목표, 과정을 모니터 ◆보고와 보고서 입증을 위해 내부와 외부 이해관계자와 연계하고, 효과적인 전략적, 전술적 검토 활동이 적절하고 적시에 변화를 가져올 수 있도록 환류

영국 표준협회는 SIGMA 경영을 위해서 이용할 수 있는 다양한 도구를 개발하여 제공하고 있다. 이들은 www.projectsigma.com에서 얻을 수 있다.

【참고자료】

The SIGMA Project. *The SIGMA Guidelines*; http://www.projectsigma.com

06
해리슨(Harrison)의 조직진단 모형

해리슨은 조직진단을 조직이 직면하는 문제나 도전을 이해하여, 문제를 해결하고 조직 효과성을 개선하는 방법을 탐색하는 것으로 이해하고 있다. 즉, 현재의 조직 상태와 바람직한 조직 상태 간의 간격을 줄이기 위한 활동이다.

해리슨은 조직 시스템의 구성요소로 <그림 6-9>와 <표 6-5>와 같이 투입, 산출, 조직 행태와 과정, 기술, 환경, 구조, 문화, 체제행태라는 8개 구성요소를 제시하고 있다.

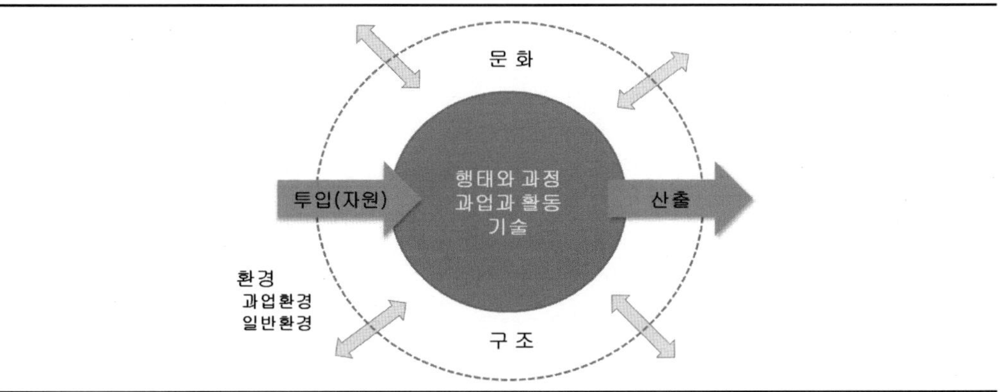

* 자료: Harrison, 2005.

〈그림 6-9〉 개방체계로 조직

이들 구성요소를 집단과 개인 차원의 효과성에 영향을 주는 요인으로 구분하여 보면 다음과 같다.

◆ **집단 차원**: 종업원의 기대와 이해, 조직의 문제에 대한 태도와 인식, 집단 구성, 구조(보상체계, 커뮤니케이션, 협력과 갈등, 의사결정, 관리자의 행태, 집단의 규범과 믿음), 기술
◆ **개인 차원**: 교육, 직무설계, 동기부여, 조직 활동에 대한 태도와 같은 근로자의 성격
◆ **집단과 개인에 영향을 주는 요인**: 전략, 기준, 목표, 문화

〈표 6-5〉 해리슨 모형의 진단변수와 구성요소

변수	구성요소
산출	제품 및 서비스, 판매량, 인적 산출(결근율, 이직률 등의 만족도 및 실행의 지표)
목적	공식 목표, 사명, 부서나 프로그램 예산배분의 우선순위
투입	자산, 자본, 기금의 배당과 수입, 인적 자산 등
환경	외부와 협력관계, 조직이 소속된 산업, 자원의 확장 정도, 물리적 및 사회적 환경
기술	생산물의 종류, 사무 자동화 정도, 정보과정의 기술 수준
구조	주요 부서와 업무 단위, 계층의 수, 통솔 범위, 공간적 거리, 인사정책과 절차 등
행태 및 과정	고위층의 의사결정과정, 전략형성, 계획, 갈등, 적대감, 노조활동, 커뮤니케이션 형태
문화	조직의 주체성, 상징, 신화, 은어, 복장, 생활 태도, 업무 행태 등
체제행태	전반적인 재정상황, 투입·산출·운영예산의 증가나 긴축 정도, 주된 변화 등

【참고자료】

Harrison, Michael I. (2005). *Diagnosing organizations: methods, models, and processes*. Sage Publications.

07
포라스와 로버트슨(Porras & Robertson)의 모형

포라스와 로버트슨은 작업장(work setting)을 구성하는 요인으로 <그림 6-10>과 같이 ㉠ 조직편성, ㉡ 사회적 요인, ㉢ 물리적 요인, ㉣ 기술의 4가지 범주를 제시하고 있다.

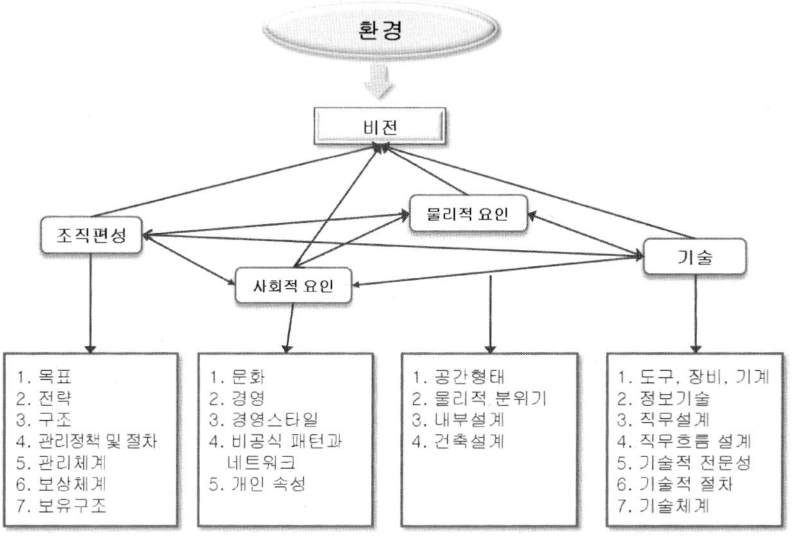

* 자료: Porras & Robertson, 1992.

〈그림 6-10〉 작업장 구성요인

◼ 조직편성(organizational arrangements)

조직편성은 조직을 형성하는 다양한 부문의 기능과 구성원의 행동을 조정하는 공식적인 요소로 조직의 규정과 같은 문서 형태로 존재한다. 조직변화에서 가장 중요시하는 요인이기도 하다.

조직편성에서는 조직의 목표, 전략, 공식구조, 관리정책과 절차, 관리체계, 보상체계 및 소유구조 등을 평가하게 된다.

◼ 사회적 요인(social factors)

조직은 사람들의 관계로 형성된다. 사회적 요인은 조직 내 사람들의 특성, 구성원 간의 상호작용과 과정 및 기타 집단적 특성과 관련된 요인이다.

사회적 요인에서는 조직문화, 경영 스타일, 구성요소의 상호작용 과정, 비공식적 패턴과 네트워크, 개인적 속성 등을 평가하게 된다.

◼ 기술(technology)

기술은 조직의 투입요소를 산출로 전환하는 기능을 한다. 조직설계 분야의 핵심 기술은 구성원의 행동에 직접적인 영향을 미친다.

기술적 요인에서는 도구・장비・기계, 직무설계, 작업 흐름 설계, 기술적 전문성, 기술적 절차, 기술체계 등을 평가하게 된다.

■ 물리적 요인(physical settings)

물리적 요인은 작업 환경 가운데 비사회적·비기술적 측면을 의미한다. 이들은 작업장에서 구성원이 일하는 방식에 영향을 미친다. 이들 요인은 상호작용의 효과가 있기 때문에 이를 고려하여야 한다.

물리적 요인에서는 작업장의 공간형태, 물리적 분위기, 내부설계, 건축설계 등을 평가한다.

【참고자료】

Porras, J. I. & Robertson, P. J. (1992). Organization development: Theory, practice, and research. In M. D. Dunnette & L. M. Hough (Eds.). *Handbook of industrial and organizational psychology (2d ed.)*, 3: 719~822. Palo Alto, CA: Consulting Psychologists Press.

Peter J. Robertson, Darryl R. Roberts and Jerry I. Porras. (1993). Dynamics of Planned Organizational Change: Assessing Empirical Support for a Theoretical Model. *The Academy of Management Journal*, 36(3): 619~634.

08
밴 드 벤과 페리(Van De Ven & Ferry)의 OA 틀

밴 드 벤(Andrew H. Van De Ven)과 페리(Diane L. Ferry)는 조직을 다양한 구성요소로 형성된 개방체계로 보면서 조직 평가(OA: Organization Assessment) 틀을 <그림 6-11>과 같이 제시하고 있다. 이의 분석 수준은 조직 전체, 조직 부서, 개인의 직무와 직위, 조직의 부서 간 또는 조직과 조직 간을 분석 단위로 하는 4개의 수준으로 구성된다.

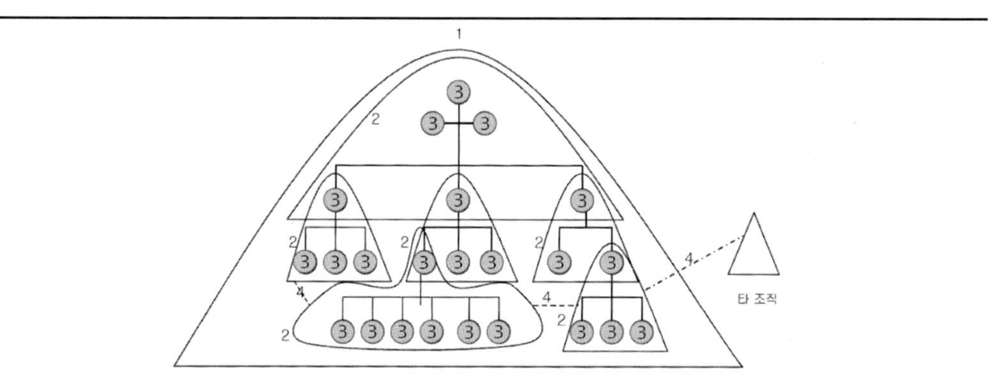

* 자료: Van De Ven and Ferry, 1980.

〈그림 6-11〉 조직 평가의 분석 수준

이를 기반으로 5개의 조직 진단 모듈을 제시하고 있다.

◆성과 모듈: 성과 평가는 평가하고자 하는 전체 조직과 그의 작업 단위와 직무의 성과 효율성과 효과성에 대한 조직의 기록으로 측정한다.

◆거시조직 모듈: 거시조직 단위에서는 조직 전체의 구조적 특성, 조직의 역사, 규모와 영역에 초점을 둔다. 이들 요소는 조직 도표와 기록, 면담 및 설문조사 등의 조직 평가 도구(OAI)로 측정한다.

◆조직 부서 모듈: 모든 조직 부서나 작업 집단의 과업, 구조 및 과정의 특성을 설문조사나 조직의 기록을 활용하여 측정한다.

◆직무 설계 모듈: 주로 설문조사에 의해 개인의 직무와 직위가 어떻게 구조화되고, 직무에 부여되는 직원의 배경, 직무에 요구되는 기술적·기능적 요구사항, 직원의 직무에 대한 감정적인 대응 등을 측정한다.

◆부서 및 조직 간 모듈: 조직 단위와 직위 간의 상호 의존 구조, 협력과 통제를 평가하는 것으로 주로 설문조사 방법으로 측정한다.

성과측정을 제외한 4개 수준을 평가하기 위한 중요 항목을 보면 <표 6-6>과 같다.

〈표 6-6〉 조직분석 수준과 주요 진단항목

1. 거시 조직 수준의 분석		
[거시 조직의 맥락]	**[거시 조직의 설계]**	**[거시 조직의 산출]**
1. 조직의 인구학적 특성 ◆역사, 나이, 성장단계 2. 조직의 영역 ◆유형, 불확실성, 복잡성, 한정성 3. 특정기간의 계획된 수요와 공급 ◆생산/서비스 양 ◆이용 가능한 자원(예산, 인력)	1. 구조적 특성 ◆수직적, 수평적, 공간적 분화 ◆부처 조직 유형(기능, 프로그램, 지리적, 매트릭스) 2. 의사결정자 간의 권력과 권한의 배분	조직의 전체 효과성을 평가하기 위하여 사용되는 기준에 대한 가치 판단. 예, 1. 조직의 영역별 목표 달성 2. 생산 라인별 시장의 분할 3. 이윤, 투자 수익률
2. 부서 및 집단 수준의 분석		
[조직 부서의 맥락]	**[조직 부서(작업집단)의 설계]**	**[조직 부서의 산출]**
1. 거시 조직의 맥락과 설계 ◆조직에 대한 부서의 기능적 기여 ◆조직 도표에서 부서의 수평적, 수직적 위치 2. 부서가 수행하는 업무의 성격 ◆과업의 어려움과 변화성	1. 부서의 전문화 ◆서로 다른 과업이 배분된 단위 수 ◆부서 내의 직위의 수 2. 직원의 구성 ◆직원 기술의 이질성 정도 ◆역할의 상호 교환성 3. 부서의 표준화 ◆업무 수행의 자동화 정도 ◆부서 규칙과 절차의 구체화 정도 4. 부서의 의사결정 ◆집권화 정도 ◆이용되는 의사결정 전략 5. 부서의 성과 규범과 기준 ◆강조되는 양과 질 통제 ◆집단과 개인에 대한 인센티브 ◆규범 준수에 대한 집단의 압력(군대화 정도)	조직 부서의 효과성을 평가하기 위해서 사용되는 판단 기준. 예, 1. 부서의 목표 달성 % 2. 부서의 효율성 ◆산출당 비용 3. 부서의 사기 ◆부서 전체의 응집력 ◆퇴직률 4. 부서의 적응력 ◆변화의 요구에 대한 대응력

3. 개인의 직무나 직위 수준의 분석		
[개인의 직무나 직위 맥락]	[개인의 직무와 직위 설계]	[개인 직무 및 직위의 산출]

1. 직무에 대한 조직의 요구사항
◆부서와 조직에서 직무의 역할
◆직무와 직위 계층제에서 위치
◆직무 수행에 있어서 과업의 어려움과
  변이성
2. 직무에서 개인의 특성
◆경력과 승진 서열
◆조직에서의 정년
◆성장 욕구의 정도
◆나이와 성별
	1. 직무의 전문화
	◆과업의 다양성 정도
	◆과업의 범위
	2. 직무의 전문 기술 정도
	◆교육
	◆직무 적응 기간
	◆사내 교육 기간
	3. 직무에서 자유재량권
	◆직무 관련 의사결정의 범위
	◆감독자의 관여 정도
	4. 직무 인센티브
	◆감독자, 동료에게서 피드백
	◆직무 관련 부수적인 보상과 제재
		개인 직무 및 직위의 효과성을 판단하기 위
		하여 사용되는 기준에 대한 가치 판단. 예,
		1. 직무 성과 목표의 달성 %(MBO)
		2. 직무 효율성
		◆개인의 산출 단위당 비용
		3. 직무 만족도
		◆과업, 감독자, 동료, 보수, 경력에 대한 만
		  족도
		4. 과업에 대한 동기부여
		◆직무에 투자하는 노력 정도

4. 조직 부서 및 타 조직과의 관계 분석		
[부서 및 조직 간 조정의 맥락]	[부서 간 관계의 설계]	[부서 간 조정과 통제의 산출]

1. 타 부서 및 조직에 대한 의존성
◆다른 부서에 대한 직무 의존성
◆자원 의존성
◆조직에 영향을 주는 외부의 개입
2. 다른 부서에 대한 인식
◆서비스, 목표 및 자원에 대한 지식
◆개인적 친밀도
3. 다른 부서와의 합의/갈등
◆부서의 서비스와 목표에 대한 합의
◆협력에서 갈등
	1. 관계의 강도
	◆부서 간 자원과 정보 흐름의 양
	2. 관계의 공식성
	◆조정의 자율성과 강제 형태
	◆관계 용어에 대한 규칙의 구체성 정도
	◆부서 간 계약의 표준화
	3. 부서 간 관계의 복잡성
	◆네트워크에 포함된 단위와 부문
	◆서로 다른 자원의 거래
	◆관계의 집중성
	◆커뮤니케이션의 집중성
	◆부서 간의 권력과 영향력의 분포
		부서 간 관계의 효과성을 평가하기 위하여
		사용되는 기준에 대한 가치 판단
		1. 부서 간 관계에 대한 목표 달성 %
		2. 조직이나 시장과 관련하여 조직 내 부서
		  간 관계를 관리하는 비용
		3. 조정에 대하여 인지된 효과성
		◆관련된 부분들의 형평성, 업무에 대한
		  보람, 생산적이고 만족한 정도

* 자료: Van De Ven and Ferry, 1980.

【참고자료】

Van De Ven, Andrew H. and Diane L. Ferry. (1980). *Measuring and Assessing Organizations*. New York: A Wiley-Interscience Publication.

09
기관 및 조직 평가 모형(IOA Model)

의의

IOA Model(Institutional and Organizational Assessment Model)은 2002년 IADB와 IDRC의 지원으로 러스트하우스(Charles Lusthaus) 등에 의해서 개발된 모형이다.

이들은 조직 시스템과 능력을 평가하기 위하여 다음 4개의 영역을 포괄하는 <그림 6-12>와 같은 모형을 제시하고 있다.

모형에서 조직성과는 조직의 능력, 외부의 환경과 내적인 동기 및 열의에 의하여 결정되는 것으로 보고 있다. 모형의 장점은 조직을 한두 번 방문하여 신속하게 평가할 수 있는 지침을 제공하고 있다는 것이다. 그리고 자기 평가를 할 수 있도록 평가 질문, 평가과정 및 방법론, 보고서의 형식을 제공한다.

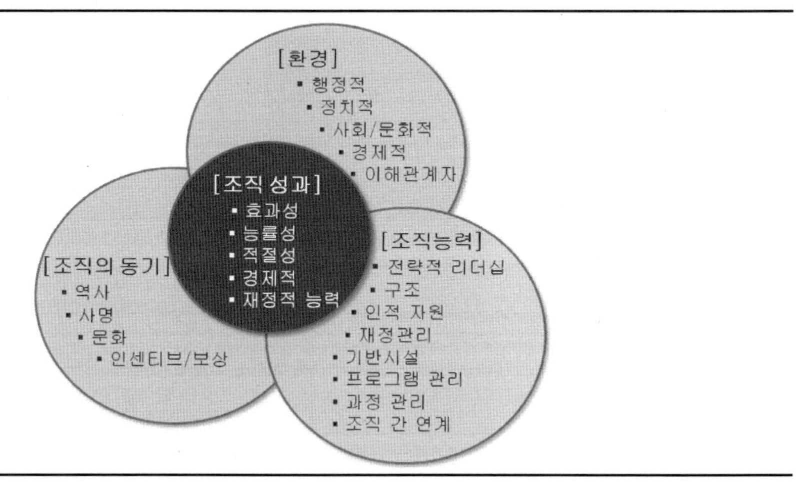

* 자료: http://reflectlearn.org

〈그림 6-12〉 IOA 모형

이들 평가에 활용되는 자료원으로는 다음과 같은 것이 이용된다.
◆다양한 계층의 사람과 회의
◆관련된 핵심 문서
◆관련 시설의 시찰
◆직원 간의 역학관계 관찰

평가 구성요소

◢ 조직의 성과

모든 조직은 적절한 자원으로 그의 목적을 달성하고 장기적으로 지속가능성을 확보하도록 노력하여야 한다. 좋은 성과를 위해서는 업무를 효과적이고 효율적으로 수행하고 이해관계자와 적절한 관계를 유지해야 한다. 조직의 성과는 다음과 같은 것으로 평가된다.
◆조직이 그의 사명을 달성하는 데 어느 정도 효과적인가?
◆조직은 계속 그의 적실성을 유지하고 있는가?
◆조직은 재정적으로 성장 가능한가?

◢ 조직의 환경

조직은 공백 속에서 존재하지 않는다. 개개의 조직은 조직과 조직의 성과에 영향을 주는 다양한 맥락을 제공하는 환경 속에서 존재한다. 환경이 조직의 사명, 성과 및 능력에 미치는 영향은 무엇인가? 환경이 우호적인가 적대적인가? 환경은 기회와 위협이 되는가를 기술하고 평가한다. 이를 위해 다음이 평가되어야 한다.

- ◆ 조직 운영에 영향을 주는 공식적 규범이나 법률 등을 평가
- ◆ 조직이 활동하는 사회 문화적 환경에 대한 기술과 평가
- ◆ 조직이 활동하는 경제적 환경에 대한 기술과 평가
- ◆ 조직이 활동하는 외적·정치적 환경에 대한 기술과 평가
- ◆ 조직이 활동하는 기술적·생태적 환경에 대한 기술과 평가
- ◆ 조직의 주요 이해관계자에 대한 기술과 평가

◢ 조직의 동기

두 개가 똑같은 조직은 없다. 개개의 조직은 다른 역사·비전·사명·문화·인센티브와 보상체계를 가진다. 이에 다음의 구성요소에 의하여 결정되는 조직의 동기부여 수준을 판단한다. 동기부여가 어떻게 조직의 성과에 영향을 주는가? 역사·사명·문화 및 인센티브 시스템이 어떠한 방법으로 조직에 긍정적·부정적 영향을 주는가?

조직의 동기에서는 구체적으로 다음과 같은 것을 다루게 된다.

- ◆ 조직 역사의 분석
- ◆ 조직 문화의 이해
- ◆ 조직 사명에 대한 이해
- ◆ 조직의 인센티브/보상 시스템 이해

◢ 조직의 능력

조직 능력은 조직 성과의 주요 요인이 된다. 능력을 명확하게 하기 위해서는 상호 연계된 다음 8개 분야를 이해하여야 한다. 이에 의하여 조직의 능력이 어떻게 조직의 성과에 영향을 미치는가? 조직 능력의 총체적인 강점과 약점은 무엇인가를 판단한다.

- ◆ 조직에서 전략적 리더십의 강점과 약점을 평가
- ◆ 재정 관리의 강점과 약점을 평가
- ◆ 조직 내 조직구조의 강점과 약점 평가
- ◆ 조직 기반 시설의 강점과 약점 평가
- ◆ 인적 자원 시스템, 과정의 강점과 약점 평가
- ◆ 프로그램과 서비스 관리의 강점과 약점 평가
- ◆ 조직 내 과정 관리의 강점과 약점의 평가

◆ 조직 간 관계의 강점과 약점 평가

【참고자료】

http://reflectlearn.org/

10
와이스버드(Marvin Weisbord)의 식스 박스 모형

의의

와이스버드의 식스 박스 모형(Six-Box Model)은 조직 활동을 진단하고 평가하기 위해서 개발한 모형이다. 모형은 조직발전 분야의 기술과 이론 등을 기초로 한 일반모형으로 광범위하게 사용하는 것을 목적으로 개발되었다. 와이스버드는 조직 진단을 위한 모형으로 <그림 6-13>과 같이 6개의 구성요소를 가진 모형을 제시하고 있다.

와이스버드는 식스 박스 모형을 레이더 스크린에 비유하고 있다. 비행기 관제사들은 레이더를 비행기의 고도·속도·거리 등의 상호관계를 관리하기 위해서 사용한다. 레이더에서 장애물이 생기게 되면 삐라고 하는 신호음을 내게 된다. 이를 바탕으로 와이스버드는 6가지 요소와 관련하여 공식적인 것과 비공식적 것을 함께 진단하라고 요구하고 있다. 바람직한 조직은 각 요소의 공식석인 것과 비공식적인 것의 조화를 요구하고 있다.

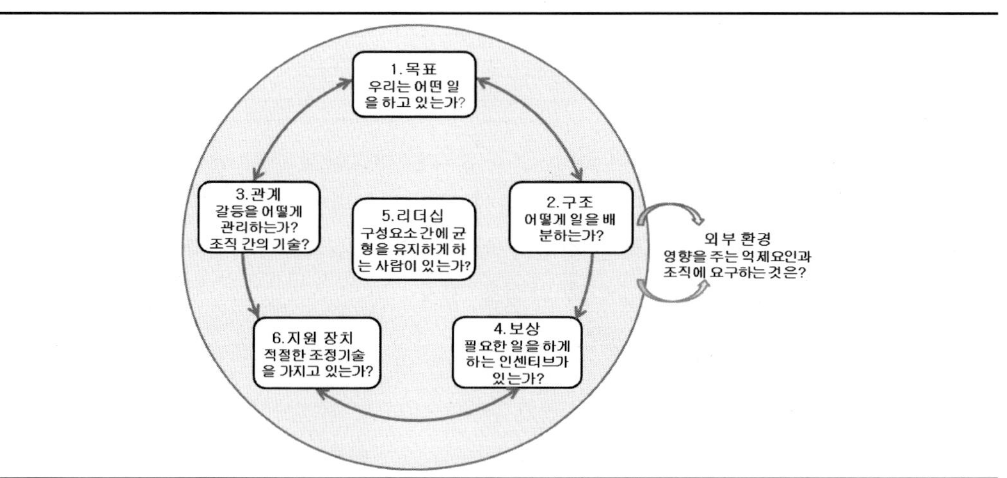

* 자료: Weisbord, 1978.

〈그림 6-13〉 와이스버드의 식스 박스 모형

6가지 요소에서 초점을 두고 분석해야 할 주요한 내용을 보면 다음과 같다.

■ 목표

◆목표의 적합성: 조직 목표가 환경에 얼마나 적합성을 가지는가?

◆목표의 명확성: 조직 목표가 구성원에게 지침이 될 만큼 충분히 명확한가?

◆목표의 합의: 조직 목표에 구성원들이 얼마나 합의를 하고 있는가?

■ 구조

◆조직 도표를 그려서 주된 설계의 원형(기능, 산출, 세부사업, 프로그램 등)을 결정

◆환경, 기술 및 부처의 변화 정도를 평가

◆공식적·비공식적인 시스템의 이슈를 목록화

◆지속적인 문제에 대한 과거 재조직의 논리를 확인

■ 관계

◆조직구성원(동료와 관리자 등), 서로 다른 과업을 수행하는 부서, 사람과 그들이 가지고 있는 기술, 시스템, 장비 및 업무 수행 방법 간의 관계의 질을 평가

◆상호 의존의 수준과 관계에서 갈등의 수준을 진단

■ 보상

◆조직은 무엇을 보상해줄 필요가 있는가?

◆조직은 금전이나 심리적으로 어떠한 것을 보상으로 주는가?

◆어떠한 상황이 조직구성원에게 보상이나 처벌을 받을 것으로 생각하는가?

◆와이스버드는 보상시스템과 인지된 보상시스템 간의 적합성을 진단하기 위하여 매슬로우의 욕구이론과 허즈버그의 위생 동기이론을 사용하고 있다.

■ 리더십

◆관리자가 효과적으로 행동하기 위해서는 리더십 스타일이 비공식적인 조직의 행태와 적합성을 가져야 한다.

◆리더십의 주요 과업은 환경을 주시하고, 목표를 설정하며, 목표를 달성할 수 있도록 내부 조직을 조정하는 것이다.

■ 지원 장치

◆지원 장치는 업무의 조정과 통합, 과업에 대한 모니터링, 진단으로 밝혀진 이슈 관리 등에 도움을 제공하게 된다.

◆ 지원 장치는 다른 5가지와 관련이 있으면서 공식적 · 비공식적으로 도움을 주거나 방해를 하기도 한다.
◆ 지원 장치에는 다음과 같은 것들이 있다.
  • 정책, 절차, 의제, 회의
  • 비공식적 장치, 공식구조를 지원하는 임시적인 문제 해결방법
  • 기획, 예산, 통제와 조치

활용

◆ 식스 박스 모형은 다양한 관리이론, 조직설계, 행태적 이론 등을 종합하고자 노력하여 포괄적 조직 진단을 가능하게 한다.
◆ 식스 박스 모형은 이해하기 쉽고 상대적으로 덜 복잡하다
◆ 모형은 조직의 핵심적 활동과 요소를 반영하고 있고, 조직변화 프로그램에 활용될 수 있다.
◆ 조직의 설계에 있어서 갈등과 같은 조직의 정치적인 요소를 고려할 수 있도록 한다.

【참고자료】

Weisbord, M. R. (1976). Organizational Diagnosis: Six Places to Look for Trouble with or without a Theory. *Group & Organization Studies*, 1(4): 430-447.

Weisbord, M. R. (1978). *Organizational Diagnosis*: A *Workbook of Theory And Practice*. Perscus Books Group; http://www. marvinweisbord.com/index.php/six-box-model/

11
내들러와 투쉬만(Nadler & Tushman)의 적합모델

의의

내들러(D. A. Nadler)와 투쉬만(M. L. Tushman)은 시스템 이론을 기반으로 조직행태를 진단하기 위한 모형으로 적합모델(Congruence Model)로 <그림 6-14>를 제시하고 있다. 적합모델은 개방 시스템 이론을 기초로 한 구체적이고 실용적이며 변화 지향적인 모형이다.

내들러는 조직설계는 적응력 있고 경쟁력 있는 조직을 만들기 위한 중요한 수단이라고 주장하면서 조직설계는 조직의 전략이나 구조적 맥락과 밀접한 관계를 맺기 때문에 조직에 대한 진단이 조직설계에 선행되어서 수행될 것을 주장한다.

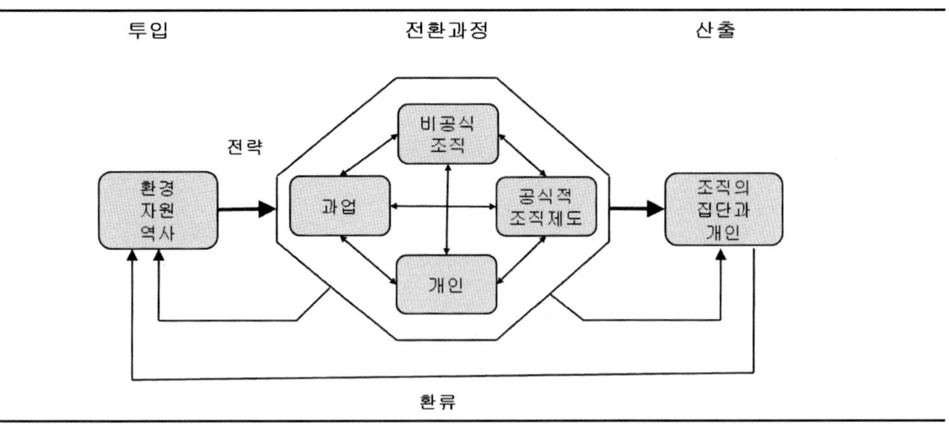

* 자료: Nadler & Tushman, 1980.

〈그림 6-14〉 내들러와 투쉬만의 적합모델

주요 구성요소

모형에서 제시하는 핵심적인 투입요소를 보면 <표 6-7>과 같다.

〈표 6-7〉 투입요인

투입	환경	자원	역사	전략
정의	조직 외부에 있으면서 조직에 잠재적 영향을 가지는 제도, 집단, 개인, 사건 등을 포함한 모든 요소	시장에서의 인지도와 같은 덜 가시적인 요인 이외에 조직이 활용할 수 있는 인적 자원, 기술, 자본, 정보 등을 포함한 다양한 자산	현재의 조직활동에 영향을 주는 과기의 행대, 활동 및 효과성 등	조직의 역사적 맥락에서 요구, 제약요인, 기회에 적합하게 조직의 자원을 구성하는 방법에 관한 결정의 경향
핵심 내용	1. 환경이 조직에 요구하는 것이 무엇인가? 2. 환경이 조직활동에 대하여 어떻게 제약을 하는가?	1. 조직이 활용할 수 있는 서로 다른 자원의 상대적인 질은 무엇인가? 2. 자원이 구성에서 어느 정도 적합한가?	1. 조직발전의 주요 단계나 국면은 무엇인가? 2. 전략적 결정, 주요 리더의 활동, 위기, 핵심 가치 및 규범과 같은 역사적 요인이 현재 어떠한 영향을 미치고 있는가?	1. 조직은 어떻게 핵심적인 사명(시장, 조직이 시장에 제공하는 제품과 서비스)을 정의하고 있는가? 2. 어떠한 기준을 가지고 조직은 경쟁하는가? 3. 조직이 사명을 달성하기 위해서 채택하고 있는 지원 전략은 무엇인가? 4. 어떤 구체적인 목표를 조직의 산출물로 설정하고 있는가?

모형에서 제시하는 전환과정의 주요 요소를 보면 <표 6-8>과 같다.

〈표 6-8〉 전환과정

구성요소	과업	개인	공식적 제도적 장치	비공식 조직
정의	조직과 그의 하부조직들이 수행하는 기본적이고 핵심적인 일	조직 내 개인들의 특성	개인이 과업을 수행하기 위하여 공식적으로 제정한 다양한 구조, 과정, 방법 등	구조, 과정, 관계를 포함한 조직에서 형성된 장치들
핵심 내용	1. 작업을 수행하는 데 요구되는 기술과 지식의 유형 2. 일에 대한 보상의 유형 3. 업무와 관련된 불확실성의 정도, 상호의존성, 일상의 과정 등을 포함 4. 주어진 전략 속에서 업무가 본래 가지고 있는 성과에 대한 제약요인	1. 개인이 가지고 있는 지식과 기술 2. 개인의 욕구와 선호 3. 인지와 기대 4. 배경적 요소	1. 조직설계, 기능의 그룹화, 하위단위의 구조, 조정과 통제 장치 2. 직무 설계 3. 작업 환경 4. 인적 자원 관리 시스템	1. 리더의 행태 2. 집단 내의 관계 3. 집단 간의 관계 4. 비공식적 작업 활동 5. 커뮤니케이션과 영향 형태

적합

모형에서 적합성이란 두 개의 구성요소가 잘 어울리는 정도를 의미한다. 즉, 적합성은 한 구성요소의 욕구·요구사항·목적·목표와 구조가 다른 구성요소의 욕구·요구사항·목적·목표 및 구조와 일치되는 정도로 정의하고 있다. 예로 과업과 개인의 관계에서 가장 단순한 수준의 과정은 이를 수행하는 개인에게 요구하는 사항을 보여준다. 이에서 개인의 지식과 기술이 과업이 요구하는 지식 및 기술과 일치하면 성과는 더욱 효과적이다.

조직에서 중요한 적합은 <표 6-9>와 같은 것이 있다. 적합모형을 활용한 기본적인 문제분석 단계는 <표 6-10>과 같이 8단계로 구분하고 있다.

〈표 6-9〉 적합의 정의

적합	이슈
개인/조직	개인의 욕구를 어떻게 조직의 제도로 충족시킬 것인가? 개인은 조직의 구조를 명확하게 인지 또는 왜곡되게 인지하고 있는가? 개인의 목적과 조직의 목적이 일치되고 있는가?
개인/과업	개인의 욕구를 과업에 의해 얼마나 충족하고 있는가? 개인은 과업이 요구하는 기술과 능력을 갖추고 있는가?
개인/비공식조직	개인의 요구를 비공식조직에 의해 얼마나 충족하고 있는가? 비공식조직은 개인적 자원을 비공식적 목적에 일치되도록 얼마나 사용하고 있는가?
과업/조직	조직의 제도가 과업이 요구하는 것을 충족하기에 적합한가? 조직의 제도가 과업 수행에 일치하도록 동기부여를 하는가?
과업/비공식조직	비공식적 조직구조가 과업의 성과를 촉진하는가? 비공식조직이 과업의 요구사항을 충족하는 데 이바지하는가? 도는 걸림돌이 되는가?
조직/비공식조직	비공식조직의 목표, 보상, 구조가 공식적 조직과 일치되는가?

〈표 6-10〉 적합모형을 활용한 기본적인 문제 분석 단계

단계	설명
1. 징후의 확인	◆문제가 있을 것임을 제시하는 자료를 수집 정리
2. 투입의 구체화	◆시스템의 확인 ◆환경, 자원, 역사의 특성 결정 ◆중요한 전략의 확인
3. 산출의 확인	◆다양한 차원(개인, 집단, 조직)에서 산출의 특성을 정의하는 자료의 확인, 이에는 바람직한 산출(전략으로부터)과 실제 얻어지는 산출이 포함되어야 한다.
4. 문제 확인	◆기대하는 목표와 실제 목표 간에 차이가 있는 영역을 확인 ◆페널티 확인, 즉 문제와 관련된 구체적인 비용(실제와 기회비용)을 확인
5. 조직구성요소의 기술	◆각 구성요소의 중요한 특성을 반영하여 4개의 구성요소 각각의 기본 특성을 기술
6. 적합성 평가	◆구성요소 간의 상대적 적합성을 측정하기 위하여 분석(필요하면 하위 모형을 작성)
7. 원인의 확인	◆적합성을 구체적인 문제와 연계하여 분석
8. 행동단계 확인	◆문제의 원인을 해결하기 위해 가능한 활동을 제시

활용

◆합모델은 조직행태를 진단하는 포괄적인 틀로 활용된다.

◆적합모델은 조직발전(OD)과 관련하여 조직발전을 위한 권고안을 작성하는 데 활용될 수 있다. 즉, 비적합 부분의 변화를 제시한다.

【참고자료】

adler, D. A. & Tushman, M. L. (1980). A Model for Diagnosing Organizational Behavior; http://hevra.haifa.ac.il/~soc/lecturers/ayalon/files/2631287918485.pdf

◆외부 환경 분석

조직은 공백 속에서 존재하지 않는다. 항상 조직을 둘러싸고 있는 환경과의 관계에서 성장하고 발전하며, 환경의 위협으로 쇠퇴하고 사라지게 된다. 조직의 환경으로 가장 중요한 것은 고객과 이해관계자 그리고 기업에서 경쟁자이다. 이들 환경에 대한 분석과 변화에 대한 예측을 바탕으로 환경이 주는 기회를 활용하고, 위험을 줄이는 활동이 전략적 계획의 핵심을 구성한다.

12

PEST 분석

의의

PEST 분석은 정치적(Political), 경제적(Economic), 사회적(Social), 기술적(Technological)의 머리글자를 따서 붙인 모형이다. <그림 6-15>의 PEST 분석은 전략적 관리에서 외부의 거시적 환경평가를 위한 방법으로 이용된다.

PEST 분석을 기초로 하여 법적(Legal) 요인과 환경적(Environmental) 요인을 추가하여 PESTEL 분석으로, 그리고 윤리(Ethics)와 인구학적(Demographic) 요인을 추가하여 STEEPLED 분석을 하기도 한다.

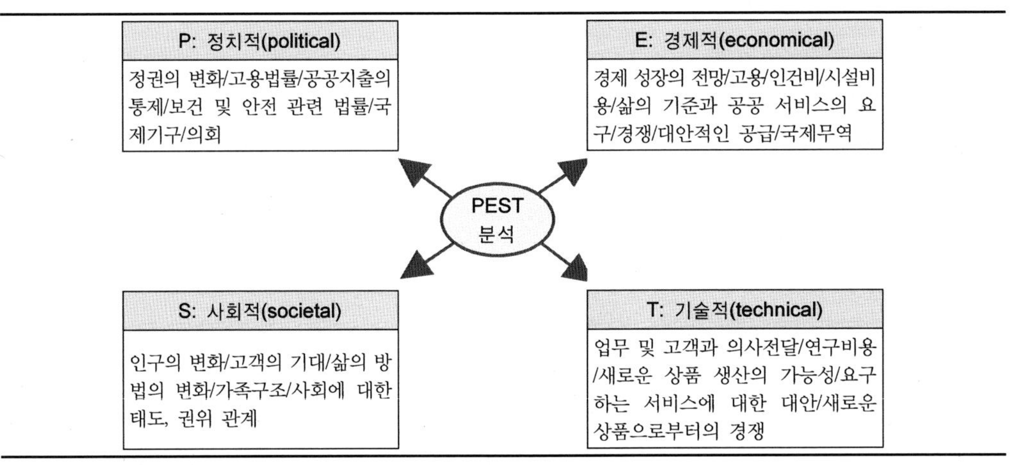

〈그림 6-15〉 PEST 분석

정치적 요인

정치적 요인은 사업 및 활동에 대한 정부의 개입방법과 정도를 의미한다. 정치적 요인에서 고려하여야 할 것으로는 조세정책, 교역 제한, 관세제도, 정치적 안정 등이 있다. 이 밖에 관련 사업과 관련된 규제 및 유인정책 등이 분석될 필요가 있다.

경제적 요인

경제적 요인에는 경제성장, 이자율, 환율, 인플레이션 등이 포함된다. 경제적 요인은 조직 및 기업의 운영이나 의사결정에 영향을 준다. 예로 이자율은 기업의 투자에 영향을 주고, 인플레이션은 고객의 구매에 영향을 주며, 환율과 관세는 국제 교역에 영향을 주게 된다.

■ 사회적 요인

사회적 요인 가운데 가장 중요한 것이 인구학적 요인이다. 인구학적 요인으로는 인구증가율, 연령분포, 노령화 비율 등이 있다. 이 외의 사회적 요인에는 문화적 측면, 삶의 가치관, 성공에 대한 태도, 인간의 안전욕구와 관련된 성향 등이 포함된다. 예로 가치관의 변화는 소비행태에 영향을 줄 수 있다.

■ 기술적 요인

기술적 요인에는 IT 기술의 발전, 연구·개발 활동, 자동화, 기술변화의 속도 등이 있다. 기술의 변화는 새로운 사업에의 진입과 퇴출을 결정하고, 아웃소싱 등의 모든 활동에 영향을 미치게 된다. 이러한 기술의 변화는 제품과 서비스의 비용과 질, 혁신 등에 영향을 준다.

■ 법적 요인

법적 요인에는 관련 산업에 대한 규제, 근로 및 안전과 관련된 법규 및 법적 효력을 가지는 국제적인 조약 등은 기업 및 조직 활동에 기본 틀을 구성하게 된다.

■ 환경적 요인

환경적 요인에는 기후, 날씨 및 기후의 변화와 같은 생태계와 환경에 영향을 주는 요인들이 이에 속한다. 오늘날 기후는 관광, 농업, 보험 등의 다양한 분야에 영향을 미친다. 특히 지구 온난화와 관련된 국제협력은 저탄소 정책에 의하여 생산에 영향을 준다. 환경적 요인은 새로운 시장을 창출하기도 하고 기존시장을 파괴하기도 한다.

■ 윤리적 요인

윤리적 요인은 기업 및 조직의 사회적 책임과 관련된 것 이외에 기업윤리도 평가의 대상이 되고 있다.

■ 인구학적 요인

사회적 요인 가운데 인구학적 요인을 별도로 분리하기도 한다. 분석에서는 인구의 구성과 미래의 추세에 대하여 분석한다. 이들은 고객의 구성과 추세 등을 예측하는 데 가장 기초가 된다.

방법

PEST 방법은 각 분야에 대한 분석 항목을 먼저 선정하고, 이들이 조직이나 제품과 서비스에 미치는 영향을 확인한다. 영향은 현재뿐만 아니라 미래에 미칠 것으로 예상하는 것도 분석한다. 분석을 위한 정보는 다양한 자료원에서 얻을 수 있고, 사실 정보가 부족한 경우에는 브레인스토밍 등의 기법이 요구된다.

PEST 분석을 발전시킨 분석기법으로 PEST 분석과 브라우델(Braudel)의 SOS 기법을 통합한 PEST/SOS 기법이 있다. 이 방법의 기본 틀은 <표 6-11>과 같다. 이 방법은 먼저 관련 항목에 대한 변화를 신문 기사 등을 활용하여 피상적(superficial/surface)으로 분석하고, 이어서 이들이 사회의 가치관에 미치는 영향을 분석하고, 다음으로 이러한 변화가 사회에 미치는 구조적(structural) 변화를 파악하는 것이다.

예로 신문 검색 결과 노령인구가 증대하고 있다고 하면, 이러한 변화가 사회 구성원의 가치관에 미치는 영향을 분석하고 이들이 가족구조에 미치는 구조적인 영향을 보다 구체적으로 파악하여 분석하는 방법이다.

〈표 6-11〉 PEST/SOS 환경평가의 기본 모형

	S (피상적 의미)	O (가치관적 의미)	S (구조적 변화)
P(정치적 환경)			
E(경제적 환경)			
S(사회적 환경)			
T(기술적 환경)			

활용

◆PEST 기법은 외부 환경 평가에서 상대적으로 단순하다는 특성이 있다. 단순성은 노형의 장점이면서 한계이기도 하다.

◆SWOT 분석과 연계하여 외부 환경 평가에 활용도가 높다.

◆외부 환경에 대한 포괄적인 분석을 가능하게 한다.

13
포터(Michael Porter)의 5가지 경쟁력 모형

의의

포터의 5가지 경쟁력 모형(5 Forces Model)은 산업 경쟁력 분석의 변수로 <그림 6-16>과 같이 5가지 요소를 제시하고 있다. 5가지 경쟁력 모형은 전략적 관리에서 주로 외부 환경 분석에 사용된다. 포터의 모형은 비영리조직의 환경 분석에서는 적용이 제한될 수 있지만,

공기업, 산업단지의 개발 등에 활용될 수 있다.

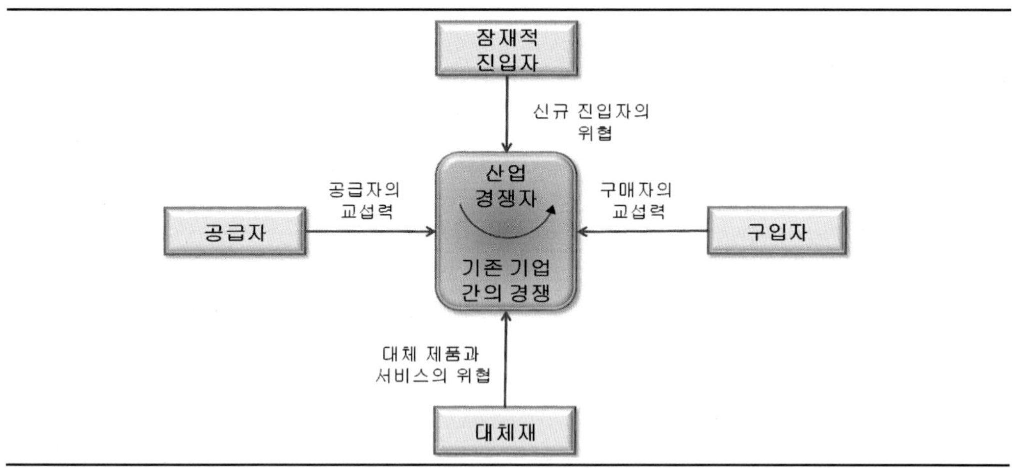

〈그림 6-16〉 포터의 5가지 경쟁력 모형

◆ **경쟁자의 진입**: 진입 장벽이 있는 시장에 새로운 경쟁자가 어느 정도 쉽게 진입할 수 있는가?

◆ **대체품의 위협**: 제품이나 서비스가 다른 제품이나 서비스로 대체할 수 있는 부분이 어느 정도인가?

◆ **구매자의 교섭능력**: 구매자의 지위 및 구매능력은 어느 정도인가?

◆ **공급자의 교섭능력**: 공급자의 지위가 어느 정도인가? 잠재적인 공급자는 공급 독점자의 지위를 가지는가?

◆ **기존 기업과의 경쟁**: 기업 간에 경쟁은 어느 정도인가? 경쟁기업이 우월한 지위를 가지고 있는가 아니면 동등한가?

각각의 힘을 결정하는 요인들을 보면 다음과 같다.

■ 진입 장벽

◆ 공급자 측 규모의 경제
◆ 수요자 측 규모의 편익
◆ 고객 전환 비용
◆ 요구되는 자본금
◆ 브랜드 명성
◆ 유통채널 접근
◆ 기술에의 접근

◆ 정부의 규제정책

■ 공급자의 교섭능력
◆ 공급자의 집중 정도
◆ 공급자의 수익추구 성향
◆ 공급자 전환 비용
◆ 제품의 차별화 정도
◆ 공급자 집단이 제공하는 것의 대체 가능성
◆ 공급자 집단이 산매까지 담당하고자 하는 전방향 통합 여부

■ 구매자의 교섭 능력
◆ 구매자의 수 및 구매량
◆ 제품의 표준화 또는 차별성 여부
◆ 구매자의 공급선 전환 비용
◆ 구매자가 직접 공급을 하고자 하는 후방향 통합 여부

■ 대체재의 위협
◆ 대체재의 가격과 성능
◆ 대체재로의 전환 비용
◆ 구매자의 대체 의지

■ 기존 경쟁자 간의 경쟁 강도
◆ 경쟁자의 수와 규모 및 힘
◆ 산업의 성장률
◆ 퇴거 장벽
◆ 경쟁자의 기업에 대한 열정
◆ 가격경쟁의 여부

포터는 이 5가지 요소에서 강점을 가지는 산업은 장기적인 이윤을 추구할 가능성이 있다고 한다. 특히 전략가는 관련 산업의 성장률, 기술과 혁신, 정부의 정책 방향, 보완적인 제품과 서비스에 관하여 관심을 둘 것을 권고하고 있다. 그러나 전략에서 경쟁자를 제거하는 전략은 위험한 전략임을 경고하고 있다. 그리고 훌륭한 미래의 산업을 위한 혁신을 요구한다.

산업분석의 단계

■ 관련 산업을 명확히 한다

어떠한 제품이 그 산업에 있는가? 그 가운데 다른 산업에도 있는 제품은 어느 것인가? 경쟁의 지리적 범위는? 이 산업을 규정할 때 너무 넓거나 좁게 정의해서는 아니 된다.

■ 산업에의 참여자를 확인하고 일정한 집단으로 분류한다

누가 구매자 또는 구매자 집단인가? 누가 공급자 또는 공급자 집단인가? 누가 경쟁자인가? 누가 대체재를 제공하는가? 누가 잠재적 진입자인가? 이를 분석하면서 가장 중요한 기업에만 초점을 두지 말고 관련된 모든 기업에 대하여 균등한 관심을 두도록 하여야 한다.

■ 경쟁력을 평가한다.

산업의 어떠한 힘이 강하고, 어떠한 힘이 약하며, 그 이유가 무엇인지를 결정하기 위하여 개개 경쟁력의 기초가 되는 것을 평가한다.

■ 전체 산업구조를 판단하고, 일관성을 분석·검토한다

이윤의 수준이 왜 그러한 정도인지? 어떠한 것이 이윤을 통제하는 힘인가? 산업분석이 장기적인 이윤과 일치하는가? 더 많은 이윤을 창출하는 기업이 5가지 힘과 관련하여 더욱 나은 경쟁력의 지위를 가지고 있는가? 이의 분석에서 원인과 효과를 혼동해서는 아니 된다.

■ 개개의 힘에 대하여 현재와 앞으로의 변화를 긍정적인 측면과 부정적인 측면에서 분석한다

산업의 변화경향을 무시하는 정적인 분석을 하여서는 아니 된다.

■ 새로운 진입자나 기업 경쟁자가 영향을 받게 될 산업구조를 확인한다

활용
◆모형은 전략개발의 출발점에 유용한 정보를 제공한다.
◆제품이나 기업의 경쟁력을 분석하는 데 매우 효과적인 도구로 활용되고 있다.
◆전략적 관리에서 SWOT 분석을 보다 체계적으로 실시할 수 있도록 한다.
◆모형은 기존에 영향요인에만 관심을 집중하여 산업구조를 제대로 파악하지 못하는 오류를 줄여줄 수 있다.
◆모형은 주로 개별 사업을 분석하기 위한 모형으로 기업이 가지고 있는 사업 간의 시너지 효과를 고려하지 못할 수 있다.

◆조직의 강점을 과소평가할 위험이 있다.

【참고자료】

Porter, M. (1979). How Competitive Forces Shape Strategy, *Harvard Business Review*, 57(2): 137∼146.
Porter, M. (2008). The Five Competitive Forces That Shape Strategy. *Harvard Business Review*, (January): 79∼93.
마이클 포터 지음, 조동성 옮김 (2008), 『마이클 포터의 경쟁전략』, 21세기 북스.

14
전략집단 분석

의의

전략 집단이란 특정한 산업에서 같거나 유사한 전략을 채택하는 기업들의 집단을 의미한다. 예로 식음료 산업에서 럭셔리한 레스토랑은 패스트푸드 음식점과는 다른 전략과 성과를 가져오게 된다. 전략 집단 분석은 산업분석과 개별 기업 분석의 중간 단계인 산업 내의 하위 집단을 분석 대상으로 한다.

고전적인 이론에서는 특정산업 내의 기업들은 모두 동질적인 산업구조를 반영하여 같은 전략을 구사함으로써 기업 능력의 차이만 배제된다면 모든 기업이 비슷한 성과를 가져올 것으로 생각하였다. 그러나 헌트(Micheal S. Hunt)가 화이트 가전제품 산업을 대상으로 한 전략집단 이론을 제시한 뒤에 같은 산업 내에서도 다른 전략을 구사하는 여러 개의 전략집단이 존재하기 때문에 전략에 따라서 성과가 달라질 수 있다고 본다.

이들 전략 집단은 핵심적인 전략 차원에서 비슷한 행태를 보인다. 이러한 유사성에는 전문화, 제품과 서비스 전달의 정도, 지리적 영역의 범위, 시장 분할의 수, 마케팅 활동, 수직적 통합 정도, 제품의 질과 가격 정책 등에서 볼 수 있다. 그러나 전략 집단 분석에서 어떠한 기준으로 집단을 구분할 것인가에 대한 명확한 기준은 없다.

전략집단의 확인을 위한 방법으로는 질적 방법과 양적 방법을 활용하여 분석하게 된다. 양적 분석에서는 요인분석과 클러스터 알고리즘 등의 방법을 활용하여 집단화할 수 있다.

사례

<그림 6-17>은 해외 전력거래소에 대한 전략집단 분석을 통하여 우리나라 전력거래소의 지위를 분석한 사례이다. 이에 의해서 우리나라의 전력거래소는 중장기적으로 아웃소싱 기반 강화와 계약시장과 전력 파생상품을 개발하는 방향으로 전환해야 한다는 결론을 도출하고 있다.

활용

전략 집단 분석은 산업에서의 경쟁 구조를 이해하는 데 유용한 정보를 제공한다. 즉, 누가 가장 직접적인 경쟁자인지, 다른 조직이 전략 집단으로 들어올 가능성 분석, 전략 기획에서 기회와 전략적 이슈의 확인 등에 필요한 정보를 제공하여 준다. 그리고 전략집단의 역동성을 이해하는 것은 시간의 변화에 따라서 나타나는 경쟁전략의 변화를 설명하는 데 유용한 정보를 준다.

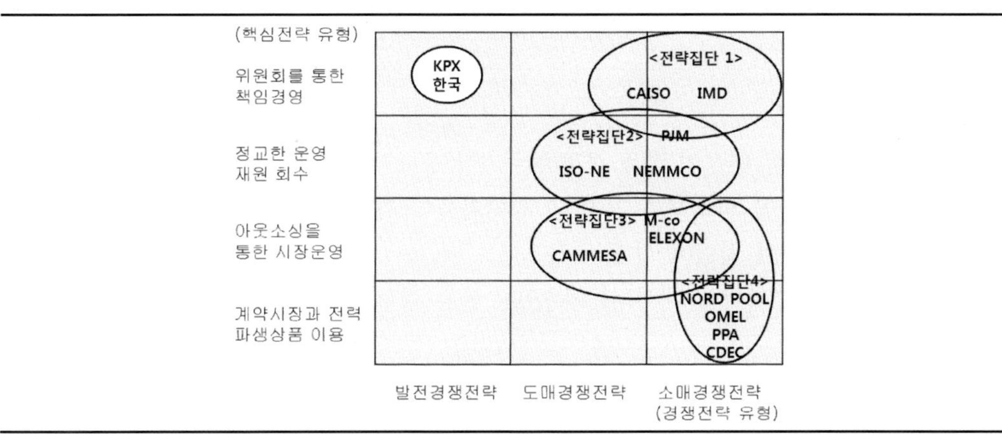

〈그림 6-17〉 전력거래소 산업의 전략집단 분석

【참고자료】

Hunt, M. (1972). *Competition in the Major Home Appliance Industry*, doctoral dissertation, Harvard University, 1972.
이광현·장찬주 (2002),「해외전력거래소들의 전략집단 분석을 통한 한국전력거래소의 전략방향」,『국제무역연구』, 8(2): 185~213.

15
표적 집단 면접(Focus Group Interview)

의의

집단심층면접으로 불리는 FGI(Focus Group Interview)는 질적 방법의 대표적인 방법으로 소수의 집단을 대상으로 시행하는 집단면접조사 방법이다. 이 방법은 심리학자이자 마케팅 전문가인 디히터(Ernest Dichter)가 제시한 것으로 면접 대상자의 인식, 태도, 믿음 등을 조사하는 데 많이 사용된다.

표적 집단 면접의 참여자는 주제에 대하여 자유롭게 자신의 의견을 말하는 비구조화된 면접방법이지만 종종 특정 주제에 대한 참여 토론으로도 활용된다. FGI는 전략적 기획 과정에서 환경 분석, 전략 방향 설정, 대안의 탐색 및 분석, 대안의 선택 등의 과정에서 다양하게 사용할 수 있다.

표적 집단 면접은 브레인스토밍, 델파이와 달리 서로 알지 못하는 사람들로 구성하고, 집단 구성원으로부터 정보를 얻기 위해서 참여자 상호관계를 활용한다는 면에서 차이가 있다.

표적 집단의 운영은 문제 해결, 의사결정 및 합의를 하기 위한 것도 아니다. 주제에 대한 참여자의 생각·믿음·태도 등에 대한 정보를 얻기 위한 수단이다.

운영방법

◆**진행자**: 진행자는 면접의 질을 결정하는 가장 중요한 요소이다. 진행자는 시간 조절 기술, 면접의 초점을 확보하는 기술 및 참여자들이 자유스럽게 발언하도록 하는 분위기 조성 등의 기술이 있어야 한다.

◆**주제**: 주제는 명확하게 제시되어야 한다. 90분 정도의 면접에서는 5개 정도의 주제가 적합하다.

◆**집단의 규모**: 표적 집단의 규모는 6~12명 정도가 바람직하다. 규모가 크면 2개 이상의 집단을 구성하여 이를 비교하거나 주제별로 하위 집단을 구성하여 운영할 수 있다.

◆**면접의 진행과 시간**: 진행자는 하나의 주제에 대하여 가능한 모든 사람이 의견을 진술할 수 있도록 한다. 면접의 시간은 일반적으로 90~120분 정도가 알맞다.

◆**참여자**: 참여자는 관련 지식을 가진 서로 알지 못하는 사람들을 선발하는 것이 필요하다.

진행과정

준비과정(지침 작성)

◆**조사 목적 설정**: 조사 목적은 명확하게 제시하고 제한을 둠

◆**일정계획**: 언제 어디에서 실시할 것인가를 결정

◆**참여자 선정**: 참여자의 수, 선발방법, 개략적인 참여자의 프로필 작성

◆**질문지 작성**: 면접에서 제시될 표준화된 질문목록을 작성하고 우선순위를 설정함, 과정은 프로젝트의 목적에 관한 확인→이용 가능한 정보의 결정→질문 초안의 작성→초안에 대한 검토→질문지 수정→최종 질문안의 확정 순으로 작성

◆**전문적인 진행자 선정**: 면접의 성패는 진행자의 능력과 밀접한 관계가 있음

◢ 진행

◆준비물: 일반적인 회의 준비물로 메모지, 프레젠테이션 장비, 플립 차트, 이름표, 녹음장 치, 다과, 회의 내용의 기록자 등

◆진행자는 회의 시작 전에 자유스러운 분위기를 조성함

◆진행자와 참석자 소개

◆회의의 목적과 주제, 면접 진행방법, 기록방법 등에 대한 설명

◆우선순위와 논리적 순서에 의해서 면접을 진행

◆질문은 일반적인 주제에서 구체적인 주제의 순으로 진행하고, 결론을 도출하고자 하여 서는 아니 됨

◢ 면접 이후의 과정

◆면접이 끝난 뒤 가능한 한 즉시 회의에 대한 분위기, 감정 등을 기록하도록 함

◆녹음 등의 자료에 대한 분석으로 공통점과 차이점 등을 확인하고, 자료는 범주화하고, 범주별 특성을 확인함

◆보고서를 작성

활용

◆설문지 등의 기법과 비교하여 자연주의적인 관찰로 특정 주제에 대한 심층적인 해석을 가능하게 한다.

◆하위 계층 사람들의 의견을 청취하고자 할 때에 유용하다.

◆정량분석을 보완하여 명확하게 한다.

◆일대일 면접으로 얻을 수 없는 정보도 얻을 수 있다.

◆상호 의견을 공유하고 발전시켜서 새로운 아이디어를 창출하게 할 수 있다.

◆면접내용이 면접 상황, 진행자, 참여자의 반응 등에 따라 달라져서 외적 타당성(external validity)을 저해할 수 있다.

◆참여자가 자신을 객관적으로 표현하지 않을 수 있다.

◆참여자 간에 친밀성이 없는 경우 심층적인 면접이 어렵다.

【참고자료】

NOAA Coastal Services Center. Introduction to Conducting Focus Groups, http://www.csc.noaa.gov

Clark, C. D. The Focus Group Interview and Other Kinds of Group Activities; http://ppa.aces.uiuc.e du/pdf_files/Focus.pdf

New York State Teacher Center. Focus Groups, http://www.programevaluation.org/focusgroups.htm

16

사회 네트워크 분석

사회 네트워크 분석은 기존의 조직 진단을 보완할 수 있는 도구이다. 사회 네트워크 분석은 <그림 6-18>과 같이 노드(nodes)와 노드 간의 연계(links)를 시각적 그래프로 보여준다. 노드는 개인, 집단, 조직 등이 되고, 연계는 사회적 관계, 정보 교환, 정치적 영향력, 자금, 파트너십 등의 관계를 의미한다. 사회 네트워크 분석은 다양한 자료를 바탕으로 전문가에 의한 통계 분석이 요구된다.

사회 네트워크 분석은 모레노(J Moreno) 등의 소시오매트릭(Sociomatric) 분석에 의한 인간관계와 집단구조 분석을 원형으로 발전되고 있다. 소시오매트릭은 주로 조직 내 집단의 역학관계를 설명하는 데 활용된다.

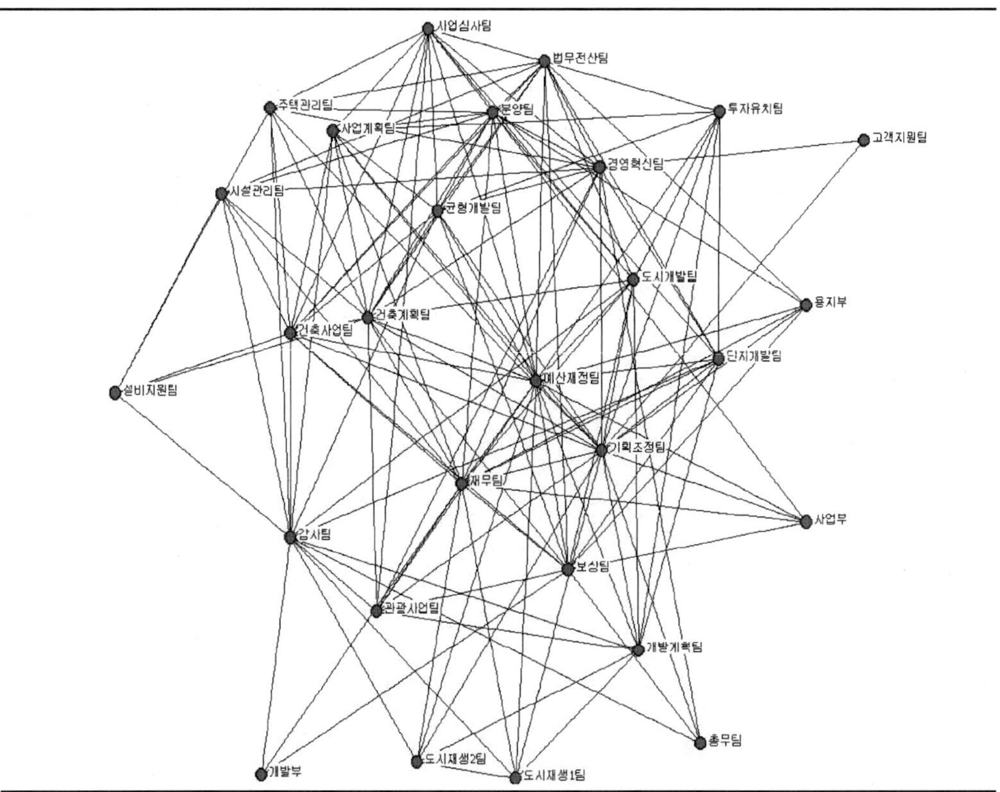

* 자료: 박치성, 2009.

〈그림 6-18〉 기업 내의 사회 관계망 유형 사례

소시오매트릭과 사회 네트워크 분석은 공식적으로 드러나지 않은, 즉 숨어 있는 관계를 발견하는 데 효과적이다. 그리고 중심성 분석으로 권력의 핵심 및 관계를 파악하는 것이 쉽다.

사회 네트워크 및 소시오매트릭 분석은 주로 대상자에 대한 설문지 조사로 자료를 수집하게 된다. 이들 자료에 대한 네트워크 분석을 할 수 있는 컴퓨터 프로그램으로는 다음과 같은 것들이 있다.

- ◆ UNCINET: http://www.analytictech.com/
- ◆ STRUCTURE: http://web.yonsei.ac.kr/yoosik/index.htm
- ◆ PAJEK: http://vlado.fmf.uni-lj.si/pub/networks/pajek/
- ◆ NETMINER: http://www.cyram.com/
- ◆ MATLAB, MATHEMATICA

【참고자료】

박치성 (2009). 「사회네트워크 분석의 활용을 통한 조직진단분석에 관한 연구」, 『한국조직학회보』, 6(2): 1~32.
Davies, Rick. (2003). Network Perspectives in the Evaluation of Development Interventions: More Than a Metaphor; http://www.mande.co.uk/docs/nape.pdf.

17
고객 및 이해관계자 분석 기본

전략적 기획에서 고객이나 주요 이해관계자 분석은 필수적인 과정이다. 고객은 조직의 생산물이나 서비스를 직접 수혜받는 사람이나 집단을 의미한다. 한편 이해관계자란 조직이 제공하는 제품이나 서비스에 대하여 직간접적으로 영향을 받거나 관심이 있는 특정한 개인, 집단, 조직을 의미한다. 이해관계자들은 프로그램의 생산물을 이용하거나 서비스를 받지 않는다는 점에서 고객과 구별된다.

이해관계자 분석과 고객에 대한 분석은 일반적으로 같은 맥락에서 수행되게 된다. 분석의 결과는 <표 6-12>와 같이 정리되어야 한다.

〈표 6-12〉 고객 및 이해관계자 분석표

고객과 이해관계자 확인		
내부 고객	고객의 기대	우선순위
외부 고객	고객의 기대	우선순위
이해관계자	이해관계자의 기대	우선순위

이들을 분석하는 단계는 다음과 같다.

◆누가 이해관계자인가에 대한 목록을 작성한다.

◆이해관계자들의 권력과 욕구를 파악한다.

◆이해관계자들의 우선순위를 선정한다.

18
고객 분할 이론

의의

고객 분할 또는 시장 분할은 시장을 비슷한 특성이 있는 고객 집단으로 나누는 것을 의미한다. 고객 분할은 충족하지 않은 고객의 욕구를 확인하고, 고객만족도를 높이며, 고객중심 조직을 구축하는 데 필요한 도구이다. 고객 분할은 우선순위를 설정하여 선택과 집중에 의한 관리를 할 수 있게 한다.

고객 분할의 기준

기존의 고객 분할은 자료 수집의 용이성이란 차원에서 공급자 중심으로 제품의 특성과 인구학적인 특성에 치중하였으나 최근에는 심리적·행태적 특성에 의한 분할을 강조한다. 고객 분할에 의한 전략 수립은 데이터마이닝이나 설문조사 방법의 발전으로 활용이 증대되고 있다. 고객 분할 기준을 보면 다음과 같은 것들이 있다.

◆**지리적 분할**: 도시와 농촌, 수도권과 지방 등

◆**인구학적 분할**: 나이, 성, 소득, 직업 등

◆**심리적 분할**: 가치, 태도, 사회적 계층, 생활방식 등

◆**행태적 분할**: 직업, 충성도, 사용자의 지위, 구매 동기 및 행태

◆**제품의 특성**: 고가와 저가, 기능중심과 디자인 중심 등

위의 기준에 의해서 분류된 고객은 다시 고객의 가치를 기준으로 <그림 6-19>와 같이 구분될 수 있다. 고객의 가치에 의해서 유지, 성장, 이윤추구 및 고객지위 박탈 등의 전략을 사용할 수 있다.

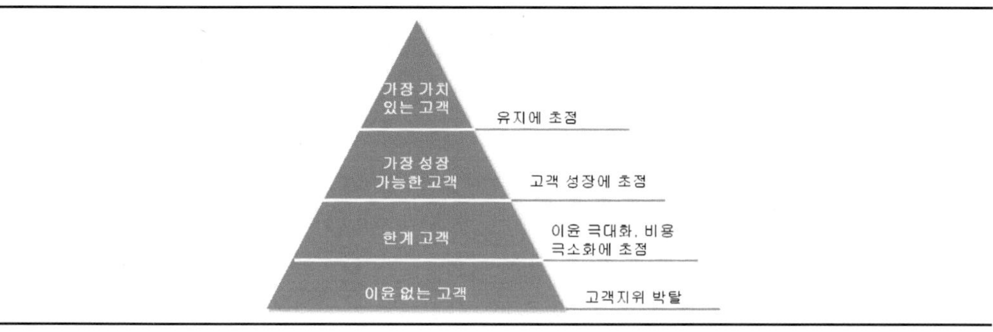

〈그림 6-19〉 고객의 가치와 전략의 초점

고객 분할의 방법

◆ 조직의 전체 시장이나 고객을 확인한다.
◆ 고객과 시장을 고객의 욕구, 과거의 행태나 인구학적 특성에 의하여 측정할 수 있도록 나눈다.
◆ 분할된 시장이나 고객의 특성을 확인하고 분석한다. 이 과정에서 해당 부문의 수입과 비용을 분석할 수 있다.
◆ 분할된 시장과 고객에 따라 목표를 설정한다.
◆ 대상 고객과 집단의 욕구를 충족시킬 수 있는 제품, 서비스, 마케팅 및 유통프로그램을 운영한다.
◆ 운영의 결과를 평가하여 지속적인 수정과 개선 노력을 한다.

전략적 기획과 연계

◆ **거시적 고객 분할**: 시장계획, 브랜드 가치, 대중 마케팅 활동을 위해서 활용할 수 있다.
◆ **전략적 고객 분할**: 전략적 기획, 자원배분, 선택과 집중 등에 사용할 수 있다.
◆ **미시적 고객 분할**: 1:1 마케팅, 고객 맞춤형 관리와 타깃화된 마케팅 등에 활용할 수 있다.

활용

◆ 고객 분할은 조직 및 기업으로 하여금 고객을 더 잘 이해할 수 있도록 한다.
◆ 자원배분을 위한 지침을 제공한다. 이에 의해서 신제품 개발의 우선순위를 설정할 수 있다.

◆ 개별화된 마케팅 프로그램을 개발할 수 있도록 한다.

◆ 고객에 적합한 제품 개발, 서비스 방법, 유통전략, 가격 결정을 가능하도록 한다.

【참고자료】

Rigby Darrell K. (2009). *Management Tools* 2009: *A Executive's Guide*, Bain & Company.

Cohen, Steve, and Paul Markowitz. (2002). Renewing Market Segmentation: Some New Tools to Correct Old Problems. ESOMAR 2002 Congress Proceedings. ESOMAR: 595~612.

19

존커와 포스터(Jonker & Foster)의 모형

존커와 포스터는 조직과 이해관계자와의 관계를 분석하기 위한 모형으로 <표 6-13>과 같이 이해관계자의 권력, 권력 행사과정 및 방법에 초점을 두는 모형을 제시하고 있다.

◆ 관심사: 무엇이 관계의 핵심 이슈인가?

◆ 관계자: 누가 또는 무엇이 관련되는가?

◆ 과정: 관계 관리를 위해 어떠한 과정이 활용되는가?

◆ 연계: 조직과 이해관계자 활동 간에 어떠한 연계 형태가 있는가?

〈표 6-13〉 이해관계자 분석모형의 기본 구조

구분	관심사	관계자	과정	연계
권력	◆주장이나 관심 사항의 특성이 권력의 유형에 영향을 주는가?	◆관련된 사람이 결과를 얻기 위하여 사용하는 권력의 유형은?	◆어떤 과정이 서로 다른 유형의 권력을 행사하도록 하는가?	◆연계의 형태가 권력행사의 형태에 영향을 주는가, 또는 권력을 직접 또는 간접적으로 행사하게 하는가?
중요성	◆관심 사항이 시간이나 노력을 투자할 만한 가치가 있는가?	◆이슈를 중요하게 만드는 관계자들의 속성, 행태, 태도, 믿음은 무엇인가?	◆과정이 관련자들의 지속적인 활동에 중요한가? 과정이 의사결정 과정에 중요한가?	◆어느 정도의 중요성이 개개의 관계자로 하여금 연계를 중요하게 하는가?
합리성	◆관심 사항이 어떻게 표현되는가?(인식적, 사회적, 개인적)	◆관계자들의 인식론적 존재론적 관점은 무엇이고, 이것이 그들의 이슈나 관심사에 어떻게 영향을 주는가?	◆과정과 절차가 합리성을 협의 또는 광의로 해석하게 하는 데 영향을 미치는가?	◆연계의 형태가 자기중심적 주장보다 대화를 더 중시하는가?

* 자료: Jonker & Foster, 2002.

【참고자료】

Jonker, Jan & Foster David. (2002). Stakeholder Excellence?: Framing the Evolution and Complexity of a Stakeholder Perspective of Firm. *Corporate Social Responsibility and Environmental Management,* 9(4): 187~195.

20
페롯(Perrott)의 이해관계자 행동 매트릭스

페롯은 이해관계자의 우선순위를 이해관계자의 권력과 조직에 대한 관심도를 기준으로 <그림 6-20>과 같이 분류한다.

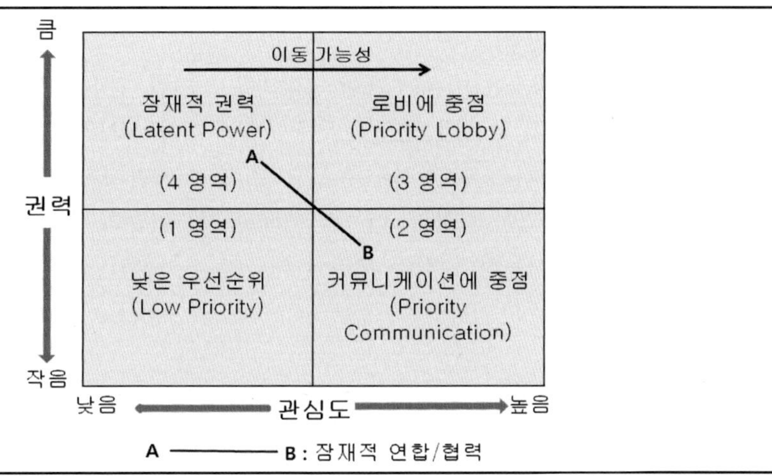

* 자료: Perrott, 1996.

〈그림 6-20〉 이해관계자 행동 매트릭스

◢ 1 영역(낮은 우선순위)

1 영역의 이해관계자 집단은 이슈에 관하여 관심이 낮고 조직에 대한 권력도 크지 않다. 그러나 이슈가 전개됨에 따라서 관심도가 커질 수 있기 때문에 이들 집단의 관심도 및 권력에 대하여는 지속적인 모니터링이 필요하다.

◢ 2 영역(커뮤니케이션 강조)

2 영역의 이해관계자는 이슈에 대한 관심도는 매우 높지만, 조직이나 이슈에 영향을 줄 수 있는 권력이 적은 집단이다. 이들은 다른 사람에 미칠 수 있는 잠재적 영향력을 가지고

있기 때문에 이들의 관심사에 대하여는 정확한 평가와 모니터링이 필요하다. 2 영역의 집단은 4 영역의 집단과 연합하여 권력을 확대할 가능성이 있다. 그러므로 이들과는 지속적인 커뮤니케이션을 유지할 필요가 있다. 또한 개별적 관심사를 해결하여 집단화하는 것을 방지해야 한다.

◢ 3 영역(로비 강조)

3 영역의 이해관계자는 이슈에 대하여 가장 높은 관심이 있고 조직에 대하여 영향을 미칠 수 있는 권력도 매우 큰 집단이다. 이들 집단에 대하여는 각 집단의 관심사가 무엇인지 구체적인 확인과 연구가 필요하다. 효과적인 전략을 개발하기 위해서는 이 집단에서의 여론 형성자와 핵심 구성원을 파악하여야 한다. 이들에 대하여는 개별적 대응전술 및 포괄적인 전략 계획이 수립되어야 한다.

◢ 4 영역(잠재적 권력)

4 영역의 이해관계자들은 이슈에 대한 영향력은 크지만, 관심도가 낮은 집단이다. 그러나 이들 집단은 이해관계가 바뀌게 되면 특별한 이슈에 대하여 지지하거나 반대 가능성이 있는 집단이다. 이들에 대응하기 위한 전략은 포괄적이고 이해관계자에 적합한 맞춤형 커뮤니케이션 프로그램이 개발되어야 한다. 이들의 이해관계는 이슈의 주기에 의하여 변화될 수 있기 때문에 이슈화의 가능성이 있는 부분에 대하여 지속적인 모니터링이 요구된다.

21
페롯(Perrott)의 고객 행동 매트릭스

페롯(Perrott)은 고객을 <그림 6-21>과 같이 두 가지 차원에서 고객의 행동을 4가지로 분류하고 있다.

첫 번째는 일정한 시점에서 이슈가 고객집단 및 제공하는 서비스의 이용 능력에 미치는 수준, 두 번째는 다양한 고객집단에 대하여 서비스를 제공하거나 이슈의 영향을 해결하는 데 사용할 수 있는 예산, 인력, 운영 능력 및 전문가와 같은 조직의 능력이다.

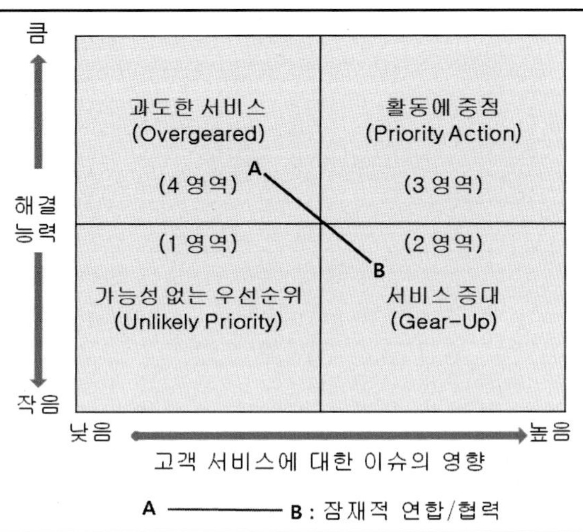

* 자료: Perrott, 1996.

〈그림 6-21〉 고객행동 매트릭스

■ 1 영역(가능성 없는 우선순위)

1 영역은 고객집단에 제공하는 서비스의 잠재적인 영향이 상대적으로 낮고, 문제를 해결하기 위한 능력도 부족한 상태이다. 이들은 낮은 우선순위와 활동으로 분류한다.

■ 2 영역(서비스 증대)

2 영역은 고객집단에 대한 이슈의 잠재적 영향력이 상대적으로 높고, 이슈를 해결할 수 있는 조직의 능력이 낮은 상태를 특징으로 한다. 이들 집단에 대하여는 이슈를 해결하기 위해 조직 능력(예산, 인력 등)을 증대하는 전략을 개발해야 한다.

■ 3 영역(활동에 중점)

3 영역은 이슈가 고객집단에 미치는 영향이 크고, 이슈와 관련된 조직의 능력도 높은 상황을 가지는 고객이다. 이들 고객에 대하여는 우선순위를 가장 높게 관리하고, 이들의 문제를 해결하기 위한 전략적 계획을 수립하고, 계획의 실행을 위해 효과적인 위임과 개인이나 조직에 대한 동기부여 등이 필요하다.

■ 4 영역(과도한 서비스)

4 영역은 이슈가 고객집단이나 서비스의 이용에 미치는 영향이 적지만 조직은 이슈와 관련된 문제를 해결할 수 있는 능력이 높은 고객이다. 이 경우에는 능력의 여유가 있는 부분을 2 영역으로 이전하는 것도 고려할 필요가 있다.

【참고자료】

Perrott, Bruce E. (1996). Managing Strategic Issues in the Public Service. *Long Range Planning*, 29(3): 337~345.

22
영향력 맵

의의

조직이나 전략적 프로그램은 다양한 사람, 집단 등에 의해서 영향을 받고 있고, 이들 영향력은 전략적 기획의 전 과정에 영향을 주게 된다. 조직 및 프로그램에 영향을 주는 사람이나 집단은 조직 내뿐만 아니라 조직 외에도 존재한다. 영향력 맵(Influence Map)은 이들의 영향력을 도표로 표시하는 기법이다. 영향력 맵은 이해관계자 분석의 한 기법으로도 사용될 수 있다.

맵의 형태는 <그림 6-22>의 피라미드형이나 <그림 6-23>의 자유형 등 다양한 모양으로 작성될 수 있다.

<그림 6-23>의 영향력 맵은 다음 세 가지 구성요소로 구성된다.

◆ **중요성(importance)**: 조직 및 프로그램에서의 이해관계자나 집단의 중요성은 노드의 크기로 표현된다.

◆ **관계(relationships)**: 이해관계자 간 및 프로그램과의 관계로 화살표로 표시한다.

◆ **영향력의 크기(amount)**: 영향력을 가지는 사람들 간의 관계의 크기로 도표에서는 선의 굵기나 수치로 표현된다.

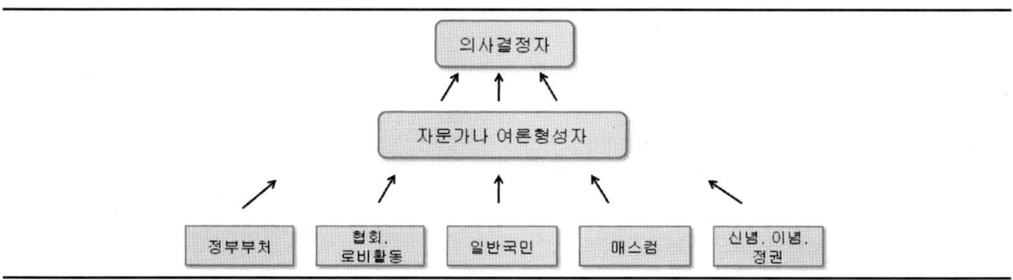

〈그림 6-22〉 피라미드형 영향력 맵

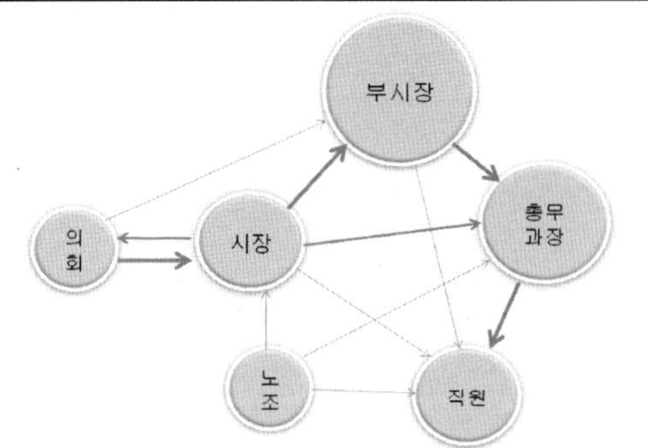

〈그림 6-23〉 자유형 영향력 맵

작성 방법

영향력 맵을 작성하는 일반적인 단계는 다음과 같다.

◆ **전략적 이슈의 확인**: 해결하여야 할 이슈를 확인한다.

◆ **이해관계자 확인**: 누가 이해관계자이고 영향을 미치는가?

◆ **영향력 분석**: 누가 누구에게 영향을 미치고, 영향의 강도, 중요성 등을 분석한다.

◆ **도표의 작성**: 이해관계자의 중요성에 의해 원의 크기를 결정, 영향의 방향을 화살표로, 영향의 강도는 화살표의 굵기로 표현하고 맵에 대한 설명서를 작성한다.

◆ **영향력 맵의 검토**: 영향력의 맵은 정기적으로 검토하여 수정한다.

영향력 맵을 작성할 때 조직 및 프로그램에서의 중요성은 계층제적인 지위와 같지 않을 수 있다는 것을 고려하여야 한다. 중요성이나 강도는 커뮤니케이션 정보, 문서의 전달 이외에 브레인스토밍이나 토의 등의 방법으로 작성할 수 있을 것이다.

【참고자료】

Stakeholder influence mapping: IIED Forest and Land Use Programme 'Power Tools' Tools for working on policies and institutions, Series No.5.; http://www.policy-**powertools**.org

Mind Tools, Influence Maps-Uncovering where the power lies in your projects; http://www.mindtools.com/pages/article/new PPM_83.htm

◆ 내부 조직 평가

전략은 조직의 능력에 적합해야 효과적이다. 조직의 능력에 적합하지 않은 전략은 실행할 수 없거나 실행하더라도 효과적이지 않다. 전략적 기획은 조직의 강점과 약점을 파악하여, 강점을 극대화하고 약점을 극복하기 위한 활동이다.

23

맥킨지(McKinsey)의 7S 모델

의의

맥킨지의 7S 모델은 전략을 성공적으로 집행하기 위해서 관리자가 고려하여야 할 요소로 <그림 6-24>와 같이 7가지 요소를 제시하고 있다.

7S 모델은 1981년 파스칼과 아토스(Richard Pascale과 Anthony Athos)가 성공한 일본기업을 연구하여 제시하였고, 이후 경영 컨설팅 회사인 맥킨지에서 경영진단의 도구로 활용하면서 맥킨지 7S 모델로 불리게 되었다.

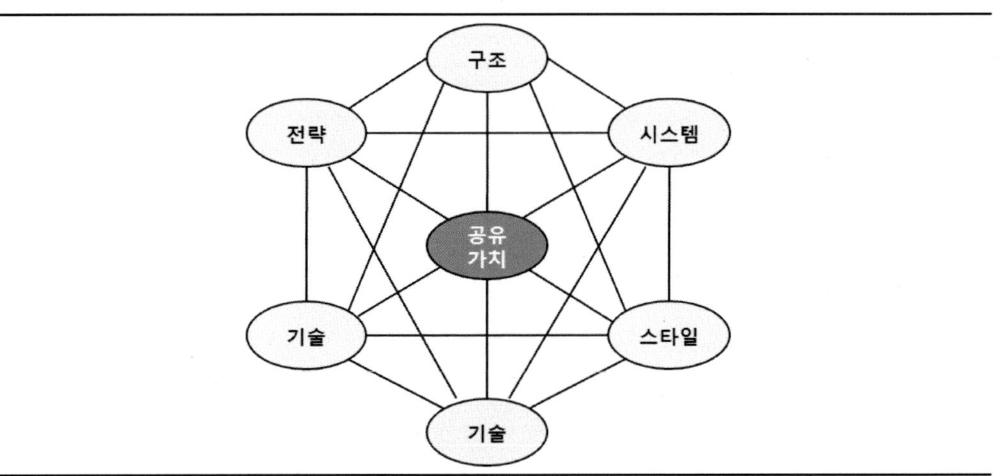

〈그림 6-24〉 7S 모형

구성요소

🔲 공유가치(Shared Values)

공유가치는 모델에서 구성요소를 연계하는 요소로 구성원이 공유하고 있는 믿음, 신념, 기본원리 등을 의미한다. 종종 조직문화의 개념으로 이해될 수 있다. 공유가치는 다음과 같은 질문으로 분석된다. 구성원들은 조직의 존재 이유에 대하여 공유된 가치가 있는가? 조직의 비전, 기본원리, 임무 등에 대하여 공유하고 있는가? 조직이 내외부에 어떻게 비추어지기를 원하는가?

■ 기술(Skills)

기술은 과학적 또는 전문가적인 지식일 수도 있고, 경영 관행이나 프로젝트를 관리하는 것일 수도 있으며, 문서로 만들어진 정보를 널리 전파하는 것일 수도 있다. 기술이라는 용어에는 인간적인 측면이 강조되지만, 조직이 마음대로 관리할 수 있는 물리적인 자원과 장비와 같은 능력의 또 다른 측면을 의미하기도 한다.

■ 구조(Structure)

구조는 조직 도표로부터 시작된다. 구조 분석은 다음과 같은 것이 대상이 된다. 어떠한 계층제이고, 누가 무엇을 책임지고, 위임은 어떻게 이루어지는가? 조직이 지역을 기초로 형성된 것인가, 기능 또는 고객집단을 중심으로 구성된 집단인가? 조직은 고객이나 공급자와 어떻게 대면하는가? 지원집단과 서비스 전달 집단과는 어떠한 관계가 있는가?

■ 시스템(Systems)

시스템은 조직이 활동을 위해 사용하는 공식적·비공식적 과정이나 절차들로 기획, 예산편성, 자원관리, 정보관리 등이 포함된다. 시스템의 관심사항을 보면 다음과 같다. 업무의 처리를 어떻게 조직화하고 업무의 흐름은 어떠한가? 누가 처음으로 지시를 받고, 어떻게 이것이 명령으로 바뀌고, 누가 그 명령을 처리하고, 필요한 자원은 어떻게 동원되며, 상품이 만들어지는가? 재화와 서비스는 고객에게 어떻게 전달되고, 상품이나 서비스의 비용은 어떻게 계산되는가?

■ 인사(Staff)

인사는 구성원의 인구학적 구성, 충원, 경험, 훈련과 교육 등이 포함된다. 특히 직원들이 자신의 업무로부터 추구하는 것이 무엇인가? 등을 파악할 필요가 있다.

■ 스타일(Style)

스타일은 주로 최고관리자의 리더십과 관련되는 것으로 관리가 이루어지는 방법, 평가와 보상 체계는 어떠한가? 어떠한 행태가 조장되는가? 어떠한 종류의 것이 칭찬을 받는가? 어떠한 유형의 사람이 승진되는가? 이러한 것들 가운데 공식적인 것은 무엇이고 비공식적인 것은 무엇인가? 스타일은 조직 전체에서 인지되고 있는 것을 파악하는 것이 중요하다.

■ 전략(Strategy)

현재의 목적은 무엇이고, 조직은 어떠한 방향으로 가기를 원하고, 확장하고자 하는 영역은 어떠한 부분이고, 어떠한 기술과 행태가 이를 촉진시키는가? 기업의 경우에는 경쟁우위를 지속하는 원천이 무엇인가? 등이 포함된다.

활용

7S 모형을 사용할 때 구성요소 간의 일관성을 결여하고 있는 부분이 어떠한 것인지를 명확하게 하는 것이 필요하다. 이 부분은 조직의 약점을 파악하고, 개선되어야 할 부분을 명확하게 할 때 사용된다. 그리고 전략을 효과적으로 집행하기 위해서는 이들 7가지 구성요소 간에 균형된 관심과 초점을 두어야 한다.

7S 모형은 다음과 같은 경우에 사용될 수 있다.

◆ 조직의 강점과 약점을 분석할 때

◆ 조직의 전략적 이슈를 파악하고자 할 때

◆ 조직 발전이나 변화의 방향을 설정할 때

◆ 조직 관리에서 관심을 둬야 할 부분을 파악할 때

◆ 행동계획의 수립과 집행과정에서 고려하여야 할 점을 파악하고자 할 때

◆ 모형은 비교적 적용이 쉽고, 합리적이고 하드적인 요인과 감정적인 소프트적인 요인을 연계하여 조직의 주요 특성을 광범위하게 포함하고 있는 장점이 있다.

◆ 모형은 상호 교차 분석을 통하여 전략적 관리의 효과를 평가하기 위해서도 사용될 수 있다.

◆ 그러나 조직의 정치적 영역으로 조직을 다루지 않고 있기 때문에 조직 내의 권력적 역학관계를 파악하는 데 한계가 있다.

◆ 그리고 실시간의 관리나 모니터링의 도구 등으로 활용하는 데에는 한계가 있다.

【참고자료】

http://nl.wikipedia.org/wiki/7S-model

24
VRIO 분석

의의

VRIO(Value, Rarity, Imitability, Organization) 분석은 조직 및 기업의 경쟁적 잠재력을 가지는 내적 능력을 분석하기 위한 도구로 가치(Value), 희소성(Rarity), 모방성(Imitability), 조직(Organization)의 첫머리 글자를 가진 분석이다. VRIO 분석은 조직의 핵심 경쟁력을 확인하는 데 사용된다.

모형

▪ 가치

가치의 기본 질문은 이 자원이 조직에 가치가 있는 것인가? 즉, 조직은 그의 자원과 능력으로 환경이 주는 기회를 활용하고, 위협을 감소시킬 수 있는가? 조직이 활용할 수 있는 대표적인 기회로는 기술 변화, 인구 변화, 문화 변화, 경제 상황, 특정한 국제적 사건, 법과 정치적 환경 변화 등을, 위협으로는 구매자, 공급자, 진입, 경쟁 및 대체재의 위협 등이 있다. 가치는 일반적으로 효율성, 질, 고객에 대한 대응, 혁신 등에 이바지할 수 있는가에 의해서 결정된다. 조직의 자원과 능력이 이들 가치에 이바지할 수 있느냐에 의해서 조직의 강점과 약점을 구분할 수 있게 된다.

▪ 희소성

희소성의 핵심 질문은 그 자원이나 능력을 갖추고 있지 않은 조직이 이를 소유하고 있는 조직과 비교하여 그 자원과 능력을 개발하고 획득함에 있어서 비용적으로 불리한 입장에 있는가이다. 즉, 희소성은 자원과 능력에 대한 통제가 상대적으로 소수에게 있는가의 문제이다. 즉, 자원을 다른 경쟁자가 널리 소유하고 있지 않다면 희소성이 있다고 할 수 있다. 일반적으로 가치 있고 희소한 자원을 가진 조직은 다른 조직이 모방할 수 없고, 시장에서 경쟁적 우위를 점할 수 있다. 예로 코카콜라의 브랜드는 가치가 있지만, 그의 경쟁자(펩시, 7Up, RC)도 널리 알려졌기 때문에 희소성은 없다고 할 수 있다.

▪ 모방성

모방성의 핵심적 질문은 그 자원이나 능력이 모방하기 어려운 것인가, 그러한 자원이나 능력을 획득하고, 개발하고자 할 때 상당한 비용을 수반하는 것인가? 대부분 모방은 복제와 대체재의 개발이라는 두 가지 방법에 따라서 이루어진다. 모방성은 경쟁자가 모방하고 대체재를 개발하는 데 어느 정도 시간이 걸리고, 그 비용은 어떠한가에 의해서 판단하게 된다. 그러나 조직에서 조직 문화나 명성과 같은 비가시적인 것은 모방하기 어려운 것에 속한다.

▪ 조직

조직은 자원과 능력을 조직화하고, 이용할 준비가 되어 있는가? 종종 조직은 가치 있는 자원과 능력을 가지고 있으면서도 이를 전략적으로 활용하지 못하는 경우가 많다. 조직의 활용 능력으로는 의사결정 구조, 보고체계와 같은 관리 통제 체계, 보상 정책 등이 있다.

활용

조직의 자원과 능력을 <표 6-14>와 같이 4개의 차원으로 분석한다.

〈표 6-14〉 VRIO 분석

구분	가치	희소성	모방성	조직의 이용 능력	경쟁에 대한 의미
1	아니요				경쟁에서 불리
2	예	아니요			비슷한 경쟁력
3	예	예	아니요		임시적 경쟁 우위
4	예	예	예	아니요	활용 못한 경쟁 우위
5	예	예	예	예	지속적 경쟁 우위

분석 결과 1과 같이 자원과 능력이 가치가 없다면 조직은 그 자원의 활용을 포기하여야 한다. 2의 경우에는 경쟁자와 비슷한 상황에서 조직의 선택은 정상적인 경제 수준에서 활동을 포기하는 것이 좋다. 조직의 자원과 능력이 가치와 희소성을 가지고 있지만, 모방성이 떨어질 경우에는 일시적으로 경쟁 우위를 점할 수 있다. 그러나 경쟁자가 모방을 하게 되면 3의 상태는 곧 2의 상황으로 변화하게 된다. 조직의 자원과 능력이 가치, 희소성 및 모방성을 가지고 있지만 이를 조직이 효율적으로 활용할 수 있는 능력이 없는 경우에는 관리 능력을 개발하지 않는 한 조직은 경쟁에서 불리한 조건으로 변화하거나 실패할 위험을 가진다. 5는 가장 좋은 상황으로 지속적인 경쟁 우위를 가지게 된다.

【참고자료】

Barnety, J. B. (1991). "Firm resources and sustained competitive advantage." *Journal of Management*, 19: 99-120.

Barney, Jay B and Hesterly, William S. (2005). *Strategic Management and Competitive Advantage: Concepts and Cases.* Prentice-Hall.

25
핵심역량 모형

의의

핵심역량 모형(Core Competency Model)은 기업의 외부 환경(시장, 경쟁, 고객)에서 출발하여 전략을 수립하고 추진하는 아웃사이드 인(outside-in) 접근방법과는 달리 기업이 가지고 있는 핵심역량을 바탕으로 전략을 수립하여 경쟁우위를 확보하는 접근방법이다.

핵심역량은 기업이 가지고 있는 내부 역량으로 다른 기업과 차별화될 뿐만 아니라 사업 성공에 핵심으로 작용하는 경쟁우위의 원천이고, 다양한 형태의 유형과 무형의 자원 및 조직의 능력에 기반을 두고, 사용한다고 없어지지 않으며, 지속적 학습과 공유를 통해서 더욱 향상된다.

핵심역량은 특정한 능력이 아닌 조직이 가지고 있는 기능(skills), 기술과 지식의 조합이다. 기업의 핵심역량의 예로,

- ◆소니(sony): 소니는 제품을 휴대할 수 있게 한다. 핵심역량은 소형화다.
- ◆페데랄 익스프레스(Federal Express): 페데랄 익스프레스는 정시에 소포를 전달한다. 핵심역량은 물류관리이다.
- ◆애플(Apple): 애플은 스마트한 디자인을 제공한다. 핵심역량은 디자인이다.

핵심역량은 다음 세 가지 기준을 충족해야 한다.
- ◆모방의 어려움: 핵심역량은 희소하고 경쟁자가 쉽게 모방할 수 없어야 한다.
- ◆이용성: 신제품이나 새로운 시장에서 재사용할 수 있어야 한다.
- ◆가치성: 핵심역량이 최종 고객의 가치를 높이는 데 이바지할 수 있어야 한다.

조직의 기본역량

조직의 사명을 달성하기 위해 요구되는 역량으로는 다음과 같은 것이 있다.
- ◆마케팅: 마케팅은 고객을 창출하는 기능이다. 마케팅 기능에는 고객에게 제공하는 재화와 서비스의 특성과 속성을 확인하고, 이의 가격을 결정하며, 제공방법과 장소, 커뮤니케이션 등의 기능이 포함된다.
- ◆생산과 운영: 제품과 서비스 생산에 요구되는 모든 기술을 포함한다. 만약 조직이 차별화된 제품과 서비스를 제공한다면 이것이 핵심역량의 원천이 될 수 있다.
- ◆인력자원: 조직의 과업은 사람에 의하여 완성된다. 만약 조직이 특별한 직원을 개발하고 고용하고 있다면 핵심역량으로 전환할 수 있다. 인력자원을 관리하는 기술은 충원, 교육훈련, 성과평가와 관련성을 가진다.
- ◆자금 조달: 모든 조직은 자금을 확보하는 기능이 요구된다. 조직이 그의 활동을 수행하는 데 충분한 자금을 지속해서 확보하고 있다면 이는 조직의 핵심역량이 될 수 있다.
- ◆관리역량: 관리역량에는 서비스, 송장관리, 전화 응대, 시설관리와 같은 기능이 포함된다. 이러한 기능이 고객의 가치를 창출하지 못한다면 상대적으로 조직의 역량으로 논의되기에는 낮은 것이 될 수도 있다.
- ◆회계와 장부관리: 모든 조직은 조직의 수입과 지출을 기록하고 모니터하며, 주기적으로 재정보고를 준비하여야 한다. 그러나 이러한 과업을 전문가와 계약을 하여 처리한다면 핵심역량이 될 가능성은 없다.

◆**임금관리**: 사업을 수행하기 위해 사람이 필요하고 그의 대가로 임금을 지급하고 관리해야 한다. 이에는 세금 관리 등이 포함된다. 그러나 이를 전문가에게 위임한다면 조직의 핵심역량이 될 가능성은 없다.

핵심역량 모형

핵심역량 모형은 다양한 분야에서 응용되고 있다. 대표적인 핵심역량에 대한 모형을 보면 다음과 같다.

◼ 직무핵심역량 모형(Job Competency Models)

특정한 직무 수행에 요구되는 행태, 지식 및 기술을 제시하는 이론이다.

◼ 기능적 역량 모형(Functional Competency Models)

판매, 마케팅, 생산, 연구개발과 같은 특정 기능에서 개인에게 요구되는 가장 중요한 성과 기준을 제시하는 이론이다.

◼ 핵심역량 모형(Core Competency Models)

조직의 성공과 성장에 요구되는 핵심적 기능, 기술, 지식과 능력을 규명하고자 하는 이론 체계이다. 이들은 성과의 차별화를 촉진하는 요인을 규명하고자 한다.

◼ 리더십 역량 모형(Leadership Competency Models)

조직 성공을 위해서 요구되는 리더의 역량을 다루는 모형이다. 주로 성공한 CEO나 성공한 기업의 리더십을 연구하여 이들의 공통적인 속성을 제시하는 모형들이다.

핵심역량의 개발

핵심역량의 개발은 많은 시간과 지속적인 노력을 요구한다. 조직의 핵심역량을 개발하기 위해서는 구성원이 가지고 있는 지식과 경험을 적절한 방법으로 통합하는 능력과 구조를 가져야 한다.

- ◆조직의 핵심능력을 분리하고 조직 전체의 강점이 되도록 하라.
- ◆핵심역량을 조직의 차별화된 능력으로 개발하기 위해 다른 기업과 그 능력을 비교하라.
- ◆고객이 가치 있게 생각하는 것을 조직의 강점으로 개발하라.
- ◆능력을 구축하기 위한 목표 달성 로드맵을 만들어라.
- ◆핵심영역에서 조직의 강점을 더욱 강화하기 위해 협력, 습득 및 특허취득을 하라.
- ◆조직 전체의 핵심능력 개발에 대한 커뮤니케이션과 참여를 촉진하라.
- ◆핵심역량을 경영층으로 확대하고 사업을 재설정하라.

◆핵심역량을 육성하는 데 사용되는 자원에 방해되지 않도록 아웃소싱하거나 비핵심역량
을 제거하라.

핵심역량의 개발과정

◆**조직 역량의 확인**: 조직의 핵심역량을 확인하기 위해서는 먼저 조직의 역량과 기술 목
록을 작성한다.
◆**조직의 핵심역량 결정**: 조직의 역량 가운데 핵심이 되는 것을 결정한다. 무엇이 핵심이
되는가는 그 역량이 고객에게 특별한 편익을 제공할 수 있는가에 의해서 결정한다.
◆**조직의 핵심역량 개발**: 핵심역량의 개발은 많은 시간과 자원을 요구한다. 핵심역량은
계획적으로 육성하여야 한다.

활용

◆핵심역량 모형은 조직의 강점을 확인할 수 있도록 한다.
◆선택과 집중으로 경쟁우위를 확보할 수 있도록 한다.
◆핵심역량의 개발은 개인발전 및 팀워크를 형성하는 데 이바지한다.
◆핵심역량 모형은 조직의 자원을 효율적으로 활용할 수 있도록 한다.
◆조직 관리에 있어서 변화하는 환경에 더 신축적으로 대응할 수 있도록 하여 투자 등의
위험을 줄여준다.

【참고자료】

Prahalad, C. K. and Hamel, G. (1990). The core competence of the corporation. *Harvard Business Review*, 68(3): 79~91.

Galunic, D. C. and Rodan, S. (1998). Resource recombinations in the firm. *Strategic Management Journal*, 19: 1193 - 1201.

Mclnitire, T. Discover and Use Your Core Competency, www.rockford.edu

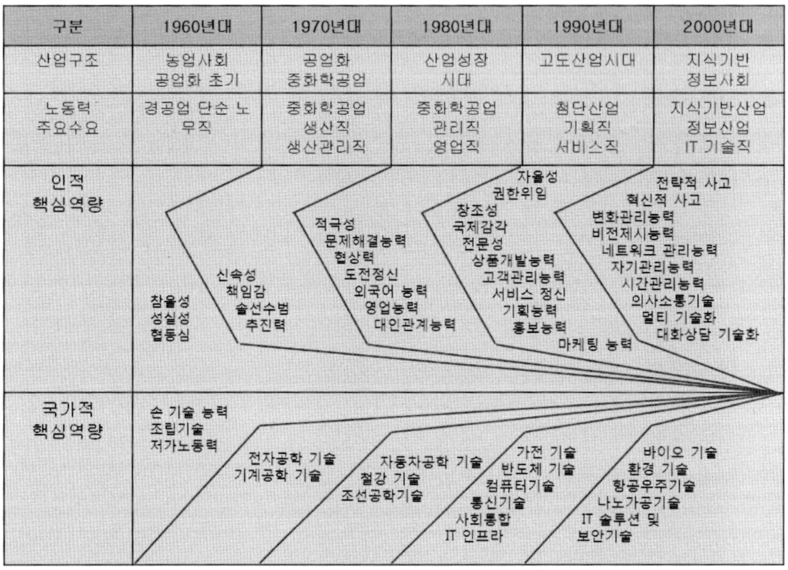

* 자료: 강순희·신범석, 지식경제와 핵심역량; http://dl.kli.re.kr

〈그림 6-25〉 사회 및 국가의 핵심역량의 변화

26
제품의 생명주기 모형

의의

제품 생명주기(PLC: Product Life-Cycle) 모형은 제품이 인간과 같이 탄생-성장-성숙-쇠퇴와 죽음의 과정을 가진다고 전제한다. 제품과 서비스의 생명주기별 특징은 〈그림 6-26〉과 같다.

생명주기 모형은 제품의 성장 과정에 따라서 서로 다른 전략을 사용하라고 요구한다. 즉, 제품은 수명을 가지고 있고, 성장 단계별로 서로 다른 도전, 기회 및 문제를 가지고 있기 때문에 서로 다른 마케팅, 제조, 판매 등이 요구된다. 모형은 조직이나 제품 및 서비스의 위치, 경쟁력을 평가하는 데 활용될 수 있다.

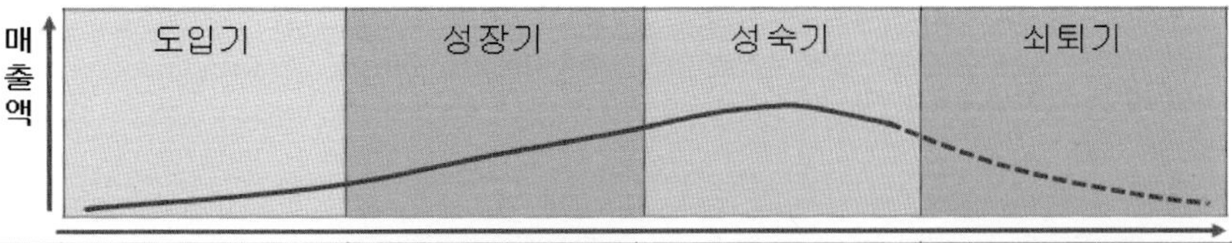

	도입기	성장기	성숙기	쇠퇴기
경쟁자수	적음	증가	감소	적음
생산	적음	증가	높음	감소
진입장벽	높음	감소	증가	높음
퇴출장벽	낮음	증가	높음	감소
가격탄력성	비탄력적	보다 탄력적	부분 비탄력적	매우 탄력적
경험곡선효과	큼	매우 높음	감소	거의 없음
규모의 경제	거의 없음	증가	높음	높음
사업위험도	낮음	증가	높음	감소
실패의 위험	높음	매우 높음	중간	낮음
매출액	미미	급성장	저성장	저하
이익	적자	정점	서서히 저하	저하
현금흐름	마이너스	플러스 전환	플러스	마이너스 전환
마케팅	제품인지	브랜드 개발, 가격할인	시장점유율 방어	퇴출, 시장 재생
생산	한정된 범위의 생산	생산량 확대, 표준화 개발	생산성 기술 리엔지니어링	능력과 생산량 균형
인력	인력충원	훈련, 인력 전략	생산성에 대한 인센티브	축소
R&D	생산/마케팅 연계	제품 차별화	제품 다양성, 비용	비용절감
전략의 초점	제품 디자인, 시장 개발	판매, 생산능력, 생산기술	시장 점유율, 생산의 효율성, 고객 충성도	이윤, 비용통제, 현금 흐름, 재정적 강점과 포트폴리오 균형

* 자료: http://www.cata.ca

〈그림 6-26〉 제품의 라이프 사이클 모형

단계별 특징

제품이나 서비스는 도입 초기에는 경쟁이나 갈등이 상대적으로 적지만 성장기에서는 경쟁이 심화되고, 성숙기에서는 상대적으로 시장이 안정되면서 경쟁이 둔화되기 시작하는 모습을 보여준다.

이에 의해 조직이나 제품이 생명주기의 어떠한 단계에 있는지를 판단함으로써 조직과 활동의 실태를 평가할 수 있다.

【참고자료】

Koplyay & Goldsmith. (1998). Strategic Management.; http://www.cata.ca
http://en.wikipedia.org

27

조직문화의 구성요소

샤인(Schein)의 구성요소

샤인은 조직문화란 개념에는 "사람들이 상호작용할 때 관찰된 행태적 규칙, 집단 규범, 지지하는 가치, 공식적 철학, 게임의 규칙, 분위기, 마음에 새긴 기술(skill), 생각하는 습관, 정신적 모델, 언어적 패러다임, 공유하는 의미, 기본적 은유 또는 통합된 상징 등을 포함한다"고 한다. 그는 조직문화를 <그림 6-27>과 같이 인위적 가공물, 가치, 기본가정의 세 가지 계층 구조로 설명하고 있다.

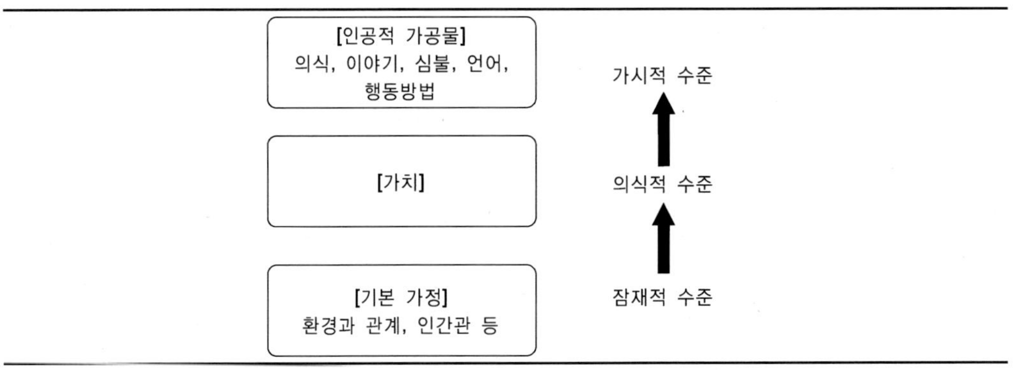

* 자료: Schein, 1992.

〈그림 6-27〉 조직문화의 구성요소

■ 인공적 가공물(artifacts)

인공적 가공물은 문화를 관찰·분석하기 위한 가장 쉬운 수준으로 보고, 듣고, 느낄 수 있는 요소들로 구성된다. 의식, 조직의 고유한 언어, 조직 내부에서 영웅시되는 이야기나 모험담, 상징과 옷을 입는 방법, 상·하급자 간의 의사표현 방식 등이 있다. 이 외에 시설물의 배치, 작업환경, 기본적 질서 등도 인위적 가공물을 구성한다.

■ 가치(value)

가치는 조직의 구성원들이나 조직에 의해 채택되거나 지지를 받아 수용된 가치를 의미한다. 조직에 대한 느낌이나 가시적인 현상에 대하여 조직구성원에게 질문을 하여 파악할 수 있다. 지지가 된 가치란 구성원들이 당연하다고 생각하는 바람직한 상태를 말한다. 이러한 가치로는 기회의 평등, 팀워크, 종업원에 대한 권한부여 등이다. 가치는 행동으로 나타나게 된다.

◢ 기본전제

기본전제는 문화의 가장 심오한 차원으로 집단 내에서 당연시하는 근본적인 신념이다. 어떤 문화를 이해하기 위해서는 이런 기본가정을 찾아내야 한다. 가정은 거시적으로는 국가 및 사회 문화 수준에서, 미시적으로는 조직의 역사 수준에서, 가장 미시적으로는 조직의 창시자와 핵심적인 리더들의 가치, 신념 및 가정을 반영하기도 한다.

조직 문화와 전략의 연결에서 고려할 것

조직 문화는 구성원의 판단과 행동의 지침이 되고, 정보 전달을 간소화하거나 개인의 동기부여 기능을 한다. 조직 문화를 육성함에서 고려할 것을 보면 다음과 같다.

- 조직의 철학, 헌장, 신조, 충원과 선발의 기준
- 물리적 공간, 건물의 외관, 건축물의 설계
- 리더의 솔선수범 및 교육과 지도
- 명확한 보상과 지위체계, 승진의 기준
- 주요인물과 사건에 대한 일화, 전설, 신화와 우화
- 리더가 관심을 두고 평가하고 통제하는 것
- 중요한 사건이나 조직의 위기에 대한 리더의 반응
- 조직을 설계하고 구조화하는 방법 및 조직화한 체계와 절차
- 충원, 선발, 승진, 퇴직 등에 사용하는 기준

존슨과 스콜스(Johnson and Scholes)의 문화 웹

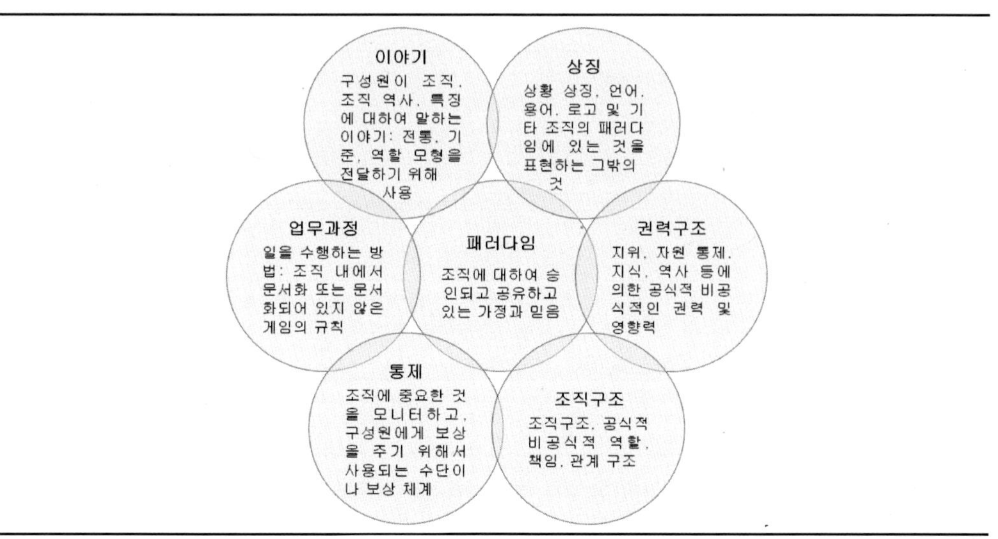

* 자료: Johnson, G and Scholes, K., 1998.

〈그림 6-28〉 조직 문화의 웹

【참고자료】

Schein, Edgar. H. (1992). *Organizational Culture and Leadership* (2nd ed). San Francisco: Jossey-Bass.

Johnson, G. and Scholes, K. (1998). *Exploring Corporate Strategy*. Pearson Education.

28
포터(Porter)의 가치 사슬분석

의의

포터(Porter)의 가치 사슬모형(value chain model)은 기업이 가치와 경쟁우위를 창출할 수 있는 활동을 분석하는 모형이다. <그림 6-29>의 가치 사슬모형은 원자재의 구매에서부터 기업이 제품을 만들어서 소비자에게 전달하여 판매하고 관리하는 일련의 과정을 분석하는 틀로 어떠한 과정을 거쳐서 부가가치가 확대되는가를 설명하여 준다. 가치 사슬모형은 기업 전체가 아닌 개별 제품이나 서비스의 경쟁력 분석에 사용된다.

가치 사슬모형은 기본활동과 지원활동으로 구분하여 이들의 상호 과정을 제시하고 있다. 가치 사슬 분석을 위해서는 기업의 활동을 세분하여야 한다. 세분 방법은 분석의 목적에 따라서 변화될 수 있다. 다음으로 세분된 활동을 검증하는 데 이때 기본활동과 지원활동의 관계를 분석하여야 한다. 그리고 각 부문 활동의 중요성을 파악하고 이어서 경쟁기업과 비교하는 분석이 요구된다.

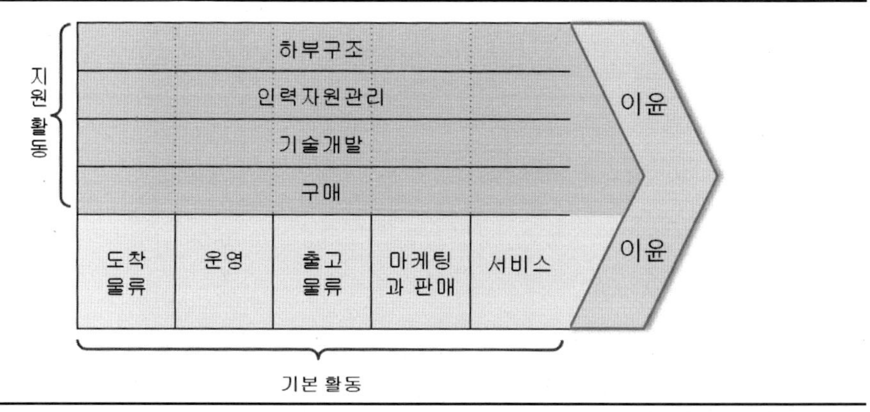

〈그림 6-29〉 Porter의 가치 사슬분석

기본활동과 지원활동

◢ 기본활동(계선 기능)
◆도착 물류(inbound logistics): 접수, 보관, 재고관리, 수송계획 등
◆운영(operation): 투입을 전환하여 최종 제품을 만드는 과정으로 가공, 포장, 조립, 검사 등의 가치 창조활동
◆출고 물류(outbound logistics): 최종 제품을 고객에게 전달하는 활동으로 재고관리, 주문, 배송 등의 유통관리
◆마케팅과 판매(marketing & Sales): 구매자가 제품을 구매하도록 하는 활동으로 광고, 가격결정, 판매, 소매관리
◆서비스(service): 제품의 가치를 유지 강화하는 활동으로 고객지원, A/S, 부품관리, 업그레이드 등의 활동

◢ 지원활동(참모기능)
◆구매(procurement): 원료, 부품, 건물, 기계 등을 조달하는 활동
◆기술개발(technology development): 가치 사슬 활동을 지원하는 연구개발, 설계 및 재설계, 자동화 등을 의미
◆인력자원관리(human resource management): 직원과 관리자의 충원, 교육, 자기 계발, 보상 등의 활동
◆기업의 하부구조(firm infrastructure): 기업의 일반관리, 기획, 회계, 품질관리 등의 활동을 포함

비용절감 방법
기업이 비용 우위를 창출하는 방법은 가치 사슬을 구성하는 부문의 비용을 감소하거나 가치 사슬의 구조를 재구성함으로써 달성할 수 있다. 그리고 가치 사슬은 다른 가치 사슬과 네트워크로 연계함으로써 시너지를 창출할 수 있다.

포터는 가치 사슬에서 비용을 절감할 수 있는 다음과 같은 10가지의 요인을 제시하고 이들을 경쟁력 있게 관리할 것을 주장한다.
◆규모의 경제
◆학습
◆생산능력 이용
◆활동의 연결
◆사업 단위 간 상호관계

◆수직적 통합 정도

◆시장 진입의 시기

◆비용 또는 차별화에 대한 기업의 방침

◆지리적 위치

◆제도적 요인(규제, 노조활동, 세금 등)

활용

◆가치 사슬분석은 기업의 원가구조를 명확하게 할 수 있다. 원가구조 분석을 바탕으로 비용 우위의 전략을 수립할 수 있다.

◆특히 기업의 활동이 고객을 위한 가치 상승에 이바지하는지를 파악할 수 있다.

◆원가구조의 분석으로 경쟁사와 비교하여 기업의 강점과 약점을 파악하여 전략을 수립할 수 있다.

◆다른 기업과 비교하여 차별화의 전략을 수립할 수 있게 한다.

◆기업의 어떠한 부분을 개선하여야 할 것인지를 명확하게 할 수 있다. 그러나 조직 전체와 연계성을 제공하진 못한다.

◆가치 사슬분석은 큰 비용과 시간이 요구된다.

【참고자료】

마이클 포터 지음, 조동성 옮김 (2008), 『마이클 포터의 경쟁전략』, 21세기 북스.

29
벤치마킹

의의

벤치마킹(Benchmarking)은 관련 분야에서 최고로 입증된 것을 확인하고 적용하여 성과를 개선하는 관리 기법이다. 벤치마킹은 관련 분야의 조직을 선도하는 것과 비교하여 조직의 기술, 생산과정 및 제품을 평가하는 비교평가 기법이다. 벤치마킹은 단순한 모방을 위한 것이 아닌 조직 혁신으로 성과를 향상하고자 한다.

벤치마킹의 대상

◆재정/자원과 인력 관리/전략/연구와 개발/생산 기술/제품과 마케팅/질과 소비자 만족/유
통 관리/공급 사슬

벤치마킹의 과정

벤치마킹의 일반적인 과정은 <그림 6-30>과 같은 과정을 거쳐서 이루어진다.

◆**목표 설정 및 대상 파악**: 현재 조직이 직면하고 있는 문제점을 파악한 뒤에 벤치마킹할
분야 및 대상과 목표를 설정한다.

◆**벤치마킹 대상자 선정**: 경쟁업체, 해당 분야의 최고의 제품이나 기업으로부터 벤치마킹
할 대상조직을 선정한다.

◆**자료수집·분석**: 벤치마킹 대상조직으로부터 벤치마킹할 자료를 수집하고 분석한다.

◆**성과 차이 확인**: 수집된 자료를 분석하여 대상조직과의 차이를 확인한다.

◆**성과목표 설정**: 벤치마킹에 의해 달성하고자 하는 구체적인 목표를 설정한다.

◆**커뮤니케이션**: 벤치마킹의 결과를 조직에 전달하고, 조직은 정보를 구성원과 공유하도
록 한다.

◆**기능별 목표 설정**: 조직의 기능부서는 조직의 벤치마킹 성과를 달성하기 위한 부서 목
표를 설정한다.

◆**행동계획의 수립**: 기능별 목표를 달성하기 위해 역할, 책임, 보상에 대한 행동계획을 수
립한다.

◆**집행**: 벤치마킹을 집행하고, 모니터링한다.

◆**지속적 개선 활동**: 최선의 성과와 기준을 달성할 때까지 피드백과 지속적 개선 활동을
반복한다.

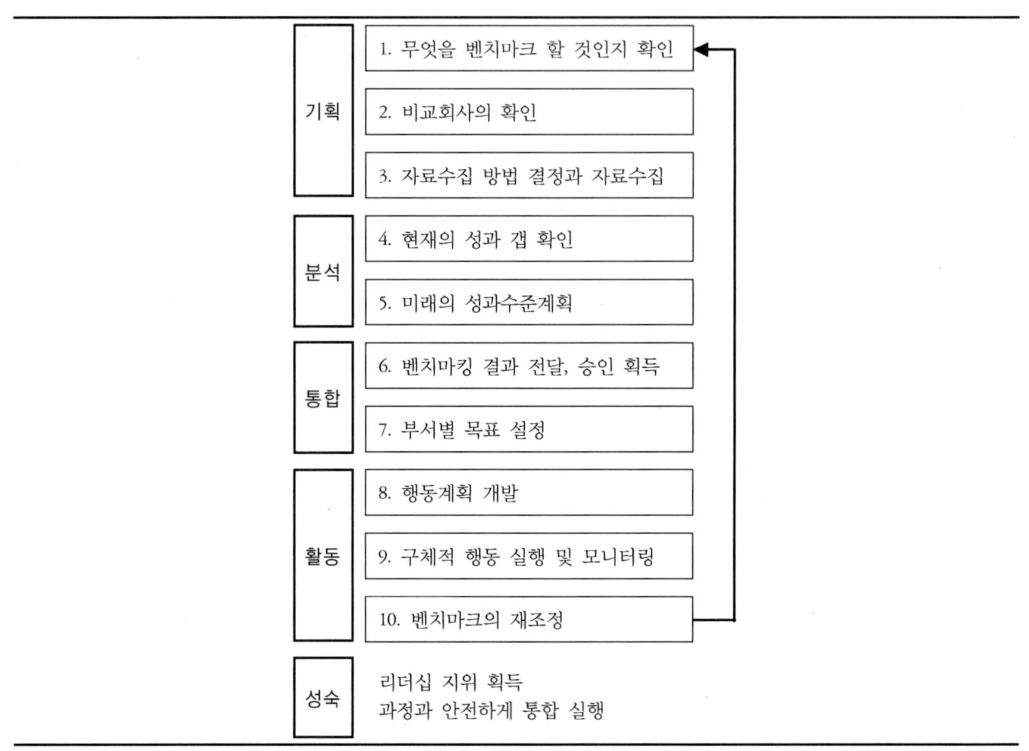

〈그림 6-30〉 벤치마킹의 과정

활용

◆ **성과 개선**: 벤치마킹은 운영상의 효율성과 제품 디자인을 개선하는 방법을 제시하여 준다.

◆ **상대적 지위를 이해**: 벤치마킹은 기업의 상대적 지위와 이를 개선할 수 있는 기회를 보여준다.

◆ **전략적 우위의 확보**: 벤치마킹은 전략적 우위를 형성하면서 핵심이 되는 능력에 초점을 둔다.

◆ **조직의 학습 능력 향상**: 벤치마킹은 경험의 공유로 새로운 아이디어의 창출 등의 학습 효과를 높인다.

【참고자료】

Jerker, D. (2005). Selection Bias and the Perils of Benchmarking. *Harvard Business Review*, (April): 114~119.

Stauffer, David. (2003). Is Your Benchmarking Doing the Right Work? *Harvard Management Update*, (September): 1~4.

Rigby Darrell K. (2009). *Management Tools 2009: An Executive's Guide*. Bain & Company.

http://www.e-benchmarking.org/benchmarking.html

제7장

전략적 이슈

전략적 이슈는 전략적 기획에서 추구하는 목적 및 목표달성에서 해결되어야 할 과제를 의미한다. 앞의 외적 환경 분석과 내적인 조직 평가 및 진단은 전략적 이슈를 확인하고 선정하기 위한 과정이다.

전략적 이슈란 조직의 위임 사항, 임무, 재화와 서비스 수준, 고객, 비용, 재정, 구조, 과정 또는 관리에 영향을 주는 중요한 정책 문제 또는 심각한 도전을 말한다. 전략적 이슈는 조직이 임무나 목적을 달성하기 위하여 가고자 하는 길에서 극복하여야 할 중요한 장애물이다.

기업의 경우 새로운 제품을 생산한다거나, 기업을 합병한다거나, 해외 수출을 시작할 것인가 등은 전략적 이슈가 된다. 공공부문의 경우에 지역경제 활성화를 위하여 대규모 자금이 필요한 산업단지를 조성한다거나, 조직을 팀제로 전환하는 것, 특정한 사안에 대하여 주민투표를 실시하는 것들은 전략적 이슈가 될 수 있다.

전략적 이슈의 확인은 목표를 달성하기 위해서 해야 할 것과 하지 말아야 할 것을 구분하는 단계이다.

◆ 전략적 이슈는 조직의 상위 수준에서 이루어지는 근본적인 선택을 요구한다.
◆ 전략적 이슈는 해결을 위해 긴장이나 갈등의 중심에 있다.
◆ 전략적 이슈는 명확하고 최선의 해결방법이 없다.
◆ 전략적 이슈는 조직의 비전이나 목적 달성에서 필수적인 과제를 의미한다.

전략적 이슈 확인의 5단계

■ 잠재적인 전략적 이슈의 확인
◆ 조직의 공유 비전, 가치 및 SWOT 분석을 검토
◆ 이슈들의 공통점을 발견
◆ 이슈를 질문 형식으로 제시

■ 이슈가 왜 전략적인지를 분석
◆ 전략적 이슈는 조직이 비전을 달성하기 위해서 해결하여야 할 근본적인 정책 선택이나 중요한 도전
◆ 핵심적 이슈는 중요한 것
◆ 전략적 이슈는 중요하면서도 미래에 관심을 두고 현재의 기회를 포착하는 것

■ 이슈를 해결하지 않았을 때의 결과를 분석
◆ 이슈를 해결하지 않았을 때의 결과는 무엇인가?
◆ 다음 이슈 가운데 전략적 이슈는 두 번째와 관련이 있다.
 · 지금 행동이 필요하지는 않지만, 미래를 위해서 지속해서 관찰해야 할 이슈
 · 행동이 전략적 기획과정을 통하여 결정될 수 있는 이슈
 · 위급하고 즉각적인 행동이 요구되는 이슈

■ 관련된 이슈를 통합
◆ 관련된 이슈를 조합하고 통합
◆ 이슈는 너무 많이 설정하지 않는 것이 바람직함.

■ 이슈의 우선순위를 결정
◆ 논리적 순서 결정
◆ 영향의 순서 결정
◆ 시간적 순서 결정

【참고자료】

Florida Department of Health, *Identifying Strategic Issues and Formulating Goals and Strategies;* http://www.doh.state.fl.us

전략적 이슈와 운영 이슈 구분 리트머스 점검표

이슈가 전략적인지 운영적인 이슈인지를 구분하기 위해서는 <표 7-1>의 체크 리스트에 의하여 답을 하여 체크항목의 수에 의해서 운영적인지와 전략적인지를 구분할 수 있다.

〈표 7-1〉 전략적 이슈 구분 리트머스 점검표

항 목	운영적	↔	전략적
◆이슈가 조직의 정책 어젠다에 있는 것인가?	아니요		예
◆이슈가 최고관리자의 어젠다인가?	아니요		예
◆조직은 언제 이 이슈의 도전이나 기회를 가지게 될 것인가?	지금	내년	2년 이후
◆이슈의 영향이 어느 정도 광범위한가?	단일 부서		전체 조직
◆조직의 재정적 위험이나 기회가 얼마나 큰가?	예산의 10% 이하	예산의 10~15%	예산의 15% 이상
◆이슈 해결을 위한 전략이 요구하는 것은?			
a. 임무의 변화냐?	아니요		예
b. 새로운 프로그램 개발이 필요한가?	아니요		예
c. 재정적 변화가 필요한가?	아니요		예
d. 정책에 상당한 수정이 필요한가?	아니요		예
e. 인력·기술·시설에 상당한 변화가 필요한가?	아니요		예
◆이슈를 해결하기 위한 최선의 방법이 어느 정도 명확한가?	명확하고, 당장 집행이 가능	광범위한 파라미터, 소수만 구체적임	광범위하게 열려 있음
◆어느 정도의 관리자 수준이 이슈를 다루는 방법을 결정할 수 있는가?	계선 감독자		주요 부처의 장
◆이슈를 해결하지 않았을 때 어떠한 결과를 가져올 것인가?	불편함, 비효율	상당한 서비스 혼란, 재정 손실	장기적 혼란, 상당한 비용 및 지출 발생
◆얼마나 많은 다른 집단들이 이슈에 의하여 영향을 받고 문제 해결에 관여하여야 하는가?	없음	1~3개	4개 이상
◆이슈가 공동체, 사회, 정치, 문화, 종교와 관련되어 있는가?	약하게 연계	심각함	매우 심각함

* Bryson, J. M. (2004). *Strategic Planning for Public Service and Non-Profit Organizations (3rd ed.)*. San Francisco: Jossey-Bass.

전략적 이슈진단 모형

두턴(Dutton) 등은 전략적 이슈의 진단 과정을 <그림 7-1>과 같이 3단계로 구분하면서 각 단계의 특성을 제시하고 있다.

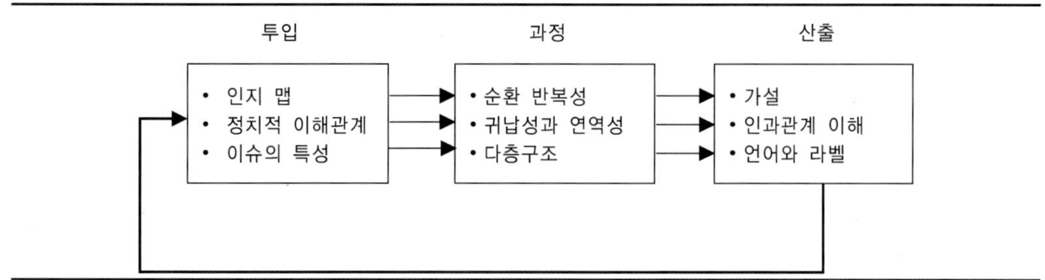

* 자료: Dutton, 1983.

〈그림 7-1〉 전략적 이슈 진단의 투입, 과정, 산출

🔲 투입(Inputs)

전략적 기획에서 의사결정자는 복잡한 상황을 인식하여야 한다. 이 과정에서 다음 세 가지를 고려할 필요가 있다.

◆**인지 맵**: 인지 맵은 개인이 가지고 있는 개념과 믿음을 표현한 것이다. 인지 맵은 개인의 세계관이나 원인과 결과 간의 관계를 확인할 수 있게 한다. 이에 의해서 문제의 특성을 확인할 수 있다.

◆**정치적 이해관계**: 전략적 이슈는 이슈를 확인하는 과정에 참여하는 의사결정자의 정치적인 이해관계에 의해서 영향을 받는다.

◆**이슈의 특징**: 전략적 이슈는 문제에 대한 인지와 정치적 이해관계의 표현이다. 이슈는 이슈를 확인하는 데 사용되는 정보에 따라서 영향을 받는다. 정보의 이용 가능성과 일관성이 부족하면 이슈의 맥락은 매우 불확실하고 모호해진다. 이외에 해결과 관련된 시간적인 제한도 영향을 주게 된다.

🔲 과정의 특성(Process Characteristics)

전략적 이슈의 진단과정은 매우 다이내믹한 속성을 가진다.

◆**순환 반복성(Recursiveness)**: 이슈를 진단하면서 결정자는 새로운 정보의 투입으로 해석과 재해석, 분산과 수렴의 연속적인 과정을 거쳐서 판단한다.

◆**귀납성과 연역성(Retroductivity)**: 이슈를 이해하는 과정은 귀납적인 사고와 연역적인 사고 두 가지의 속성을 가진다. 즉, 자료를 수집하고 이를 개념적인 의미와 다시 결합하게 된다. 이는 참여자의 인지 맵과 연계하여 구성되게 된다.

◆**다층구조(Heterachy)**: 전략적 이슈의 진단은 한 사람에 의해서 결정되지 않는다. 다수의 개인과 개인 간의 상호작용으로 결정된다. 전략적 이슈는 단순히 자료에 대한 분석이나 논리에 의하여 결정되지 않고 참여자에 의해서 많은 영향을 받게 된다. 즉, 단순한 계층구조가 아닌 분산된 지식과 협력을 바탕으로 하는 제도화된 조직 속에서 이슈가 형성되게 된다.

진단과정은 그 자체가 끝이 아닌 일정한 결과를 가져온다. 전략적 진단으로 다음과 같은 것이 산출되게 된다.

◆ 가설(Assumption): 많은 전략적 기획은 자료의 불충분과 모호성을 특징으로 하는 미래를 바탕으로 한다. 이에 의해서 가설이 설정되게 된다.

◆ 인과관계 이해(Cause-Effect Understanding): 전략적 이슈의 확인으로 만들어진 인과관계에 대한 인지는 문제 해결이나 이해에 핵심을 구성한다.

◆ 예언적 판단(Predictive Judgments): 예언적 판단은 이슈와 관련된 미래의 사건을 판단하여 이슈의 강도, 의미 등을 해석한다.

◆ 언어와 라벨(Language and Labels): 언어는 전략적 이슈의 커뮤니케이션에 활용된다. 언어는 전략적 이슈에서 매우 중요한 의미가 있다. 예로 이슈를 문제로 이름 붙이는 것과 문제를 기회로 이름 붙이는 것은 서로 다르다.

【참고자료】

Dutton, J. E., Liam Fahey and Narayanan, V. K. (1983). Toward Understanding Strategic Issue Dignosis. *Strategic Management Journal*, 4(4): 307~323.

04
확률영향도표

의의

전략적 이슈를 선택하는 데에는 최고관리자나 평가자의 의견, 신념, 판단적인 예측이 주로 작용하지만 이러한 판단에 도움을 줄 수 있는 하나의 방법으로서 확률영향도표를 이용할 수 있다. 확률영향도표를 이용하기 위해서는 다음의 세 가지에 대한 정보를 수집해야 한다.

◆ 앞으로 10년 동안에 그 이슈가 현실화될 확률은 얼마인가?

◆ 그 이슈가 현실화된다면 조직의 미래에 어떠한 영향을 미칠 것인가?

◆ 그 이슈와 관련하여 조직이 효과적으로 예측하고, 관리하기 위한 능력은 무엇인가?

첫 번째 질문은 전략적 이슈를 확인하거나 선정하는 사람들과 조직구성원을 대상으로 관련 이슈가 앞으로 발생할 확률이 어느 정도인지를 델파이, 설문지나 인터뷰 등을 통하여 조사한다. 이를 바탕으로 그 이슈나 사건이 발생할 확률의 평균이나 중앙값을 계산한다.

두 번째 질문은 관련 이슈나 사건이 발생할 때 조직에 어느 정도의 영향을 미칠 것인지에 대하여 조사를 한다. 영향 측정에서 0%를 기준으로 긍정적인 것과 부정적인 것을 판단한다. 전체를 100%로 하여 0%는 영향이 없음, 50%는 보통, 100%는 심각한 영향으로 등급화하여 응답하도록 한다.

사례

<그림 7-2>는 2개의 사건에 대하여 7명의 의견을 통합한 확률도표이다. 도표에서 ○의 사건은 평균 발생확률이 0%이고, 조직에 미치는 영향이 거의 없다는 것을 보여주고, ☆의 사건은 평균 발생확률이 70%이고, 조직에 미치는 영향이 긍정적 보통 수준인 +45% 수준임을 보여준다.

이 두 사건의 중요도 순위는 가중평균 영향도(평균 영향×평균 확률)를 계산하여 우선순위를 설정할 수 있다. 이를 바탕으로 조직의 대응능력과 비교하여 델파이 등의 방법으로 우선순위가 조정될 필요가 있다.

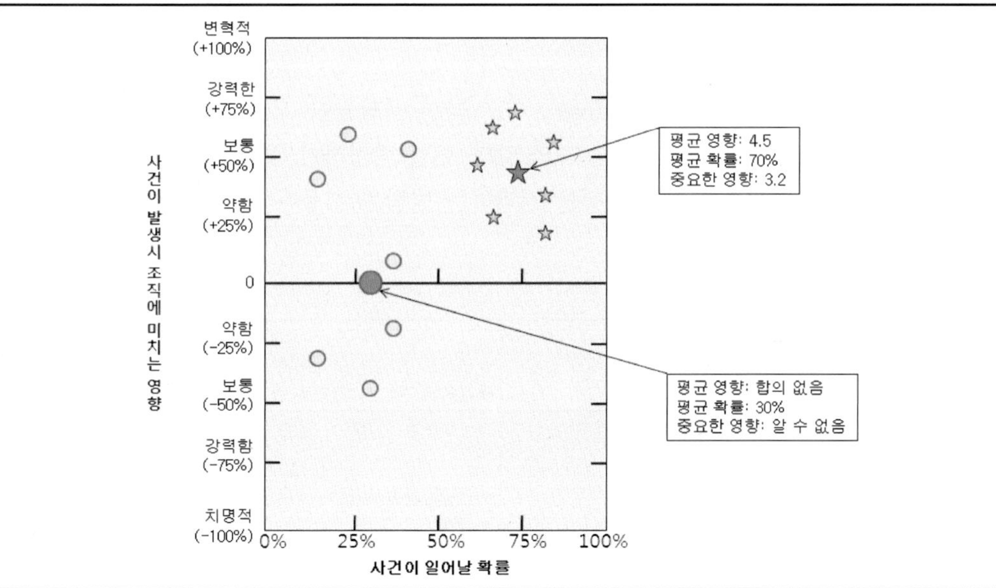

* 자료: http://horizon.unc.edu

〈그림 7-2〉 확률영향 도표의 사례

【참고자료】

http://horizon.unc.edu

재구성 매트릭스

의의

재구성 매트릭스(Reframing Matrix)는 서로 다른 시각에서 조직의 문제를 볼 수 있도록 하는 기법이다. 이는 창의적인 문제 해결의 범위를 확대하고, 문제를 보다 구체화할 수 있다.

4P 방법

문제 및 이슈를 <표 7-2>와 같이 4가지 관점에서 검토하는 방법이다.

◆ 프로그램 관점(Programme perspective): 우리가 제공하고자 하는 프로그램이나 서비스가 어떠한 이슈를 가지는가?

◆ 기획 관점(Planning perspective): 우리가 추진하는 프로그램 기획은 적절한가?

◆ 가능성의 관점(Potential perspective): 그 프로그램은 달성할 수 있고 반복적으로 이용할 수 있는가?

◆ 사람의 관점(People perspective): 서로 다른 사람들이 생각하는 것이 무엇인가?

4P 재구성 매트릭스의 예는 <표 7-2>와 같다. 이를 작성하기 위해서는 먼저 이슈를 그리드의 가운데에 표시하고 각각의 관점을 정리하는 방법을 사용하게 된다.

〈표 7-2〉 4P 재구성 매트릭스

[프로그램 관점]	[기획 관점]
◆ 다른 곳에서 입증되었는가? ◆ 기술적으로 명확한가?	◆ 우리는 올바른 고객에게 접근하고 있는 것인가? ◆ 우리는 올바른 전략을 쓰고 있는 것인가?
새로운 프로그램은 효과적으로 고객에 접근하지 못함	
[가능성에 대한 관점]	[사람에 대한 관점]
◆ 그것을 달성할 수 있을까? ◆ 그것을 반복할 수 있을까?	◆ 담당자들은 무엇을 생각하는가? ◆ 고객은 무엇을 생각하는가?

〈표 7-3〉 전문가 시각으로 보는 방법

집행부	◆ 기부모집 CEO ◆ 프로그램 관리자 ◆ 고위 감독자 ◆ 평가자	◆ 그들은 이 문제나 아이디어에 대하여 어떻게 인지하고 있는가?
현장	◆ 프로젝트 관리자 ◆ 현장 감독자	◆ 그들이 생각하는 장단점은 무엇인가?
수혜자	◆ 여성, 남성 ◆ 어린이 ◆ 노인	◆ 그들이 생각하는 잠재적인 장단점은 무엇인가? ◆ 이것은 우리의 상황과 어떻게 연계되어 있는가?
파트너	◆ 기부자 ◆ 집행 동반자 ◆ 전략적 동반자	

【참고자료】

Morgan, M. (1993). *Creating Workforce Innovation. Sydney*: Business and Professional Publishing. ww.mindtools.com.

06
6개의 생각 모자 기법

의의

6개의 생각 모자(Six Thinking Hats) 기법은 에드워드 드 보노(Edward de Bono)에 의해 개발한 것으로 문제를 서로 다른 시각에서 볼 수 있도록 하는 기법이다. 이 기법은 의사결정에서 특정한 시각에 편중되는 것을 극복할 수 있도록 한다.

군인 복장을 하면 군인처럼 행동하는 논리에 의해서 색깔이 다른 모자를 쓰면 그 모자의 색과 유사한 사고를 하도록 하는 방법이다. 즉, 사고할 때 사실과 감정이 혼동되어 생각하는 것보다는 사실적인 사고와 감정적인 사고 등을 분리하여 생각하도록 함으로써 체계적인 사고를 유도하는 방법이다.

모형은 색상이 가지는 이미지에 의하여 <표 7-4>와 같이 6개 색상의 모자를 제시하고 있다.

〈표 7-4〉 여섯 색깔 모자 기법

모자	특성	특징과 질문법
백색	정보 (information)	◆알고 있거나 필요한 자료, 사실, 정보에 초점 -현재 상황은 어떠한가? -어떠한 정보가 필요한가? -의사결정을 하는 데 필요한 정보는 무엇인가?
녹색	창의성 (Creativity)	◆창의성, 가능성, 대안적 해결, 새로운 아이디어에 초점 -어떤 새로운 대안이 있는가? -어떠한 방법이 있는가?
노랑	편익 (Benefits)	◆긍정적인 가치나 편익에 초점 -좋은 점은 무엇이고, 왜 좋은가? -누구에게 어떻게 좋은가?
검정	판단 (Judgement)	◆아이디어에 대한 반론, 어려운 점, 잠재적인 문제점에 초점 -장애요인이나 문제점은 무엇인가? -위험은 없는가?
빨강	감정 (Feelings)	◆감정, 육감, 직관, 좋다 나쁘다 등에 초점 -이것에 대해 어떻게 느끼는가? -그 아이디어를 왜 좋아하는가, 왜 싫어하는가?
청색	사고에 대한 사고 (Thinking about Thinking)	◆사고과정의 관리와 사고의 초점, 다음 단계, 행동계획에 초점 -어떤 사고가 필요한가? -모든 생각을 종합적으로 검토하면? -다음 단계에서는 무엇을 하여야 하는가?

활용방법

■ 단계 1: 백색 모자

문제의 사실을 제시한다.

■ 단계 2: 녹색 모자

문제 해결을 위한 아이디어를 창출한다.

■ 단계 3: 노란 모자

아이디어 및 대안의 긍정적인 면을 제시한다.

■ 단계 4: 검정 모자

아이디어 및 대안의 부정적인 면을 제시한다.

■ 단계 5: 빨강 모자

대안에 대하여 참여자들의 감정을 표현한다.

■ 단계 6: 파란 모자

사고의 과정을 검토하고 결과를 요약 정리한다.

활용

◆ 문제, 의사결정 및 기회를 체계적으로 볼 수 있게 한다.

◆ 집단이나 팀이 더 많은 그리고 더 좋은 아이디어와 문제 해결 방법을 창출할 수 있게 한다.

◆ 회의를 더 짧고 생산적이게 한다.

◆ 팀 구성원이나 회의 참석자 간의 갈등을 줄여준다.

◆ 신속하게 아이디어를 창출하여 혁신을 자극한다.

◆ 역동적이고 결과 지향적인 회의를 하도록 한다.

◆ 다른 사람이 문제로 생각하는 것을 기회로 활용할 수 있다.

◆ 명확하고 객관적으로 생각하도록 한다.

◆ 새로운 그리고 독특한 시각으로 문제를 보도록 한다.

◆ 모든 상황을 볼 수 있도록 한다.

◆ 중요하고 의미 있는 결과를 달성할 수 있도록 한다.

【참고자료】

http://www.debonogroup.com/six_thinking_hats.php

에드워드 드 보노 지음, 송광한 옮김 (1992), 『여섯 색깔 생각의 모자』, 한울.

07
CATWOE 모형

의의

전략적 문제를 정의하면서 이해관계자는 자신의 관점으로 문제를 정의한다. 이러한 인식론적인 차이는 의사결정과 문제 해결을 어렵게 한다.

CATWOE 모형은 체크랜드(Peter Checkland)가 기존의 공학자들의 하드 시스템적 사고에 대응하는 소프트 시스템 방법(SSM: Soft System Method)으로 제시된 모형이다. 즉, 객관적으로 측정하고, 변수를 통제하고, 시스템에서 하위 시스템으로 문제를 이해하는 하향적인 문제 정의 기법으로는 인간 시스템이 가지는 특징을 반영하지 못한다고 비판한다.

구성

CATWOE는 고객(Clients), 행위자(Actors), 변화(Transformation), 세계관(World view), 소유자(Owner), 환경적 제약요인(Environmental constraints)의 머리글자를 따서 명명한 모형이다. 문제나 이슈를 명확하게 하기 위해서는 이들 구성요소를 명확하게 할 필요가 있다.

고객(Clients)

고객은 시스템에 의해서 이익을 얻거나 손해를 보는 사람을 의미한다.

◆누가 최종산물을 얻는가?

◆최종산물을 가지는 사람들은 지금 어떠한 문제가 있는가?

◆그들은 당신이 제안한 것에 대하여 어떻게 반응할 것인가?

◆누가 이익을 얻고 손해를 보는가?

행위자(Actors)

행위자는 시스템의 운영에 책임을 지는 사람을 의미한다.

◆누가 문제를 해결하기 위해서 활동을 하게 될 것인가?

◆행위자에게 영향을 주는 것은 무엇인가?

◆행위자는 어떻게 반응할 것인가?

변화(Transformation)

변화는 투입에서 산출에 이르는 과정을 의미한다.

◆투입을 산출로 바꾸는 변화 과정은 무엇인가?

◆무엇을 투입하는가? 투입은 어디에서 오는가?

◆무엇을 산출하는가? 산출은 어디로 가는가?

◆투입과 산출에 이르는 모든 단계는?

세계관(World view)

세계관은 문제의 배후에 있는 것으로 시스템을 정당화하는 것이다.

◆그 상황에 적합한 큰 그림은 무엇인가?

◆해결하여야 할 실질적인 문제는 무엇인가?

◆문제 해결에 더 큰 영향을 주는 것은 무엇인가?

▰ 소유자(Owner)

소유자는 시스템을 중단시킬 수 있는 공식적 권한을 가진 사람을 의미한다.

◆ 변화시키는 과정이나 상황의 실제 소유자는 누구인가?

◆ 그들은 도움을 주거나 활동을 중단시킬 수 있는가?

◆ 어떠한 이유로 변화 과정에 개입하는가?

◆ 그들이 도움을 주도록 하는 것은 무엇인가?

▰ 환경적 제약 요인(Environmental constraints)

환경적 제약요인은 시스템의 환경요인으로 시스템의 운영에 영향을 주는 요인을 의미한다.

◆ 상황이나 아이디어를 집행하면서 광범위하게 영향을 주는 제약요인은 무엇인가?

◆ 어떠한 윤리적 한계, 법, 재정상의 제약, 한정된 자원 등이 영향을 주는가?

◆ 이들은 어떻게 제약을 하는가? 이러한 장애물을 어떻게 극복할 수 있는가?

사례

도시에 쓰레기 소각장을 개설하는 문제와 관련하여 다음과 같은 이해관계자들이 관여할 수 있을 것이다.

◆ 고객: 일반 시민, 열 병합 난방 이용자

◆ 행위자: 시청 담당공무원, 소각장

◆ 변화 과정: 거둬들인 쓰레기를 소각하고, 폐열을 지역 난방공사에 판매

◆ 세계관: 녹색성장

◆ 소유자: 불법 쓰레기 주민 감시단, 의회, 환경부

◆ 환경적 제약요인: 재정문제, 개설에 대한 법적 규제, 지역주민

【참고자료】

http://creatingminds.org/tools/catwoe.htm

http://www.kapiti.co.nz/bobwill/ssm.pdf

08
MECE 원리

의의

문제나 이슈 또는 어떠한 현상을 명확하게 하기 위해서는 하위차원으로 세분화하는 작업이

필요하다. 하위차원을 분류하면서 지켜야 할 MECE(Mutually Exclusive and Collectively Exhaustive) 원리는 '분류 카테고리가 상호 중복되지 않고 집합적으로 모든 것을 망라하여야 한다'는 것을 의미한다. MECE는 <그림 7-3>과 같이 분석하므로 중복적으로 고려하지 않고, 모든 것을 포괄적으로 분석할 기회를 제공하게 된다.

예로 남자와 여자는 사람을 분류하면서 중복적이지 않고 모든 것을 망라할 수 있다. 그러나 사람을 남편과 부인으로 분류하는 것은 이 기준에 적합하지 않다.

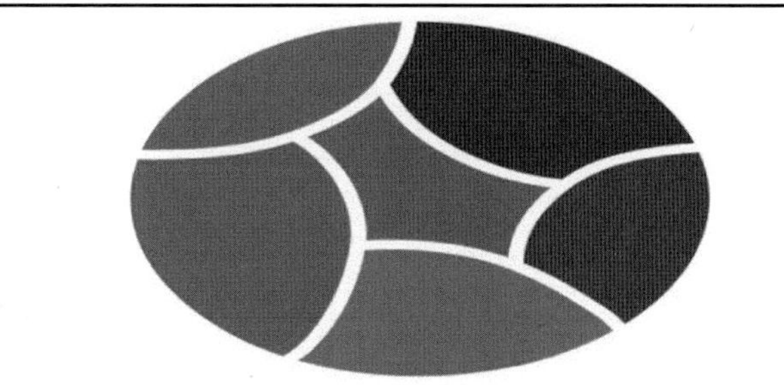

〈그림 7-3〉 MECE 원리

MECE 기준은 현상에 대한 구조적이고 체계적인 접근방법의 기초가 되는 원리로 맥켄지가 문제를 해결하면서 제시하고 있는 원리로 사용되고 있다. MECE 트리 다이어그램은 문제와 관련된 정보를 그래프로 보여준다.

<그림 7-4>는 코카콜라의 글로벌 이윤의 쇠퇴원인이 무엇인지를 분석하기 위한 다이어그램을 보여준다.

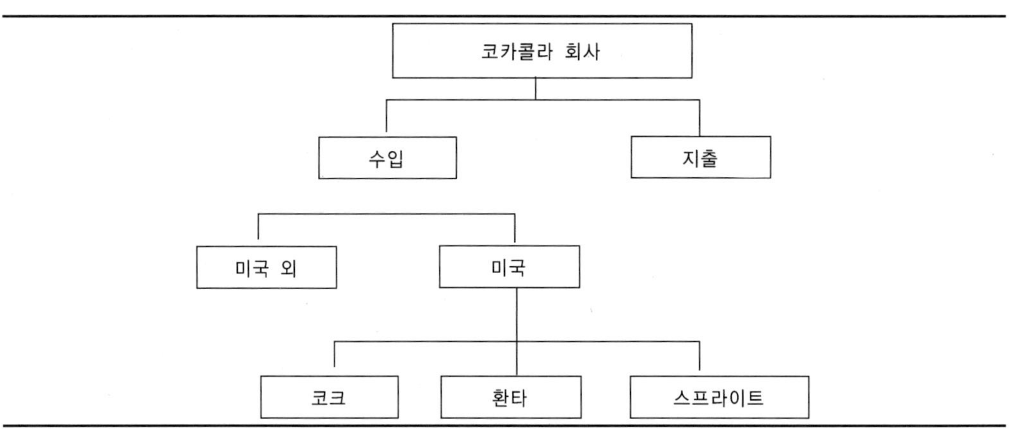

〈그림 7-4〉 MECE 트리 예

활용

◆문제를 포괄적으로 이해할 수 있게 한다.

◆문제를 규명하면서 누락이나 중복을 방지할 수 있다.

◆문제를 세분화하여 업무와 책임을 할당할 수 있도록 한다.

◆조직구성원들의 문제에 대한 공통적인 이해를 구축할 수 있도록 한다.

【참고자료】

http://www.tomspencer.com.au

09
문제 트리 분석

의의

문제 트리 분석(Problem Tree Analysis)은 문제와 관련된 원인과 결과를 분해하여 <그림 7-5>와 같이 도표화하여 해결 방법을 모색하거나 문제를 구체화하기 위한 기법이다. 모형의 핵심은 원인과 결과를 도표로 표시하여 문제를 명확하게 하는 데 있다.

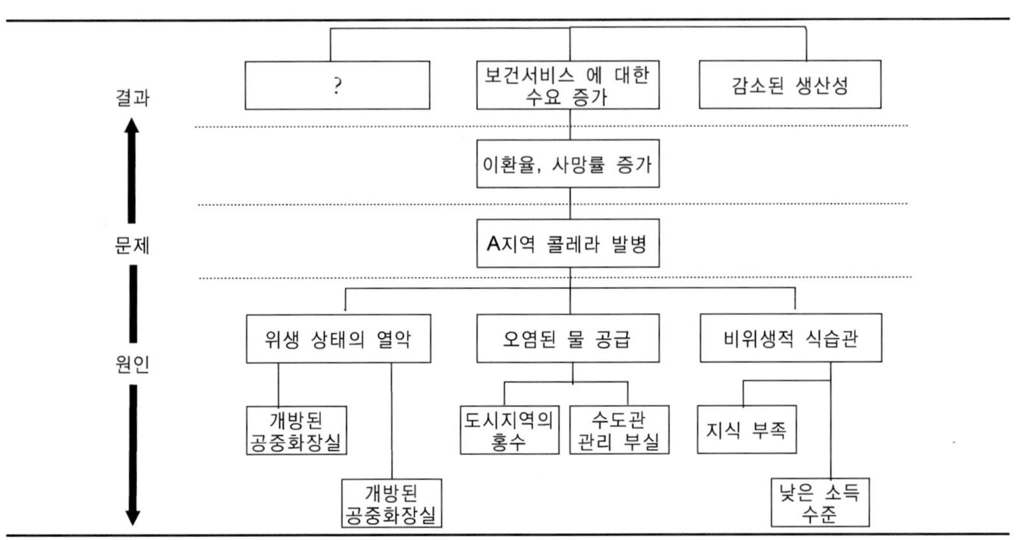

〈그림 7-5〉 문제 트리 분석

이 방법은 문제를 관리할 수 있고 정의할 수 있는 덩어리로 구분하여 관련 구성요소의 우선순위를 설정하는 데 도움을 줄 수 있다.

이 방법은 문제를 더 잘 이해할 수 있도록 한다. 그리고 이해관계자들이 분석하는 과정에서 문제에 대한 이해와 공유감을 가질 수 있도록 한다.

활용

◆6~8명 정도의 사람들이 회의에서 토론과 합의에 따라서 도표화하도록 한다.

◆분석할 문제나 이슈에 대하여 합의를 하여 명확하게 한다. 문제가 광범위할 때에는 문제를 다시 세분화할 수 있다.

◆문제나 이슈를 화이트보드의 중앙에 기록한다. 그리고 원인과 결과를 구분하는 선을 긋는다.

◆문제의 원인을 확인한다. 원인은 줄기에서 다시 가지로 세분화한다. 이들의 관계는 인과관계로 보여준다.

◆문제의 결과를 확인한다. 결과는 다시 가지로 세분화하고 이들은 인과관계를 보여주어야 한다.

◆원인과 결과에 대하여 논의하고 입증한다.

【참고자료】

http://www.odi.org.uk/resources/docs/6461.pdf

10
삼각 분석

삼각분석은 비영리조직에서 문제나 이슈를 분석하고 해결책을 발견하기 위한 기법으로 시스템 시각에서 구조, 내용 및 문화를 구조화하는 기법이다. 모형은 문제나 이슈를 가져오거나 영속화하는 정책, 제도, 사회적 가치와 행태를 분석하는 데 사용할 수 있다. 그리고 이를 세 가지 차원에서 해결하기 위한 대안을 모색하는 데 활용될 수 있다.

이 기법은 이슈를 <그림 7-6>과 같이 내용, 구조, 관련된 문화라는 세 가지 차원에서 분석하라고 요구하고 있다.

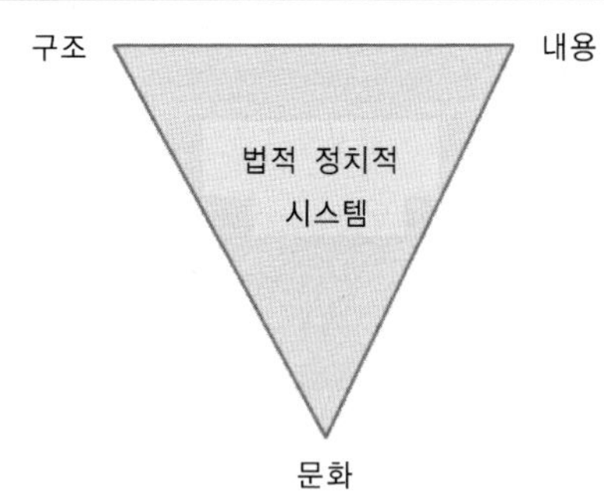

<그림 7-6> 삼각분석

이의 구성내용을 구체적으로 살펴보면 다음과 같다.

◪ 내용

특정한 이슈와 관련된 법, 정책 및 예산 등을 의미한다. 만약 문제나 이슈를 해결하기 위해 법이나 정책이 있지만, 예산이 없다면 그것은 효과적이지 않을 것이다.

◪ 구조

구조는 법이나 정책을 집행하기 위한 국가나 비국가적인 메커니즘으로 정부나 민간, NGO 등의 기구와 이들에 의하여 운영되는 프로그램을 의미한다.

◪ 문화

문화는 문제나 이슈를 다루고, 어떻게 이해하는가를 구성하는 가치와 행태를 의미한다. 이러한 가치와 행태는 종교, 관습, 계급, 성, 인종, 나이 등에 의해서 영향을 받는다. 법과 정책에 대한 정보의 부족은 문화적 차원과 관련이 있다.

【참고자료】

Daniel Start and Ingie Hovland. (2004). *Tools for Policy Impact-A Handbook for Researchers*, ODI, RAPID: www.odi.org.uk

11

5W 1H 모형

5W 1H 모형은 문제를 보다 구체화하기 위해서 사용되는 논리적 모형이다. 5W 1H 모형은 주로 단기적이고 개별적인 문제를 확인하는 데 사용될 수 있는 기법이다.

예로 공장을 건설하고 준공식을 하고자 할 때, 해결하여야 할 과제를 선정하고자 할 때에 누가(who), 언제(when), 어디서(where), 무엇을(what), 어떻게(how), 왜(why)라는 질문에 답을 하는 것이다.

5W 1H는 대안을 모색할 때에도 사용된다. 이들 요인을 상호 조합하면 대안의 수는 무수히 많이 도출될 수 있다.

12

Is-Is not 기법

Is-Is not 기법은 해야 할 것과 하지 말아야 할 것, 이슈나 문제의 범위를 결정하고자 할 때 사용될 수 있다. 모형은 장기적인 것보다는 단기적이고 조직 전체보다는 부서나 기능별 기획에서 사용될 수 있다.

Is-Is not(이다-아니다) 기법은 "그것은 무엇이다"와 "그것은 무엇이 아니다"라는 질문을 지속해서 함으로써 문제와 이슈를 명확하게 하고자 한다. 예로 그 문제는 학생의 문제이다. 그것은 남학생의 문제는 아니다. 그것은 여학생의 문제이다. 그것은 3학년 여학생의 문제는 아니다. 그것은 성적의 문제이다. 등과 같이 "이다"와 "아니다"로 표현한다. 기법은 <표 7-5>와 같이 문제의 핵심요소를 기준으로 작성할 수도 있다.

Is-Is not 기법으로 다음과 같은 질문에 이를 수 있게 된다.

◆누가 이 문제를 다루어야 하는가?

◆문제의 핵심이 무엇인가?

◆문제를 해결하지 않으면 어떠한 결과가 발생할 것인가?

◆문제에 대해서 우리가 알고 있는 것은 무엇인가?

◆문제 해결을 위해서 무엇을 해야 하는가?

〈표 7-5〉 Is-Is not 시트

문제: 고객 불만 문제

구분	이다(is)	아니다(is not)
언제	주말	주중
어디서	매장 내	AS 센터
누가	여자 판매원	남자 판매원
무엇을	서비스	제품
어떻게	전화	인터넷
왜	서비스 20분 지연	20분 이내 서비스

전략적 방향 설정

전략적 관리와 기획은 조직을 현재 상태보다 더욱 바람직한 상태로 변화시키기 위한 활동이다. 이에 미래의 바람직한 방향을 명확하게 할 필요가 있다.

전략적 관리와 기획에서 미래의 바람직한 방향은 조직의 사명, 비전, 목적, 목표를 설정하는 활동으로 구성된다. 일반적으로 목적과 목표가 명확하고 구체적일수록 이를 달성할 가능성도 높아지게 된다. 전략적 방향은 <그림 8-1>과 같은 계층적인 형태를 가진다.

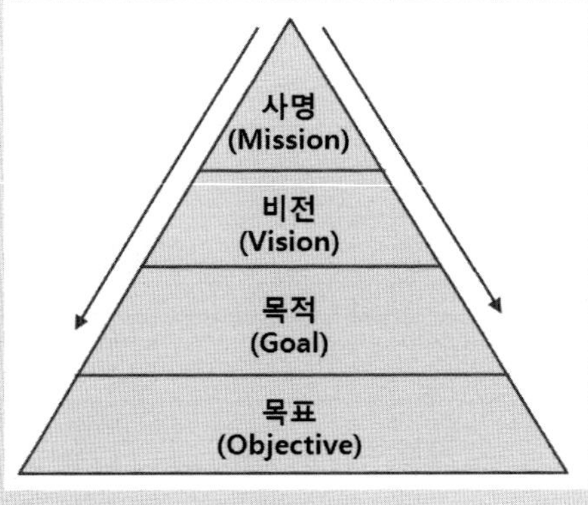

〈그림 8-1〉 전략방향 설정의 구성요소

01

애슈리지(Ashridge)의 사명 모형

의의

조직의 사명은 조직의 기본적인 존재 목적 및 존재 이유를 의미한다. 조직의 사명은 조직의 철학 및 기본적인 자세를 표현한 것이다. 조직의 사명을 보면 다음과 같이 표현되고 있다.

◆ **매킨지:** 우리는 선도적인 기업과 정부가 좀 더 성장할 수 있도록 돕기 위해 존재한다.

◆ **스탠퍼드 대학:** 우리는 인류를 발전시킬 수 있는 지식을 쌓고 널리 전파하기 위해 존재한다.

◆ **삼성그룹:** 인재와 기술을 바탕으로 최고의 제품과 서비스를 창출하여 인류 사회에 공헌한다.

◆ **메리케이 화장품:** 여성에게 무한한 기회를 제공하기 위해 존재한다.

사명은 위와 같은 슬로건 형태 이외에 간단한 사명진술서가 작성되어야 한다.

캠벨(Andrew Campbell)은 Ashridge 전략경영센터가 53개 기업을 대상으로 기업의 사명을 연구한 결과를 바탕으로 <그림 8-2>와 같이 4가지로 구성된 사명 모형을 제시하고 있다. 캠벨은 조직의 강력한 사명을 구축하기 위해서는 이들 4가지 요소가 긴밀하게 연결되고, 서로 강화할 수 있어야 한다고 한다.

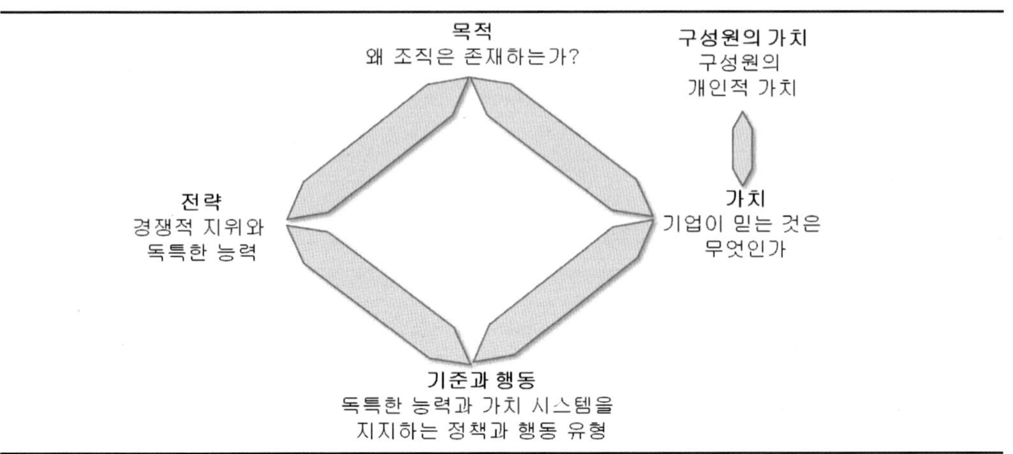

* 자료: leadershipacademyst-james.wikispaces.com

〈그림 8-2〉 Ashridge의 사명 모형

사명의 기능을 보면

◆관리자와 구성원들에게 더 높은 수준의 성과를 달성하도록 영감을 불어넣어 주고 동기 부여를 한다.

◆조직의 자원 배분에 일관된 지침을 제공한다.

◆다양한 조직 이해관계자의 경쟁적이고 갈등적인 이해관계를 균형되게 한다.

◆조직의 방향의식을 제공한다.

◆구성원 간에 공유된 가치를 높인다.

◆위기 동안에 조직을 더욱 강화시킨다.

◆협력적인 성과를 향상한다.

사명의 기본형식

일반적으로 사명은 <표 8-1>과 같은 형식으로 제시되게 된다.

〈표 8-1〉 사명작성의 기본형식

(기관) ____ 은
(어떤 고객이나 이해관계자) ___________________________ 에게
(재화와 서비스를 제공하는 이유) ________________________ 를 위하여
(어떠한 재화와 서비스) _______________________________ 를
(어떠한 방법) _____________________________________ 으로
제공함을 사명으로 한다.

구성요소 및 평가 질문

◢ 목적

기업의 목적은 주주의 이익, 이해관계자의 이익으로 목적은 단순히 이들의 욕구를 만족하는 것을 초월하여 더욱 이상적인 이익까지 포함할 필요가 있다.

◆사명진술서가 주주, 고객, 직원, 공급자 등 이해관계자의 사적 이익에 이용되지 않도록 경외심을 자극하도록 기술되었는가?

◆사명진술서가 조직의 이해관계자에 대한 책임성을 기술하고 있는가?

◢ 전략

전략은 목적과 행동을 이성적·논리적 방법으로 연결하는 것이다.

◆사명진술서는 조직의 활동영역을 기술하고 그것이 매력적인 이유를 설명하고 있는가?

◆사명진술서는 조직이 추구하고자 하는 일종의 경쟁적 우위를 확인하는 데 도움을 주는 방법으로 그의 전략적 지위를 기술하고 있는가?

■ 가치

기업문화를 뒷받침하는 것으로 도덕적 원칙과 신념 및 믿음을 의미한다. 사명감은 구성원 개인의 가치와 조직의 가치가 일치될 때에 생긴다. 가치는 조직 규범과 행동기준이며, 동기부여의 원천이다.

- ◆사명진술서는 구성원이 자랑스럽게 생각하는 믿음으로 조직의 목적과 행동을 연결하여 주는 가치를 제시하고 있는가?
- ◆가치가 조직의 전략에 적합하고 조직의 전략을 강화하는가?

■ 정책과 행동기준

조직의 일상적인 활동에서 무엇을 해야 할 것인가를 결정하는 데 도움을 주는 지침을 의미한다.

- ◆사명진술서는 중요한 행동기준이 전략과 가치의 길잡이처럼 작용하도록 기술되어 있는가?
- ◆행동기준은 개개 구성원으로 하여금 자신의 행동이 올바른지를 판단할 수 있도록 기술되어 있는가?
- ◆사명진술서는 조직의 모습을 묘사하고 조직의 문화를 반영하고 있는가?
- ◆사명진술서는 알기 쉽게 작성되었는가?

【참고자료】

Campbell and Yeung. (1991). Creating a Sense of Mission. *Long Range Planning*, 24(4): 10~20.
http://leadershipacademyst-james.wikispaces.com

02
비전

의의

비전은 조직이 추구하는 미래의 바람직한 상태에 대한 이미지로 성공한 기업은 확고한 비전을 가진다. 비전의 예를 보면 다음과 같다. 이들 비전은 더욱 구체적인 비전 진술서로 표현되어야 한다.

- ◆P&G: 소비자가 상관이다(Consumer is the Boss).
- ◆GE: 상상력의 실현(Imagination at Work)
- ◆삼성전자: 디지털 컨버전스 혁명을 주도하는 초일류기업 달성
- ◆여성가족부: 미래를 여는 여성, 함께하는 평등사회

비전의 기능

◆ 비전은 조직변화의 동인이 된다.

◆ 비전은 성과 지향의 조직을 구축할 수 있도록 한다.

◆ 비전은 조직구성원에게 방향과 목표 의식을 높인다.

◆ 비전은 조직의 주체성 확립과 조직에 대한 몰입을 유도한다.

◆ 비전은 조직구성원의 사고와 행동을 확대한다.

◆ 비전은 의사결정과 성과평가의 중요한 지침 역할을 한다.

◆ 비전은 조직 관리의 중요한 수단이 된다.

비전 선언서의 조건

◆ 비전은 짧을수록 좋다.

◆ 비전은 구성원에게 영감을 불어넣고 도전의식을 주어야 한다.

◆ 비전은 바람직하고 높은 이상을 나타내야 한다.

◆ 비전은 구성원의 마음을 끌고 감동을 주어야 한다.

◆ 비전은 어느 정도 지속성이 있어야 한다.

◆ 비전은 전략적 계획의 맥락 속에서 만들어져야 한다.

비전 설정과정

◆ **비전 선언서 작성팀 구성**: 비전 선언서를 작성하기 위해 전략기획팀 내에 소집단을 구성한다.

◆ **비전 선언서 안 작성**: 환경 분석 결과, 조직의 사명 등을 검토하여 비전 선언서 안을 작성한다.

◆ **비전 선언서 작성을 위한 집단토의**: 비전 선언서 안을 전략기획팀의 토의 및 이해관계자 등의 의견을 들어 검토한다.

◆ **비전 선언서 확정**: 전략기획팀에서 만들어진 비전 선언서 안은 조직의 전략기획위원회나 최고 관리층에서 최종 확정한다.

◆ **공포 및 활용**: 비전이 완성되면 널리 알려서 비전에 대한 인지와 동일체감을 가지도록 한다.

비전을 죽이는 것

다음과 같은 것들은 조직 비전을 죽이는 요인들이다.

◆ 전통

◆ 비웃음에 대한 두려움

◆구성원, 조건, 역할 등의 고정관념

◆이해관계자의 자기만족

◆지친 리더

◆단기적 사고

【참고자료】

박흥윤 (2009), 『공공조직을 위한 전략적 기획론』, 대영문화사.

03
립튼(Lipton)의 조직 비전 구성요소

의의

전략적 기획에서 비전은 단순한 꿈 이상의 기능을 한다. 립튼(M. Lipton)은 미국 100개의 기업을 연구한 결과 비전의 구성요소를 다음의 공식으로 표현하고 있다.

◆비전=사명+전략+문화

(Vision=Mission+Strategy+Culture)

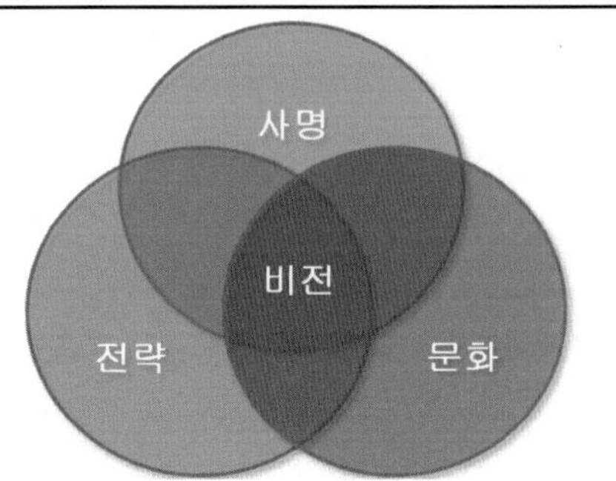

〈그림 8-3〉 비전의 구성요소

비전의 구성요소

■ 사명

◆우리는 어떠한 일을 하는가?

◆우리의 근본적인 목적 또는 존재 이유는 무엇인가?

◆우리가 만들고 제공하는 제품이나 서비스의 유형은 무엇인가?

◆우리는 우리가 이바지하는 고객을 어떻게 정의하는가?

◆어떠한 편익을 위하여 우리는 노력을 하는가?

◆우리가 우리의 고객에게 제공하는 독특한 가치는 무엇인가?

◆비슷한 조직과 비교하여 우리의 사명이 가지는 특징은 무엇인가?

◆우리는 우리가 행동하고 또는 그것을 하는 이유를 기술하고 있는가?

■ 전략

◆사명을 달성하기 위한 기본적 접근방법은 무엇인가?

◆우리 조직이나 부서의 성공을 규정하게 될 특별한 능력이나 경쟁적 우위는 무엇인가?

■ 문화

◆우리의 문화와 리더십 스타일의 특징은 무엇인가?

◆우리는 서로 어떻게 이해하고, 어떻게 함께하여야 하는가?

◆우리가 우리 자신에 대하여 믿고 있는 것은 무엇인가?

◆우리를 표현하는 것은 무엇인가?

◆우리가 어떠한 가치를 추구하는가?

◆효과적인 구성원은 어떠한 특징을 가지고 있는가?

◆어떠한 방법으로 우리 조직은 업무를 수행하는가?

【참고자료】

Lipton, M. (1996). Demystifying the development of an organizational vision, *Sloan Management Review*, 37(4), 83~91.

04
칸타브트라(Kantabutra)의 공유된 비전의 특성

칸타브트라는 비전은 항상 바람직한 미래에 대한 것이며, 공통된 목적으로 다른 사람의 행동을 유인하는 과정인 리더십에 필수적인 것으로 조직구성원에게 방향 감각을 제공하며 조직의 전략과 기획에서 중요하다고 한다.

이를 바탕으로 칸타브트라는 좋은 비전 진술서의 속성으로 <표 8-2>를 제시하고 있다.

〈표 8-2〉 공유된 비전 진술서의 속성

항목	공유된 속성	정의
1	간결	비전 진술서는 간단해야 한다. 그러나 간단함은 명확하게 비전을 진술하고자 하는 노력을 억제해서는 아니 된다.
2	명료	비전 진술서는 이해하고 수용할 수 있도록 명확하고 정확하여야 한다. 명료성은 중요한 목적을 모든 사람이 이해할 수 있도록 한다.
3	미래 방향	비전 진술서는 조직과 조직의 환경에 대한 장기적인 관점에 초점을 두어야 한다. 비전 진술서는 조직이 미래로 나아가는 지침이 되어야 한다.
4	지속성	비전 진술서는 시장이나 기술의 변화로 영향을 받지 않을 정도로 일반적이고 추상적이어야 한다.
5	도전	비전 진술서는 구성원이 바람직한 결과를 달성하기 위해서 일을 하도록 동기부여를 하여야 한다. 비전은 그들이 최대의 노력을 하도록 도전적이어야 한다.
6	추상성	비전 진술서는 구체적인 목표달성이 아닌 일반적인 이념을 표현하여야 한다. 이는 한 번 달성되면 폐기되는 협의의 일회적인 목표가 아니다.
7	영감을 불러오는 능력	비전 진술서는 추종자들이 그들이 하는 일을 가치 있는 것으로 생각하도록 하여야 한다. 만약 추종자들이 비전을 매력적인 목적으로 생각하지 않는다면, 그들은 이를 달성하려고 헌신하지 않을 것이다.

* 자료: Sooksan Kantabutra, 2008.

【참고자료】

Kantabutra, S. (2008). What Do We Know About Vision? *The Journal of Applied Business Research*, 24(2): 127~138.

05
감동을 주는 비전 설정의 7가지 팁

◾ 중단하고, 잠시 기다려라

다른 사람이나 조직이 모두 비전을 가지고 있기 때문에 비전을 가져서는 아니 된다. 그러나 많은 조직이 더 나은 조직을 만들기보다는 다른 조직이 가지고 있기 때문에 비전을 만든다. 이러한 행위는 중단하라.

◾ 새롭게 하라

현재의 비전이 제대로 기능을 하지 못하면, 그것을 버려라! 이미 가지고 있는 비전이 감동을 주지 못한다면 그것을 새롭게 하라.

◾ 비전을 단순하게 하라

단순함은 단순하게 행동하도록 한다. 비전이 너무 장황하면 조직구성원은 자기 조직의 비전을 이해하지 못한다. 비전을 짧고, 익숙하고, 핵심적인 것으로 제시한다면 구성원은 그것을 기억하고, 그것을 달성하고자 할 것이다.

■ 집중하라

비전은 더는 꿈이 아니다. 실현 가능성이 없는 큰 꿈은 관심을 상실하고 주의를 산만하게 한다. 실현 가능한 비전을 설정하면 즉시 실행하라. 웅대한 꿈은 항상 명확한 출발점을 잃어 버리기 쉽다.

■ 과장 광고를 생각하라

가장 큰 비전 제조자가 되어라. 당신이 다른 사람에게 비전을 팔 수 없다면 누가 살 것인 가? 당신이 비전을 알지 못한다면 왜 직원들이 비전을 추구하고자 할 것인가? 비전을 명확 하게 알고, 그것을 믿고, 그것을 팔아라! 조직구성원에게 비전을 팔 수 있는 가장 좋은 때는 신입사원에게 전달하는 방법이다.

■ 이제 보여주라

비전을 구성원에게 팔 수 있다고 하더라도 일상적으로 이를 행동으로 보여주지 않으면 의 미가 없다. 당신의 비전으로 구성원이 감동하도록 하기 위해서는 그들에게 행동으로 보여주라.

■ 보상하라

비전을 향하도록 구성원의 행동에 기운을 불어넣어라. 구성원의 일상적인 행동에 영향을 주지 못한다면 비전에 대한 감동을 상실하게 된다. 돈은 이를 강화하는 하나의 중요한 수단 이다. 이를 위해 적절한 인센티브 제도가 필요하다.

【참고자료】

Kevin Kearns, Top 7 Tips for Creating an Inspiring Vision; http://top7business.com

06
SMART 원리

의의

전략적인 활동은 목표 지향적이고 성과 지향적이다. 전략적 활동에서 추구하는 개인이나 기업이나 추구하는 목표는 SMART하게 구성되어야 한다. SMART는 Specific, Measurable,

Aggressive & Attainable, Result-Oriented, Time-Bound의 머리글자이다. 목표는 SMART할수록 달성할 가능성이 높아지게 된다.

◢ 전략적 목표는 구체적(specific)이어야 한다

목표는 목표 달성을 위한 방법이 아닌 달성하고자 하는 바람직한 성과를 나타내어야 한다. 목표는 조직구성원이나 이해관계자들이 이해하기 쉽고 명확하게 표현되어야 한다. 단순히 "돈을 벌겠다", "영어 공부를 하겠다"는 것은 구체적이지 않다. 돈을 벌겠다는 것보다 1억 원을 벌겠다는 것이 더 구체적이다.

◢ 전략적 목표는 측정 가능(measurable)하여야 한다

목표는 어느 정도 달성되었고 언제 달성되었는가를 측정할 수 있어야 한다. 측정할 수 있으려면 양적으로 목표를 설정하는 것이 필요하다. 양적 목표는 질적 목표보다 목표달성 정도를 입증하고, 모니터링을 쉽게 한다.

◢ 전략적 목표는 의욕적(aggressive)이며, 달성 가능(attainable)하여야 한다

의욕적이란 개인이나 조직이 최대의 노력을 했을 때 달성할 수 있음을 의미한다. 의욕적이고 도전적이지 않은 목표는 개인이나 조직발전에 이바지하지 못한다. 의욕적이지 않은 것은 달성 가능성이 높지만 바람직하지 않다.

◢ 전략적 목표는 결과 지향적(results-oriented)이어야 한다

목표는 활동이 아닌 결과를 구체화하여야 한다. 예로 "연말까지 마라톤을 완주하겠다"와 같은 것이다. 마라톤 완주를 위해서 "매일 30분씩 운동을 하겠다"라는 것은 결과가 아닌 활동이다. 전략적 목표는 달성하고자 하는 최종 결과로 표현되어야 한다.

◢ 전략적 목표는 시간적 한계(time-bound)가 있어야 한다

즉 "1억 원을 벌겠다"는 것보다는 "연말까지 1억 원을 벌겠다"와 같이 표현되어야 한다. 시간적 한계가 없는 것은 목표로 기능하지 못한다. 목표와 관련된 시간 계획은 합리적이고 도전적이어야 한다.

휘트모어(Whitmore)의 올바른 목표의 판단모형

개인이나 조직이 올바른 목표를 추구하고 있는가를 판단하기 위해서는 최종목표와 성과목표를 명확하게 구분하여야 한다. 성과목표는 최종목표를 달성하는 데 이바지하는 목표를 의미한다. 예로 A 회사에 취업하기 위한 자격조건으로 토익 800점을 요구한다고 할 때 이 토익 800점은 성과목표가 된다.

휘트모어는 개인이나 조직의 목표가 올바른지를 평가하기 위해서는 목표를 종이에 써서 목록화한 뒤에 <표 8-3>의 14가지 기준에 맞추어서 하나하나 검토할 것을 권고하고 있다.

〈표 8-3〉 올바른 목표 평가의 기준

S	구체적(Specific)		올바른 목표	C	도전적(Challenging)
M	측정 가능(Measurable)	P	적극적 표현(Positively Stated)	L	법적(Legal)
A	실현 가능(Attainable)	U	이해(Understood)	E	환경적으로 명확(Environmentally Sound)
R	실재적(Realistic)	R	적실성(Relevant)	A	합의(Agreed)
T	시간 한계(Time Phased)	E	윤리적(Ethical)	R	기록(Recorded)

* 자료: Mikael Krogerus & Roman Tschäppler, 2012.

【참고자료】

Krogerus, M. & Tschäppler, R. (2012). *The Decision Book-50 Models for Strategic Thinking*. New York: W. W. Norton & Company.

목표 그리드(Goal Grid)

의의

목표 그리드는 전략적 목표를 명확하게 하기 위한 도구이다. 니콜스(Fred Nickols)는 <그림 8-4>와 같이 목표의 4가지 그리드를 다음 두 개의 질문에 대하여 '예'와 '아니요'라는 대답으로 구성된 2×2 매트릭스로 구성하고 있다.

〈그림 8-4〉 목표 그리드

① 당신은 무엇인가를 원하는가?
② 당신은 그것을 가지고 있는가?

◆ **획득(Achieve)**: 당신이 원하지만 가지고 있지 않으면, 당신의 목표는 그것을 얻는 것이다. 이 경우에는 조직이 달성하길 원하는 결과, 조건 또는 질의 목록을 확인하여야 한다.
◆ **보존(Preserve)**: 당신이 원하고 있고, 이미 그것을 가지고 있다면, 당신의 목적과 목표는 그것을 유지하는 것이다. 이 경우 조직이 유지하고자 하는 결과, 조건, 질을 확인하여야 한다.
◆ **회피(Avoid)**: 당신이 원하지 않고, 가지고 있지도 않다면, 당신의 목표는 그것을 회피하는 것이다. 이 경우 조직은 피하고자 하는 결과, 조건 또는 질의 목록을 확인하여야 한다.
◆ **제거(Eliminate)**: 당신이 원하지 않지만 이미 가지고 있다면, 당신의 목표는 그것을 제거하는 것이다. 이 경우 조직이 제거를 원하는 결과, 조건 또는 질의 목록을 확인하여야 한다.

활용방법

조직의 목표 및 방향 설정에 참여하는 모든 사람에게 목표 그리드 양식을 나누어준 뒤에 개별적으로 양식에 관련된 내용을 작성하도록 한다. 다음으로 개별 의견을 유사한 것으로 분류하여 합의로 공통점을 도출하도록 한다.

유용성
◆ 조직의 방향을 설정할 때 참여자에게 목표와 방향을 가시적으로 보여준다.
◆ 집단합의를 하는 효과적 방법이 될 수 있다.
◆ 목표개발이나 의사결정에서 논리적인 방법을 제시한다.
◆ 조직의 방향에 관한 토론의 출발점을 제시한다.

◆논의의 참여자들이 갈등과 합의를 하는 가치 성향을 신속하게 검토할 수 있도록 한다.

◆이에 의하여 만들어진 정보로 SWOT 분석을 쉽게 한다.

◆조직의 목표와 개별 목표, 사업 및 프로젝트와 방향이 적합한지를 판단할 수 있게 한다.

◆목표 그리드는 전략적 기획과정에서 각종 조직 단위가 매우 효과적이고, 실제적이며, 효율적으로 활동하도록 한다.

【참고자료】

Fred Nickols and Ray Ledgerwood. The Goals Grid-A New Tool for Strategic Planning;
　　http://www.nickols.us/trategic_planning_ool.pdf

09
목표 논리모형

의의

논리모형은 프로그램이나 활동을 구성하고 있는 여러 가지 요소가 어떻게 상호작용해 결과를 산출하는지에 대한 논리를 그림이나 텍스트로 나타내는 것이다. 논리모형은 주로 기획을 하고자 하는 프로그램의 실체를 파악하는 기본적인 모형이다.

논리모형은 기본적으로 두 가지에 초점을 둔다. 그 첫 번째는 관계라는 개념이다. 논리모형은 프로그램 활동 간의 관계 이외에 프로그램 구성요소와 결과와의 관계를 보여주게 된다. 다음으로 논리모형은 프로그램 활동의 계획된 목표에 초점을 두고서 구성요소 간의 관계와 개개 구성요소의 결과와의 관계를 보여주게 된다.

논리모형의 구성요소

◆**투입(inputs)**: 투입은 프로그램을 운영하는 데 투입되는 자원을 의미한다. 이러한 자원에는 인적, 재정적, 물적, 시설, 시간, 기술, 정보자원 등이 있다.

◆**활동(activities)**: 활동은 투입 자원을 가지고 프로그램 집행을 위해 수행하는 행위를 의미한다. 이러한 활동으로는 제품의 생산, 서비스 제공, 인프라의 구축, 교육훈련 등을 들 수 있다.

◆**산출(outputs)**: 산출은 프로그램 활동으로 발생한 가시적이고 직접적인 결과를 의미한다. 산출은 바람직한 결과를 가져오는 데 이바지하게 된다.

◆**결과(outcomes)**: 결과는 산출로 대상 및 대상 집단에 나타난 변화를 의미한다. 즉, 산출은 '고객이 어떤 서비스를 받았는가?' 결과는 '고객의 상황이 개선되었는가?'와 관련

된다. 결과의 발생은 그 시차에 의해 단기-중기-장기 결과와 같이 일련의 사슬 형태로 표현된다.

논리모형의 유형

<표 8-4>는 가장 간단한 논리 매트릭스이다. <그림 8-5>는 활동을 중심으로 만들어진 If-Then 논리모형의 기본구조이고, <그림 8-6>은 일반적인 목표의 계층 모형이다.

〈표 8-4〉 논리 매트릭스

투입	활동	산출	결과	
			단기	장기

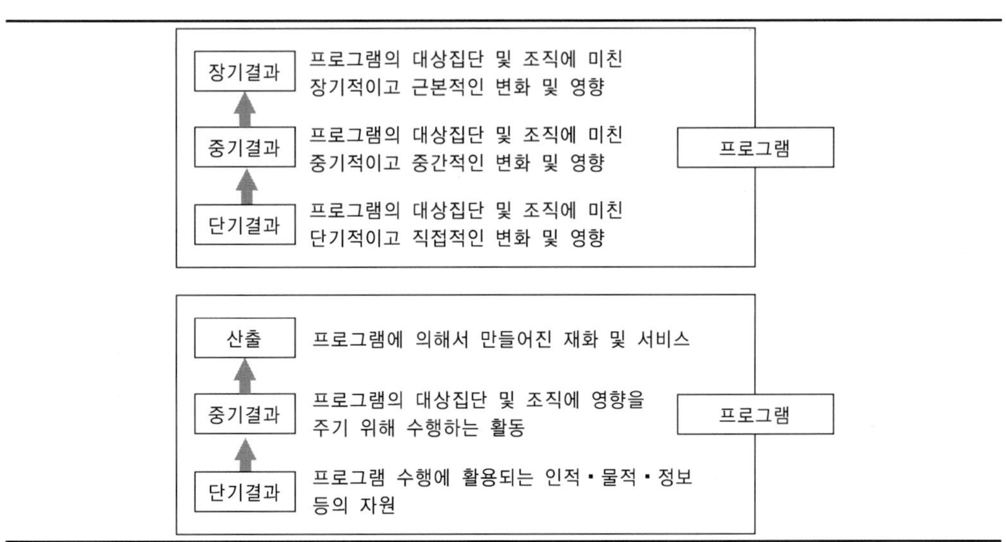

〈그림 8-5〉 IF-Then 모형

〈그림 8-6〉 목표 논리모형의 기본 형식

논리모형의 작성과정

◆ **자료 수집**: 프로그램 논리모형을 작성하기 위해서는 프로그램 개입 및 자원 배분 등의 자료를 수집한다.

◆ **주요 활동의 목표 및 확인**: 수집된 자료를 바탕으로 프로그램의 활동과 목표 또는 결과를 확인하고 이들에 대해 목록을 작성한다. 다음으로 목표를 기대하는 결과와 영향으로 전환하는 것이 요구된다.

◆ **활동과 결과의 재분류**: 활동 및 목표 목록 구성요소 간의 논리적 순서를 보여주기 위해 목록을 재분류한다. 재분류는 시간적 우선순위에 의해 분류될 수도 있지만, 항상 논리적 관계가 시간적인 순서를 나타내는 것은 아니다.

◆ **투입과 산출의 추가**: 활동과 결과를 명확하게 한 뒤에는 투입과 산출을 모형에 추가해야 한다. 투입은 논리적으로 활동의 앞에 오게 되며, 산출은 활동의 결과로서 활동 다음에 있게 된다.

◆ **논리모형의 작성**: 활동과 결과 간에 인과적인 관계를 화살표로 묘사한다.

◆ **이해관계자와의 논의 및 확정**: 작성된 논리모형은 주요 정보 제공자 및 관련 분야의 전문가와 토의를 거쳐 검토하고 준거집단과 협의하여 모형을 확정하게 된다.

【참고자료】

박홍윤 (2012), 『정책평가론』, 대영문화사.

제9장

전략형성

전략은 조직의 비전, 목적 및 목표를 달성하기 위한 수단이다. 전략은 조직과 그의 환경을 연결하는 것으로 전략적 이슈를 해결하기 위해 만들어지게 된다.
민츠버그(Mintzberg)는 성공적인 전략형성의 조건으로 다음을 지적하고 있다.

◆ 전략형성이 종합으로부터 도출된다.
◆ 전략형성이 프로그램화되고 비전을 수반한다.
◆ 전략형성은 우뇌의 활동, 발견, 직관과 발산적 사고와 관련이 있다.
◆ 전략형성은 불규칙적이고, 임시적이며, 예기치 않은 활동이다.
◆ 전략형성은 관리자로 하여금 형성에 초연한 행위자라기보다는 기회적이고 적응적인 정보 조작가로의 활동에 기초한다.
◆ 전략형성은 불연속적인 변화를 특징으로 하는 불안정한 시기에 만들어진다.
◆ 전략형성은 탐색, 실험, 발견의 과정에 개입하는 다양한 행위자를 수반한다.

【참고자료】

Mintzberg, Henry. (1994). *The Fall and Rise of Strategic Planning*. New York: Free Press and Prentice Hall International.

전략선택의 논리

전략의 선택은 비전, 사명 및 전략적 목적을 달성하기 위한 수단을 선택하는 것이다. 전략의 선택은 <그림 9-1>과 같이 항상 전략적 목적을 기준으로 선택된다. 대안은 목적과 수단의 관계와 수단의 실현 가능성에 대한 평가를 기준으로 선택되어야 한다. 즉, 전략의 선택은 목적, 대안, 평가의 맥락 속에서 결정되게 된다.

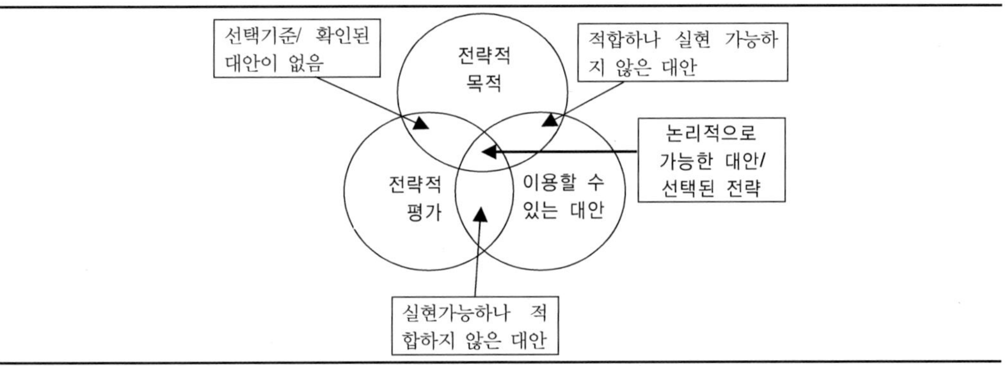

〈그림 9-1〉 전략 대안으로부터의 전략 선택

전략이 선택되는 구조를 보면 <그림 9-2>와 같이 구조화하여 볼 수 있다. 이에서 전략 선택자나 집단의 역학구조 등이 중요한 작용을 하게 된다.

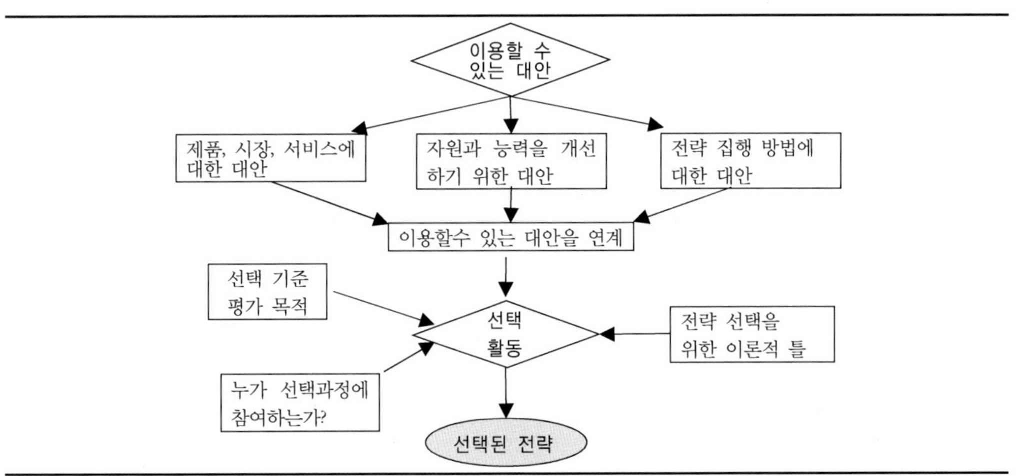

〈그림 9-2〉 전략선택 형성의 구조

【참고자료】

http://www.oup.com/uk/orc/bin/9780198782292/ch11.pdf

02
해결 전략 매트릭스

　해결 전략 매트릭스는 <표 9-1>과 같이 대안을 다양한 기준에 의하여 평가하고, 평가의
종합으로 대안을 선택하는 방법이다. 매트릭스는 브레인스토밍 등의 기법을 활용하여 각각
의 기준에 의해 평가하게 된다. 기준은 참여자의 합의에 따라서 추가될 수 있다. <표 9-1>
의 예시에서 2안이 바람직한 평가항목(+)의 수가 13으로 가장 높아서 이를 선택하게 된다.

〈표 9-1〉 해결 전략 매트릭스 예시

기준	가능한 해결방안				판단 기준 (바라는 결과)
	1안	2안	3안	4안	
근원적 원인 제거	예(+)	예(+)	예(+)	예(+)	예
문제 해결 비율	80%	95%(+)	45%	75%	높음
팀의 집행 가능성	예(+)	예(+)	예(+)	예(+)	예
집행비용	큼	가장 적음(+)	큼	적음	적음
필요자원	상위 지위	없음(+)	상위 지위	상위지위	확인
자원이 있는 곳	입법부	조직 내(+)	입법부	조직 내(+)	확인
환급 기간	장기	즉시(+)	장기	즉시(+)	차감비용저축을 위한 시간
새로운 문제의 발생 가능성	있음	없음(+)	있음	있음	없음
새로운 문제의 수와 범위	거의 없음(+)	없음(+)	많음	많음	거의 없음/부수적
영향을 받는 사람의 관심	예(+)	예(+)	아니요	아니요	예
관리층 수용 가능성	중간(+)	높음(+)	낮음	낮음	높음
집행 난이도	낮음(+)	낮음(+)	높음	높음	낮음
측정 불가능한 편익	없음	사기앙양(+)	없음	없음	확인
합계	6	13	2	3	

【참고자료】

제리 W. 퀄러·조셉 M. 판코우스키 저, 남기법·전주수·한승준 공역 (2001), 『조직혁신의 전략-과정
　　과 기법』, 너와나 미디어.

조직의 계층에 의한 전략

조직의 전략은 조직의 계층과 연계하여 <그림 9-3>과 같이 구분되고, 각 전략의 특징은 <표 9-2>와 같다.

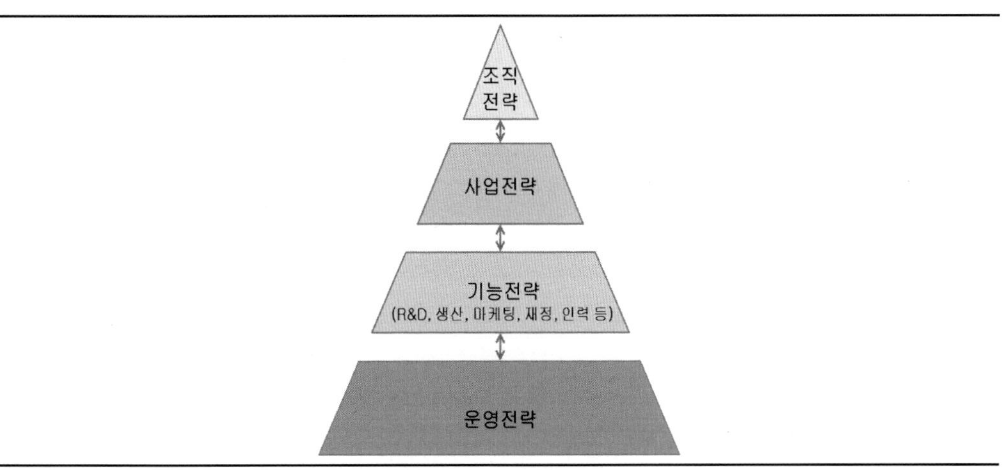

〈그림 9-3〉 전략의 계층성

◆**조직전략**: 전사적 전략 또는 조직전략은 조직 전체를 대상으로 하는 전략으로 조직의 비전, 사명 및 조직과 환경과의 관계 등을 대상으로 하는 전략이다. 주로 최고관리자가 주요 책임자가 된다.
◆**사업전략**: 단일 사업이나 사업의 포트폴리오와 관련된 전략으로 관련 사업의 책임자가 주요 책임자이다.
◆**기능전략**: 신제품 개발, 마케팅, 재정, 인력 등 조직 활동의 기능을 대상으로 하는 전략으로 관련 분야의 책임자가 중심이 된다.
◆**운영전략**: 전략 집행을 위한 행동계획으로 사업의 추진계획, 자원배분 등이 중심이 된다.

〈표 9-2〉 전략 계층별 특성

구분	수준		
	조직 전략	사업 전략	운영 전략
시간	장기	중기	단기
의사결정 유형	철학적	혼합적	운영적
위험의 내포	높음	중간	낮음
영향	매우 중요	중요	중요하지 않음
이윤 잠재성	높음	중간	낮음
신축성	높음	중간	낮음
적응성	빈약	중간	중요
혁신	혁신적	혼합	일상적
의사결정 수준	최고위	중간	가장 낮음

04 성장 · 안정 · 축소전략

조직의 전략은 그 방향성을 기준으로 크게 성장전략, 안정전략, 축소전략으로 구분할 수 있다. 1980년대 초 미국의 '포춘(Fortune)'지에 등장한 500대 기업의 경영자를 대상으로 한 조사에 의하면 기업에서 사용하는 전략은 성장전략이 54.4%, 복합전략 28.7%, 안정전략 9.2%, 축소전략 7.5%의 순으로 나타나고 있다.

성장전략

◢ 의의
성장전략은 규모의 경제를 전제로 하는 전략으로 크면 클수록 좋고 가장 큰 것이 가장 좋다는 전제하에서 추진하는 전략이다.

◢ 채택이유
◆ 고객의 욕구가 확대될 때
◆ 문제 해결에 다양한 협력이 필요할 때
◆ 성장전략이 전략적 이슈를 해결하는 데 효과적일 때
◆ 문제 해결을 위한 기술이 명확할 때
◆ 자원에 대한 이용 가능성이 높을 때
◆ 변화를 이끄는 비전이 명확할 때

◆환경이 조직의 활동 정도를 늘리라고 요구할 때

방법
◆**집중화 전략**: 자원을 조직 활동의 하나나 소수에 집중적으로 투자하는 전략이다.
◆**통합화 전략**: 유사한 부문이나 기능을 하나로 통합하여 규모의 경제를 확보하고 중복을 제거하여 조직 운영비용의 절감 및 생산원가의 절감을 꾀하는 전략이다.
◆**다각화 전략**: 조직이 제공하는 제품, 서비스, 활동 영역을 다양화함으로써 성장을 추진하는 전략이다.
◆**협력**: 조직 간에 승－승(win-win) 전략으로 함께 경쟁력을 추구하는 합병, 경영권 취득, 합작 투자, 전략적 제휴 등이 있다.

안정전략

의의
현재의 상태를 지속하거나 점진적으로 변혁을 추진하는 전략이다. 안정전략은 독선적인 리더십이 강한 조직에서 발견될 수 있다.

채택이유
◆안정전략은 현재의 조직 운영, 사업, 업적에 만족하고 있을 때
◆조직 능력이 부족하여 새로운 변혁을 추진할 수 없을 때
◆조직이 직면하는 환경이 상대적으로 안정적일 때
◆위험을 극소화하거나 규모의 불경제가 예상될 때
◆불확실한 환경을 정확히 예측할 때까지 활동을 중지할 때
◆급격한 확장이나 변화 뒤에 이를 정착시켜야 할 때

축소전략

의의
축소전략은 조직의 구조, 기능, 활동 범위 등을 감축하는 전략이다. 축소전략의 목적은 조직의 생존과 발전이지 단순한 축소를 의미하는 전략은 아니다. 즉, 축소전략은 '2보 전진을 위한 1보 후퇴'의 전략이다.

■ 채택이유

◆ 고객의 감소가 예상될 때
◆ 조직이 직면하고 있는 환경이 위협적일 때
◆ 기술의 변화 등에 의하여 대체 서비스가 개발될 때
◆ 지나친 조직의 비대화로 엔트로피가 증대할 때
◆ 조직의 능력이 감소할 때
◆ 관련 분야에 대한 규제가 예상될 때

■ 방법

◆ 우회(turnaround)전략: 리스트럭처링과 같이 조직 내부의 축소전략으로 비효율적인 조직관리 부분을 제거하는 것이다.
◆ 포기(divestment)전략: 포기전략은 특정 부문의 매각 또는 포기를 의미하는 것으로서 조직 상황이 더 악화될 때 사용된다.
◆ 청산(liquidation)전략: 전략이 실패하는 경우에 조직에서 최후로 채택하는 전략으로 사업을 중지하는 방법이다.
◆ 아웃소싱(outsourcing): 특정 부품이나 제품을 외부에 하청 또는 위탁 생산을 하는 방법이다.

05
조직전략의 유형

데이비드(David, 2006)는 기업에서 사용되고 있는 전략을 <표 9-3>과 같이 요약하고 있다.

〈표 9-3〉 전략의 유형

전략	정의	2003년의 예
전방향 통합	◆ 유통업자나 소매인의 소유권을 획득하거나 통제를 확대	인형 제작사이면서 통신판매업자인 Pleasant Co.가 맨해튼에 소매점포를 개설
후방향 통합	◆ 공급자의 소유권을 확보하거나 통제를 증대	McDonald는 최근 종이컵 생산기업을 매입
수평적 통합	◆ 경쟁회사의 소유권 획득 또는 통제 확대	Galloway Golf는 Top-Flite Golf Company를 매입
시장 침투	◆ 현재의 상품이나 서비스를 새로운 지역에 널리 알림	SABMiller Plc는 자사의 Miller 맥주를 홍보하기 위하여 2003년 500만 달러를 소비
제품 개발	◆ 현 제품이나 서비스를 개선하거나 새로운 제품이나 서비스를 개발 판매량을 확대	GM은 하이브리드 동력의 자동차를 Pfizer는 신형 금연제를 개발하고 있음.

집중적 다각화	◆새롭지만 관련이 있는 제품이나 서비스를 추가함	Microsoft는 그의 첫 번째 PC에 오락센터의 기능을 할 수 있도록 함
복합적 다각화	◆새롭지만 관련이 없는 제품이나 서비스를 추가	비디오 대여회사 Blockbuster는 DVD와 음악 DM 회사인 Columbia House를 인수
수평적 다각화	◆현재의 고객을 위하여 새롭지만 관련이 없는 제품이나 서비스를 추가	Viacom은 AQL로부터 The Man Show와 The Daily Show로 알려진 유머 케이블 채널인 Comedy Centre를 인수
축소	◆판매나 이윤 감소에 대응하여 비용과 자산의 감축을 통하여 조직을 재구성	American West Airlines는 콜럼버스, 오하이오에 있는 허브를 폐쇄하고 390명 인력을 감축
포기	◆조직의 한 부서나 부분을 매각함	ConocoPhillips는 그의 Circle K 편의점 체인을 캐나다 회사에 매각함
청산	◆기업의 모든 또는 일부의 모든 가시적 자산을 매각하는 것	Sprint는 그의 웹 호스팅 부서를 폐기함

*자료: David, Fred R. (2006). *Strategic Management (10th ed)*. New Delhi: Prentice-Hall of India.

06
전략의 대상에 따른 유형

◢ 가치 지향의 전략

이해관계자에게 더 큰 가치를 창출하기 위한 기획으로 주로 장기적인 형태의 전략이다. 이는 재정 지향의 전략과 같이 즉각적인 변화가 아닌 안정을 목적으로 한다.

◢ 고객 지향의 전략

고객 지향의 전략은 고객에게 더 큰 가치를 창출하기 위한 전략이다. 이 전략은 전형적으로 고객의 욕구를 나누어서 그 욕구를 확인한 뒤에 이를 충족하는 데 초점을 둔다.

◢ 경쟁자 지향의 전략

이는 경쟁자를 앞지르기 위한 기획이다. 이를 위해서는 경쟁 게임, 이긴다는 것이 무엇이고, 이를 어떻게 측정할 수 있는지를 정의할 수 있어야 한다. 기업이 큰 경쟁으로 시장을 잃는 경우는 거의 없다. 오히려 구조적 변화나 시장의 쇠퇴로 시장을 잃게 된다. 전형적으로 차별화에 의하여 경쟁자를 공격하고자 한다.

◢ 기술 지향적 전략

특정한 기술적 발전을 추구하는 전략으로 종종 소규모의 특정 시장분야에 대하여 기술을 가지고 있는 기업에서 사용한다.

■ 사회 서비스 지향의 전략

문맹률을 줄이거나 나무를 심는 것과 같은 특별한 사회적 목적을 추구하는 기획이다. 이들은 전형적으로 비영리 활동에 속한다.

■ 재정 지향의 전략

돈이나 재정적인 욕구를 달성하기 위한 기획이다. 이들은 대부분 단기의 출구 전략적 특성이 있다.

■ 근로자 지향의 전략

근로자에게 더 많은 가치를 창출하기 위한 기획으로 생산성을 높이기 위한 환경을 창출하는 데 관심을 둔다. 이들 전략은 창의성을 향상하고자 한다.

■ 출구 지향의 전략

어떻게 하면 기업이 이윤 극대화를 추구할 수 있을 것인가에 관심을 두는 전략으로 주로 재정적인 성격을 가지면서 판매와 관련하여 재무제표나 현금의 흐름에 관심을 둔다.

■ 신축성 전략

변화의 시기에 신축성을 제공하기 위한 기획이다. 성장의 초기 단계에서 많은 기업은 어떻게 하면 그들 제품이나 서비스에 대하여 시장이 최고의 신축성을 확보할 수 있을 것인가에 초점을 둔다. 신축성 전략은 장기적인 성격을 가지지는 않는다.

【참고자료】

http://www.leadingresources.com

07
SWOT 분석에 의한 전략

전략은 조직의 내적 능력과 외부 환경을 연결하는 중요한 수단이다. 양자를 연결하여 전략을 도출하는 대표적인 기법으로 SWOT 매트릭스 기법이 있다. <표 9-4>에서 보듯이 SWOT 매트릭스에서는 SO(강점-기회) 전략, WO(약점-기회) 전략, ST(강점-위협) 전략, WT(약점-위협) 전략의 네 가지 유형의 전략이 제시된다.

〈표 9-4〉 SWOT 매트릭스

	강점(Strengths) – S 강점 목록	약점(Weaknesses) – W 약점 목록
기회 (Opportunities) – O 기회목록	SO 전략 기회를 활용하기 위하여 강점을 이용	WO 전략 기회를 활용하기 위하여 약점을 극복
위협 (Threats) – T 위협목록	ST 전략 위협을 피하고자 강점을 이용	WT 전략 위협을 피하고자 약점을 최소화

■ SO 전략

SO 전략은 조직의 내적 강점을 외부의 기회를 활용하기 위하여 사용하는 극대-극대(Maxi-Maxi) 전략이다. SO 전략은 외부 환경이 주는 기회가 많고 내적 강점이 있는 때에 활용하여 외부의 기회를 극대로 이용하는 전략이다.

SO 상황에서는 성장 지향 전략을 주로 사용하게 된다. 일반적으로 조직은 SO 전략을 사용할 수 있는 위치를 얻기 위하여 WO, ST, 또는 WT 전략을 사용한다. 즉, 조직이 중요한 약점을 가지고 있는 때에 그것을 극복하여 약점을 강점으로 만들고자 한다. 또한 조직이 중요한 위협에 처해 있는 때에는 기회에 집중하기 위하여 위협을 피하는 방법을 모색하여 조직의 강점을 확대하고자 한다.

■ WO 전략

WO 전략은 조직의 내부 능력은 부족하지만, 환경의 변화가 조직에 유리한 상황으로 변화가 예상되는 때에 사용되는 전략이다. WO 상황의 전략은 조직의 약점을 극복하여 외부 환경의 기회를 최대한 이용하는 극소-극대(Mini-Maxi) 전략을 사용하게 된다. 조직은 외적인 기회가 존재하더라도 내적인 능력이 부족하여 기회를 활용하지 못하는 때가 있다. WO 상황에서 사용될 수 있는 전략으로는 우회 전략이 있다. 예로 기업에서 특정 제품의 수요가 급격하게 늘고 있지만 이를 생산할 능력이 부족할 때 이를 해결하기 위해 조직의 생산설비를 확충하고 기술자를 양성하거나 다른 기업과 제휴하여 공급을 늘린다면 이는 WO 전략에 속한다.

■ ST 전략

ST 전략은 조직이 많은 강점이 있지만, 외부 환경의 위협이 심한 때에 사용된다. ST 전략은 조직의 강점을 활용하여 위협을 줄이는 극대-극소(Maxi-Mini) 전략이다. ST 전략을 사용하여야 할 환경에 접해 있는 조직은 조직의 강점을 찾아서 환경을 극복하기 위한 다각화 전략이 권고되고 있다. ST 상황에서는 위협을 기회로 삼는 창조적 방법이 요구된다.

■ WT 전략

WT 상황은 조직의 내부 능력도 부족하고 외부 상황도 조직에 불리한 때에 조직은 외부의 위협을 줄이고 조직의 약점을 극복하는 극소-극소(Mini-Mini) 전략이 필요하다. 이러한 최악의 상황이 전략적 기획에서는 오히려 긍정적 영향을 가져오는 기회가 될 수도 있다는 것이 전략적 기획의 핵심이다. WT 상황에서는 방어적인 전략 또는 축소 지향의 전략이나 집중적인 핵심 사업에 집중 투자하는 방법이 활용되기도 한다. 조직의 상황이 매우 나쁠 때에는 다른 조직에로의 흡수 합병, 긴축정책, 파산선고 등의 감축전략이 활용된다.

08 마일즈와 스노의 전략유형

마일즈와 스노(Raymond Miles & Charles Snow)는 조직이나 기업이 취하고 있는 환경과 관련하여 다음 3가지 근본적인 문제에 대한 인식의 차이를 바탕으로 4가지 전략의 유형을 제시하고 있다. 이들은 기업이 성공하기 위해서는 어느 하나의 전략을 취하기보다는 기업을 둘러싸고 있는 환경, 기술, 조직 구조 등을 고려한 전략을 명확하게 하고 유지하는 것이 중요하다고 한다.

- ◆기업가적 문제: 시장 점유율을 기업이 어떻게 관리하여야 하는가?
- ◆공학적 문제: 기업가적 문제에 대하여 어떻게 해결 방안을 실행하여야 하는가?
- ◆관리적 문제: 기업가적 문제와 공학적 문제를 해결하기 위한 조직을 어떻게 구성하여야 하는가?

방어자 전략(Defender Strategy)

방어자 전략은 새로운 경쟁자로부터 자신의 시장을 보호하고자 하는 현상유지적인 전략이다. 방어 전략은 어떻게 하면 안정적인 시장점유율을 유지할 수 있는가에 관심을 둔다. 이를 위해 비용절감, 특정한 분야의 전문화, 표준화된 기술 프로세스 등을 활용하여 저비용 구조를 유지하는 데 관심을 가진다. 즉, 자신의 기술, 구조, 운영방법에 있어서 커다란 변화를 추구하지 않고, 기존 활동의 효율성을 개선하는 데 초점을 둔다. 방어자는 쇠퇴산업이나 안정된 환경에 있을 때 성공할 수 있다.

개척자 전략(Prospector Strategy)

개척자 전략은 혁신, 새로운 기회의 추구, 위기와 성장을 추구하는 전략이다. 이 전략을 위해 조직은 창의성과 신축성을 촉진하고자 한다. 개척자 전략은 신제품 및 서비스의 개발과 시장의 기회를 어떻게 활용할 것인가에 관심을 두면서 신제품과 서비스 개발, 시장의 개척, 혁신에 우선순위를 두고, 변화하는 고객의 욕구와 수요에 부응하거나 새로운 수요를 창출한다. 개척자 전략에서는 효율성을 강조하는 방어자 전략보다는 창의성을 중시하게 된다.

◢ 분석자 전략(Analyzer Strategy)

분석자 전략은 방어형과 개척자형을 균형적으로 혼합하여 수익을 창출하고 위험을 회피하기 위한 중도적인 전략이다. 즉, 조직은 현재의 사업을 유지하면서 새로운 사업을 추진하게 된다. 즉, 어떤 제품은 안정된 환경을 겨냥하여 효율성 전략을 채택하고, 다른 제품은 새로운 시장, 더 역동적인 환경을 겨냥한다. 그러나 서로 다른 관점의 전략을 채택하고 조정한다는 것은 어려운 과제이기도 하다.

◢ 반응자 전략(Reactor Strategy)

반응형 전략을 따르는 조직은 일관된 전략-구조의 관계를 가지지 못한다. 환경에 적합한 전략을 추구하기보다는 임시적으로 환경의 위협과 기회에 대응한다. 이러한 조직의 최고관리자들은 조직 환경의 변화와 불확실성을 인식하지만 효과적으로 대응할 수는 없다. 실패한 조직에서 반응자 전략을 종종 볼 수 있다.

【참고자료】

Raymond Miles, Charles Snow(2003), Organizational Strategy, Structure, and Process, Stanford University Press.

09
전략적 갭 분석과 전략

전략적 기획은 조직과 조직 외부 환경과의 관계에 초점을 두는 활동으로 전략은 조직과 그의 환경과의 적합성에 의해서 결정될 필요가 있다.

<그림 9-4>에서 전략적 갭은 조직의 능력과 조직에 미치는 환경의 기회와 위협을 비교함으로써 결정된다. 만약에 조직의 능력이 환경이 주는 모든 기회를 이용하고, 환경이 주는 모든 위협을 방어할 수 있다고 한다면 전략적 갭이 존재하지 않게 된다. 그러나 이러한 상태는 매우 이상적인 형태이다.

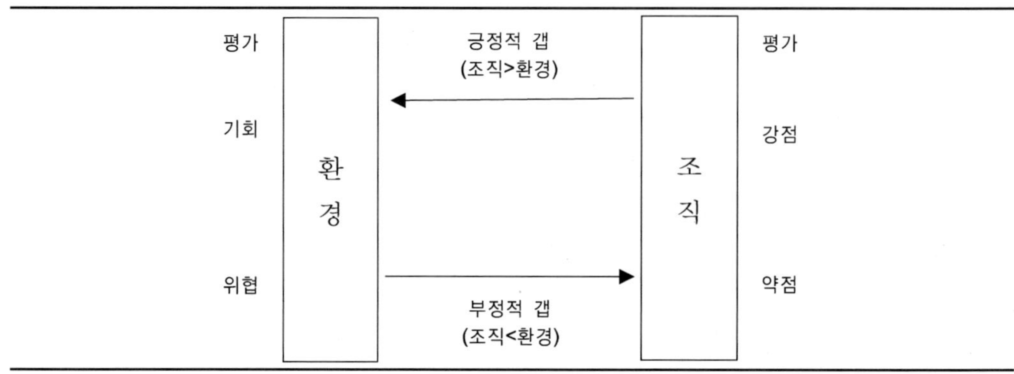

* 자료: Harrison(1996: 47)을 수정.

<그림 9-4> 전략적 갭

◢ 긍정적인 전략적 갭

긍정적인 갭은 조직과 조직의 외부 환경을 평가한 결과 내부 능력의 합이 외부 환경 변화의 힘보다 큰 경우를 의미한다. 즉, <그림 9-4>에서 조직>환경의 조건에 있는 상황이다.

긍정적인 전략적 갭이 존재하는 상황에서 조직은 환경이 주는 기회를 최대한 이용하고, 위협을 극복할 수 있고, 환경의 요구를 충족할 수 있다. 이러한 상황에서 조직은 조직의 강점을 최대한 살려 기회를 극대로 활용하는 전략을 추진하는 것이 바람직하다.

◢ 부정적인 전략적 갭

부정적 갭은 조직의 능력이 환경의 힘보다 적은 경우로 <그림 9-4>에서 조직<환경의 상황이다. 부정적 갭의 상황에서 조직은 환경이 주는 기회를 활용할 수 없고, 위협에 대처할 능력도 없다.

부정적 갭의 상황에서 조직은 외부 환경이 주는 기회를 이용하기보다 조직의 능력을 강화하여 부정적인 갭을 적극적 갭으로 바꾸는 노력이 요구된다. 특히 강점을 살리는 것만큼 조직이 가지는 약점을 강점으로 전환하는 활동이 요구된다.

【참고자료】

Harrison, E. F. (1996). A Process Perspective on Strategic Decision Making-A Process Perspective on Strategic Decision Making. *Management Decision*, 34(1): 46~53.

COMB 분석

이 모형은 소비자의 구매기준과 소비자의 공급자에 대한 등급화로 비교하는 유용하고 간단한 기법이다. 당신이 여성 옷을 제조하여 소매점에 판매하는 사람이라고 하자. 당신은 소매점이 당신이나 당신의 경쟁자로부터 구매하는 가장 중요한 요인을 알고 싶어 할 것이다.

이 경우 소매점을 대상으로 면접 방법으로 여러 구매기준의 중요성에 대하여 1~5점 척도로 조사하여 평균을 내고, 각 제품에 대한 기준별 만족도를 조사한다. <표 9-5>는 이들의 평균이고, <그림 9-5>는 이를 도표화한 것이다.

사례

<그림 9-5>에서 보면 시장의 기준에 가장 적합한 경쟁자는 B 회사로 나타나고 있다. A 회사의 측면에서 보면 B 회사는 벤치마킹하거나 경쟁하여야 할 상대이다.

〈표 9-5〉 COMB 분석의 예

	시장	A 회사	B 회사	C 회사
패션	4.9	4	5	3.2
브랜드	4.6	4.9	4	4
서비스	4.5	4.5	4.1	5
소량 전달	3.5	4.4	3.4	4.8
가격	3	4	3.3	3.6
내구성	2.3	4.1	2.2	2.6

A 회사는 소매상들에 의하여 최고의 브랜드 평판을 받고 있다. 만약 A 회사가 패션 부문에서 시장의 기준을 충족시킨다면 시장 분할에서 가장 강력한 지위를 얻을 수 있을 것이다.

그림에 의하면 A 회사는 소매점에 판매하는 가격을 일정한 수준으로 증가시킬 수 있을 것이다. 특히 패션 부문을 개선한다면 이의 가능성은 매우 높다.

모형은 전략적 이슈의 확인이나 전략의 형성 또는 제품의 경쟁력 등을 분석하는 데 사용될 수 있는 기법이다.

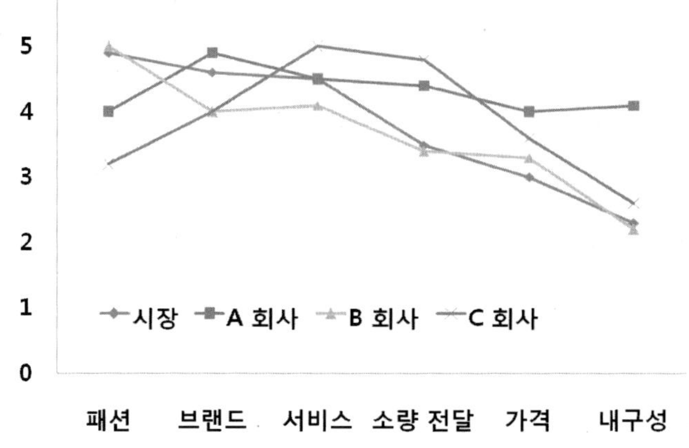

〈그림 9-5〉 Comb 차드

【참고자료】

Koch Richard. (1998). Strategic Tools and Techniques. Harry Costin (ed.). *Readings in Strategy and Strategic Planning*. The Dryden Press.

11
경험곡선

　제품의 단위당 실질 비용은 누적 생산량(누적 경험량 또는 판매량)이 증가함에 따라 일정 비율로 저하되는데(한계비용 체증의 법칙), 누적 생산량이 2배가 되면 비용은 20% 정도 떨어진다는 것이다. 이는 1960년대 BCG 컨설턴트 헨더슨(Bruce Henderson)이 학습곡선을 활용하여 주장한 것이다.

　즉, 어떤 일이나 작업을 자주 하게 되면 그 작업의 비용은 줄어든다는 것이다. 경험의 누적량이 두 배가 되면 부가가치비용(관리, 마케팅, 유통, 제조비용 포함)은 일정하고 예측 가능한 비율인 10~30% 범위로 떨어진다.

　<그림 9-6>은 비용 경험곡선과 가격 경험곡선의 변화를 보여주고 있다. 모형은 주로 비용 우위 전략에 사용될 수 있다. 때로 후발발전 이론 등에는 적용에 한계가 있고 경쟁자가 모방으로 개발할 때에는 더 낮은 생산원가를 가질 수도 있는 한계가 있다. 그러나 모형은 제품 이외에 서비스 등에도 다양하게 이용될 수 있다.

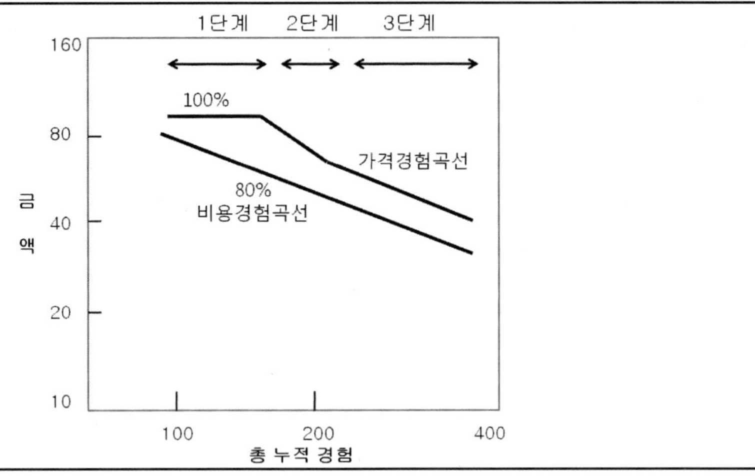

* 자료: Koch Richard, 1998.

〈그림 9-6〉 비용 경험곡선과 가격 경험곡선

【참고자료】

Koch Richard. (1998). Strategic Tools and Techniques. Harry Costin (ed.). *Readings in Strategy and Strategic Planning*. The Dryden Press.

12
앤더슨과 코틀러(Andreasen and Kotler)의 유형

앤더슨과 코틀러는 사회적 욕구와 서비스를 제공하는 비영리조직에서 사용될 수 있는 전략의 유형으로 다음과 같은 것들을 제시하고 있다.

◼ 잉여의 극대화(Surplus Maximization)

사용할 수 있는 자원 양을 증대하는 방법으로 조직을 운영하는 것이다. 이 전략은 확대나 성장을 위하여 자원을 축적한다.

◼ 수입의 극대화(Revenue Maximization)

가능한 최대의 수입을 창출하도록 조직을 관리하는 방법으로 조직의 명성이나 대중적인 신망을 얻기 위한 활동으로 추진될 수 있다.

■ 이용의 극대화(Usage Maximization)

조직의 서비스 사용자 수를 최대화하도록 하는 전략이다. 이 전략은 자금이나 예산상의 목적을 위하여 조직 또는 프로그램의 지위를 향상하기 위하여 사용할 수 있다.

■ 이용의 표적화(Usage Targeting)

조직의 서비스를 일정한 유형의 사람이나 한정된 사람에게 집중적으로 제공하는 전략이다. 이 전략은 특정한 집단의 욕구를 해결하거나 제공된 서비스에 대한 비용을 충당하기 위하여 사용될 수 있다.

■ 총지출 제한(Full Cost Recovery)

조직의 프로그램이나 서비스를 재정이 허락하는 정도까지만 활용하는 전략이다. 많은 비영리조직은 재정상의 어려움 없이 서비스를 제공하기 위하여 이 전략을 채택하곤 한다.

■ 부분 지출 제한(Partial Cost Recovery)

매년 만성 적자로 운영되는 조직이 핵심적인 서비스 제공을 일정한 정도까지만 제공하는 방법이다. 이러한 조직들은 적자를 공익 및 민간재단, 개인, 정부의 보조금 등으로 충당하게 된다.

■ 예산 극대화(Budget Maximization)

수입이나 지출 수준을 고려하지 않고 직원, 서비스, 운영비의 규모를 극대화하는 전략이다. 명성으로 서비스나 인프라가 영향을 받는 조직에서 이러한 전략을 채택하곤 한다.

■ 서비스 제공자 만족 극대화(Producer Satisfaction Maximization)

외부 고객의 욕구보다는 설립자, 직원과 관리자들의 개인이나 직업적인 욕구를 충족시키는 것을 목적으로 조직을 운영하는 전략이다.

■ 서비스 수수료 징수(Fees for Service)

수수료를 받고 고객에게 서비스를 제공하는 전략이다. 이 경우의 수수료는 일반적으로 시장의 서비스 수수료보다는 낮아서 서비스 제공에 들어가는 비용을 모두 충당하지는 못한다.

■ 새로운 수입 전략(New Revenue Strategies)

조직이 특별한 자금공급자로부터 새로운 자금을 확보하기 위해서 직접 마케팅 활동을 하는 방법이다. 이를 위해서 신규 서비스나 프로그램의 착수, 서비스 제공방법의 변경 또는 수익사업을 하는 방법을 활용한다.

◢ 전략의 정당화(Legitimization Strategies)

지역사회에 기존의 기준이나 규범을 널리 알리는 전략이다. 이를 위하여 저명한 인사를 조직의 운영위원회 등에 참여시키거나, 다른 비영리 조직에 현금이나 현물을 제공하는 방법 등을 사용하게 된다.

◢ 축소 전략(Retrenchment Strategies)

초과지출이나 보조금을 상쇄하기 위해서 내부의 비용을 축소하는 전략이다. 이를 위하여 직원의 작업량 확대, 일용직이나 자원봉사자 이용확대, 서비스나 프로그램 폐지, 기타 고정 비용의 감축 등의 방법을 사용하게 된다.

【참고자료】

Andreasen, A. & Kotler, P. (2002). *Strategic Marketing For Nonprofit Organizations (6Th Ed.)*. New Jersey: Prentice-Hall.

13
맥밀런 매트릭스(MacMillan Matrix)

의의

맥밀런 매트릭스는 비영리조직의 전략형성에 도움을 주기 위해 개발한 모형이다. 모형은 자원에 대한 요구는 본질에서 경쟁적이고, 생존을 원하는 모든 기관은 자원의 희소성을 이해하여야 하며, 고객에게 중복 서비스의 여지가 없다는 가설을 바탕으로 하고 있다.

맥밀런은 다음 4개의 요인을 바탕으로 <표 9-6>과 같이 10개의 전략을 제시하고 있다.

〈표 9-6〉 맥밀런 매트릭스

		높은 프로그램 매력도: 쉬운 프로그램		낮은 프로그램 매력도: 어려운 프로그램	
		높은 대안적 커버리지	낮은 대안적 커버리지	높은 대안적 커버리지	낮은 대안적 커버리지
조직의 사명 및 능력에 높은 적합성	강한 경쟁적 지위	1. 도전적으로 경쟁	2. 도전적으로 성장	5. 최고 경쟁자 지원	6. 기관의 열정
	약한 경쟁적 지위	3. 도전적으로 퇴출	4. 강점 구축 또는 퇴출	7. 체계적으로 퇴출	8. 협력적으로 활동
조직의 사명 및 능력에 낮은 적합도		10. 체계적으로 퇴출		9. 공격적으로 퇴출	

◆**사명과의 적합도**: 조직의 사명과 적합하지 않은 서비스나 프로그램은 기존 조직의 기술이나 지식을 끌어낼 수 없고, 자원을 분배받을 수 없으며, 프로그램 간에 활동을 조정할 수도 없다.

◆**경쟁적 지위**: 경쟁적 지위는 고객의 충성도, 프로그램에 이바지할 수 있는 능력, 수행하는 업무의 질, 업무 수행 기술 등에 있어서 경쟁기관보다 더 많은 장점을 가지고 있는 정도를 의미한다.

◆**프로그램 매력도**: 프로그램 매력도는 프로그램 관리와 관련된 복잡성을 의미한다. 고객의 저항이 낮고, 고객을 기반으로 성장하고, 쉬운 탈출 장벽, 안정적인 재정 자원이 있는 프로그램은 단순하고 관리하기 쉽다.

◆**대안적 커버리지**: 대안적 커버리지는 해당 지역이나 영역에서 비슷한 프로그램을 전달하는 조직의 수를 의미한다.

활용

◆모형은 조직의 프로그램이 조직의 사명과 비전에 적합한지를 판단하도록 한다.

◆조직이 해당 서비스를 제공하는 최고의 조직인지를 판단하도록 한다.

◆조직의 프로그램이 경쟁력이 있는지를 알려준다.

◆적합도가 떨어져서 제거하여야 할 프로그램을 알려준다.

◆다른 조직과 협력이 필요한 부분을 확인할 수 있도록 한다.

【참고자료】

http://www.icl.org/sites/default/files/MacMillan%20Matrix.pdf

http://www.thestatenislandfoundation.org/report%20forms/Comp%20Analysis.pdf

14
포터의 본원적 전략 유형

포터는 경쟁우위를 가지기 위한 본원적 전략(generic strategies)을 경쟁범위와 경쟁우위의 원천이라는 2개의 차원을 기준으로 <그림 9-7>과 같이 모형화하고 경쟁전략으로 저비용 전략, 차별화 전략, 집중화 전략을 제시하고 있다. 모형은 전략선택의 출발점으로 활용된다.

경재우위의 원천

	저비용	차별화
넓은 타깃	1. 비용 리더십 (Cost Leadership)	2. 차별화 (Differentiation)
경쟁 범위 좁은 타깃	3A. 비용집중 (Cost Focus)	3B. 차별화 집중 (Differentiation Focus)

〈그림 9-7〉 포터의 기본전략 유형

◢ 비용 리더십 전략

비용 리더십은 저비용으로 경쟁우위 지위를 가지고자 하는 전략이다. 비용 우위를 위해서는 규모의 경제, 높은 시장 점유율, 표준화, 생산설비 및 마케팅 투자 등을 요구한다. 처음 비용 우위를 가진 제품은 관련 분야에 큰 변화를 유도할 수 있다. 비용 우위 전략을 취하는 기업이 2개 이상일 때에는 경쟁상황이 악화할 위험이 있다.

◢ 차별화 전략

차별화란 관련 산업에서 구매자에게 인정받는 독특한 영역의 지위를 확보하는 것을 의미한다. 차별화는 제품의 이미지, 기술, 유통, 서비스 등 다양한데 이러한 차별화를 바탕으로 대부분 고가의 전략을 취하게 된다. 차별화가 지속해서 성공하기 위해서는 비용의 감소도 수반되어야 한다. 그리고 차별화가 지속하기 위해서는 경쟁사가 쉽게 모방할 수 없어야 한다.

◢ 집중화 전략

집중화는 특정 고객이나 지역 및 유통 채널 등에 집중하는 전략으로 이에는 비용 집중화와 차별화 집중의 2가지 유형이 있다. 예로 분야의 집중화로 사무용 가구에 집중하는 것, 고객과 관련하여서는 큰 규모의 고객에 집중하는 것, 지역 집중으로 지역 특산품에 집중하는 것들이 이에 포함된다.

〈표 9-7〉 3가지 본원적 전략의 수행조건

원가 우위 전략	**공통으로 요구되는 자원 및 기술적인 요인** ◆ 대규모 자원 투자와 재원 확보 ◆ 생산 공정의 기술적 관리 ◆ 집중적인 노동력 관리 ◆ 제작 및 생산의 편의성을 도모할 수 있는 제품설계 ◆ 유통시스템의 비용절감 **공통으로 요구되는 조직상의 대응** ◆ 철저한 원가관리 ◆ 빈번하고 세부적인 통제 및 관리보고 체계 ◆ 체계적인 조직화와 책임소재 명확화 ◆ 목표생산량 달성을 자극하는 인센티브제도
차별화 전략	**공통으로 요구되는 자원 및 기술적인 요인** ◆ 강력한 마케팅 능력 ◆ 생산기술 ◆ 창의적인 안목과 재능 ◆ 기초적인 조사연구 능력의 강화 ◆ 품질 및 기술적인 선도자라는 평판 ◆ 산업 내에서 오랫동안 이어져 온 전통과 다른 업종에서 익힌 독특한 기술의 배합능력 ◆ 유통경로의 적극적인 협력 **공통으로 요구되는 조직상의 대응** ◆ 연구 개발과 제품 개발, 마케팅 간의 효율적인 기능 조절 ◆ 양적인 평가 대신 주관적 평가 및 인센티브 제도 시행 ◆ 고도의 숙련성을 갖춘 노동력이나 과학자, 창의적인 인재를 끌어 모을 수 있는 쾌적한 근무여건
집중화 전략	**공통으로 요구되는 자원 및 기술적인 요인** 위의 방책이 특정한 전략목표에 집중된 적절한 배합 **공통으로 요구되는 조직상의 대응** 위의 방책이 특정한 전략목표에 집중된 적절한 배합

【참고자료】

마이클 포터 지음, 조동성 옮김 (2008), 『마이클 포터의 경쟁전략』, 21세기 북스.

15

앤소프(Ansoff) 매트릭스

앤소프는 제품과 시장의 특성에 의해서 <그림 9-8>과 같이 4개의 전략을 제시하고 있다.

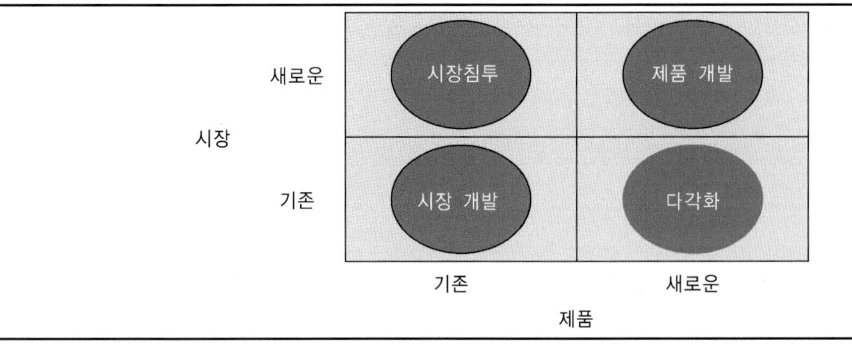

〈그림 9-8〉 사업 개발 매트릭스

시장 침투

기존의 제품이나 서비스를 새로운 시장이나 고객에게 판매하는 상황이다. 이때 새로운 시장이 초과비용을 수반한다면, 매우 민감할 수 있다. 새로운 시장이 고정비의 투자를 요구한다거나, 고객이 다른 요구 또는 견고한 경쟁자가 존재한다면 위험할 수 있다.

시장개발

기존 시장에서 기존 제품을 판매하고자 할 때로 기존 시장에서 기존 제품을 더 많이 판매하고자 하는 것은 낮은 위험도를 가지고 시장을 확대하는 전략이다. 이 전략이 유용하기 위해서는 어떻게 이 목적을 달성할 것인지를 구체화하여야 한다. 이에는 판매력의 신장, 판매영역 확대, 광고 확대나 가격을 낮추는 방법 등이 사용된다.

제품개발

기존 시장에서 새로운 제품을 판매하고자 제품개발을 하는 전략이다. 새로운 제품개발 기술과 비법을 가지고 있고, 새로운 제품이 기존 제품과 비교하여 비용과 기술에서 경쟁력을 가지거나 아주 강력한 경쟁자가 없을 때에는 제품개발이 바람직한 전략이 될 수 있다.

다각화

다각화는 새로운 시장을 위해 새로운 제품을 개발하는 전략으로 사용될 수 있다. 다각화는 대표적인 성장 전략의 하나이다. 다각화는 경험이 없거나 부족한 시장으로의 이동을 의미하기 때문에 매우 위험이 큰 전략이다. 이는 남은 재료로 음식을 만드는 것과 같다. 이 전략을 채택하기 위해서는 위험 평가와 전략으로부터 무엇을 얻을 것인가에 대하여 명확한 아이디어를 가지고 있어야 한다.

16
BCG 모형

의의

BCG 모형은 투자 포트폴리오 관리에서 가장 유명한 관리도구 가운데 하나이다. 1970년대 초 보스턴 컨설팅 그룹(Boston Consulting Group)이 개발한 BCG 모형은 기업의 포트폴리오에서 투자의 가치를 평가하는 방법을 제시하여 준다. BCG 모형은 제품의 시장 점유율과 관련 제품의 시장 성장률이라는 2개의 차원으로 사업 영역을 <그림 9-9>와 같이 4개로 분류하고 있다. 각각에 사용되는 전략으로 <표 9-8>과 같이 유지(Hold), 확대(Build), 수확(Harvest), 철수(Divest)가 있다.

<표 9-8> BCG 모형에 따른 사업 전략

사업 단위	주요 전략 유형
별(Stars)	유지전략, 확대전략
현금젖소(Cash Cows)	유지전략, 수확전략
문제아(Question Marks)	확대전략, 수확전략, 철수전략
개(Dogs)	수확전략, 철수전략

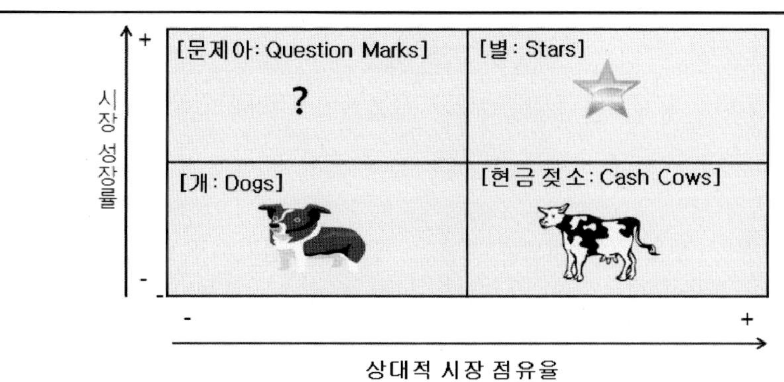

<그림 9-9> BCG 매트릭스

◆ 문제아(Question Marks): 고성장, 저시장 점유율: 이러한 제품은 낮은 수익을 가져오기 때문에 가장 안 좋은 부문이다. 문제아가 시장 점유율을 제고시킬 가능성이 없을 때는 매각하거나 투자를 줄이거나 청산이 요구된다. 그러나 시장 점유율을 제고시킬 가능성이 있으면 집중투자를 하여 별로 바꾸는 전략이 요구된다.

◆ 별(Stars): 고성장, 고시장 점유율: 이 부분의 사업영역은 기업의 핵심 사업을 선도하는 영역이지만 많은 현금 투자를 요구한다. 이 영역에서는 투자하여 최소한 현금 젖소를 만들어 시장 점유율을 지키도록 하는 것이 필요하다.

◆ 개(Dogs): 저성장, 고시장 점유율: 이 영역의 사업은 일반적으로 매각, 투자 중단, 청산 등이 요구된다. 그러나 현금 수익 이외에 상징이나 사회적 기여와 같은 가치가 있는 때에는 최소한으로 유지하도록 한다.

◆ 현금 젖소(Cash Cows): 저성장, 고시장 점유율: 이 부분의 영역은 종종 과거에 별의 영역에 있던 것으로 회사의 대표적인 영역인 경우가 많다. 낮은 성장으로 많은 현금 투자가 필요하지는 않지만 높은 수익을 창출하는 분야이다. 이 분야에서는 계속 젖을 짜낼 수 있도록 하여야 한다.

활용

BCG 모형은 기업에서 발생하는 전략적인 실수나 투자의 실수를 이해하는 데 활용될 수 있다. 모형은 경영진이 미래의 투자를 위한 기초 정보를 제공하고, 투자의 우선순위 결정이나 규모의 경제에 의한 경영을 추구하는 데 도움을 준다.

그러나 2차원의 모형으로 현상에 너무 단순하게 접근할 수 있는 한계와 문제점을 가진다. 상황에 따라서 개가 현금 젖소보다 높은 수익을 창출할 수도 있고, 낮은 시장 점유율을 가진 사업도 높은 수익을 가져올 수 있다.

【참고자료】

http://www.12manage.com

17
GE/맥킨지 매트릭스

GE/맥킨지 매트릭스는 BCG를 보다 구체화한 모델이다. BCG 모형과 같이 이 모형도 외부 시장과 내부 역량 간의 적합성을 추구하고자 한다. GE/맥킨지 매트릭스는 시장 및 산업 매력도와 시장에서의 경쟁적 지위라는 두 개의 차원을 바탕으로 전략적 사업단위에 대한 자원

배분의 우선순위를 결정하려는 방법을 제시하고 있다.

▥ 산업매력도

◆시장규모/시장 성장률/수익성/가격 변동/경쟁 정도/수익 리스크/진입 장벽/수요 가변성/시장 세분화/외국 시장에서의 기회 요인/거시환경 요소/유통 구조 등

▥ 기업의 경쟁우위

◆자산과 역량의 강점/브랜드 가치/시장점유율/점유율의 성장률/생산능력/경쟁사 대비 이익률/경쟁사 대비 비용구조/자금 조달/기술개발/품질/고객 충성도/경영의 강점 등

맥킨지는 GE사 컨설팅을 수행할 때 GE의 SBU 포트폴리오를 파악하기 위해 <그림 9-10>과 같이 9개 셀로 이루어진 포트폴리오 매트릭스를 개발하였다.

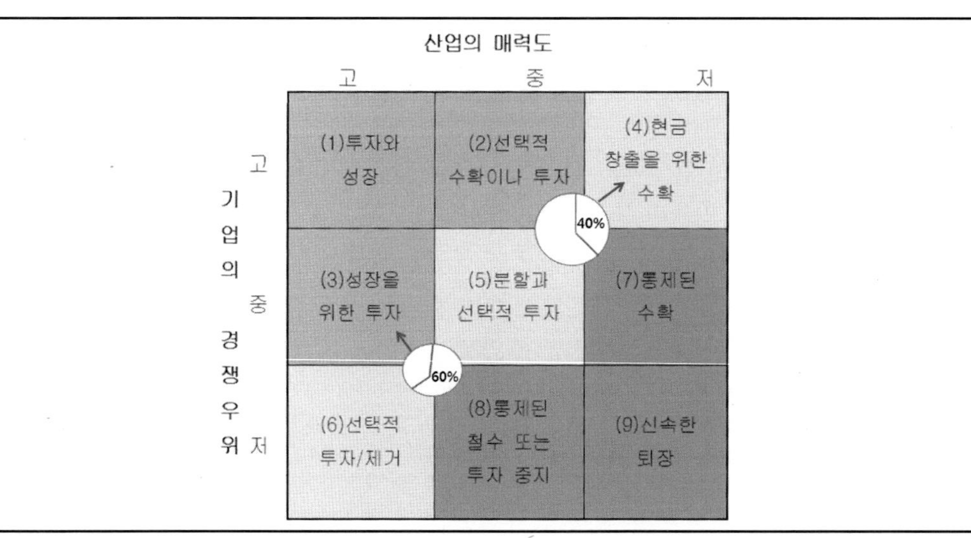

〈그림 9-10〉 GE/맥킨지 매트릭스

주요 전략

◆왼쪽 위의 3개의 셀은 성장을 위한 투자 정책이 요구된다.

◆가운데 사선의 3개 셀은 더욱 신중한 자세와 선택적 투자가 요구된다.

◆오른쪽 아래의 3개의 셀은 기존 사업으로부터의 수확에 초점을 두거나 상대적 강점으로 개선할 수 없을 때는 신속한 포기나 퇴장이 요구된다.

이들 각각의 전략을 살펴보면 다음과 같다.

◆1: **성장/침투**: 이 부문의 사업은 사업의 경쟁적 지위도 높고, 산업 및 시장의 매력도도 높다. 이 부분은 투자 수익률이 높고, 경쟁적 지위를 가지고 있기 때문에 지속적이고 공격적인 투자가 요구된다. 즉, 우월적 지위 확보, 성장 및 투자 극대화가 요구된다.

◆2: **선택적 수확이나 투자**: 이 부분은 산업의 매력도가 줄어들고 있지만, 사업의 경쟁적 우위를 가지고 있다. 필요할 때 투자가 요구되나 투자는 사업에서 얻어지는 자금을 바탕으로 자족적이어야 한다. 선택적 수확은 현금 흐름을 이끌어내기 위한 수단이다. 이 부분의 사업에서는 성장할 수 있는 부문을 확인하여 집중적으로 투자하고, 그 외의 부분에 대하여는 현상을 유지하는 것이 바람직하다.

◆3. **성장을 위한 투자**: 이 부분의 사업은 산업의 매력도가 매우 높지만, 기업의 경쟁적 우위는 평균 수준의 사업이다. 이 경우 장기적으로 경쟁우위를 확보하기 위해 투자를 하여야 한다. 이를 위해 사업의 약점을 확인하고 강점을 극대로 활용하는 방안이 요구된다.

◆4. **현금 창출을 위한 수확**: 산업의 매력도는 매우 낮지만, 사업의 경쟁우위는 매우 높은 사업이다. 이 부분에서는 현금 흐름을 확대하고, 이를 포트폴리오의 다른 부분에 투자하도록 한다. 투자는 지배적인 영역에서의 우월한 지위를 지속해서 확보하는 데 사용하도록 한다. 그러나 이미 성숙한 시장에 대한 과도한 투자는 재앙이 될 수 있다. 이에서는 항상 경쟁자에 대한 주의가 요구된다. 이를 위해 전반적인 경쟁 지위의 유지와 현금 흐름의 확대, 유지를 위한 투자가 요구된다.

◆5. **시장분할과 선택적 투자**: 평균적인 시장 매력도와 경쟁적인 우위를 가지고 있는 부분이다. 이 부분에서는 시장을 나누어 이윤을 창출할 수 있는 영역을 확인한 뒤에 이에 투자하는 것이 필요하다. 즉, 성장영역의 확인과 성장영역에 대한 차별화와 투자가 요구된다.

◆6. **선택적 투자나 제거**: 이 영역의 사업은 산업 매력도는 매우 높지만, 경쟁적 지위가 매우 낮은 사업이다. 이 경우 투자는 사업의 강점을 개선하는 부분에 집중하여야 한다. 즉, 차별화와 니치를 발견하는 등의 신중한 접근이 요구된다.

◆7. **통제된 수확**: 이 부분은 산업과 시장 매력도가 매우 낮고 기업의 경쟁적 우위는 평균적인 사업이다. 필요한 전략은 경쟁에서 실패하는 것을 예방하거나 경쟁자를 퇴출하는 방법이 필요하다. 이를 위해 불필요한 부분의 제거, 최소한의 투자와 경쟁 상대의 지위를 떨어뜨리는 노력이 요구된다.

◆8. **통제된 철수나 투자 중지**: 이 부분은 시장 매력도는 평균적이지만, 기업의 경쟁적 우위가 매우 낮은 경우로 퇴출 후보군에 속한다. 이 부분에서는 기업의 강점을 확대하여 시장을 확대하고자 하는 것은 큰 비용이 수반되기 때문에 신중하여야 한다. 이 영역에서는 차별화하여 틈새를 찾고 때로는 퇴출을 고려하여야 한다.

◆9. 신속한 퇴장: 산업의 매력도와 기업의 경쟁적 우위도 매우 낮은 부분으로 퇴출하여
야 한다. 투자는 단지 퇴출을 위한 투자에 한하여야 한다. 이러한 상황에서는 리더의 정
치적 수완이 요구되고, 경쟁자가 현금을 창출하도록 하여, 퇴출하는 것이 필요하다.

과정

GE 매트릭스에서 전략사업단위(SBU)의 시장 크기는 원형으로 표현되고, 파이의 크기는
사업단위의 시장 점유율을 보여준다. 그리고 화살표는 SBU의 방향과 움직임을 보여준다. 이
의 기본 과정을 보면 다음과 같다.

◆산업 매력도와 경쟁우위의 중요한 요인을 구체화한다.

◆구성요인별 가중치를 결정한다.

◆구성요인과 관련하여 전략사업단위별 점수를 계산한다.

◆각각의 전략사업단위에 대한 점수에 대한 가중치를 계산한다.

◆도표를 작성한다.

◆분석을 검토하고 민감도 분석을 한다.

【참고자료】

http://cipher-sys.com/hofhelp/ge%20matrix/model_use_and_applicability.htm
http://www.12manage.com

18
ADL 매트릭스

ADL 매트릭스(Arthur D. Little Matrix)는 산업의 생명주기와 기업의 경쟁적 지위라는 두 개
의 축을 바탕으로 <표 9-9>와 같은 대응전략을 제시하고 있다.

◢ 산업 생명주기

산업의 생명주기는 산업의 시장 점유율, 투자, 수익성과 현금 흐름 등을 바탕으로 평가하
게 된다.

◆생성기(Embryonic): 판매와 제품에 대한 인식을 높이기 위해 많은 투자를 함

◆성장기(Growth): 제품 생산을 위해 더 많은 투자가 요구되고, 마케팅 비용이 확대됨

◆성숙기(Mature): 이윤을 유지하기 위해 강조점이 효율성과 관리로 전환 됨

◆쇠퇴기(Aging): 현금 흐름을 강조하고, 투자 중단 등을 모색함

기업의 경쟁적 지위

◆ 지배적(Dominant): 독점 또는 선도적인 지위

◆ 강함(Strong): 경쟁업체를 고려하지 않고 전략을 수행할 수 있음

◆ 우호적(Favorable): 산업이 분할되어 있지만 명확한 경쟁적인 선도자가 없는 상황

◆ 방어적(Tenable): 지리적, 제품의 특성에서 틈새를 가짐

◆ 약함(Weak): 사업의 규모도 작고, 장기적 수익성도 없어 생존할 수 없는 상황

〈표 9-9〉 ADL 매트릭스

경쟁적 지위		산업의 생명주기			
		생성기	성장기	성숙기	쇠퇴기
	지배적	◆ 시장점유를 위한 공격적 추진 ◆ 신속한 투자	◆ 산업의 지위와 시장점유 유지 ◆ 성장 유지를 위한 투자	◆ 산업 성장과 함께 지위, 성장, 시장점유 유지 ◆ 필요하면 재투자	◆ 산업지위 유지 ◆ 필요하면 재투자
	강함	◆ 시장점유를 위한 공격적 추진 ◆ 경쟁적 우위를 위한 개선방안 모색 ◆ 시장보다 빠른 투자	◆ 시장점유를 위한 공격적 추진 ◆ 경쟁적 우위를 위한 개선방안 모색 ◆ 성장과 지위 향상을 위한 투자	◆ 산업 성장과 함께 지위, 성장, 시장점유 유지 ◆ 필요하면 재투자	◆ 산업지위 유지 또는 이윤을 극대화하기 위한 비용절감 ◆ 최소한 재투자
	우호적	◆ 공격적 추진보다 완화된 추진 ◆ 경쟁적 우위를 위한 개선방안 모색 ◆ 선택적 투자	◆ 경쟁적 우위와 시장점유를 위한 개선방안 모색 ◆ 지위개선을 위한 선택적 투자	◆ 틈새시장 개발, 기타 차별화 추진 ◆ 최소한의 재투자나 선택적 재투자	◆ 이윤 극대화를 위한 비용절감, 부분적 철수 계획 ◆ 최소한 투자나 현재 투자의 수익 모색
	방어적	◆ 산업지위를 개선하려는 방안 모색 ◆ 매우 선택적 투자	◆ 틈새시장 개발이나 차별적 요인의 강화와 유지 ◆ 선택적 투자	◆ 틈새시장 및 강한 차별적 요인 개발과 유지 또는 부분적 철수 계획 ◆ 선택적 재투자	◆ 부분적 철수 또는 시장 포기 ◆ 투자 중단
	약함	◆ 잠재적 편익이 비용보다 많을 때 다른 방법을 모색 ◆ 투자나 제거	◆ 시장점유와 지위개선을 위한 방법의 모색이나 시장 철수 ◆ 투자나 제거	◆ 시장점유와 지위를 개선하려는 방법의 모색, 부분적 철수 ◆ 선택적 투자나 제거	◆ 시장 포기 ◆ 불필요한 것 제거

【참고자료】

http://www.valuebasedmanagement.net/methods_adl_matrix.html

http://www.mindtools.com/pages/article/newSTR_88.htm

19

블루오션 전략(Blue Ocean Strategy)

의의

블루오션 전략은 김위찬과 르네 마보안(W. Cahan Kim & Renée Mauborgne)이 제시한 이론이다. 현대산업을 이끄는 핵심 산업인 뮤추얼 펀드, IT, 택배회사 등은 30년 전만 하여도 존재하지 않았던 산업이다. 이와 같은 산업이 앞으로 30년 후에도 다시 등장할 것이다. 블루오션은 이와 같은 미래의 산업에 초점을 두고 있는 전략이다.

블루오션(Blue Ocean)과 레드오션(Red Ocean)은 <표 9-10>과 같은 차이를 가지고 있다. 레드오션은 기존산업 구조에서 명확한 산업 간의 경계를 그어놓고, 그 안에서 서로 경쟁하거나 경쟁업체의 고객을 서로 빼앗아 오는 경쟁시장이다. 반면에 블루오션에서는 가치혁신(value innovation)으로 경쟁이 무의미하거나 경쟁이 없는 시장 창출이 주요한 이슈가 된다.

〈표 9-10〉 레드오션과 블루오션 전략 비교

레드오션 전략	블루오션 전략
◆기존 시장에서의 경쟁	◆경쟁 없는 시장 영역을 창출
◆경쟁을 채찍질함	◆경쟁을 무의미하게 함
◆기존의 수요를 활용	◆새로운 수요의 창출과 포착
◆가치와 비용의 상쇄	◆가치/비용 상쇄를 파괴
◆회사활동의 전체 시스템을 차별화 또는 저비용에 대한 전략적 선택에 따라 구성	◆회사 활동의 전체 시스템을 차별화와 동시에 저비용을 추구할 수 있도록 구성

블루오션 전략은 기존의 수요나 고객을 놓고 경쟁하는 것이 아니라 새로운 수요를 창출하는 것을 강조한다. 소위 틈새시장이 이에 해당한다. 일반적인 기업들은 차별화와 원가 우위 전략 가운데 하나에 집중하지만, 블루오션 전략에서는 차별화 전략과 비용 절감에 의한 원가 우위 전략을 동시에 추구한다.

블루오션을 찾기 위한 모형으로 전략캔버스 분석모형은 시각화로 기업이 제공하는 제품이나 서비스의 특징을 보다 명확하게 하여준다. 전략캔버스는 전략을 형성하기 위한 진단도구로 가로축에는 관련 분야에서 경쟁하고 투자하는 주요 요소를, 세로축에는 구매자들이 이들 요소에 대하여 느끼는 만족도의 수준을 표시하게 된다.

<그림 9-11>은 엘로 테일 와인회사의 전략캔버스의 예이다.

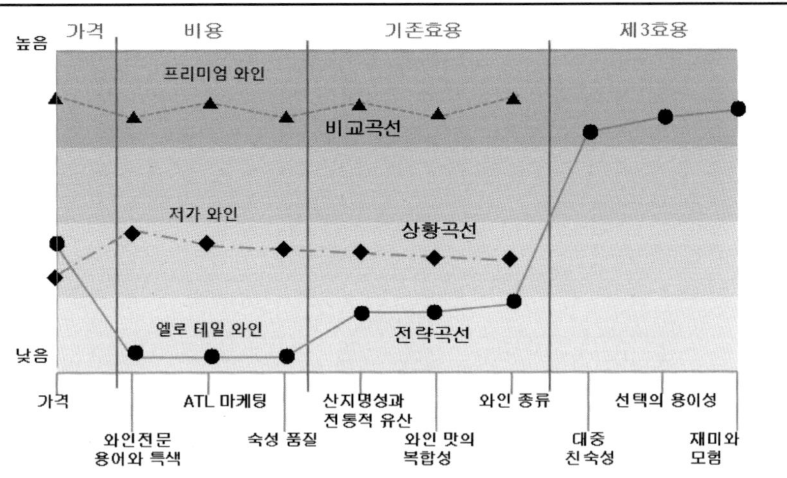

〈그림 9-11〉 엘로 테일 회사의 와인 전략 캔버스

블루오션 전략의 특징

◆ **집중(focus):** 바람직한 전략은 선택과 집중의 원리를 취한다. 사례의 엘로 테일은 다른 기업에서 제공하지 않는 선택의 용이성과 재미와 모험을 제공하는 데 집중을 한다.

◆ **차별화(divergence):** 전략의 가치 곡선은 일반 산업 영역의 보편적인 가치곡선과는 분명하게 차별화시켜야 한다. 엘로 테일의 경우 프리미엄 와인 및 저가 와인들과 차별화하고, 뛰어난 맛이 아닌 누구나 접근할 수 있는 와인을 제공하여 차별화하고 있다.

◆ **감동적 슬로건(Tagline):** 훌륭한 전략은 전달 메시지가 명확하고 감동을 주는 슬로건을 가진다. 예로 사우스웨스트 항공회사는 "택시의 비용으로 비행기의 속도를—당신이 필요할 때면 언제나(The speed of the plane at the price of the car—whenever you need it)"를 구호로 한다.

전략형성

전략 캔버스는 〈그림 9-12〉와 같은 네 가지 액션 구조를 제시한다.

◆ **제거(Eliminate):** 관련 분야에서 당연한 것으로 받아들이는 요소들 가운데 제거할 수 있는 요소는 무엇인가?

◆ **감소(Reduce):** 관련 분야의 비용 가운데 표준 이하로 내려야 할 요소는 무엇인가?

◆ **증가(Raise):** 관련 분야 고객의 만족 수준을 표준 이상으로 올릴 수 있는 요소는 무엇인가?

◆ **창조(Create):** 관련 분야에서 아직 한 번도 제공하지 못한 것 중 창조해야 할 요소는 무엇인가?

전략 캔버스와 네 가지 액션 구조를 토대로 성공적인 블루오션 전략을 수립하고 이를 집행하기 위한 원리로 <표 9-11>과 같이 4개의 체계화 원리와 2개의 실행원리를 제공한다.

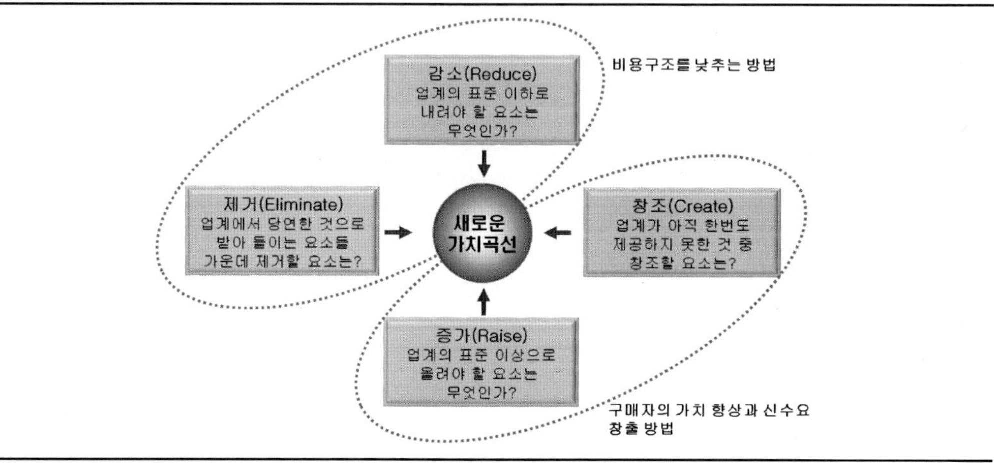

* 김위찬, 르네 마보안, 2005.

〈그림 9-12〉 액션 프레임워크

〈표 9-11〉 블루오션을 위한 6가지 전략원리

구분	원칙	내용
체계화 원리	시장 경계선을 새로 정하라.	기존의 경쟁 범위를 탈피
	단순한 숫자가 아닌 큰 그림에 집중하라.	전략 캔버스 등에 의한 전략의 시각화
	기존 고객 이외에 비고객을 찾아라.	개척되지 않은 잠재 수요 발견
	올바른 전략적 순서를 유지하라.	고객 가치→가격책정→비용
실행원리	조직의 주요 장애물을 극복하라.	신전략 실행에 따른 변화관리
	집행을 전략적으로 수행하라.	구성원의 수용과 참여 유도

전략의 시각화 4단계

▪ 시각적 인식(Visual Awakening)
◆너의 기업에 대한 전략 그림으로 "as is"를 그려서 경쟁자와 비교하라.
◆어느 곳의 전략이 변화가 필요한지를 보라.

▪ 시각적 탐구(Visual Exploration)
◆비고객이 채택하는 데 장애가 되는 것을 발견하라.
◆대안적인 제품과 서비스의 차별화된 이점을 관찰하라.

◆제거, 창출 또는 변화해야 할 요소를 찾아라.

■ 시각적 전략의 도출(Visual Strategy Fair)
◆"to be"를 앞의 관찰을 바탕으로 전략 캔버스를 그려라.
◆대안적 전략 그림에 대하여 고객, 고객의 상실, 경쟁자의 고객 및 비고객에게 피드백한다.
◆최선의 "to be"를 위한 전략을 구축하기 위해 피드백을 활용한다.

■ 시각적 의사전달(Visual Communication)
◆비교가 쉽도록 한 페이지에 사전 사후 전략 개요를 정리한다.
◆전략을 실현하기 위해 지원한다.

【참고자료】

김위찬, 르네 마보안 (2005), 『블루오션 전략』, 교보문고.
W. Chan Kim and Renee Mauborgne. (2002). Charting Your Company's Future, *Harvard Business Review*, 80(June): 76~85.

20
리스트럭처링

■ 의의
비즈니스 리스트럭처링(Business Restructuring)은 조직이 다양한 활동이나 사업 영역을 가지고 있을 때 선택과 집중의 논리에 의해서 주력사업이나 활동을 전략 사업단위로 재구축하는 활동을 의미한다. 리스트럭처링은 경영자원을 성장부문에 집중적으로 배치하기 위해 수익성이 떨어지는 분야에서 철수, 조직 간소화, 권한 이양, 재무구조의 개선 이외에 인수합병이나 제휴전략도 포괄하는 개념이다.

리스트럭처링은 경쟁력 있는 부분을 새롭게 형성하여 조직의 경쟁력을 증대시키고, 장기적 비전으로 현재의 수익과 미래 수익의 균형을 확보하여 조직 관리의 체질을 강화하기 위한 기법이다.

■ 목적
◆사업구조의 개편에 의한 조직의 경쟁력을 높이고자 한다.
◆사업구조의 개편으로 조직의 경영혁신을 추구한다.

◆미래 지향적 신규 사업의 추진으로 조직의 경쟁력을 강화한다.
◆조직의 현재 이익과 미래 이익의 균형을 확보하여 지속적 성장을 확보한다.
◆구성원에게 위기의식을 가지게 하여 조직을 혁신한다.

■ 성공조건

◆최고관리자의 적극적 지지와 참여가 필요하다.
◆신속하게 계획을 수립하고 신속하게 집행하여야 한다.
◆기업 전체 차원에서 통합화를 추진하여 시너지를 창출한다.
◆기업의 능력과 일치되어야 한다.
◆계선조직의 적극적인 참여가 요구된다.

■ 방법

◆사업의 다각화, 인수합병
◆수익성 없는 분야에서의 철수
◆유망업종에의 새로운 진출
◆비용 축소를 위한 방만한 운영 극복
◆핵심 사업 분야의 강화

■ 과정

◆**비전 및 미래목표의 잠정적 설정**: 고객의 변화, 사회 변화 등을 고려하여 잠정적으로 소직의 미래 비전과 목표를 설정한다.
◆**전략사업단위의 설정**: 중복투자나 사업의 연계성, 사업의 축소, 확장 등을 할 수 있도록 전략사업단위를 결정한다.
◆**리스트럭처링 방향설정**: 거시 환경 분석, 산업 및 공급분석, 고객 및 수요분석을 바탕으로 리스트럭처링의 방향을 설정한다.
◆**리스트럭처링 확정**: 기본 방향의 설정으로 구조조정이 필요한 분야를 설정한다.
◆**비전 및 미래목표의 수정**: 리스트럭처링에 의하여 조직의 비전과 목표를 수정하여 확정한다.
◆**집행**: 계획을 집행한다.

【참고자료】

공병호·김은자 공저 (1994), 『한국기업에 맞는 리스트럭처링』, 한국경제연구원.
이광현 (1994), 『비즈니스 리스트럭처링』, 한국경제신문사.

21

BPR

의의

1990년 마이클 해머(Hammer)에 의해서 제시된 BPR(Business Process Reengineering)은 비용, 품질, 서비스 및 속도와 같은 성과측정의 중요한 개선을 위해서 조직 과정을 근본적으로 다시 생각하고, 급진적으로 재설계하는 활동이다. 즉, BPR은 고객에게 더욱 많은 가치를 제공하기 위해 기존의 과정을 다시 생각한다.

BPR은 기본적으로 다음과 같은 특징을 가진다.

- ◆ **근본적인 것에 초점**: 현재 있는 것에 초점을 두기보다는 반드시 있어야 할 것에 초점을 둔다.
- ◆ **급진적 재설계**: BPR은 조직의 계층을 줄이거나 비생산적인 활동을 제거하거나, 기능조직을 팀 조직으로 재설계하거나 개선된 IT 기술 등을 활용하는 과정을 재설계한다. 이에 의해 One-Step 서비스, Non-Step 서비스 체계 등을 구축한다.
- ◆ **극적 향상**: BPR은 점증적인 변화가 아닌 업무성과를 극적으로 높이는 접근방법을 사용한다. BPR은 극적인 개선은 낡은 것을 버리고 새로운 어떤 것으로 대체해야만 이룰 수 있다는 전제를 바탕으로 한다.

재구조화 기법

- ◆ **정보기술의 활용**: 과정 개선을 위해 새로운 IT 기술을 활용하여 절차의 자동화 등을 추진한다.
- ◆ **이음매 없는 조직**: 절차, 통제와 확인, 분업의 최소화 등으로 과정 중심의 이음매 없는 조직을 실현한다.
- ◆ **고객과 접점 강조**: 고객과 조직이 만나는 접점을 최소화하여 One-Step, Non-Step 서비스를 구현한다.
- ◆ **고객 중심의 재설계**: 공급자가 아닌 고객 중심으로 절차를 재설계한다.
- ◆ **절차의 병렬화**: 연속적인 업무를 병렬로 연계하여 동시에 진행한다.

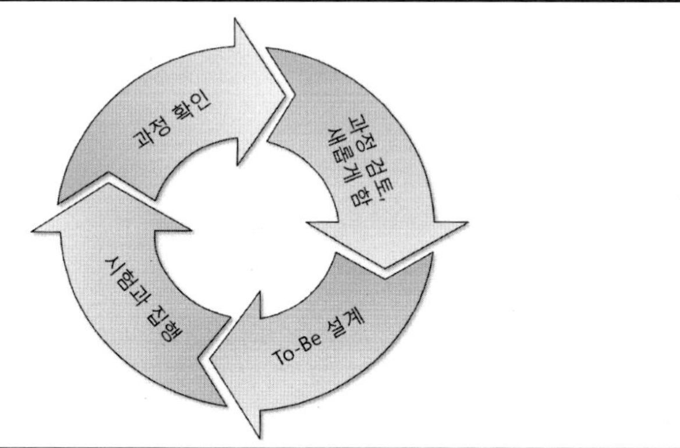

〈그림 9-13〉 BPR의 과정

성공조건
◆BPR에 대한 조직의 광범위한 몰입과 헌신

◆적절한 BPR 팀의 구성

◆합리적인 기업의 욕구분석

◆적절한 IT 인프라 구축

◆효과적인 조직의 변화 관리 체계 구축

◆지속적이고 계속적인 개선 활동

활용

BPR은 고객 만족 시스템의 구축, 비용과 사이클 시간의 감축, 질 개선 등의 전략 형성에 활용될 수 있다.

【참고자료】

http://en.wikipedia.org

마이클 해머·제임스 챔피 지음, 공민희 옮김 (2008), 『리엔지니어링 기업혁명』, 스마트비즈니스.

22

다운사이징과 라이트사이징

의의

다운사이징(Downsizing)은 조직이 심각한 위협에 대응하여 수익성이 없거나 비생산적인 부서나 인력을 축소 또는 폐지하는 것이다. 그러나 다운사이징은 구성원의 사기 저하, 조직에 대한 신뢰감 상실 등의 부작용도 있다. 최근에는 제품에서 필수적인 것을 제외하고 부차적인 것을 줄이는 활동에서도 개념이 활용되기도 한다. 예로 같은 출력을 가지면서 오염량을 줄이는 자동차가 이에 해당한다.

효과적인 다운사이징을 위해서는 다운사이징의 전체 비용 및 조직에 미치는 영향에 대한 정확한 평가를 전제로 수행되어야 한다. 이의 비용과 편익은 단기적인 시각이 아닌 장기적인 시각에서 평가되어야 한다. 다운사이징은 다양한 형태의 저항과 부작용을 가져오기 때문에 이를 극복하는 방법을 개발하여야 한다.

다운사이징 전략

- ◆ 기업이 그들의 비전과 핵심 이슈에 관하여 구성원에게 알리는 것은 구성원의 두려움과 초조감을 방지한다.
- ◆ 구조조정에서는 긍정적이고 건설적인 노사관계와 노조의 참여가 성공에 중요한 역할을 한다.
- ◆ 감축 인원 숫자와 같은 것에 대한 개방적 커뮤니케이션이 근로자와 대표에게 요구된다.
- ◆ 중요한 것은 단순히 인력 감축을 강조하기보다는 조직의 효율성을 강조하여야 한다.
- ◆ 조직진단 결과는 노조에 전달되어야 한다.
- ◆ 감축 대상자의 선택과정은 개방적이고 정확하며, 가능한 한 빠르고 단호하게 이루어져야 한다.
- ◆ 정리 해고 대상이 아닌 사람에게도 메시지를 전달하여 사기와 몰입을 가져오도록 하여야 한다.
- ◆ 관리자에게 구조조정 대상자들에게 메시지를 어떻게 전달할 것인지에 대한 교육훈련이 있어야 한다.
- ◆ 구조조정 대상자들에게 이직관리 프로그램을 운영해야 한다.

라이트사이징

최근에는 다운사이징의 부정적인 차원을 극복하기 위해 라이트사이징(Rightsizing)을 추구하고 있다. 라이트사이징은 보다 전략적인 접근방법으로 조직의 비전과 목표를 기반으로 중요한 작업과 이를 지탱하는 필수조건들을 지속적·능동적으로 평가하여 조정하는 방법이다. 이들 영역에 대하여는 구조의 확대나 인력의 확장을 취하게 된다. 즉, 고객의 요구에 더욱 적극적이고 참여적이며 계획적으로 대응하는 프로세스로 다운사이징보다는 덜 극적인 성격을 가진다.

라이트사이징의 기법으로는 충원의 동결, 조기퇴직 및 명예퇴직, 성과가 낮은 구성원의 퇴출 등으로 인력을 조정하는 방법 등이 사용된다.

다운사이징과 라이트사이징은 비용 절감, 자원배분의 효율성 향상 등을 가져올 수 있다. 특히 고정비용을 줄여서 조직의 자원을 핵심 성공 요인에 투자할 수 있도록 한다.

【참고자료】

WorldatWork, Flexible Rightsizing as a Cost-Effective Alternative to Layoffs; http://www.awlp.org/pub/FlexTool.pdf
Yehuda Banich, Patricia Hind. (2000). Survivor Syndrome-a Management Myth? *Journal of Management Psychology*, 15(1): 29~45.

23
TQM(전사적 품질관리)

미국 통계학자 데밍(Deming)에서부터 강조된 전사적 품질관리(TQM: Total Quality Management)는 고객 만족을 통하여 장기적 관점에서 기업의 경쟁력을 높이기 위한 관리 접근방법이다.

데밍은 제조업이나 서비스업 관리에서 타파되어야 할 병폐로 다음 7가지를 제시하고 있다. ① 목표 일치성의 부족, ② 단기 이익에 대한 지나친 강조, ③ 업무 수행, 이익률, 연차별 업무성과 평가, ④ 변덕스러운 관리 방법, ⑤ 밝혀지지 않은 요소를 고려하지 않고 정량적 자료에 지나치게 의존하는 것, ⑥ 과도한 치유 비용, ⑦ 거짓 보고에 의한 초과비용

이러한 병폐를 극복하기 위한 TQM의 기본 원리는 <그림 9-14>와 같다.

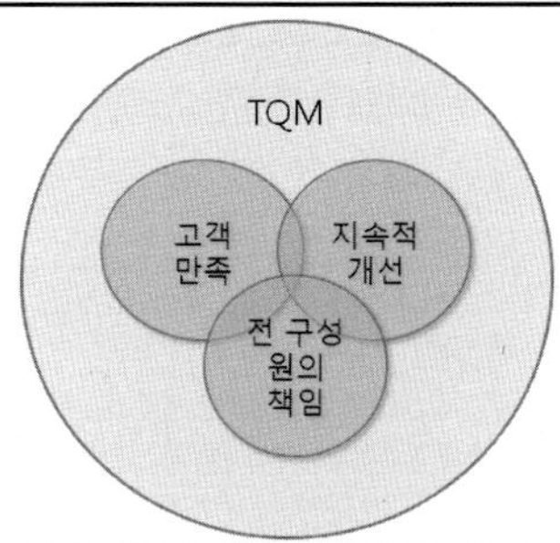

〈그림 9-14〉 TQM의 원리

◆**전사적(Total)**: 고객의 요구를 확인하는 일에서부터 고객 만족도를 결정하는 전 과정에서 품질을 추구한다는 의미이다. TQM은 참여적 관리 방법으로 과정, 제품, 서비스 및 문화를 개선하는 데 모든 조직구성원의 참여를 요구한다.

◆**품질(Quality)**: 고객의 요구를 충족하고, 고객의 기대 이상으로 욕구를 충족시키는 것을 의미한다. 제품과 서비스의 품질은 품질관리부서가 결정하는 것이 아니라 고객이 결정하는 것이고, 품질은 제품 제조의 전 과정에서 결정되는 것이다.

◆**관리(Management)**: 관리는 품질은 지속적인 과정과 조직이 역량 개발로 개선되고 향상된다는 것을 의미한다.

질 관리 개선 과정
◆질 개선 요구와 기회의 인식
◆전문적인 질 개선 목표 선정
◆목표달성을 위한 조직화
◆훈련 및 교육
◆문제 해결을 위한 프로젝트 수행
◆질 개선 상황에 대한 모니터링
◆질 개선을 위한 조직원의 공헌 인식
◆질 개선 결과에 대하여 전 조직에 커뮤니케이션
◆질 개선 정도 측정
◆기존 시스템과 프로세스 개선 부분과의 상호관계 유지

데밍의 품질경영을 위한 14가지 지침
◆제품과 서비스 개선을 위한 목적의 일관성을 유지하라.
◆새로운 품질철학을 채택하라. 걸림돌이 되는 정부규제는 제거되고 기업도 변화하여야 한다.

◆품질 유지를 최종 검사에 의존하는 것을 중단하라.

◆초기 가격이 아닌 전체 비용을 생각하라.

◆문제를 발견하고, 지속해서 개선하라.

◆직장 내 교육을 제도화하라.

◆조직 전체에 대한 리더십을 제도화하라. 매니저는 감독자가 아닌 리더가 되어야 한다.

◆두려움을 떨쳐버려라. 직원들이 자신의 아이디어를 표현하고 질문하는 것을 두려워해 서는 아니 된다.

◆부서 간 커뮤니케이션 장벽을 깨뜨려라.

◆근로자를 위한 슬로건, 성과목표, 경고 문구를 제거하라.

◆숫자로 된 목표를 제거하라. 숫자 목표는 자기 목표를 달성하기 위해 불량품을 만들거 나 거짓 보고를 하게 한다.

◆근로자 정신에 대한 자부심을 제고시켜라. 개인에 대한 성과평가는 성취에 대한 큰 장 벽이 된다.

◆교육과 자기 계발을 촉진시켜라, 이를 위해 끊임없는 학습을 조장하여야 한다.

◆변화가 있어야 하는 행동을 해라. 최고관리자와 구성원 모두의 노력이 요구된다.

활용

◆TQM은 생산성의 향상을 가져온다.

◆제품에 대한 신뢰성을 향상하여 경쟁적 우위를 증대시킨다.

◆고객 불만 및 서비스 문제를 감소시킨다.

◆생산에서 폐기물을 줄여서 재가공 비용을 줄인다.

【참고자료】

Deming, W. E. (1982). *Quality, Productivity, and Competitive Position*. MIT Press.
http://asq.org/learn-about-quality

24
전략적 정합 모형

의의

벤카트라만과 헨더슨(Venkatraman & Henderson)의 전략적 정합모형(Strategic Alignment model)은 기업의 사업전략과 IT 전략 간의 정합관계를 <그림 9-15>와 같이 제시하고 있다. 이들은 기업에서 IT 투자로 성과를 내지 못하는 이유로 첫째, 사업전략과 IT 전략의 부정합, 둘째, 사업전략과 IT 간 정합의 효과를 확신하지 못하는 역동적인 관리 프로세스의 부족에 있다고 한다. 이들은 사업전략과 IT 전략 간의 지배적인 정합과정으로 <그림 9-16>과 같은 4가지 유형의 정합관계를 제시하고 있다.

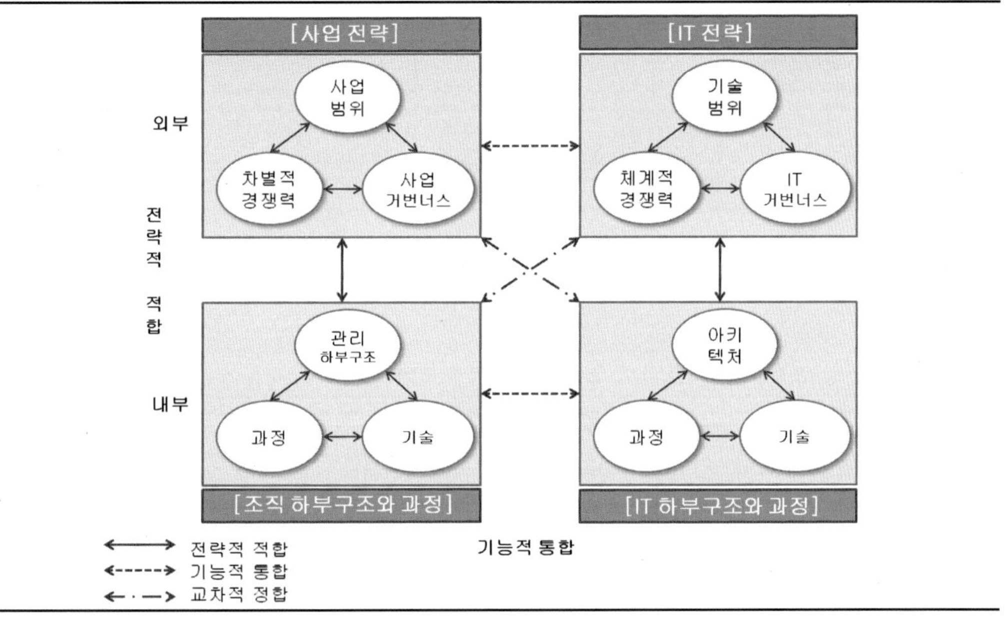

〈그림 9-15〉 전략적 정합관계

정합관계

◼ 관점 1: 전략실행

<그림 9-16>의 화살표 1은 전통적이고 계층제적인 관점의 전략관리로 사업전략을 조직 설계 선택과 정보시스템 하부구조와 과정 논리 둘 다의 추진체로 보는 시각이다. 이 모형이 성공하기 위해서 최고관리자는 전략을 형성하고 IT 영역은 전략의 집행자 기능을 한다. 이 관점에서 정보 시스템의 성과를 평가하는 기준은 재정적인 차원에서 비용에 초점을 두는 지표가 사용된다.

◼ 관점 2: 기술 잠재력

화살표 2는 전략실행과 같이 사업전략을 추진체로 본다. 그러나 여기에서 사업전략을 지원하기 위하여 IT 전략을 형성하고 이에 상응하는 정보시스템의 하부구조와 과정을 형성한다. IT 관리자의 역할은 IT 기술에 대한 비전을 제시하고, 전략의 외적 구성요소와 일치하도록 필요한 IT 하부구조를 설계하고 집행하는 기술적인 설계자 역할을 한다. 성과 기준은 기술적 리더십에 초점을 둔다.

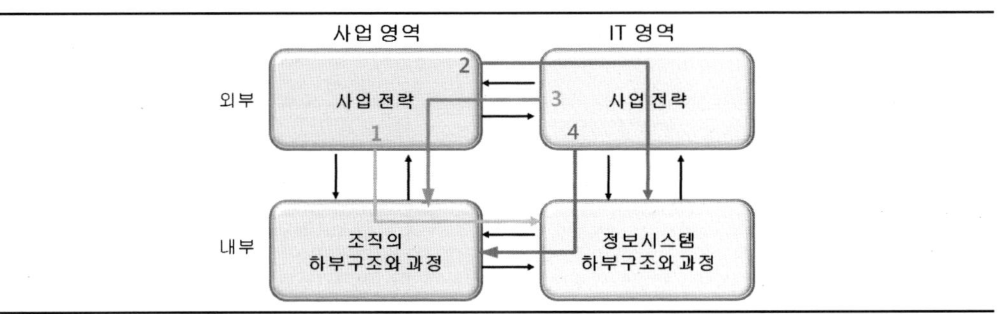

〈그림 9-16〉 전략적 정합모형

◢ 관점 3: 경쟁 잠재력

화살표 3의 정합관점은 발전되고 있는 IT 능력을 활용하는 데 초점을 둔다. 즉, IT 기술에 의한 새로운 제품과 서비스 제공, 사업전략의 핵심요인에 영향을 주거나 새로운 사업 거버넌스 구성에 관심을 둔다. 이에서 사업전략은 IT 기술에 의해서 수정할 수 있는 것으로 이해한다. 최고관리자는 사업 비전의 제시와 IT가 사업에 어떠한 영향을 줄 것인지를 명확하게 제시하는 역할을 한다. IT 관리자는 촉매자로서 IT 환경 변화에 대한 인식을 바탕으로 사업 관리자에게 이를 이해시키는 역할을 한다. 성과 평가의 기준은 사업 리더십에 초점을 둔다.

◢ 관점 4: 서비스 수준

화살표 4의 관점은 조직 내에 세계 수준의 IT 조직을 구축하는 데 관심을 가진다. 이러한 관점이 성공하기 위해서 최고관리자는 희소한 자원을 어떻게 배분할 것인가 하는 우선순위 설정자가 되어야 한다. IT 관리자는 최고관리자로부터 지시받은 운영 지침에 의해 내부 사업을 추진하는 집행 리더십의 역할을 수행하여야 한다. 성과평가의 기준은 고객의 만족도가 초점이 된다.

과정

◆ 기획팀은 조직의 사명, 사업, 자원과 필요한 활동을 명확하게 한다.
◆ 어떠한 작업이 잘 운영되고 있고, 조정이 필요한 것이 무엇인지를 확인한다.
◆ 조정을 어떻게 하여야 할 것인지를 확인한다.
◆ 전략적 기획에 이 조정 부문을 하나의 전략에 포함시킨다.

활용

모형은 조직의 목적 및 사명과 그의 자원 간에 강력한 정합관계를 구축하는 데 활용될 수 있다. 모형은 부문 간의 조정이 요구되거나 어떠한 부분이 제대로 작동하지 않는 이유를 명확하게 할 때 적용될 수 있다. 모형은 IT 이외에 조직이 전략을 형성할 때 조직의 자원과 전략 간의 정합관계를 분석할 경우에도 응용하여 활용될 수 있다.

【참고자료】

http://www.12manage.com

Henderson J. C. and Venkatraman, N. (1993). Strategic Alignment: Leveraging Information Technology for Transforming Organisations-IBM *Systems Journal*, l32(1): 472~484.

25
시나리오 기획

의의

전략적 기획과정에서 시나리오(Scenario) 기법은 매우 다양하게 활용된다. 시나리오 기법은 조직 운영에 영향을 주는 환경에 대하여 사전에 결정한 요소와 중요한 불확실성을 체계적으로 확인하는 활동이다. 즉, 장래에 일어날 사건의 줄거리를 시나리오로 구성하여 불확실한 미래에 대해 장기적인 시각을 가지고 대응하는 기법이다.

예로 국외로부터 원자재를 구매하여 제품을 만들어서 수출하는 회사에서 환율은 매우 중요한 경영요소가 된다. 이 회사에서 환율이 현재보다 15% 상승할 경우, 30% 상승할 경우, 50% 상승할 경우를 가정하여 조직에 미치는 영향과 이에 대한 대응 방법을 모색하는 경우에 시나리오 기법은 매우 유용한 기법이다.

시나리오 작성과정

* 자료: Management Accounting Guideline, 2010.

〈그림 9-17〉 시나리오 작성과정

시나리오 작성에서 고려할 점

◆시나리오를 미래에 대한 예측으로 다루지 마라.

◆시나리오의 작성은 낙관과 비관과 같이 차이를 단순화하여 작성하라.

◆시나리오의 범위를 너무 글로벌한 시각으로 작성하지 마라.

◆조직에 대한 잠재적인 영향을 주는 영역에 초점을 두고 시나리오를 작성하지 마라.

◆시나리오를 참여자의 학습이나 전략형성이 아닌 정보나 도구적인 수단으로 생각하지 마라.

◆시나리오 기획과정에 관리팀의 적절한 참여를 확보하라.

◆시나리오 작성에서 너무 상상력에 의존하지 마라.

◆관련 분야에 경험이 있는 촉진자를 활용하도록 하라.

활용

시나리오 기획은 미래를 예측하는 것이 아닌 불확실성 상황에 대응하기 위한 방법을 준비하는 것이다. 무엇보다도 시나리오 기획은 조직에서 개인 간 또는 집단과 개인 간에 전략적 의사소통을 활성화하여 미래에 대한 계획과 학습조직을 창조한다. 이외에 전략적 기획에서 시나리오 기획의 효과를 보면 다음과 같다.

◆**확실한 의사결정**: 다양한 미래의 상황에 더욱 확실하게 대응할 수 있는 기획 및 의사결
정을 가능하게 한다.

◆**정신적 모형의 확장**: 미래에 대하여 보다 체계적으로 사고할 수 있는 능력을 제공한다.

◆**조직의 지각능력 제고**: 조직의 의사소통능력을 강화하고, 구성원으로 하여금 자신이 해
야 할 일을 스스로 깨닫게 한다.

◆**경영의 활성화**: 경영층의 지시보다는 시나리오에 의해 계획을 수립함으로 상황 정합적
인 기획을 가능하게 한다.

◆**리더십의 수단**: 시나리오는 리더십의 중요한 수단으로 조직을 통제하고 관리하기 위한
수단으로 이용될 수 있다.

시나리오 기획은 불확실성이 높고, 조직에 미치는 영향이 큰 영역에서 사용될 수 있다. 특
히 새로운 기회를 인지하지 못하거나, 전략적인 사고의 질이 낮은 기업에서 많은 편익을 얻
을 수 있다. 이와 관련하여 사업 아이디어의 검증, 아이디어의 구체화 도구, 불확실성에 대
처, 환경의 변화에 적합한 아이디어 도출 등에 활용할 수 있다. 그러나 시나리오 작성이 가
지는 주관적이고 발견적(heuristic) 특성으로 효과성이 제한된다. 또한 시나리오가 올바른 것
인지에 대한 판단의 기준이 없고, 시나리오로부터 전략적 기획이나 의사결정을 하는 방법이
명확하지 않다는 비판도 받고 있다.

【참고자료】

Schoemaker Paul J. H. (1995). Scenario Planning: A Tool for Strategic Thinking, *Sloan Management Review*, 36(2): 25-40.
Management Accounting Guideline. (2010). *Scenario Planning: Plotting a Course Through an Uncertain World*. AICPA,
        CMA Canada and CIMA.
Scenario planning, http://www.12manage.com
http://en.wikipedia.org/wiki/Scenario_planning
Kees van der Heijden 저, 김방희 역 (2000), 『시나리오 경영-불확실한 시대에 대처하는 법』, 세종연구원.

26
마케팅 믹스 모형

의의

마케팅 분야에서 가장 널리 알려진 모형은 <그림 9-18>로 표현되는 맥카시(McCarthy)의
4P 모형이다. 이후 마케팅 믹스 모형은 다양한 구성요소로 모형이 제시되고 있다. 이들 가운
데 대표적인 것을 보면 <표 9-12>와 같다.

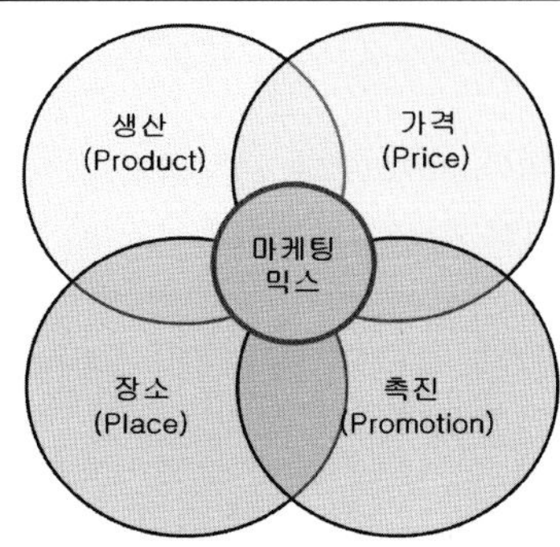

〈그림 9-18〉 맥카시의 4P 모형

〈표 9-12〉 마케팅 믹스 모형

4P McCarthy	5P Judd	6P Kotler	7P Booms & Bitter	15P Baumgarter
가격(Price)	가격(Price)	가격(Price)	가격(Price)	가격(Price)
제품(Product)	제품(Product)	제품(Product)	제품(Product)	제품(Product)
촉진(Promotion)	촉진(Promotion)	촉진(Promotion)	촉진(Promotion)	촉진(Promotion)
유통(Placement)	유통(Placement)	유통(Placement)	유통(Placement)	유통(Placement)
	사람(People)	공공관계(Public relations)	사람(People)	사람(People)
		정치(Politics)	물리적 증거 (Physical evidence)	공공관계(Public relations)
			과정(Process)	정치(Politics)
				조사(Probe)
				분할(Partition)
				우선순위(Prioritize)
				지위(Position)
				이윤(Profit)
				계획(Plan)
				성과(Performance)
				적극적 집행(Positive implementations)

4P의 구성요소

가격

가격은 고객이 지급하고자 하는 의사를 정확하게 파악하여 결정하여야 한다. 가격 결정방법은 제조원가를 중심으로 결정하는 원가결정방법, 차별화를 위한 가격 거품제거방법, 제품 초기 출시가격을 소비자가 느끼는 가치보다 낮게 책정하는 침투가격 결정방법, 높은 가격은 고품질이라는 이미지를 이용하는 고가정책, 프린터 본체의 가격은 낮게 하고, 잉크 가격은 높게 하는 미끼 가격정책 등이 있다. 이외에 정찰제, 할부제, 할인제도 등의 다양한 방법이 이용될 수 있다.

📊 제품(Product)

기업은 고객이 원하는 제품을 생산하여야 한다. 이를 위해 시장에 대한 이해와 이해를 위한 조사가 요구된다. 오늘날 제품의 질이 유사한 상황에서 차별화된 제품의 개발도 필수이다. 생산에서 고려할 것으로는 상품, 서비스, 포장, 디자인, 브랜드, 품질 등이다.

📊 촉진(Promotion)

촉진은 제품에 대한 정보를 제공하기 위해서 사용되는 모든 커뮤니케이션 방법을 의미한다. 기업은 촉진을 위해 광고, PR, DM과 같은 활동을 하게 된다.

📊 유통(place)

장소 또는 유통은 소비자가 접근이 편리한 곳에서 제품과 서비스를 제공하는 것을 의미한다. 기업은 제품과 서비스를 고객이 원하는 곳에 원하는 시간에 제공하여야 한다. 이러한 유통을 확대하기 위해서 제품, 가격, 소비자 등에 따라서 다양한 유통 경로를 확보하는 것이 요구된다. 이 외에 제품의 구색을 조정하는 것, 재고관리, 운송, 인터넷 판매 등이 결정되어야 할 부분이다.

6P의 구성요소

코터는 4P에 공공관계와 정치적 힘을 포함하여 6P 모형을 제시하고 있다.

📊 정치적 힘(political power)

기존의 기업 내적 요인의 통제만을 강조하는 4P 이외에 외적 요인과 연계하는 메가 마케팅의 영역으로 정치·법률적 요인과 같은 정부의 정책적 요인에 대한 분석을 요구한다. 즉, 기업은 정부의 시장 개방 정책 등의 활동에 제한을 받게 된다. 이에 적응하거나 법률의 개정 폐지를 유도하는 노력도 필요하게 된다.

📊 공중관계(public relation)

사회발전에 따라서 좋은 공공관계는 기업의 이미지와 경쟁력 강화 및 마케팅에서 중요한 요인이 되고 있다.

7P 서비스 마케팅 원리

기존의 4P에 다음이 추가되고 있다.

사람(People)

서비스 제공의 핵심은 적절한 직원을 이용하는 것이다. 올바른 직원을 충원하고 교육훈련을 시켜서 서비스를 전달하여야 한다. 고객은 그가 접촉하는 직원을 통하여 서비스를 판단한다.

과정(Process)

서비스를 전달하는 과정은 고객 만족을 위한 마케팅에서 중요한 요소이다. 음식을 주문하여 1시간이 되어도 나오지 않는다면 고객은 어떻게 생각할 것인가?

물리적 증거(Physical Evidence)

서비스를 어디에서 제공하는가? 물리적 증거로 고객은 깨끗한 곳에서 식사하려는 기대를 가지고 음식점에 들어올 것이다.

【참고자료】

Harker, M. J., Egan, J. (2006). The Past, Present and Future of Relationship Marketing. *Journal of Marketing Management* 22(1/2): 215～242.

27
오매의 3C 모형

오매(Kenichi Ohmae)는 <그림 9-19>에서 볼 수 있는 3C로 시작되는 주요 활동자를 전략 형성과정에서 고려할 것을 주장하고 있다.

전략가는 고객의 시각에서 경쟁을 이해하고, 기업의 강점과 일치되는 전략을 형성하여 최고의 성과를 달성하도록 하여야 한다. 고객과 기업의 욕구 및 목적이 일치되도록 하는 것이 고객과 기업이 지속적인 관계를 형성하는 데 핵심이 된다고 한다. 그러나 모형은 종종 비선형적이고, 불합리한 관계를 형성할 수 있음을 지적한다.

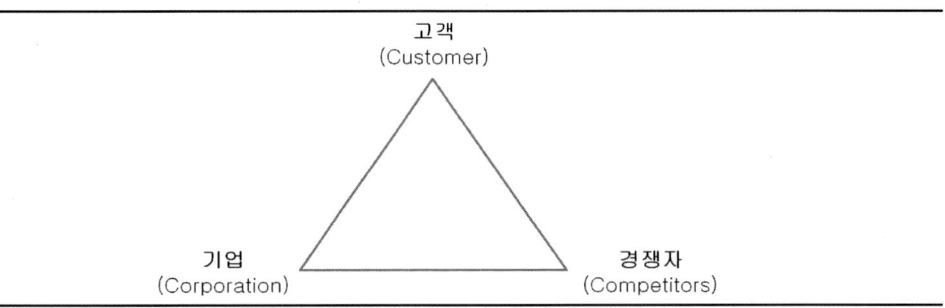

〈그림 9-19〉 오매의 3C 모형

▨ 기업에 기초한 전략

기업은 산업에서 성공하는 데 핵심이 되는 기능 영역에서 경쟁자와 비교하여 기업의 강점을 극대화하는 전략이 필요하다.

◆**선택과 우선순위**: 기업은 모든 분야에서 앞장설 수 없다. 하나의 핵심 분야에서 우세하게 되면, 이는 다른 경쟁요소를 개선하는 데 이바지한다.

◆**제조와 구매**: 임금 비용이 급격하게 증대될 때, 기업이 이를 직접 제조할 것인지 하청에 의해 구매할 것인지를 결정하는 것은 중요하다. 경쟁자가 신속하게 생산방법을 바꾸지 못하게 되면 비용에서 차별화를 가져올 수 있다.

◆**비용-효과**: 경쟁우위를 위해서는 경쟁자보다 기본비용을 효과적으로 줄이거나, 고객의 주문과 비교하여 제공하는 제품을 선택하고, 불필요한 것을 제거하는 방법, 회사의 다른 사업부문이나 다른 기업과 주요 기능을 공유하는 방법으로 비용-효과를 극대화한다.

▨ 고객에 기초한 전략

고객은 모든 전략의 기초이다. 그러므로 주요 목적을 고객의 이익에 두어야지 주주의 이익에 두어서는 아니 된다. 고객을 이해하는 것은 시장 분할에 도움이 된다.

◆**목적에 의한 분할**: 고객은 제품을 서로 다른 방법으로 사용한다. 예로 어떤 고객은 아침에 일어나서 커피를 마시고, 어떤 고객은 사교나 휴식을 위해 커피를 마신다.

◆**고객 범위에 의한 분할**: 마케팅 비용과 고객 범위는 서로 상쇄의 관계가 있다는 것을 고려하여 고객을 나눈다.

◆**시장의 재분할**: 시장은 시간이 지남에 따라서 최초의 시장 분할의 효과가 줄어든다. 이러한 환경에서는 핵심고객을 중심으로 재분할이 요구된다.

◆**고객 혼합의 변화**: 고객집단, 유통 채널, 고객 규모 등의 변화는 고객의 구성 비율의 변화를 요구한다. 이에 적합하게 자원의 재할당이 필요하다.

■ 경쟁자에 기초한 전략

경쟁자에 기초한 전략은 구매, 디자인, 판매, 서비스 등의 차별화를 추구하는 전략으로 구성된다.

- ◆ **이미지의 권력**: 제품의 성능이나 유통방법의 차별화가 매우 어려울 때 이미지는 적극적 차별화의 대상이 될 수 있다.
- ◆ **이익과 비용 구조의 차이에 투자**: 새로운 제품이나 서비스 제공, 고정비용 대 가변비용의 차이 변화 등으로 시장 점유율을 변화시킨다.
- ◆ **중소기업의 전술**: 대규모 기업과 소규모 기업이 경쟁할 경우 광고나 R&D 투자는 수익을 감소시킨다. 이 경우 판매자에게 유리한 인센티브를 제공하여 판매를 증진시킬 수도 있다.
- ◆ **사람-돈-물건**: 이 3가지 자원이 적절하게 조화를 이룰 때 기업은 효율화될 수 있다. 이 가운데 사람에 대한 자원의 배분이 우선되고 다음이 자금, 이어서 물건에 배분되어야 한다.

【참고자료】

www.valuebasedmanagement.net
www.wikipedia.org
www.12manage.com

28

CRM(Customer Relationship Management)

의의

고객관계 관리(CRM: Customer Relationship Management)는 조직이 고객 집단을 이해하고 변화하는 고객의 욕구에 신속하게 대응하기 위하여 사용되는 관리기법이다. CRM은 고객에 대한 다량의 자료를 수집 관리하고 이를 바탕으로 얻어진 정보를 기초로 하여 전략을 형성한다. 즉, 조직이 고객 자료를 수집, 통합, 분석하여 고객 개개인의 특징에 맞게 계획을 수립, 집행, 평가, 수정하는 일련의 과정이다.

CRM은 시장 점유율보다는 고객 점유율에 초점을 두고, 제품보다는 고객관계의 개선에 초점을 두어 고객 만족을 실행하고자 한다. 특히 CRM은 <그림 9-20>과 같이 가치가 큰 고객에게 초점을 둔다.

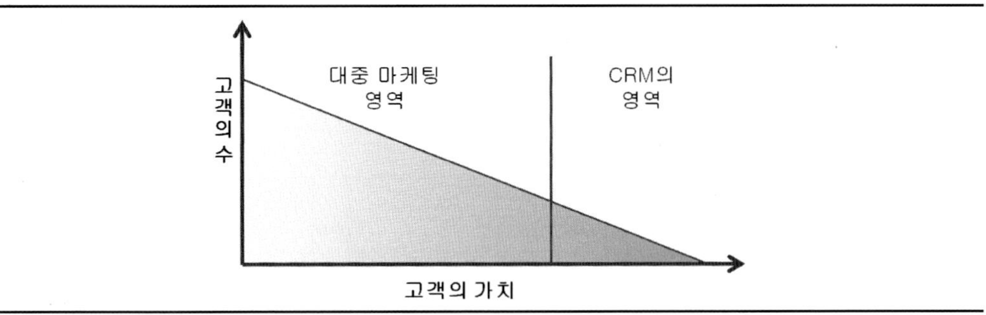

〈그림 9-20〉 CRM의 영역

　CRM 관리 기법은 고객을 장기적인 시각에서 보고, 쌍방향 커뮤니케이션을 강조하며, 규모의 경제에서 범위의 경제학을 강조한다. 최근에는 IT 기법의 확대로 e-mail, 전자 게시판, SNS 등을 활용하여 고객과의 접점을 확대하는 e-CRM 기법이 활발하게 운용되고 있다.

구성
　CRM은 조직의 수준과 관련하여 <그림 9-21>과 같이 3가지 수준(전략적, 운영적, 분석적)으로 구분될 수 있다.

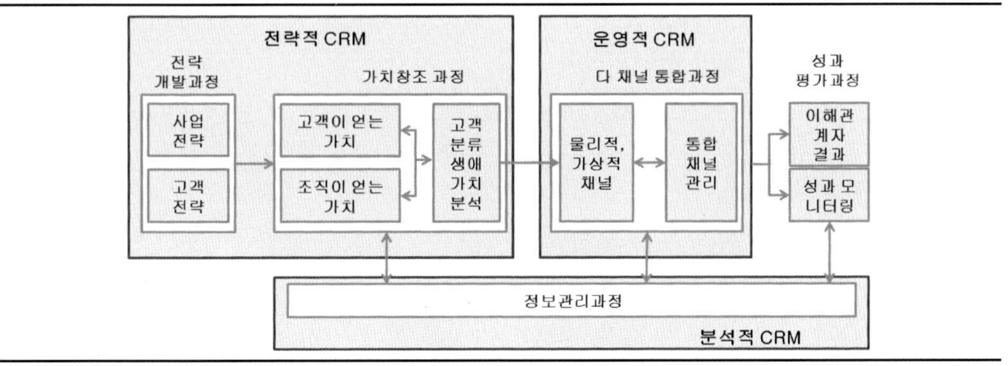

〈그림 9-21〉 상호 연관된 CRM 형태와 과정

과정
　CRM의 과정은 기업이나 고객의 특성에 따라서 달라질 수 있다. <그림 9-22>는 하나의 예이다.

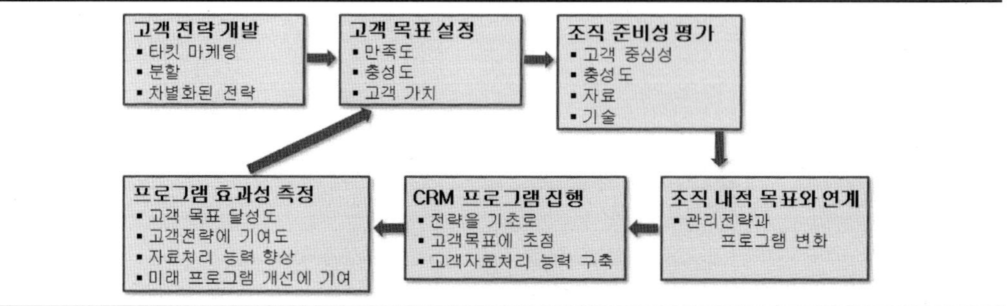

<그림 9-22> CRM 과정 모형

　CRM에서 출발점은 고객관계에서 핵심 이슈를 선정하고 이에 대한 전략을 개발하는 것부터 시작된다. 다음으로 CRM의 목표를 설정하고, 고객 관련 자료를 수집 분석하고, 이를 바탕으로 프로그램의 변화를 계획하여 집행한다. 집행이 완료된 뒤에는 이를 평가하여 환류하는 과정을 가지게 된다.

　CRM을 위해서는 고객 자료에 대한 데이터 웨어하우스와 이로부터 정보를 추출하기 위한 데이터마이닝 시스템을 구축하여야 한다.

성공조건
◆강력한 고객지향의 리더십
◆주요 전략을 고객 친밀성에 의하여 수립
◆기업과 직원의 가치가 고객 중심에 초점
◆고객과의 감정이입을 반영한 행태적인 기준과 장기적인 관계와 헌신
◆관계지향의 조직문화
◆고객이 접촉할 수 있는 조직 형성
◆고객 중심의 커뮤니케이션 기술
◆가치 사슬과 균형성과표와 같은 소프트 가치와 하드 가치를 연계하는 시스템 구축

활용
◆실시간으로 고객에 대한 정보를 수집하고 관리할 수 있다.
◆더욱 신뢰할 수 있는 매출에 대한 예측을 가능하게 한다.
◆사업의 환경이 공급자 중심에서 고객 중심으로 전환되고 있는 변화에 적응할 수 있는 관리 도구이다.
◆일대일 마케팅 및 고객 만족 서비스를 제공한다.
◆IT 기술의 변화로 맞춤형 고객 서비스 제공이 가능하다.

◆효과적인 고객 서비스 프로그램을 개발할 수 있게 한다.

【참고자료】

Khalid Rababah, Haslina Mohd, and Huda Ibrahim. (2011). Customer Relationship Management(CRM) Processes from Theory to Practice. *International Journal of e-Education, e-Business, e-Management and e-Learning*, 1(1): 22~27.
http://www.12manage.com

29 아웃소싱

아웃소싱은 조직 활동의 일부를 외부의 전문기관에 위탁하여 수행하도록 하는 방법을 의미한다. 즉, 기업의 내부 프로젝트, 제품 생산, 유통, A/S 등의 활동을 외부에 위탁하여 처리하는 활동으로 많은 조직이 조직의 핵심적인 활동에 집중하기 위해 사용하고 있다. 아웃소싱의 목적과 범위는 <그림 9-23>과 같다.

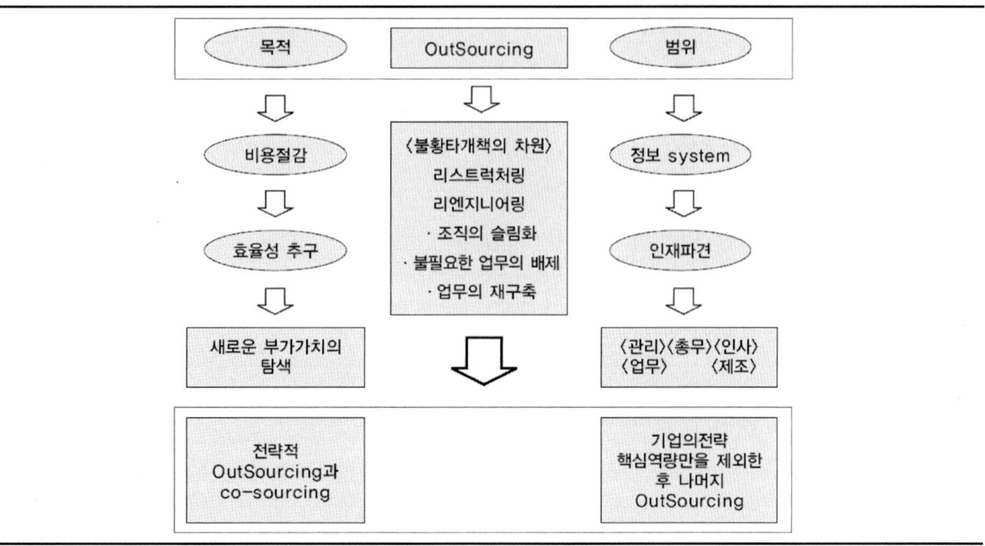

〈그림 9-23〉 아웃소싱의 목적과 범위

아웃소싱의 단계
◆아웃소싱할 활동이 핵심 조직의 능력인지를 결정한다. 조직의 유일한 경쟁적 우위를 창

출하는 것을 아웃소싱해서는 아니 된다.

◆아웃소싱의 재정적 영향을 평가한다. 서비스 제공자가 규모의 경제를 실현할 수 있다면 아웃소싱은 비용 우위를 달성할 가능성이 있다.

◆아웃소싱에 의한 비재정적인 비용과 이점을 평가한다. 관리자는 아웃소싱의 편익과 위험을 질적으로 평가해야 한다.

◆아웃소싱 파트너의 선택과 계약을 맺는다. 계약에는 명확한 성과를 제시하고 구체적으로 하여야 한다.

아웃소싱의 유형

◆비즈니스 프로세스 아웃소싱(BPO: Business Process Outsourcing): 회계처리를 회계사에 위임하는 것과 같이 사무직원이 수행하는 업무를 아웃소싱하는 것

◆계약제조(Contract Manufacturing): 제품의 생산 업무를 아웃소싱하는 것으로 OEM 제조 등이 이에 해당

◆코소싱(Cosourcing): 내부직원과 외부의 전문가가 협력하여 업무를 수행하는 것

◆시설관리: 시설의 운영, 청소 등을 외부 업체에 위탁하는 것

◆인소싱(Insourcing): 기업의 내부부서에서 아웃소싱 기능을 수행하는 것으로 사내 기업이 이에 해당함

◆역외 아웃소싱(Offshoring): 해외에 아웃소싱하는 것

아웃소싱 기업의 탐색기준

◆자사의 비즈니스 핵심을 이해하는 능력이 있다.

◆비즈니스와 전문기술의 수준이 높다.

◆생산성 향상에 대한 의욕과 노하우가 있다.

◆비용 삭감에 대한 노하우가 있다.

◆기밀유지 등 신뢰성이 높다.

◆정보를 공유할 수 있는 조직이다.

◆기업풍토 및 기업문화 등의 여건이 좋다.

활용

◆운영비용을 감소시킬 수 있다.

◆부가적 활동을 줄여서 핵심역량을 강화시킬 수 있다.

◆불확실한 상황에서 위험을 분산시킬 수 있다.

◆조직의 슬림화 및 단순화를 추진할 수 있다.

◆과도한 자본 투자를 줄일 수 있다.

◆조직의 전문화와 혁신을 가속할 수 있다.

◆정보 네트워크를 확대할 수 있다.

【참고자료】

조경행 (2007), 「아웃소싱의 현황과 활용 사례」, 『임금연구』, 가을호: 1~12.
노순규 (2001), 「아웃소싱의 도입 목적과 효과」, 『기계산업』, 7월호: 60~66.

30
비용편익 분석

의의

전략적 대안이나 전략의 효과를 평가하는 계량적 기법으로는 PERT(Program Evaluation and Review Technique), 선형계획, 게임 이론, 시뮬레이션 기법 등이 있다. 이 가운데 대표적인 경제모형으로 비용편익분석(Cost-Benefit Analysis)은 프로그램의 모든 비용을 분석하고 이에 따라 발생한 편익을 양적으로 분석한다. 즉, 프로그램의 투입과 관련된 비용과 프로그램의 결과를 화폐적 가치로 환산하여 비용-편익의 비율을 결정하는 방법이다.

비용편익분석을 위해서는 다차원적으로 비용과 편익을 추계할 필요가 있다. 편익은 주요 편익과 2차 편익, 직접 편익과 간접 편익 등으로 분류하여 평가하고, 비용도 프로그램 비용·부대비용·외부비용 등으로 분류하여 추계한다. 비용편익분석에서는 장기간에 걸쳐서 투자되고 회수되는 것을 현재의 시점에서 평가하기 위해서 프로그램의 모든 비용과 편익을 현재 가치로 환산해 평가하게 된다.

판단의 기준

비용편익을 위한 경제성 분석은 크게 편익/비용 비율, 순현재가치(NPV: Net Present Value) 및 내부수익률(IRR: Internal Rate of Return)을 계산해 프로그램의 타당성을 평가하게 된다. 편익/비용의 비율≥1이거나, NPV≥0, 또는 IRR이 예정하는 할인율(R)보다 크면 프로그램은 타당한 것으로 판단하게 된다.

◢ 편익/비용 비율

• 편익/비용 비율(B/C) $= \sum_{i=0}^{n} \dfrac{B_t}{(1+r)^t} / \sum_{t=0}^{n} \dfrac{C_t}{(1+t)^t}$

•Bt: t 시점의 편익, Ct: t 시점의 비용, r=할인율, n=사업의 내구연한(분석 기간)

■ 순현재가치

•순현재가치(NPV) $= \sum_{i=0}^{n} \frac{B_t}{(1+r)^t} - \sum_{t=0}^{n} \frac{C_t}{(1+t)^t}$

■ 내부수익률

내부수익률(IRR) $= \sum_{i=0}^{n} \frac{B_t}{(1+r)^t} = \sum_{t=0}^{n} \frac{C_t}{(1+t)^t}$

이들 세 가지 방법의 장단점을 보면 <표 9-13>과 같다.

<표 9-13> 경제성 분석기법의 비교

분석기법	판단	장점	단점
편익/비용 비율(B/C)	B/C≥1	◆이해가 쉬움, 사업 규모 고려 가능	◆상호 배타적 대안 선택의 오류 발생 가능
순현재가치(NPV)	B/C≥0	◆대안 선택 시 명확한 기준 제시 ◆장래 발생 편익의 현재 가치 제시 ◆한계 순현재가치 고려 ◆다른 분석에 이용 가능	◆이해의 어려움 ◆대안 우선순위 결정 시 오류 발생 가능
내부수익률(IRR)	IRR≥r	◆사업 수익성 측정 가능 ◆다른 대안과 비교가 쉬움 ◆평가 과정과 이해가 쉬움	◆사업의 절대적 규모를 고려하지 않음 ◆몇 개의 내부수익률이 동시 도출될 가능성 내재

활용

비용편익분석은 전문가에 의해서 수행되어야 하는 문제점을 가지고 있다. 그러나 체계적인 전략 대안의 분석이나 평가에서는 비교적 많이 사용되고 있는 방법 가운데 하나이다.

【참고자료】

한국개발연구원 (2004), 『예비타당성 조사 수행을 위한 일반 지침 수정·보완 연구(4판)』. 한국개발연구원.

31
전략적 제휴(Strategic Alliances)

의의

전략적 제휴란 둘 이상의 조직이 공동의 목적을 달성하기 위해 협력하는 것을 의미한다.

전략적 제휴에는 공동 투자, 공동 개발, 공동 생산, 공동 마케팅, 공동 유통, 공동 서비스, 장기조달계약 등의 방법 등이 활용된다. 전략적 제휴는 규모의 경제가 작용하는 분야에서 효과적으로 활용된다. 전략적 제휴는 고객, 공급자, 경쟁자, 대학, 정부 부처, 국외의 상대자 등 다양한 상대와 할 수 있다.

전략적 제휴는 다음과 같은 목적으로 사용된다.
◆ 경쟁적 지위의 개선
◆ 규모의 경제 또는 지식의 확대에 의한 비용의 절감
◆ 새로운 기술에의 접근성 향상
◆ 경쟁자 억제
◆ 새로운 시장에 진출
◆ 연구와 개발 노력의 개선
◆ 질 향상

전략적 제휴의 유형
◆ **목적에 의한 분류**: 기술제휴, 구매제휴, 생산제휴, 유통제휴 등으로 구분할 수 있다.
◆ **협력 내용에 의한 분류**: 가치 사슬과 관련하여 대등한 관계에 의한 수평적 분업과 계층적 형태의 수직적 분업, 관련 산업의 다각화, 국제 또는 민간연합 등으로 구분된다.

전략적 제휴는 <그림 9-24>와 같이 기업 간 제휴가 가지는 협력과 경쟁, 협력과 갈등의 두 가지 차원에서 잠재적·경쟁적 제휴, 경쟁적 제휴, 선경쟁적 제휴, 비경쟁적 제휴로 구분될 수 있다.
◆ **선경쟁적(pre-competitive) 제휴**: 서로 다른 산업에 있는 기업이 협력하는 경우로 BINT(BT+IT+NT)와 같이 신기술 개발 등을 목적으로 한다.
◆ **경쟁적(competitive) 제휴**: 서로 경쟁하는 기업이 공동 목표를 위해 제휴하는 것으로 학습이나 핵심역량을 향상하기 위해서 주로 사용된다.
◆ **친경쟁적(pro-competitive) 제휴**: 수직적 가치 사슬에서 전후 관계에 있는 업체 간에 이루어지는 제휴로 주로 부가가치 창출을 목적으로 한다.
◆ **비경쟁적(non-competitive) 제휴**: 동일산업 내에서 경쟁하지 않는 기업 간 협력으로 공동투자나 공동학습을 목적으로 한다.

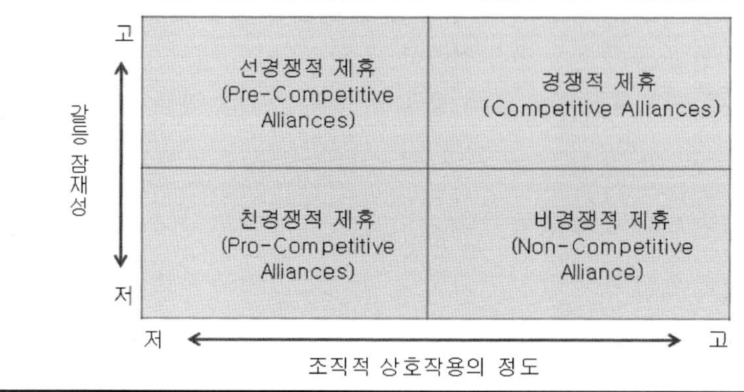

* 자료: Yoshino & Rangan, 1995.

〈그림 9-24〉 전략적 제휴의 유형

전략적 제휴의 과정

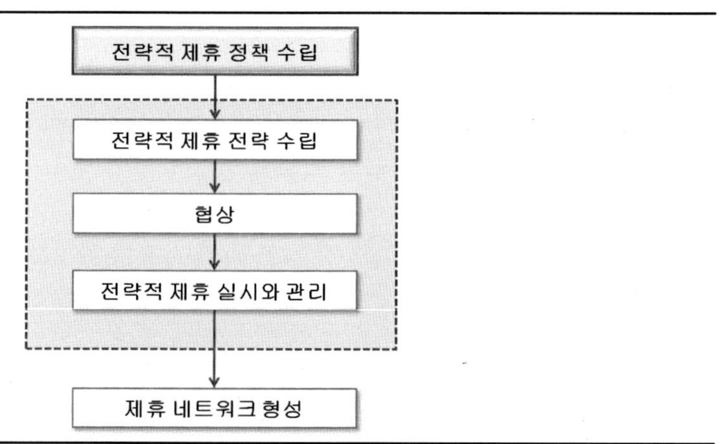

〈그림 9-25〉 전략적 제휴의 과정

◆조직 전략분석을 바탕으로 제휴의 목적과 필요성 확인

◆제휴를 위한 전략의 수립

◆제휴상대에 대한 정보의 수집과 협상

◆전략적 제휴의 시행과 관리

◆지속적 제휴 네트워크 구성

전략적 제휴의 성공과 실패 요인

◢ 전략적 제휴의 성공 요인

◆ 개방형 인프라의 적극 활용을 통해 제휴의 효과성을 극대화하라. 제휴를 위해 파트너의 필요한 역량을 파악하라. 대부분 제휴 상대의 기업 규모나 관련 분야의 평판을 기준으로 파트너를 선정하지만, 이보다는 전략적 제휴의 목적을 기준으로 파트너를 선정하여야 한다. 그리고 제휴를 성공으로 이끌기 위해서는 조직의 개방형 네트워크를 활용하여 올바른 파트너를 선정하여야 한다.

◆ 제휴 포트폴리오를 주기적으로 구조 조정하라. 전략적 제휴의 노력은 조직 내의 활동보다 많은 노력을 요구한다. 이에 초기 계약서에 구조조정이나 제휴의 내용 등을 가능한 명확하게 하는 것이 요구된다. 그리고 상호관계가 악화하기 전에 지속해서 조정하는 노력이 요구된다.

◆ 제휴 관리 역량을 기업의 핵심역량으로 인식하고 육성하라. 제휴가 성공하기 위해서는 제휴에 대한 전담조직이 있어야 한다. 전담조직이 있는 기업은 그렇지 않은 기업과 비교하여 약 25% 정도 성공확률이 높다.

◢ 전략적 제휴의 실패 요인

◆ 전략적 제휴의 약 70%가 실패를 한다. 이들의 공통점은 계약에만 관심을 두고 제휴 이후의 운영 및 관계 형성에 관심을 두지 않기 때문이다.

◆ 제휴를 협력의 관계가 아닌 경쟁 관계로 인식하고 접근을 한다. 제휴에 의한 상생의 관계 형성에 관심을 두지 않는다.

【참고자료】

이창규 (2007.7.11.), 『전략적 제휴를 통한 성장 전략』, LG주간경제.

Yoshino, M. Y. and Rangan, U. S. (1995). *Strategic Alliances: An Entrepreneurial Approach To Globalization*. Harvard Business School Press.

Dyer, Jeffrey H., Prashant Kale, and Harbir Singh. (2001). How to Make Strategic Alliances Work. *Sloan Management Review*, Summer: 37~43.

32

SPACE Matrix

의의

전략적 지위와 행동 평가 매트릭스(SPACE: The Strategic Position & Action Evaluation Matrix)는 조직의 경쟁적 지위와 관련한 전략형성에 초점을 두는 관리 도구이다. SPACE 매트릭스는 SWOT 분석, BCG 분석, 전략 대안 평가 등을 보완하기 위해서 사용할 수 있다.

SPACE 매트릭스는 ① 재정상의 강점(FS), ② 경쟁적 우위(CA), ③ 산업 매력도(IA), ④ 환경의 안정성(ES)을 고려하여 <그림 9-26>과 <그림 9-27>과 같이 4개의 전략 유형을 제시할 수 있다.

◆ **재정상의 강점**: 재정상의 강점은 다음의 변수를 측정하여 산출하고, 각각의 변수는 6(큼)↔1(작음)로 측정하여 평균을 냄

: 투자 회수율/자본 회수율/현금 흐름/자금조달비율/사업의 위험성/재고 회전율/규모와 비용의 경제 활용도 등

◆ **경쟁적 우위**: 산업의 경쟁적 우위는 다음의 변수에 대하여 -1(큼)↔-6(작음)으로 측정하여 평균을 냄

: 시장 점유율/제품의 질/제품의 수명주기/제품의 교체 주기/고객의 충성도/경쟁 능력의 이용 가능성/기술에 대한 비결/수직적 통합도/신제품 개발 속도

◆ **산업 매력도**: 산업 매력도는 다음의 변수에 대하여 1(큼)↔6(작음)으로 측정하여 평균을 냄

: 성장 잠재력/이윤 잠재력/재정적 안정성/기술적 비결/자원의 이용 가능성/자본 집중도/시장에 진입 용이성/생산성/협상력

◆ **환경의 안정성**: 환경 안정성은 다음과 같은 변수에 대하여 -1(큼)↔-6(작음)으로 측정하여 평균을 냄

: 기술의 변화/인플레이션율/수요 변이성/경쟁제품의 가격/시장 진입의 장애물/경쟁 압력/수요의 가격 탄력성/대체재의 압력

◆ 개개의 변수에 대한 점수화는 전문가에 의한 브레인스토밍이나 포커스 집단을 운영하여 수행할 수 있다. 이 외에 벤치마킹 자료나 관련 산업의 전국 평균치를 활용하여 평가하는 방법 등을 이용할 수 있다.

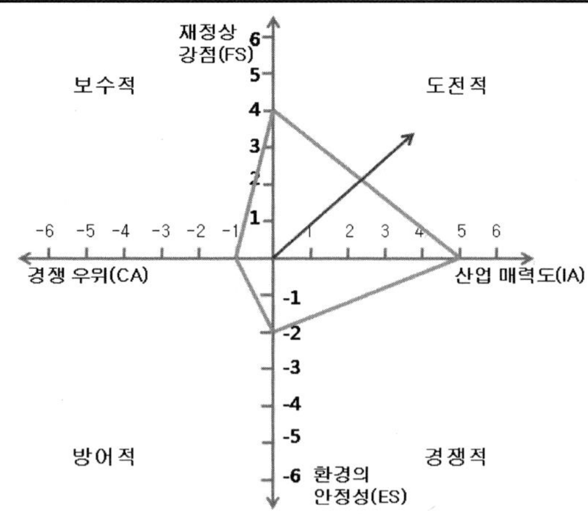

〈그림 9-26〉 SPACE 매트릭스

전략의 유형

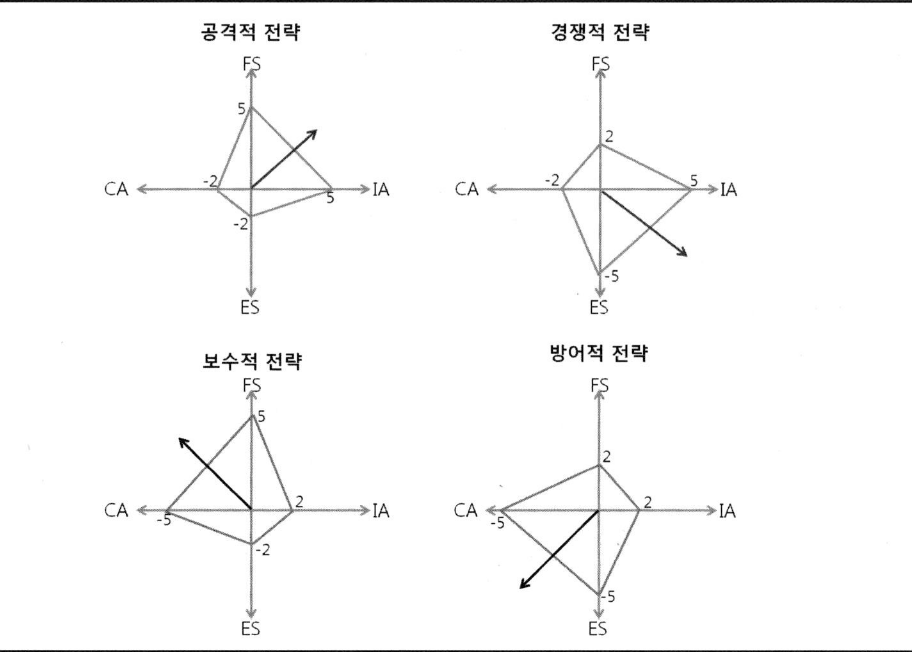

〈그림 9-27〉 SPACE 매트릭스 전략 유형

◢ 도전전략

도전전략은 모든 차원이 긍정적일 경우에 취할 수 있는 전략이다. 도전전략은 조직의 강점과 환경이 주는 기회를 극대화하는 전략이다. 경쟁 우위를 유지 발전시키기 위한 혁신에 대한 투자, 경쟁자의 경쟁우위 확보 노력 억제, 제품 혁신, 경쟁자와 가격경쟁, 마케팅 캠페인 활동, 시장 확대 등의 전략을 취한다. 그러나 자만심을 가지는 것을 피하여야 하고, 대체재 등의 새로운 위협에 대하여 너무 안일하게 대응하여서는 아니 된다. 그리고 반 경쟁을 위해 부당한 행위를 해서는 안 된다.

◢ 경쟁전략

기업이 산업 매력도에서는 강한 장점을 가지고 있지만, 재정이 환경의 불안정을 보상할 정도로 충분하지 못하였을 때 사용될 수 있는 직접 전략이다. 직접 전략은 기업의 경쟁적 지위를 유지하는 동안 재정적인 강점을 개선하는 것이다. 이를 위해 자금을 확보하거나 자금이 있는 기업과 합병을 할 수 있다. 경쟁우위를 저해하지 않는 범위에서 고정과 유동비용의 절감, 차별화, 새로운 시장 개척 등의 전략이 이용될 수 있다.

◢ 보수 전략

기업이 재정상으로는 강점이 있지만, 산업 매력도가 부정적일 때 사용될 수 있는 전략이다. 이 전략에서는 사업의 다각화 전략을 사용하거나 전체 산업에서 더욱 매력적인 분야에 집중하여 현재의 경쟁적 지위를 개선하는 것이 요구된다.

◢ 방어 전략

모든 면에서 지표가 부실하였을 때 채택할 수 있는 전략이다. 이러한 지위에 있는 기업은 외부 환경이 더욱 우호적으로 변화하지 않는 한 실패에 대하여 매우 취약한 상황의 기업이다. 기업은 모든 면에서 철수하고 한정된 자원을 새로운 부문에 집중적으로 투자하는 노력이 요구된다.

【참고자료】

http://www.differentiateyourbusiness.co.uk

33

코틀러(Kotler) 모형

기업의 지위 유형

코틀러는 관련 분야에서 기업의 지위를 ① 리더(leader), ② 도전자(Challenger), ③ 추종자(Follower), ④ 니처(Nicher)로 분류하고 그 지위에 맞는 전략의 선택을 주장하고 있다. 예로 콜라 시장에서 코카콜라는 리더의 지위, 펩시는 도전자의 지위, RC 콜라는 추종자의 지위, Jolt 콜라는 니처의 지위에 있다고 할 수 있다.

■ 리더(leader) 전략

업계 일인자의 지위에 있는 기업의 관심은 새로운 수요를 창출하여 시장 규모를 확대하고, 시장 점유를 보호하는 데 관심을 둔다. 이들은 지위 방어, 측면 방어, 선제수단에 의한 방어 등의 전략을 사용한다.

■ 도전자(Challenger) 전략

도전자는 리더 지위의 기업에 대한 강한 도전 의식을 가지고 전략을 선택한다. 시장 점유율을 높이기 위해 공격적 광고 및 판촉활동, 신제품 개발 등으로 수익창출에 관심을 둔다. 전면 공격, 측면 공격, 환상형 공격, 우회적 공격, 게릴라식 공격 등의 방법을 활용한다.

■ 추종자(Follower) 전략

추종자는 경쟁보다는 수익을 창출하는 데 관심을 두고 무모한 도전보다는 소극적으로 경영수익을 극대화하는 데 관심을 둔다. 이들이 사용하는 전략에는 복제, 모방, 각색 등의 방법을 사용한다.

■ 니처(Nicher) 전략

소위 틈새시장을 가지고 있는 기업의 지위로 특정 영역에 집중하여 전문화한다. 이들은 소량 생산과 높은 이윤을 추구한다. 전문화의 방법으로 최종 사용자, OEM, 고객규모, 지리적 영역, 질과 가격, 서비스 등을 전문화하는 전략을 취한다.

마케팅 전쟁

코틀러와 싱(Kotler & Singh)은 마케팅을 전쟁에 비유하면서 이등 기업이 일등 기업을 공격하는 방법으로 <그림 9-28>과 같이 5가지 전략을 제시하고 있다.

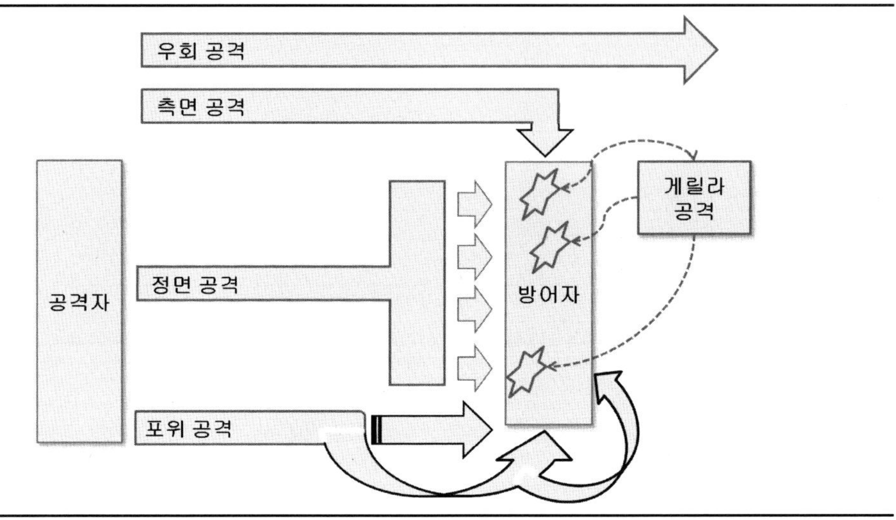

* 자료: Kotler and Singh, 1981.

〈그림 9-28〉 마케팅 전쟁 전략

■ 전면 공격(Frontal Attack)

전면 공격은 경쟁사의 장점을 공격하는 전략이다. 경쟁사의 장점이 되는 제품, 광고, 가격, 유통 등 마케팅 전반에 걸쳐 공격한다. 전면 공격은 자원량과 인내를 요구한다. 전면 공격은 위험성이 있는 전략으로 군사전략에서 전면 공격은 방어자보다 3배 이상의 자원이 있어야 한다고 한다. 이에 이등 기업이 일등 기업을 상대로 전면 공격을 펼치기 위해서는 인적 및 물적 자원이 우세하고, 비용 우위와 제품에 있어서 경쟁우위에 있어야 한다.

■ 측면 공격(Flanking Attack)

측면 공격 전략은 경쟁사의 약점을 공격하는 전략이다. 측면 공격은 공격하는 쪽의 자원이 방어자보다 열세일 때 채택하는 전략이다. 공격자는 지역별, 시장별로 방어자의 경쟁력을 평가하여 가장 취약한 분야를 공격하게 된다. 예로 기존의 대형맥주 회사와 경쟁에서 라이트 맥주를 개발하여 다이어트에 관심을 두고 있는 고객을 대상으로 판매하는 것을 들 수 있다.

■ 포위 공격(Encirclement Attack)

포위 공격은 측면 전략을 전면적으로 펼치는 전략이다. 포위 전략에 의한 공격은 방어하는 경쟁사의 세분된 시장을 동시 다발적으로 공격해 방어를 어렵게 만드는 것이다. 포위 전략은 전면 공격과 같이 공격하는 쪽의 자원이 월등히 우세한 경우 유리하게 사용될 수 있다. 그러나 이등 기업에 위험이 많은 전략이다.

◾ 우회 공격(Bypass Attack)

우회 공격은 가장 간접적인 전략이다. 우회 공격은 방어자의 경쟁영역을 피하고 미래에 중요하다고 하는 분야에서 선점하는 전략이다. 이는 소위 블루오션의 전략과 유사하다. 우회 공격은 기존 경쟁자의 제품과 관련성이 적은 제품시장으로 다각화를 하거나 경쟁자가 아직 진출하지 않은 새로운 지역이나 영역으로 진출하여 직접 경쟁을 하지 않는 전략이다.

◾ 게릴라 공격(Guerrilla Attack)

게릴라 공격은 방어자의 경쟁 영역의 일부를 간헐적으로 공격하는 전략이다. 예로 특정 지역에 대하여 가격을 일시적으로 할인하거나 방어자에 대한 공급자를 일시적으로 공격하는 경우, 핵심 인력을 스카우트하는 방법 등을 들 수 있다. 게릴라 전략은 적은 자원으로 공격할 수 있는 장점이 있다.

필립 코틀러 마케팅 십계명

- ◆기업은 시장을 세분화하고 최선의 시장을 선정하고 선택된 시장에서 가장 강력한 위상을 확립하라.
- ◆기업은 고객의 욕구와 인식, 선호도 및 행동을 철저히 파악하고 하청업체나 유통업자 등 기업 관련 이해관계자로 하여금 고객을 만족하게 하는 데 온 힘을 다하도록 유도하라.
- ◆기업은 주요 경쟁자가 누구인지, 그리고 그들의 강점과 약점이 무엇인지 잘 파악하도록 하라.
- ◆기업은 이해관계자들과의 관계를 잘 구축하고 그들에게 보상하고 관리하라.
- ◆기업은 새로운 기회들을 파악하고 순위를 매겨, 최선의 기회를 잡을 수 있는 시스템을 개발하라.
- ◆기업은 통찰력 있는 장단기 계획을 이끌 수 있는 마케팅기획시스템을 구축하라.
- ◆기업은 제품 및 서비스 믹스에 대해 강력한 통제력을 행사하라.
- ◆기업은 가장 효율적인 광고 및 판촉수단을 씀으로써 강력한 브랜드를 창출하라.
- ◆기업은 마케팅 선도력을 구축하고 부문별로 단체정신을 함양하라.
- ◆기업은 시장에서 경쟁우위에 설 수 있는 기술을 끊임없이 추가하라.

【참고자료】

필립 코틀러 지음, 홍성태 외 옮김 (2005), 『마케팅의 10가지 치명적 실수』, 세종서적.

Kotler, P. and Singh, R. (1981). Marketing Warfare in the 1980s. *Journal of Business Strategy*, 1(3): 30~41.

제10장

전략집행

　　집행은 전략적 방향을 행동으로 옮겨서 조직에게 생명을 주는 단계이다. 전략의 집행은 전략적 사고를 전략적 행동으로 전환하는 것으로 변화를 핵심으로 한다. 아무리 좋은 전략이라고 하더라도 실천에 옮기지 않는다면 아무런 가치를 가지지 못한다. 계획의 가치는 계획을 실천에 옮길 수 있느냐에 달려 있다. 즉 전략의 성공은 전략의 집행 과정에 달려 있다.

　　그러나 많은 시간과 자원을 투자하여 만든 전략계획서가 책상서랍 속에서 잠자고 있는 경우가 너무나도 많다. 많은 조직들이 전략적 계획의 수립에 대하여는 긍정적이면서 집행에는 부정적인 모습을 보이고 있다

　　전략계획의 집행은 프로그램, 프로젝트, 예산 및 절차를 통하여 전략을 실행에 옮기는 과정을 의미한다. 집행은 수행하고, 달성하고, 충족하고, 생산하고, 완성하는 것이다. 조직은 전략에 대한 집행을 통하여 목적과 목표를 달성하여 위임 사항을 완수하고 임무를 수행하며 비전을 달성할 수 있다.

　　성공적인 전략의 집행은 최고관리자를 중심으로 모든 조직의 구성원이 집행에 적극적으로 참여하여야 가능하다. 전략을 성공적으로 집행하기 위해서는 조직구조와 전략의 연계, 예산과 전략의 연계, 성과와 보수의 연계, 변화를 지원하는 조직 분위기의 창출, 조직 내의 정치적 관계의 관리, 전략지원 문화의 창출, 효율적인 인적자원의 관리 및 기타 자원의 배분 등이 요구된다.

01
계획의 책상 서랍 증후군 극복 방법

존슨(Jonson)에 의하면 기업전략의 66%는 집행되지도 않는다고 한다. 많은 시간과 자원을 투자하여 만든 전략계획서가 책상 서랍 속에서 잠자고 있다. 전략적 계획의 책상 서랍 증후군을 극복하여 실천에 옮기기 위해서는 다음과 같은 것을 고려하여야 한다.

■ 기획 과정의 문제
◆ 리더십의 적극적 참여가 요구된다.

◆ 집행자를 전략적 기획 과정에 적극 참여시켜야 한다.

◆ 전략적 이슈를 중요한 논의의 과제로 제시하여야 한다.

◆ 전략적 계획을 어떻게 집행할 것인지에 대하여 합의하여야 한다.

■ 계획의 내용 및 형식 문제
◆ 전략적 계획서가 너무 구체적이어서는 아니 된다.

◆ 꿈과 현실 간에 적절한 균형이 있어야 한다.

◆ 전략계획서에 조직 내·외부의 중요한 문제를 포함해야 한다.

◆ 전략계획서 작성의 용어, 개념, 형식을 단순하게 하여야 한다.

■ 이용의 제도화
◆ 전략계획을 신속하게 대내외적으로 공포하도록 한다.

◆ 조직의 리더십이 계획을 적극적인 관리 도구로 활용하도록 한다.

◆ 계획을 일상적인 관리와 통합하여야 한다.

◆ 조직의 업무를 계획의 맥락에서 조직화하여야 한다.

◆ 집행 과정을 통제하기 위한 시스템을 설계하고 운영하여야 한다.

【참고자료】

http://www.allianceonline.org/

전략집행 실패 요인

여러 학자의 주장을 종합하여 카랄리 등(Kalali, et al.)은 전략집행의 실패와 관련된 요인으로 다음과 같이 16개를 제시하고 있다.

- ◆ **자원의 제한**: 전략적 결정의 집행에 필요한 재정적·물질적·인적 자원의 부족
- ◆ **배경**: 전략집행에서 성공할 수 없다는 평판
- ◆ **빈약하고 부적절한 커뮤니케이션**: 정보와 지식의 전달이 조직의 다양한 단위에서 제대로 이루어지지 않음
- ◆ **목표와 우선순위의 갈등**: 조직의 목표와 전략이 복잡하고 서로 분산됨
- ◆ **환경의 불확실성**: 전략집행 동안에 예측하지 못한 문제 발생
- ◆ **부조화**: 집행 활동 간의 조정이 제대로 이루어지지 못하고 비효율적임
- ◆ **무능한 인적 자원**: 전략집행에 참여하는 직원이 필요한 능력을 갖추고 있지 못함
- ◆ **부적절한 관리팀**: 조직의 모든 수준에서 요구되는 리더십과 지휘가 충분하지도 적절하지도 못함
- ◆ **비효율적 운영기획**: 활동과 핵심적 임무가 구체적으로 규정되지 않음
- ◆ **고위 관리자의 지원 부족**: CEO, 이사회 구성원이나 최고 수준의 관리자가 전략 집행을 적절하게 지원하지 못함
- ◆ **집행된 전략적 의사결정에 대해 사정하지 않음**: 전략적 결정의 성공에 관한 기준이 명료하고 명확하지 않음
- ◆ **조직문화를 수용하지 않음**: 조직구성원의 믿음과 가치와 갈등을 가지는 전략집행 활동
- ◆ **분산된 조직 구조**: 현재의 조직구조가 전략의 집행을 방해함
- ◆ **의사결정자가 헌신하지 않음**: 의사결정자가 전략의 집행에 충분하게 개입하고 몰입하지 않음
- ◆ **불명확한 전략**: 결정된 전략이 명확하지도 잘 정의되지도 않음
- ◆ **조직의 다양한 부문이 전략으로 수렴되지 않음**: 조직의 과정, 작업 시스템 및 기타 부문이 조직 전략과 연계되어 있지 못함

【참고자료】

Nader Seyed Kalali, Mohammad Reza Akhavan Anvari, Ali Asghar Pourezzat and Davod Karimy Dastjerdi. (2011). Why Does Strategic Plans Implementation Fail? A Study In The Health Service Sector Of Iran. *African Journal of Business Management*, 5(23): 9831~9837.

조직변화에 대한 냉소주의

전략적 기획을 포함한 조직변화에 대한 조직구성원의 태도를 보면 <그림 10-1>과 같이 20%는 저항, 60%는 무관심, 그리고 단지 20%만 수용한다.

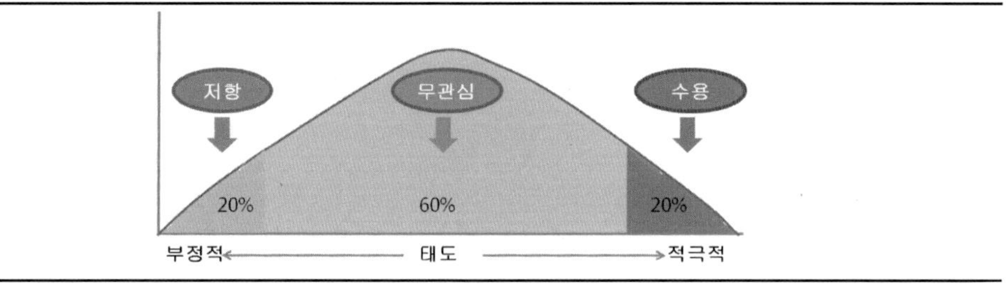

* 자료: Speculand, R., 2006.

〈그림 10-1〉 조직변화에 대한 구성원의 태도

조직구성원의 변화 성공에 대한 비관적 또는 냉소주의적 태도는 <그림 10-2>와 같이 도입 단계에서는 불신감, 전략 실행 단계에서는 소외감, 전략 확산 단계에서는 무력감에 의해서 발생하게 된다.

전략적 기획 과정에서 냉소주의를 극복하기 위해서는 명확한 비전과 사명, 경영진의 일관성 있는 개입과 지지, 참여적 기획 및 개방적 커뮤니케이션, 권한위임, 조직능력에 적합한 전략 추진이 요구된다.

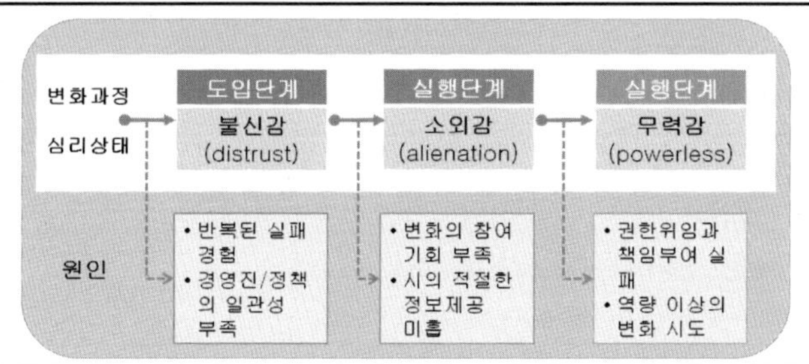

〈그림 10-2〉 조직변화에 대한 냉소주의 발생 요인

【참고자료】

Specculand, R. (2006). Strategy Implementation. *Human Resource Management International Digest*, 14(6): 45-56.

조동만 (2012), 「조직변화의 적, 냉소주의 극복 비결」, 『SERI 경영 노트』, 제153호.

04
전략집행의 6가지 구성요소

전략을 효과적으로 집행하기 위해서는 <그림 10-3>과 같이 6가지 요소를 효과적으로 관리하여야 한다.

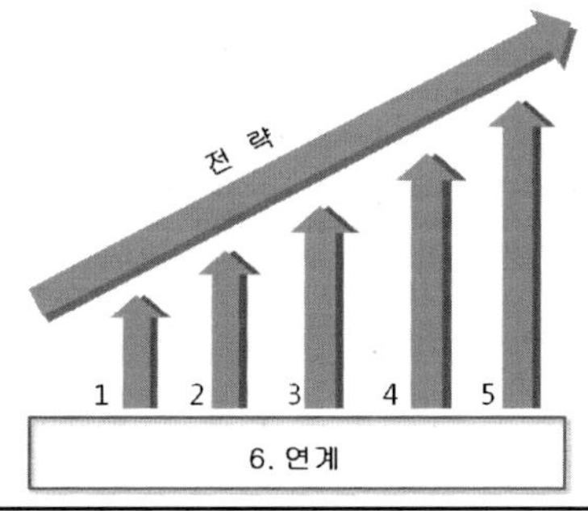

〈그림 10-3〉 전략 집행의 6가지 지원 요소

◆1. **행동계획**: 전략을 성공적으로 집행하기 위해서는 전술로서 행동계획을 수립하여야 한다. 행동계획에는 집행 책임자 설정, 일정 계획, 활동단계 등이 포함된다.

◆2. **조직구조**: 성공적인 전략의 집행을 위해서는 전략에 적합한 조직구조가 요구된다.

◆3. **인적 자원 요인**: 인적 자원에는 전략적 사고력과 동기부여 등의 활동이 요구된다.

◆4. **연차별 사업계획**: 연차별 사업계획에서는 집행과 관련된 자금계획이 핵심이 된다.

◆5. **모니터링과 통제**: 전략의 집행과정에 대한 주기적인 통제와 모니터링이 요구된다.

◆6. **연계**: 성공적인 전략적 계획의 집행을 위해서는 앞의 5가지 활동의 유기적인 연계가 요구된다.

【참고자료】

Bill Birnbaum. Strategy Implementation: Six Supporting Factors; http://www.birnbaumassociates.com/strategy-implementation.htm

프로젝트 집행의 10가지 핵심 요소

성공적인 집행에서 고려되어야 할 요소로 슐츠(Randall L. Schultz, et al.) 등은 <그림 10-4>와 같이 10가지의 요소를 제시하고 있다. 이들 요소는 다시 전략적인 요소와 전술적인 요소로 구분된다.

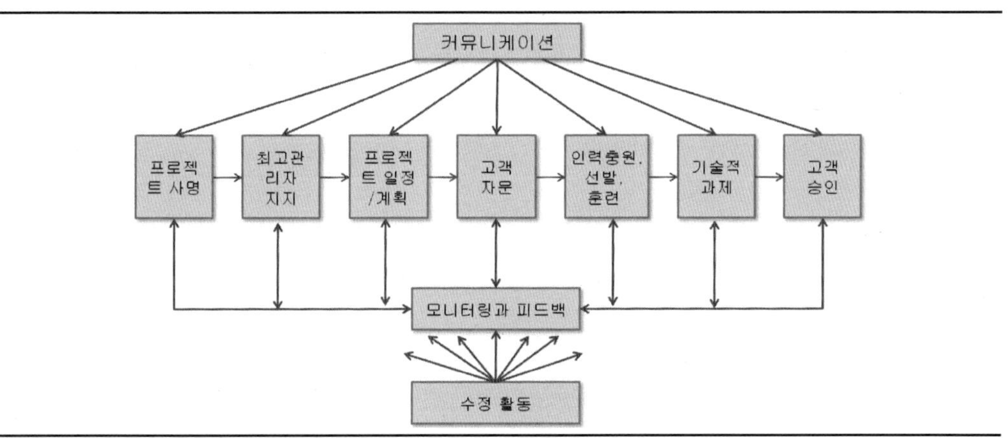

* 자료: Schultz et. al., 1987.

〈그림 10-4〉 프로젝트 집행에서 10가지 핵심 요소

■ 전략적 요소

◆**사명**: 명확하게 정의된 목표와 일반적인 방향

◆**최고관리자의 지지**: 사업의 성공을 위해 최고관리자가 필요한 자원과 권한 및 권력을 제공하고자 하는 의지

◆**일정과 계획**: 집행을 위한 개인의 구체적인 행동단계

■ 전술적 요소

◆**고객 자문**: 영향력을 가진 모든 사람과의 커뮤니케이션, 자문 및 의견 청취

◆**인력**: 사업의 집행에 필요한 인력의 충원, 선발, 훈련

◆**기술적 과업**: 기술적 문제 해결을 위해 요구되는 기술과 전문성

◆**고객 승인**: 고객에게 제품과 서비스를 판매하는 활동

◆**모니터링과 피드백**: 집행과정의 각 단계에서 적시에 통제하고 정보를 제공하는 활동

◆**커뮤니케이션**: 집행에서 모든 핵심 행위자에게 적절한 네트워크와 필요한 자료를 제공

◆수정: 계획에서 이탈되는 행위와 예측하지 않은 위험을 처리할 수 있는 능력

【참고자료】

Schultz, R. L., Slevin, D. P. and Pinto, J. K. (1987). Strategy and Tactics in a Process Model of Project Implementation. *Interfaces*, 17(3): 34~46.

06
전략집행의 6가지 살인자

비어와 아이젠스타트(Beer and Eisenstadt)는 전략의 집행을 죽이는 보이지 않는 살인자로 다음의 6가지를 제시하고 있다.
- ◆하향식 또는 자유방임적인 고위 관리자의 스타일
- ◆불명확한 전략과 갈등을 가지는 우선순위
- ◆비효과적인 고위 관리자 팀
- ◆미흡한 수직적 커뮤니케이션
- ◆부서, 사업 또는 경계 간의 조정 부족
- ◆철저한 리더십 기술과 개발의 불충분함

【참고자료】

Beer, M. & Eisenstadt, R. A. (2000). The Silent Killers Of Strategy Implementation And Learning. *Sloan Management Review*, 41(4): 29~41.

07
성공적 전략실행 방안

◢ 1단계: 비전을 계량화하라

비전의 계량화는 기업이 이루고자 하는 바를 구체적이고 수치화된 목표로 표현하는 것이다. '업계 리더의 달성', '5년 이내에 매출 2배 증대' 등과 같이 비전을 계량화된 목표로 설정할 필요가 있다. 비전의 계량화 작업은 목표 달성을 위해 얼마나 많은 고객과의 관계가 필요하며, 종업원에게 무엇이 요구되는지 등을 파악할 수 있도록 한다.

■ 2단계: 진언비밀(mantras)을 활용하여 전략을 전파하라

수립된 전략은 슬로건과 같이 간결하면서 핵심을 전달할 수 있는 문구를 통해 조직 전체에 끊임없이 전달해야 한다. 지속적이고 반복적으로 전달하여 전략이 일상 업무와 연계되고, 전략이 서랍 속의 전략이 아닌 살아 있는 전략이 되도록 하여야 한다. 포드는 품질문제로 어려움을 겪을 때 '품질 제일주의'라는 슬로건을 개발하여 조직 전체에 전파하여 품질문제를 해결하였다.

■ 3단계: 활동이 아닌 결과를 계획하라

전략의 성공적인 실행을 위해서는 활동이 아닌 결과를 계획하여야 한다. 결과 계획의 기본 원리는 SMART 원리를 준수하는 것이다. SMART한 목표나 결과는 전략 실행 과정 전체를 점검할 수 있으며, 단계적으로 필요한 조처를 할 수 있도록 한다.

■ 4단계: 해서는 안 되는 것을 계획하라

전략 집행의 가장 큰 장애물은 한꺼번에 너무 많은 것을 하려는 의욕 때문이다. 너무 많은 것을 하게 되면 검토 없이 무조건 OK 하거나 집중적으로 막대한 예산과 자원을 요구하여 실패하게 된다. 이에 우선순위에 의해서 해서는 안 되는 것을 명확하게 결정하여야 한다. 대표적인 예로 델컴퓨터는 소매유통을 폐기하고 인터넷 판매로 자원과 역량을 집중하였다.

■ 5단계: 조직에 전략을 개방하라

전략의 내용을 조직 전체에 알리지 않으면 전략에 대하여 수많은 의혹을 가져오게 하고, 전략 자체에 대하여 저항이 발생할 수 있다. 조직의 구성원이 조직이 추구하는 전략을 모른다면 전략을 실행에 옮길 기회를 가지지 못하게 된다. 이를 극복하기 위해 실질적인 커뮤니케이션 프로그램의 운영과 성과측정 및 측정 결과를 개인의 성과 평가에 반영하여야 한다.

■ 6단계: 현황 파악과 과정 관리를 자동화하라

전략 집행의 65%는 현황을 파악하는 데 소요되므로 자칫 중요한 의사결정 대신에 현황과 관련된 활동을 검토하는 데 소비할 가능성이 있다. 현황 파악과 진행관리를 자동화하여 낭비되는 시간을 줄이고 결정에 필요한 정보를 적시에 제공할 수 있도록 하여야 한다.

■ 7단계: 집행과 전략의 다양한 사이클을 창출하라

전략은 시장, 제품, 수익, 성장 등 주요 현안에 대하여 승인하는 활동이고, 실행은 이를 결정·평가·종료하는 것이다. 전략적 계획과 프로세스를 검토하고 유지하는 관리 활동과 구분하는 것이 필요하다. 성공적인 전략 집행은 생동감 있고, 역동적인 프로세스로서 조직 내

외부의 변화를 감지하고 적절한 조치를 내릴 수 있어야 한다.

【참고자료】

Robert Zagotta & Don Robinson. (2002). Keys to successful strategy execution, *The Journal of Business Strategy*, (Jan/Feb); http://fourthfloor.com/site/files/Keys.PDF

08
전략 집행의 8가지 수단

■ 구조적 변수

◆ **행동**: 부서 간 통합과 조직의 협력을 위해 누가, 무엇을, 언제 하는가를 명확히 해야 한다. 성공적인 전략의 집행을 위해서는 모든 조직구성원의 투입과 협력을 요구한다. 그리고 조직전략, 사업전략, 기능별 전략의 조정과 통합이 요구된다.

◆ **프로그램**: 조직 학습과 지속적인 개선 활동이 요구된다. 회사의 가장 중요한 자산은 구성원의 창의적 사고력이다. 창의적 사고력은 학습 조직에 의해서 달성될 수 있다.

◆ **시스템**: 전략적 지원 시스템을 구축하여, 고객, 인적 자원, 과정 등에 대한 양적·질적인 정보를 실시간에 접근할 수 있도록 관리되어야 한다.

◆ **정책**: 올바른 전략 지원 정책이 수립되어야 한다. 지원 정책은 일상적인 의사결정이나 행동의 지침으로 사건에 대응하기보다는 조직의 비전과 사명 지향적이어야 한다.

■ 관리적 기술

◆ **상호작용**: 성공적 집행을 위해서는 전략적 리더십을 행사하여야 한다. 리더의 핵심적인 책임은 방향제시, 보고, 통제, 갈등관리, 규범 제정 등이다.

◆ **배분**: 언제 어디에 자원을 배분할 것인가에 대한 이해가 있어야 한다.

◆ **모니터링**: 성과달성에 대한 보상체계가 있어야 한다. 보상은 금전적 보상과 비금전적 보상이 있을 수 있다.

◆ **조직화**: 효과적인 집행을 위해 바람직한 기업 문화의 형성은 핵심적인 요인이다.

【참고자료】

Crittenden, V. L. and Crittenden, W. F. (2008). Building A Capable Organization: The Eight Levers Of Strategy Implementation, *Business Horizons*, 51(4): 301~309.

집행에서 전략과 전술의 관계

핀토와 슬레빈(Pinto & Slevin)은 전략 집행의 효과성을 일정대로 집행되고, 예산에 적합하게 집행되며, 계획한 모든 목표를 달성하고, 고객에 의해 승인되는 것이라고 하고 있다. 이들은 집행의 효과성을 전략과 전술의 차원에서 <그림 10-5>와 같이 분류하고 있다.

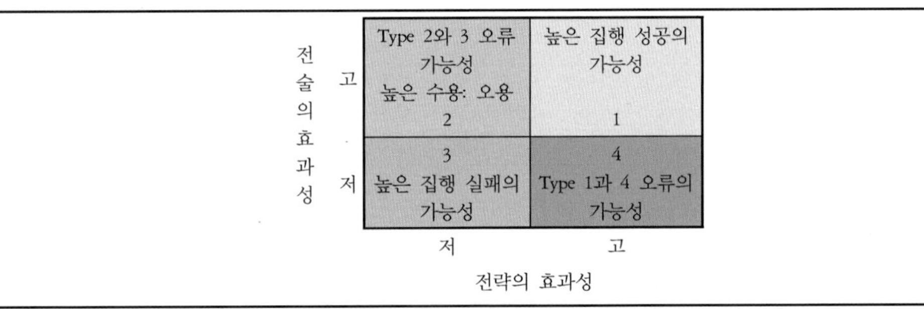

〈그림 10-5〉 전략과 전술의 효과성 매트릭스

◆ 1. 상한(고 전략-고 전술): 집행기간에 전략과 전술이 매우 높은 효과성을 보이는 상황으로 집행의 성공 가능성이 높다.

◆ 2. 상한(저 전략-고 전술): 사명의 불명확, 최고관리자의 지지 부족 등과 같이 전략적 요소의 효과성이 낮지만, 고객의 자문, 커뮤니케이션 등의 전술적 효과성이 높은 상황이다. 이러한 상황에서는 부적절하고 불필요한 집행활동이 많아질 위험이 있다. 즉, 방향성이 없이 일만 열심히 하는 결과(3종 오류)를 가져온다.

◆ 3. 상한(저 전략-저 전술): 전략과 전술적 요소가 부적절하게 작용하는 상황으로 이 경우에는 집행이 실패할 가능성이 크다.

◆ 4. 상한(고 전략-저 전술): 전략적 방향은 올바르지만 집행되지 않는 결과를 가져온다. 이러한 현상은 올바른 문제를 해결하였으나 조직이 수행하지 않은 결과에 따라서 발생하는 4종 오류를 가져오기도 한다.

【참고자료】

Slevin, D. P and Pinto, J. K. (1987). Balancing Strategy and Tactics in Project Implementation. *Sloan Management Review*, (Fall): 33~41.

완전한 정책 집행의 10가지 조건

◆ 집행기관의 외부 환경이 타격을 주는 압박을 하지 말아야 한다. 현실세계의 집행에서는 물리적·정치적인 장애가 발생할 수 있다. 예로 특이한 기상변화는 정책집행에 영향을 줄 수 있다. 이는 조직의 차원에서 통제할 수 없는 변수이다.

◆ 적시에 충분한 자원을 프로그램이 이용할 수 있어야 한다. 집행을 위한 자원이 없거나 자원이 적시에 제공되지 못하는 것은 집행 실패에서 전형적으로 볼 수 있는 문제이다.

◆ 필요한 자원의 결합을 실제 이용할 수 있어야 한다. 적절한 자원의 결합 및 이를 위한 기술적 전문가가 부족하면 집행에 어려움을 가진다.

◆ 집행을 위한 전략이 타당한 인과이론에 기초하여야 한다. 많은 프로그램은 이론을 바탕으로 한다. 그 기초가 되는 이론의 타당성은 집행의 효과성과 직접적인 관계를 맺는다.

◆ 인과관계가 직접적이어야 하고, 다른 매개적 연계가 거의 없어야 한다. 타당한 인과관계 이론을 가지는 정책이나 프로그램이라고 할지라도 매개적인 연계가 순수하지 않을 때에 실패할 수 있다.

◆ 집행기관 간의 의존관계가 최소화되어야 한다. 이를 위해 집행기관 간의 합의는 성공적인 집행의 선결 조건이 될 수 있다.

◆ 집행과정 전반에 걸쳐 목적에 대한 완전한 이해와 합의가 있어야 한다. 이상적으로 이러한 조건을 구성하기 어렵지만, 목적에 대한 합의는 성공의 필수적인 조건이다.

◆ 과업은 계속된 수정으로 완전하게 구체화해야 한다. 과업은 상황 적응성을 가지고, 수정에 있어서 과업에 대한 오해나 기만행위가 있어서는 안 된다.

◆ 참여자 간의 완전한 커뮤니케이션과 조정이 있어야 한다. 군대와 같은 일방적인 명령체계는 커뮤니케이션과 조정의 기회를 극소화하게 된다. 다양한 커뮤니케이션 채널이 요구된다.

◆ 권위를 가진 사람은 완전한 순응을 요구하고 얻을 수 있도록 하여야 한다. 이는 적극적인 리더십과 정당한 권력에 의한 관리와 관련이 있다.

【참고자료】

Gunn, L. (1978). Why Is Implementation So Difficult? *Management Services in Government*, 33(4): 169~176.

집행과정에서 가장 빈도가 높은 문제

알렉산더(Alexander)는 미국 포춘지가 선정한 500개 기업 가운데 92개 기업에 대한 전략적 계획의 집행과정 문제에 관한 설문 조사 결과 응답기업의 50%가 다음 10개의 문제점을 집행기간에 경험하였다고 한다.

◆ 처음 배정하였던 시간보다 더 많은 시간이 걸림

◆ 당초에 확인되지 않았던 많은 문제가 표면화됨

◆ 집행활동의 조정이 충분히 효과적이지 못함

◆ 경쟁적 활동이 결정의 집행에 관한 관심을 분산시킴

◆ 참여하고 있는 구성원의 능력 부족

◆ 하위 계층에 대한 훈련과 교육이 부적절함

◆ 통제할 수 없는 외적 환경이 집행에 역효과를 가짐

◆ 부처 관리자의 리더십과 지시가 부적절함

◆ 핵심적인 집행 업무와 활동이 명확하게 정의되지 않음

◆ 집행을 모니터링하기 위해 사용되는 정보 시스템이 부적절함

이 외에 집행기간에 나타나는 문제점으로 다음과 같은 것들을 제시하고 있다.

◆ 전략적 결정에 대한 지원과 지지를 집행 조직에만 방치

◆ 전체 목적을 구성원들이 충분하게 이해하지 못함

◆ 핵심 구성원의 책임이 명확하게 설정되지 못함

◆ 전략 결정과정에서 핵심적인 참여자들이 집행에서 적극적인 역할을 하지 못함

◆ 최고관리자의 개입이 요구되는 문제가 초기에 충분하게 전달되지 못함

이를 바탕으로 성공적인 전략 집행을 위해 다음을 권고하고 있다.

◢ 커뮤니케이션

최고관리자는 구성원에게 전략적 계획의 새로운 전략적 방향에 대하여 명확하게 전달하여야 한다. 이에 의하여 구성원의 책임, 과업 및 의무를 명확하게 한다.

◢ 좋은 개념이나 아이디어를 가지고 출발

처음에 잘 형성되지 않은 전략은 많은 시간과 노력을 투자하여도 좋은 결과를 가져오지는 않는다.

◪ 구성원의 몰입과 개입

구성원의 참여가 없는 전략은 집행과정에서 저항을 가져온다. 전략의 집행과정에서 구성원의 참여와 몰입이 이루어지고 유지되도록 하여야 한다.

◪ 충분한 자원의 제공

적절한 자금이 제공되지 않으면 제한된 성공만을 가져오게 된다. 전략을 집행하는 데 필요한 기술적 자원, 인적 자원과 시간 자원이 충분하게 제공되어야 한다.

◪ 집행계획의 개발

집행계획에는 누가 언제 무엇을 할 것인가를 명확하게 하여야 한다. 그러나 너무 구체적이면 집행부서는 이를 정확하게 따르고자 하여 대응성을 결여할 위험이 있다.

【참고자료】

Alexander, L. (1985). Successfully Implementing Strategic Decision. *Long Range Planning*, 18(3): 91～97.

12
전략집행의 단계와 기능 간의 이슈

노블(Charles H. Noble)은 전략집행 단계를 <그림 10-6>과 같이 크게 4단계로 구분하고 있다.
◆사전 집행단계
◆활동의 조직화 단계
◆과정의 지속적 관리 단계
◆기능 간 성과의 극대화 단계

◪ 사전집행단계

집행의 성공을 위해 집행자들은 전략 형성과정에 참여하여야 한다. 그리고 사전집행기간에 기능부서 구성원에 대한 교육이 요구되고 부서의 대표자를 선발하여 상위부서와의 커뮤니케이션 채널 역할을 하도록 하여야 한다.

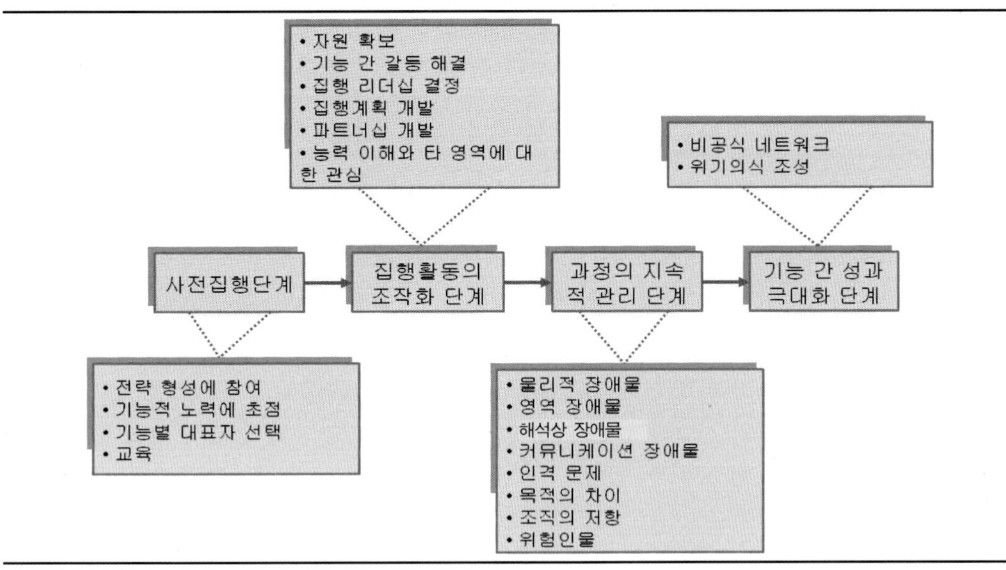

〈그림 10-6〉 집행단계와 기능 간 이슈

◢ 집행 활동의 조직화

집행을 위하여 자원을 동원하고, 집행에 대한 책임성을 명확하게 하고, 부서 간 협상으로 부서 간 관계를 형성할 필요가 있다. 그리고 집행과정에서 나타나는 갈등의 적절한 해결이 요구된다. 집행 팀의 리더십을 명확하게 하여 혼란을 줄여야 한다. 집행을 위한 계획 수립이 있어야 한다. 성공적인 집행을 위하여 이해관계자와의 파트너십의 구축이 요구되고 다른 부서와의 협력을 위해 다른 부서에 대한 이해도를 증진해야 한다.

◢ 집행과정의 관리

전략의 집행에서는 다양한 형태의 저항이 나타날 수 있다. 성공적인 집행을 위해서는 이러한 저항을 적절하게 극복하는 노력이 요구된다.

◢ 기능 간 성과의 극대화

전략의 집행과정에서 기능 간의 관계는 항상 하나의 도전이 된다. 관계 형성을 위하여 관리자는 비공식 집단을 활용하거나 위기의식을 조성하여 집행의 성과를 향상하는 노력이 요구된다. 특히 집행에서 관리자들은 집행의 우선순위에 대하여 항상 관심을 두어야 한다.

【참고자료】

Noble, C. H. (1999). Building the Strategy Implementation Network. *Business Horizons*, 42(6): 19~28.

13
S 곡선

논리함수 또는 논리곡선으로 불리기도 하는 S 곡선은 일반적으로 성장유형은 <그림 10-7>과 같이 S 자와 비슷하다는 것이다. 즉, 초기의 발전 속도는 느리고, 다음은 최대의 성장을 보이며, 이어서 점차 성장 속도가 완만하여지고 있는 모습을 보여준다.

모형은 전략적 기획이나 조직의 변화가 조직에서 채택되는 과정이나 제품이 시장에서 채택되는 과정 및 어떠한 프로그램이 대상 집행에서 수용되는 과정을 추론하는 데에도 활용될 수 있다. S 곡선은 기술의 전파와 같은 다양한 현상에 대한 예측 및 현재의 발전 위치와 상황을 파악하는 데에도 이용될 수 있다.

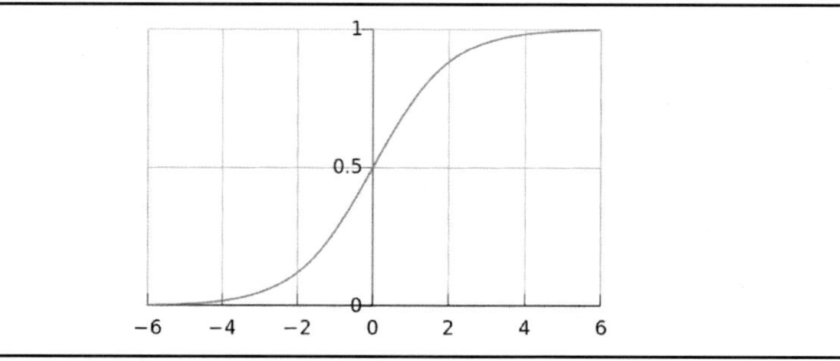

〈그림 10-7〉 성장의 S 곡선

14
혁신의 전파 모형

커뮤니케이션 학자 에버렛 로저스(Everett Rogers)는 사람들이 새로운 기술을 받아들이는 행태 모형을 제시하고 있다. 그는 혁신이 전파되는 속도는 그것을 수용하는 사람들의 특질, 여론 형성 지도자의 역할, 변동 대행자 등에 따라 변화한다고 한다.

로저스는 새로운 것을 수용하는 사람들을 <그림 10-8>과 같이 5가지로 분류하고 이들의 비율과 특징을 제시하고 있다.

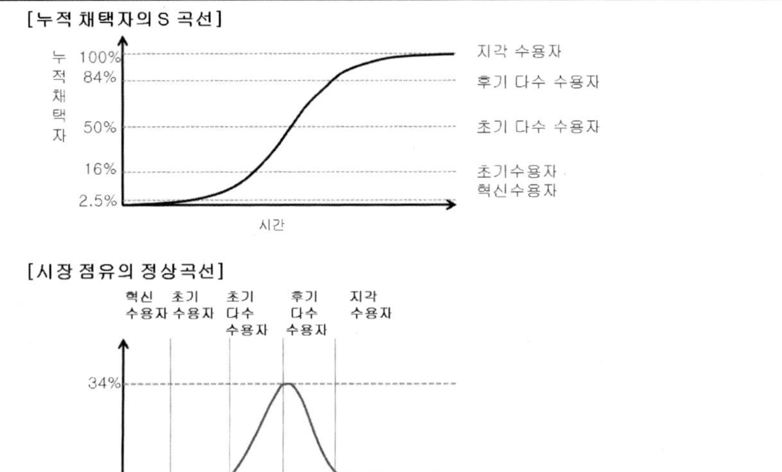

〈그림 10-8〉 성장의 S 곡선

◢ 혁신 수용자(Innovators)

전체 대상자의 약 2.5%의 사람들로 새로운 것이 나오게 되면 즉각적으로 구매하거나 수용하는 사람들이다. 이들은 모험을 즐기고, 높은 수준의 복잡성과 불확실성에도 불편해하지 않는다.

◢ 초기 수용자(Early Adopters)

혁신 수용자 다음의 13.5%의 사람들로 기술이나 사회시스템에 잘 융화하고, 여론 선도자의 자질이 있다. 다른 잠재적 수용자들은 이들로부터 많은 정보와 조언을 구하게 된다.

◢ 초기 다수 수용자(Early Majority)

초기 다수 수용자는 다음 34% 정도의 사람들로 평균적인 사람들보다 약간 앞서서 새로운 것을 수용하는 사람들의 부류이다. 이들은 여론 선도자는 아니지만 동료와 자주 접촉을 하는 특성이 있다.

◢ 후기 다수 수용자(Late Majority)

초기 수용자 다음의 34%에 해당하는 부류의 사람들로, 혁신에 대하여 의심하고, 외부의 압력에 의해서 수용하는 특성이 있다.

마지막 16%의 사람들은 주로 과거 경험에 근거하여 결정하고, 의견을 선도하는 성향이 전혀 없다. 혁신과 혁신자에 대해 상당히 회의적이며 혁신이 실패가 아니라는 확신이 들어야만 수용한다.

【참고자료】

Rogers, E. (1995). *Diffusion of Innovations*. New York Free Press.

15

PERT/CPM

의의

PERT(Program Evaluation and Review Technique)와 CPM(Critical Path Method)은 공정을 효과적으로 관리하기 위해 통계적 방법을 이용한 관리기법이다. PERT/CPM은 계획량의 달성을 백분율로 표현하는 간트(Gantt) 도표의 문제점을 보완하기 위해 1950년대부터 활용되고 있는 기법이다.

PERT와 CPM 기법은 약간의 차이가 있지만, 기본적인 논리는 비슷하다. 그러나 PERT는 수로 신규사업, 비반복사업, 경험이 없는 사업에 활용하고, CPM은 반복사업, 경험이 있는 사업에 이용된다.

PERT는 같은 작업에 대하여 3개 시점의 시간을 추산하나 CPM은 단일 시간을 추산한다. 그리고 PERT는 개개 공정의 소요시간에 대하여 불확정 요소를 도입하여 확률 개념을 도입하나 CPM은 그러하지 않다. CPM은 작업의 여유율을 계산하여 작업시간의 조정을 쉽게 한다. 최소비용 추정에서 프로젝트의 기대치를 CPM에서는 다루나 PERT는 시간만 고려하고 비용을 고려하지 않는 등의 차이가 있다.

두 기법은 계획단계에서 작업 범위에 해당하는 작업량을 요소작업으로 분류하고, 요소작업 간의 선후관계를 결정하고, 각 요소작업의 공기와 비용을 추정하여 일정을 계산한 뒤 공정표를 작성한다.

네트워크 작성의 기본원리를 보면 다음과 같다.

◆ 각각의 활동 단위는 하나의 활동을 표현하여야 한다.

◆ 두 개의 활동은 화살표로 연계되고, 관계는 실선으로 나타낸다.

◆ 착수 단계를 제외한 모든 단계는 선행 활동을 가지고, 완료 단계를 제외한 모든 활동은

후속 활동을 한다.

◆모든 활동은 선행 활동이 완료되지 않으면 착수하지 못한다.

◆활동 선은 앞으로만 진행한다. 즉, 뒤로 돌아가지 않는다.

PERT/CPM 기법은 다음과 같은 장점이 있다.

◆전체 일정을 종합하여 볼 수 있도록 한다.

◆주 공정과 여유 공정을 구분하여 주 공정에 초점을 두게 한다.

◆공정의 상호관계를 명확하게 하고 책임한계를 명확하게 한다.

◆시간의 단축과 활동의 중복을 제거하여 비용을 줄여준다.

◆작업 및 공정 환경의 변화에 신축적으로 대응하도록 한다.

◆작업 및 활동에 대한 통제의 효과성을 제고시킨다.

◆컴퓨터 프로그램으로 관리될 수 있다.

◆다양한 의사결정을 위한 수단이 될 수 있다.

과정

◆**프로젝트 정의**: 프로그램이나 프로젝트를 활동 단위로 분해하고, 각 활동단위에 예상되는 소요시간 및 활동단위 간의 선후 관계를 결정한다.

◆**네트워크 작성**: 분석 결과를 바탕으로 네트워크를 작성한다.

◆**일정계획**: 각 활동의 시작 시각과 완료 시각을 결정하고 여유시간을 계산하여 주 공정선을 파악한다.

◆**자원계획**: 각 활동 단위의 수행에 필요한 자원에 대한 배정계획을 수립한다.

◆**통제**: 프로젝트가 계획한 일정에 따라 진행되는지를 검토하고, 필요시 계획 및 자원 배정을 조정한다.

사례

<표 10-1>과 <그림 10-9>의 사례는 소요시간과 소요인원이 고정된 상태에서 적정 인원 배정을 위한 사례이다.

〈표 10-1〉 프로젝트 Y의 소요시간과 소요인원

활동	선행활동	소요시간	소요인원
A	-	2	0
B	-	3	5
C	A	2	0
D	B	3	7
E	B	2	3
F	C, D	3	2
G	C, D	2	1
H	C, D, E	7	2
I	C, D, E	5	5
J	F, H	6	6

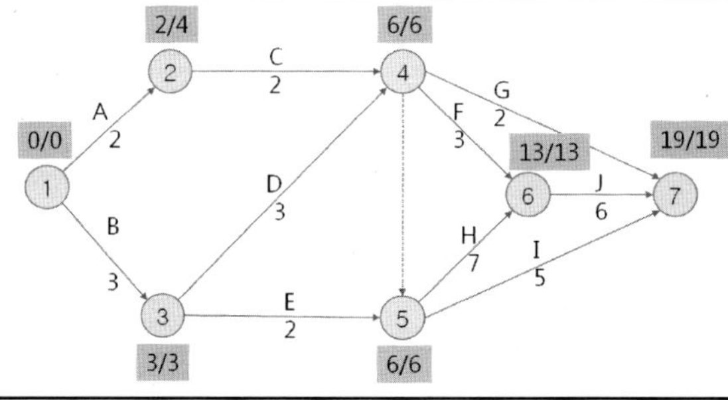

* 자료: http://secom.hanbat.ac.kr

〈그림 10-9〉 프로젝트 Y의 네트워크

16
성과 계기판(Performance Dashboards)

성과 계기판은 성공적인 전략집행에 대한 지표로 재정과 비재정적인 측정을 함께 다루는 운영정보시스템이다. 프랑스에서 기업들이 개발하여 20여 년 이상 동안 사용하고 있는 성과 계기판은 <그림 10-10>과 같이 가시적 변수로 측정할 수 있는 주요 성공 요인을 비행기의 계기판 형태로 보여줌으로써 구성원들이 조직의 상태를 이해하고 변화를 촉진할 수 있게 하려고 개발되었다.

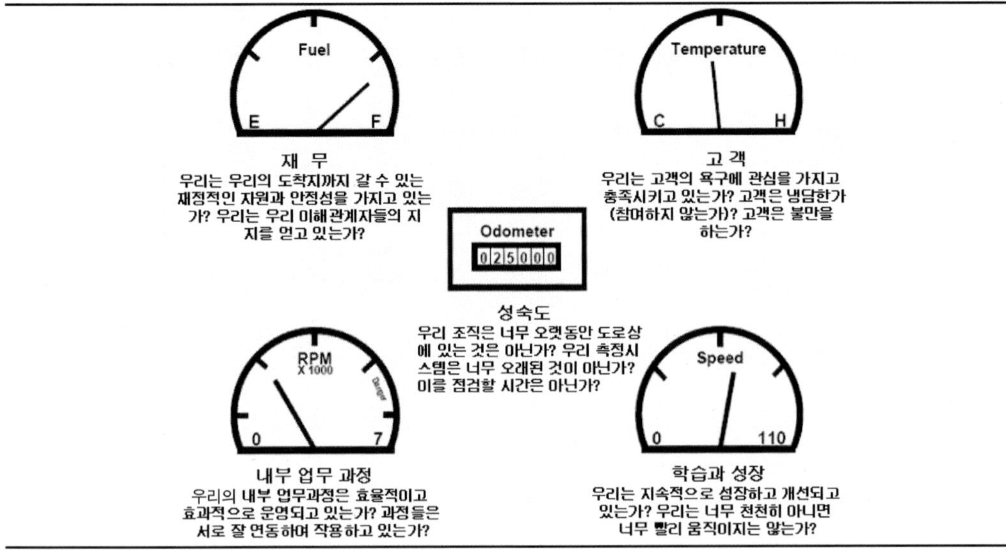

〈그림 10-10〉 균형 성과표 계기판

성과 계기판은 많은 측정 또는 투입을 기초로 하여 선택된 핵심적인 척도를 집합시켜 놓은 것이 된다. 성과 계기판은 일정한 장소에 설치하여 최고관리자나 관리자가 항상 검토하고 관심을 두게 한다.

【참고자료】

Houghton College. (2007). Dashboard Indicators: The Top Mission-Critical Indicators for Houghton College. http://www.houghton.edu/offices/ipo/HotTopics/dashboard/Dash _bd_Ind.htm.

17
전략적 기획의 집행조직 구조

전략을 집행하기 위한 조직구조는 팀제도, TFT 등이 선호되나 전략의 유형이나 조직의 특성 등을 고려하여 다양한 조직을 선택할 수 있다.

기업가적 구조

기업가적 조직구조(Entrepreneurial Structure)는 <그림 10-11>에서 보듯이 가장 기본적인 구조로 한 명의 관리자에 의하여 운영되는 조직이다. 이 구조는 규모가 매우 작은 조직에서 활용되는 것으로 단일사업, 활동이나 서비스를 제공한다.

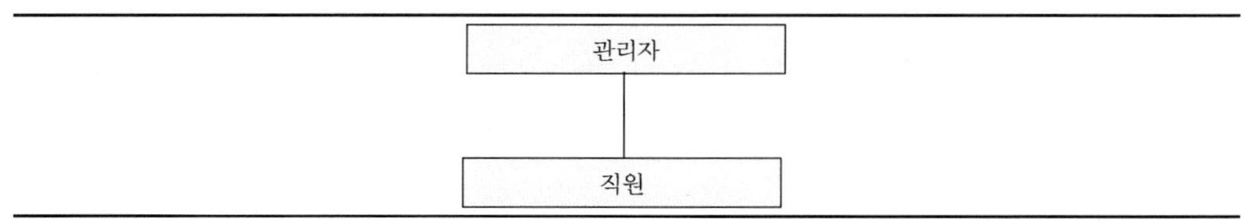

〈그림 10-11〉 기업가적 구조

▰ 기능 구조

기능 구조는 <그림 10-12>와 같이 조직의 기능을 업무나 활동으로 구분하여 분류하는 조직구조이다. 이에 의하여 관리자의 기능은 서로 다른 기능영역의 관리자에게 위임하게 된다.

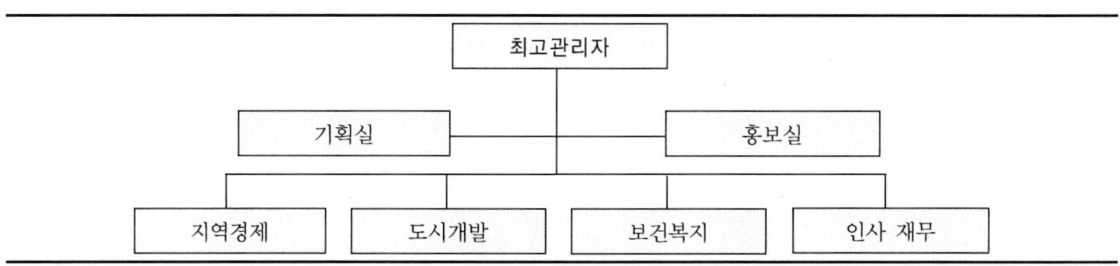

〈그림 10-12〉 기능 구조

▰ 부문 구조

부문 구조(Divisional Structure)는 <그림 10-13>과 같이 조직이 성장하고, 복잡성이 증대하면서 기능 구조만으로는 한계를 가질 때 많이 사용되는 조직구조이다. 부문 조직에서 부문은 크게 제품, 과정, 고객, 장소의 4p(Product, Process, People, Place)를 기준으로 구조를 분화할수 있지만, 실제는 어떤 하나의 기준만 사용되는 경우는 매우 드물고 혼재되어 사용되고 있다.

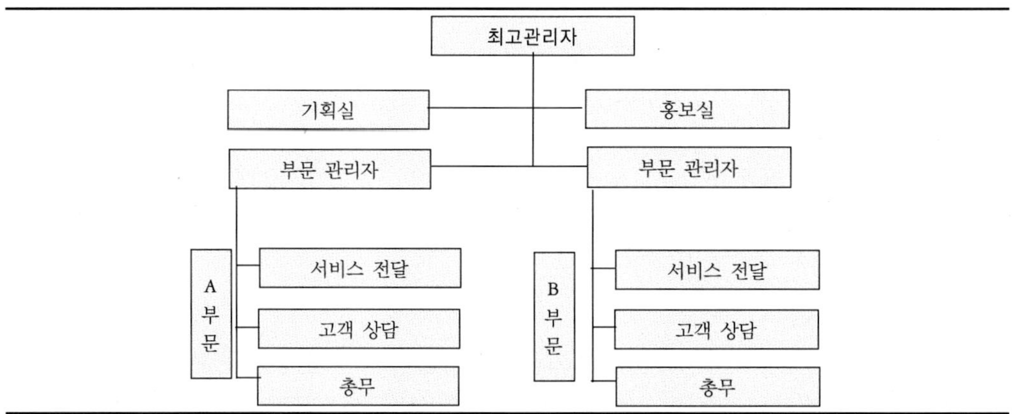

〈그림 10-13〉 기능 구조

SBU(strategic business unit)는 <그림 10-14>와 같이 비슷한 부처를 전략적 업무단위로 묶어서, 그의 책임자가 최고관리자에게 직접 보고하는 권한과 책임을 위임하는 조직구조이다.

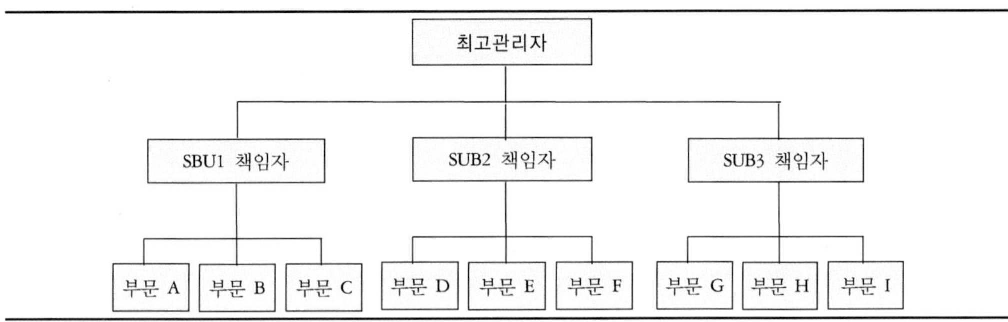

〈그림 10-14〉 전략사업 조직구조

■ 매트릭스 조직구조

매트릭스 조직구조(Matrix Structure)는 <그림 10-15>와 같이 전통적인 기능조직 구조와 프로젝트 구조를 결합한 조직구조이다. 매트릭스 조직구조는 다목적적인 사업을 추진하기 위하여 기존 기능조직에서 전문인을 선발하여 하나의 사업조직을 구성하게 된다.

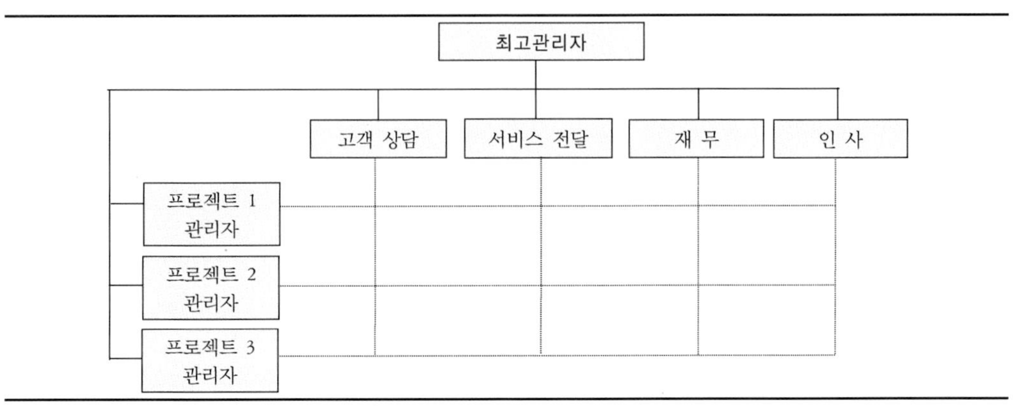

〈그림 10-15〉 매트릭스 조직구조

■ 네트워크 조직구조

거미줄 구조 또는 가상조직(virtual organization)으로도 불리는 네트워크 구조는 지속해서 변화하는 비계층적인 네트워크에 의하여 연결된 다수의 프로젝트 집단이나 공동체들로 구성된다. <그림 10-16>의 네트워크 조직구조는 높은 분권화 체제를 유지하며, 고객과 지리적인 지역을 기초로 조직화한다. 기능은 한 곳에 집중되기보다는 여러 곳에 분산되고, 핵심적인 조직기능은 중개자 역할만을 하는 작은 형태로 운영된다. 네트워크 구조는 지속해서 변화하고, 강력한 변혁과 높은 신축성이 필요한 환경에 신속하게 적응할 필요가 있는 조직에 유리하다.

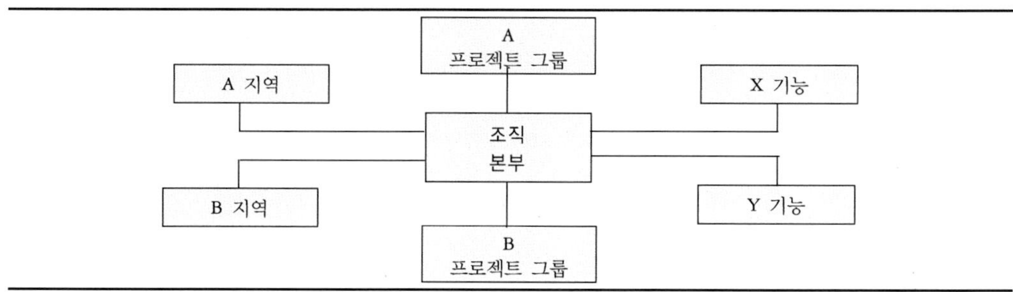

〈그림 10-16〉 네트워크 조직구조

【참고자료】

Kazmi, Azhar. (2002). *Business Policy and Strategic Management (2ed)*. New Delhi: Tata McGraw-Hill Publishing Company Limited.

18
집단 발전의 단계

브래드퍼드와 코헨(Bradford and Cohen)은 팀의 발전을 5단계로 구분하면서 <표 10-2>와 같이 단계별로 6가지 특징에서 차이를 제시하고 있다. 이 표는 집단의 특성을 확인하는 방법과 집단이 더욱 효과적으로 활동하기 위한 방향을 제시하여준다.

〈표 10-2〉 집단 발전의 단계

특성	멤버십	하위-집단화	대립	차별대우	공유된 책임
분위기와 관계	신중함, 감정 억압, 낮은 갈등, 감정폭발이 없음	하위 집단 내 친밀감 증대, 집단 간 상호 비방, 거짓된 동의	하위 집단 간 적대감 존재	신뢰하고, 만족하며, 공개하고, 정직하면서 다양한 분위기	도움을 주고, 공개하고 솔직하게 표현하며, 분쟁은 신속하게 해결하는 분위기
목표 수용	낮음	명확성 증대, 잘못된 인지	쉽게 수용하고, 수용에 대해 논쟁	대부분 사람에 의해 합의	기대 이상의 목표에 몰입

정보 공유	일사불란하나, 매우 왜곡되고, 공개가 거의 없음	하위 집단 내 유사성은 인지한 것만큼 크지 않음	빈약함	상당히 좋음	탁월하고, 신속하며, 직접적
의사결정	적극적 성원이 지배	단편적이고, 교착상태가 많고, 불참으로 보스에 의해서 결정	가장 힘이 있고 목소리 큰 사람에 의해 지배	개인적 전문성을 기초로 하고, 종종 부하와 상의하여 결정	모든 자원이 필요한 경우에는 합의와 집단으로 결정, 개인이 전문가면 개인이 결정
리더십에 대한 대응	성원에 의해 검증하고 시험을 함	저항하거나 때론 은밀하게 위협	지위를 위해 권력투쟁을 하거나 책략으로 조종	일반적으로 지지, 영향에 있어서는 개인별 차이를 보임	높은 지지, 그러나 이슈에 따라 동의하지 않을 자유가 있음
집단이 일하는 방법에 관한 관심	무시	주시하나 회피하거나 소집단의 아웃사이더 회의에서 논의	반대를 위한 무기로 사용	무비판이나 과도하게 강요하는 토의의 중간	목표 달성에 필요할 때 토의; 누구나 제안할 수 있음

【참고자료】

Bradford, D. and Cohen, A. (1998). *Managing for Excellence*. New York: John Wiley and Sons.

19
7T 모형

람바르도와 아이싱거(Michael Lombardo and Robert Eichinger)는 작업팀의 성과에 영향을 주는 핵심 요인을 팀 내적인 요인과 외적인 요인으로 7개의 요인을 <그림 10-17>과 같이 제시하고 있다.

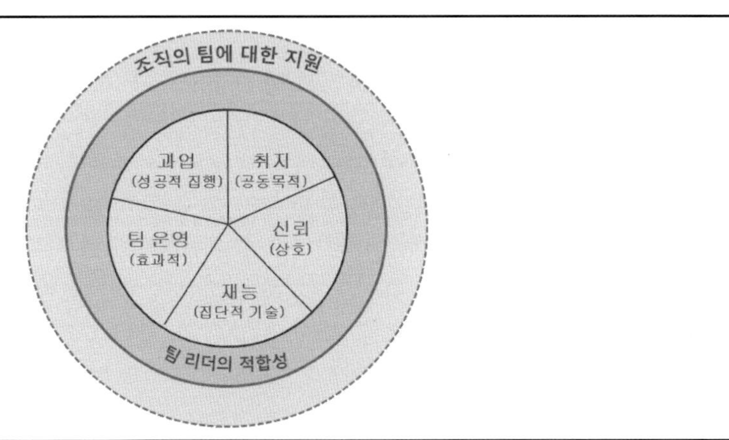

〈그림 10-17〉 팀 효과성을 위한 7T 모형

■ 팀의 내적 요인

◆ 취지(Thrust): 달성할 필요성이 있는 공동의 목적이나 팀의 목표
■ 공동목적에 의한 관리/공동목적의 명확화/공동목적에 헌신
◆ 신뢰(Trust): 팀원으로 상호 간의 신뢰
■ 올바른 커뮤니케이션에서의 신뢰/행동에서의 신뢰/팀 내에서의 신뢰
◆ 재능(Talent): 직무수행을 위한 팀 구성원의 집단 기술
■ 재능의 습득과 향상/재능의 배분과 활용
◆ 팀 운영 기술(Teaming Skills): 팀을 효과적이고 효율적으로 운영하기 위한 기술
■ 자원관리/팀 학습/의사결정/갈등 해결/팀 분위기/과정관리
◆ 과업 기술(Task Skills): 직무를 성공적으로 수행하기 위한 기술
■ 집중력/배분의 신축성/측정/재화의 전달

■ 팀의 외적 요인

◆ 팀 리더의 적합성(Team-Leader Fit): 팀 리더가 팀 구성원의 욕구를 충족시키는 정도
◆ 조직의 팀 지원(Team Support from the Organization): 조직의 리더십이 팀 성과를
  달성할 수 있도록 하는 정도

【참고자료】

Lombardo, M. M. & Eichinger, R. W. (1995). *The Team Architect User's Manual*. Minneapolis, MN: Lominger
  Limited.

20
팀 효과성에 대한 GRPI 모형

루빈 등(Rubin, et al.)은 팀의 효과성을 높이는 데 필요한 구성요소로 <그림 10-18>과 같
이 피라미드 형태의 GRPI 모형을 제시하고 있다. GRPI 모형은 매슬로우의 욕구단계 이론과
유사하나, 매슬로우의 이론은 하위욕구부터 발현되는 것으로 이해하나 GRPI 모형은 역으로
피라미드의 위에서부터 출발한다.

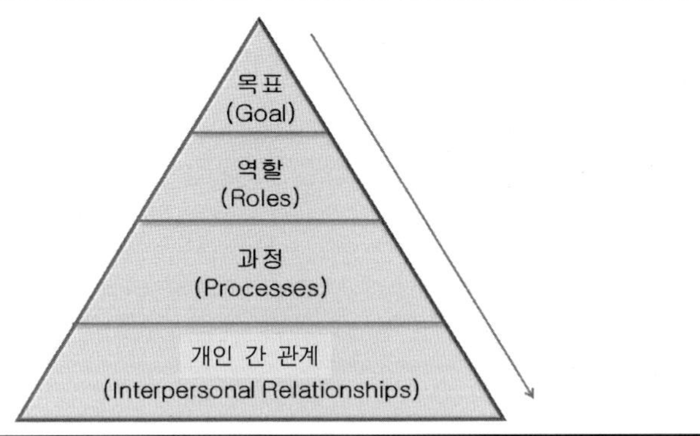

〈그림 10-18〉 팀 효과성을 위한 GRPI 모형

모형에 의하면 팀은 항상 팀의 목적에서 출발하여야 한다. 목적이 명확하게 정의된 뒤에 역할과 책임을 명확하게 한다. 개인은 함께 일하면서 목표와 책임이 명확하지 않은 것을 인식하게 된다. 이에 팀 구성원들은 이를 재정의할 필요성이 생기게 되고, 재정의 과정을 통하여 구성원과 팀의 리더들은 상호 간의 관계로 발전하게 된다.

저자들은 팀 효과성을 위한 지침으로 다음을 제시하고 있다.

◢ 목표 정의
◆팀의 주요 목표를 명확하게 함
◆바람직한 목표에 대하여 합의
◆주요 과업에 대한 이해
◆기준 및 기대에 대한 합의
◆우선순위와 마감일을 명확하게 함
◆업무의 경계를 이해함

◢ 역할의 명확화
◆팀의 리더를 받아들임
◆모든 구성원의 역할을 이해
◆개인 책임을 명확하게 함
◆공동의 책임을 명확하게 함
◆업무의 경계를 명확하게 함
◆차이를 확인하고 이를 메우도록 함

■ 과정과 작업 흐름
◆ 팀 과정(예: 어떻게 의사결정을 하고, 팀이 어떻게 문제를 해결하고, 갈등을 해결하며, 커뮤니케이션하는가)
◆ 작업과정(예: 절차와 작업 흐름)

■ 개인 간의 상호관계
◆ 다른 팀 구성원과의 관계
◆ 신뢰 형성
◆ 상호 간의 민감성과 신축성
◆ 좋은 커뮤니케이션
◆ 문제 해결에서의 협력
◆ 갈등 해결을 위한 효과적인 방법

【참고자료】

Rubin, I. M., Plovnick, M. S. & Fry, R. E. (1977). *Task Oriented team Development*. New York: McGraw-Hill.

21
5가지 팀 모형의 역기능

렌시오니(Lencioni)는 모든 팀은 잠재적으로 역기능적인 것을 가지고 있어서, 팀을 활성화하기 위해서는 이러한 역기능의 유형과 수준을 이해하는 것이 필요하다고 한다. 그는 매슬로우의 욕구 계층제 이론과 유사하게 5가지 수준의 역기능을 <그림 10-19>와 같이 제시하고 있다. 그림에서 하위 역기능은 상위 역기능으로 변화되어 팀의 효과성을 떨어뜨린다. 팀워크를 개발하기 위해서는 상호 간에 신뢰를 형성하여 갈등을 줄이고, 갈등을 줄여서 팀의 과업에 헌신하도록 하고, 개인과 팀의 책임성을 높이는 결과 중심의 팀 운영이 필요하다.

■ 역기능 1: 신뢰의 결여
신뢰의 결여는 서로에게 상처를 주지 않으려 하고, 자신의 잘못이나 약점 또는 도움에 대한 필요를 기꺼이 받아들이지 않을 때 발생한다. 팀원 간에 평안한 의식이 없으면 신뢰의 기초형성이 어렵다.

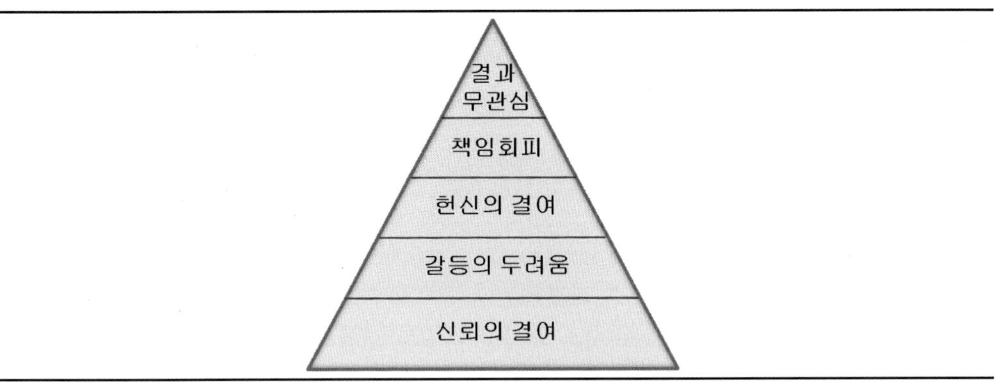

<그림 10-19> 5가지 역기능 모형

■ 역기능 2: 갈등의 두려움

팀원 간에 신뢰가 형성되지 않으면 솔직하고 열성적으로 주요한 이슈에 대하여 토의를 할 수 없다. 팀의 갈등은 솔직하지 않은 토의가 되고 등 뒤에서 이야기하는 상황을 만들게 된다. 개방적이지 않은 상황에서의 의사결정은 합리적이지 못한 의사결정을 가져온다.

■ 역기능 3: 헌신의 결여

갈등이 없으면 팀원들이 의사결정에 참여하는 것을 어렵게 하고, 모호함이 지배하는 환경을 조성하게 된다. 방향성과 헌신하는 생각이 없으면 직원, 특히 유능한 직원들이 나서지 않는다.

■ 역기능 4: 책임의 회피

팀이 명확한 행동계획을 제시하지 않으면 추진력과 능력 있는 직원들은 그들의 동료가 팀 전체에 역효과를 가져올 수 있는 행동이나 행태를 보이더라도 이를 수정하도록 요구하지 않는다.

■ 역기능 5: 결과에 대한 무관심

결과를 중시하지 않으면 팀원들은 자연스럽게 이기주의화되어 자신의 욕구, 경력개발, 안정에만 관심을 두고, 팀 전체의 목적에 대하여는 책임의식을 가지지 않는다. 팀이 목표를 달성하고자 하는 욕구가 없으면 과업은 궁극적으로 어려움을 겪게 된다.

【참고자료】

Lencioni, P. (2002). *The Five Dysfunctions of a Team: A Leadership Fable*. San Francisco: Jossey-Bass.

22

액션러닝

의의

액션러닝(Action Learning)이란 참여자들이 팀을 구성하여 개인의 과제나 팀의 공동 과제를 러닝 코치와 함께 정해진 시점까지 해결하는 과정으로 이를 통하여 지식습득, 자기 성찰을 하는 학습 과정을 의미한다. 액션러닝은 복잡한 문제를 해결하기 위해 4~8명의 소집단이 작업하는 구조화된 메커니즘이다. 이 기법은 특히 전문가나 관리층과 개인의 계발에 적합하다.

액션러닝은 변화에 더욱 효과적이고 유연하게 대응할 수 있도록 구성원의 역량을 개선하는 데 있다. 액션러닝은 기존의 교육훈련방법과 차이를 가진다. 기존의 강의 중심교육과 달리 현장과 실무 중심의 교육훈련방법이고, 기존의 분임조 활동보다는 활동 범위가 조직 전체의 차원까지 확대될 수 있고, 학습의 결과가 실제로 실행된다.

액션러닝은 참여자가 자발적일 때 보다 효과적이다. 액션러닝이 성공하기 위해서는 참여자의 자발적인 몰입, 정직, 타인에 대한 존경, 자신의 행동에 대한 책임성 확보 등을 요구한다.

전략적 기획에서 액션러닝은 전략적 이슈의 확인, 전략의 수립, 조직의 약점 및 장애요인의 확인 등에 활용될 수 있다.

액션러닝은 다음과 같은 패러다임의 변화를 추구한다.

◆학문 지향의 학습에서 기업 지향의 학습

◆임시적 과정에서 통합적인 조직발전으로

◆이론 교육에서 경험 교육으로

◆일반적인 훈련과정에서 고객 맞춤형 훈련 프로그램으로

◆선생 중심에서 학생 중심으로

◆소극적 청취에서 적극적 청취로

◆가르치는 과정에서 자문과정으로

◆강의에서 코칭으로

◆주관적 사고에서 비판적 사고로

◆전통적 사고에서 창의적 사고로

◆경쟁적 학습에서 협력적 학습으로

◆문제 중심에서 해결 중심으로

◆시험에서 프로젝트 기반의 평가로

◆지식이전에서 지식창조로

◆학습→망각에서 지속적 성과 개발로

◆ 훈련비용에서 훈련투자로

◆ 인적자원에서 인적자본으로

◆ 개인적 지식에서 협력적 지혜로

◆ 불가시적 편익에서 측정 가능한 결과로

구성요소

■ 문제(Problem)

액션러닝의 문제는 긴급하고, 중요하며, 기존에 해결 방법이 없고, 그러나 해결할 수 있고, 친숙하며, 의미가 있고, 학습의 기회를 제공하고, 집단적 해결을 요구하는 문제여야 한다.

■ 액션러닝 팀(Team)

액션 러닝은 이상적으로는 4~8명의 구성원을 가진 팀이 수행한다. 이 집단은 배경과 경험이 다양한 사람들로 구성될 필요가 있다. 팀의 구성원은 문제에 대하여 친숙성이 있어야 한다.

■ 질문(Questions)

액션러닝의 질문은 통찰력을 가진 질문과 사려 깊은 청취과정을 요구한다. 특히 편견이 없이 청취할 수 있어야 하며, 액션 러닝은 문제의 본질을 정확하게, 가능한 해결방안을 확인하고, 실행에 옮기는 체계적인 과정을 거치게 된다.

■ 실천(Action)

액션러닝은 문제 해결을 위해 팀 단위로 실천하라고 요구한다. 팀원은 실천할 수 있는 권한과 그들의 권고안을 집행하도록 하여야 한다. 아무리 좋은 해결방안이라고 하더라도 실천하지 않으면 아무런 의미가 없다. 또한 행동으로부터 학습할 수 있어야 한다.

■ 학습(Learning)

조직의 문제 해결은 즉각적이고 단기적인 편익을 제공한다. 그러나 더욱 크고 장기적인 가치는 조직의 학습에 있다. 액션 러닝 팀은 문제의 이해와 재구조화, 목표의 설정, 전략의 개발과 검증, 실천 및 행동 결과의 검토 과정을 거치면서 학습하게 된다.

■ 액션 러닝 코치

액션 러닝 코치는 팀원이 무엇을 배우고, 어떻게 문제를 해결할 것인가를 도와주게 된다. 유능한 코치는 액션 러닝의 성공에 중요한 요인이다.

과정

- ◆1단계: 액션 러닝에 대한 최고관리자의 지지 획득
- ◆2단계: 준비 워크숍
- ◆3단계: 프로젝트, 문제 또는 도전 과제 선정
- ◆4단계: 액션 러닝 코치의 선발
- ◆5단계: 액션 러닝 집단의 멤버십 형성과 조직구성
- ◆6단계: 액션 러닝 집단에 대한 방향 설명 및 준비
- ◆7단계: 액션 러닝 회의 진행과 운영
- ◆8단계: 문제의 재구조화와 액션 전략 개발
- ◆9단계: 시범 사업과 행동에 대한 수정안 작성
- ◆10단계: 액션 전략의 집행
- ◆11단계: 실천 마무리와 최종 학습의 정리
- ◆12단계: 액션러닝 프로그램의 가치 평가와 조직 전체에 확대

【참고자료】

http://www.iim-edu.org/executiveactionlearning/index.htm
http://www.wial.org/ActionLearning/components.shtml
Soundview Executive Book Summaries, Optimizing The Power Of Action Learning; http://www.cognitionnet.com

23
7C 커뮤니케이션 원리

전략 집행에서 커뮤니케이션은 핵심적인 성공의 조건이 된다. 기업 전략이 구성원에게 정확하게 전달되어 행동으로 옮겨지기 위해서는 다음의 조건이 있어야 한다.

■ 완전성(Completeness)

메시지에는 전달자가 원하는 모든 것이 포함되어야 한다. 즉, 필요한 모든 정보를 제공하고, 수신자가 알고 싶은 모든 것에 답을 하여야 하며, 그 외에 필요한 모든 것이 포함되어야 한다.

간결성(Conciseness)

다른 조건의 질을 떨어뜨리지 않는 범위에서 가능한 한 간결하게 전달하여야 한다. 장황한 표현은 제거하고, 단지 관련된 것만 포함하고, 불필요한 반복은 피하도록 한다.

명료성(Clearness)

명료성을 위해서 정확하고, 실제적이고 친숙한 단어를 선택하여 사용하고, 문장과 문단을 너무 길지 않게 표현하여야 한다.

구체성(Concreteness)

구체성은 모호하고 일반적이기보다는 선명하고, 구체적인 것을 의미한다. 이를 위해 사실과 숫자로 표현하거나, 생동감 있고 이미지를 형성하는 단어를 선택하여 사용하여야 한다.

수신자 배려(Consideration)

메시지를 준비하면서 수신자의 처지에서 생각하여야 한다. 이를 위해 수신자에게 도움이나 이익이 됨을 보여주어야 한다.

정확성(Correctness)

정확성의 핵심은 적절한 문법, 구두점, 철자이다. 이를 위해서 표준어 사용, 숫자나 사실의 정확도를 검토하고, 올바르게 작성해야 한다.

정중함(Courtesy)

수신자로 하여금 당신의 예의 바름을 알 수 있도록 하여야 한다. 세련되고, 감사의 마음을 가질 수 있도록 메시지를 전달하여야 한다.

24
커뮤니케이션 도구

커뮤니케이션은 발신자와 수신자 그리고 환경에 적합한 도구를 활용하여야 한다. <그림 10-20>은 커뮤니케이션의 목적과 이해관계자의 인지 및 전달방법 간의 상호관계를 보여준다.

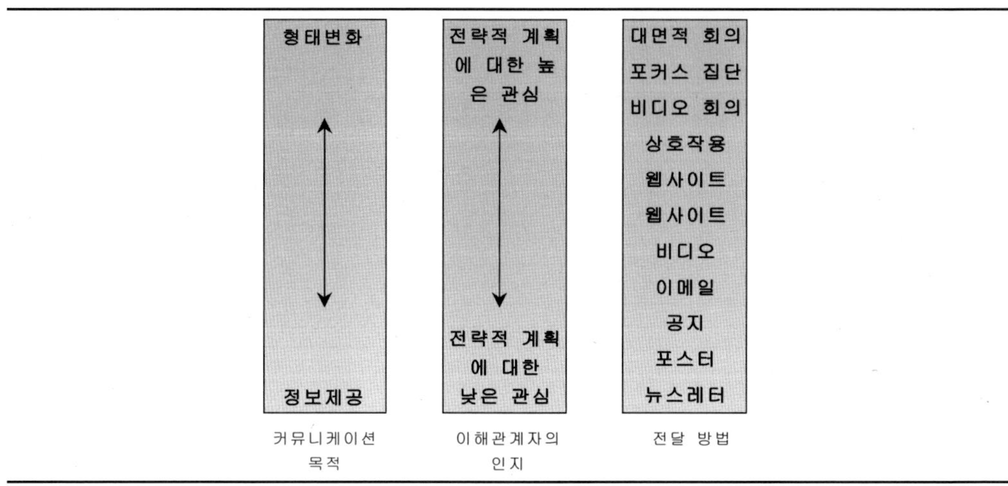

* 자료: OVC, OVC–TTAC Strategic Planning Toolkit, An Office for Victims of Crime Publication; https://www.ovcttac.gov

〈그림 10-20〉 이해관계자에게 정보 전달 범위

<표 10-3>은 커뮤니케이션 도구의 장점과 활용을 정리한 것이다.

〈표 10-3〉 커뮤니케이션 도구

(내부 커뮤니케이션 도구): 인쇄물

매체물	장점	활용방법
브로슈어	◆전략적 계획을 요약하여 조직에 전달	◆전체 직원회의나 신규직원 오리엔테이션 때에 배포
바인더	◆신축적 ◆계획의 갱신 시에 편리	◆목표 수준의 개별 직원에게 배포 ◆정기적으로 갱신
편지/메모	◆고위 리더의 말로 전략계획을 설명	◆계획과 계획의 진행사항을 전달하기 위하여 모든 구성원에게 배포 ◆단독 또는 공식적인 배포 수단이 없이는 사용하지 말 것
카드	◆휴대 용이 ◆구성원이 계획에 집중하도록 함 ◆전략적 계획을 요약하여 전달	◆계획의 기본적인 것에 관심을 두게 함
포스터	◆구성원에게 계획을 상기시킴	◆조직의 공동장소에 게시
전략적 계획 뉴스레터	◆전략적 계획 및 기획과정을 상세하게 전 구성원을 교육 ◆전 구성원이 전략적 계획의 집행을 이해하도록 함 ◆진행상황을 공유 ◆전략적 계획에 대한 몰입 강조 ◆계획이 일상적 업무와의 연계를 보여줌 ◆계획에 대한 지속적 관심 유지	◆첫 번째 발간물은 계획과 과정을 알리기 위해서 사용 ◆이후의 발행호는 과정, 결과, 교육, 새로운 전략의 제시 등을 알리기 위해서 사용 ◆전 구성원에게 배포
뉴스레터에 고위 관리자의 글 기고	◆고위관리자의 계획에 관한 관심을 보여줌 ◆구성원에게 계획을 알려주고 관심을 끌게 함	◆고위 관리자가 조직의 뉴스레터에 전략적 계획에 대한 글을 쓰고 갱신 내용을 알려 줌
신규 직원 채용 시 첨부하는 편지	◆계획을 설명 ◆신규 직원이 계획을 검토할 충분한 시간을 줌 ◆계획에 대한 관심도를 보여줌	◆신규 직원 채용 통보와 함께 계획에 대한 설명서를 보냄

(내부 커뮤니케이션 도구): 구술방법

매체	장점	활용방법
전체 회의	◆직원 차원에서 Q&A를 촉진 ◆고위 리더의 관심을 강화	◆고위 리더가 계획을 설명하기 위하여 전체 회의를 소집 ◆전략적 계획과 과정을 토의
인쇄물에 의한 브리핑	◆리더에 의하여 메시지의 일관성을 확보 ◆계획에 관한 관심을 보여줌	◆각 부서장 및 중간관리자에게 계획을 직원에게 설명하도록 배포 ◆정기적으로 갱신하여야 함 ◆브리핑 방법에 대한 훈련이 요구될 수 있음
부서별 회의	◆고위 리더의 관심을 보여줌 ◆계획을 일상적 업무와 연계 ◆구성원들이 정기적으로 정보를 얻을 수 있게 함	◆부서장은 계획을 알리고 진행 상황을 공유하기 위하여 부서 회의를 개최 ◆모든 부서장이 같은 정보를 전달하도록 브리핑 자료가 필요 ◆고위 리더 팀과의 계획 검토회의 이후에 회의를 개최
포커스 집단	◆아이디어와 질문을 위하여 개방된 포럼을 제공	◆계획에 대한 질문에 답하기 위하여 포커스 집단을 개최
Q&A 회의	◆구성원들에게 질문을 할 수 있도록 함	◆전체회의나 부서별 회의 이후에 하위 집단 수준에서 개최함
특별 출범식 행사	◆모든 직원과 리더가 직접 참여 ◆계획에 대한 교육과 방향을 제시 ◆구성원의 참여를 촉진	◆계획이 완성될 때 출범식 행사를 함
신규직원 오리엔테이션	◆신규직원들이 계획에 대하여 친숙 하게 함 ◆조직 및 고위 리더십의 관심을 보여줌 ◆신규직원들이 어떻게 이바지해야 할 것인지를 생각할 수 있도록 함	◆전략적 기획에 대한 특별 시간을 확보

(내부 커뮤니케이션 도구): 기술적 도구

매체	장점	활용방법
비디오테이프/ 화상회의	◆지리적으로 멀리 있거나 분산된 조직에서 의사전달 수단으로 활용 ◆일관성 있는 메시지를 제공	◆고위 리더의 계획에 대한 설명을 녹화 ◆인쇄매체와 함께 비디오테이프를 부처에 배포 ◆지역별로 질문에 답할 수 있는 곳을 제공
e-메일	◆모든 직원이 접근하기 용이함 ◆갱신이 쉬움	◆계획 및 진행과정의 최근 상황을 전달 ◆메시지는 고위관리자가 보냄 ◆모든 직원이 보낸 메시지를 읽지 않을 수도 있지만, 그렇다고 이를 고위 리더와의 개별 접촉으로 대체할 수는 없음

(외부 커뮤니케이션 도구)

도구	장점	활용방법
브로슈어/유인물	◆요약된 전략계획을 전달 ◆잠재적인 공급자와 의사소통의 기회 제공 ◆전문가 회의에 배포하여 이해관계자와 네트워크 구성 ◆운반이 쉬운 정보전달 방법	◆우편으로 배포 ◆개별적 배포 또는 외부고객과의 회의에서 배포
편지와 계획서 복사본	◆계획의 공유 ◆조직의 관심 전달 ◆의견수렴 및 자원 지원 등을 위하여 사용할 수 있음	◆고객, 이해관계자 및 상위기관에 전략계획과 전략계획의 추진 방법에 대한 설명을 직접 전달 ◆배포 방법이 중요함
개별 면담	◆고위 리더에 의하여 계획의 개인적인 공유 ◆직접적인 의견수렴과 질문을 받을 수 있음	◆고위 리더가 외부고객과의 주기적인 면담을 함

* 자료: Wells, 1996.

【참고자료】

Wells, Denise Lindsey. (1996). *Strategic Management for Senior Leaders: A Handbook for Implementation, Department of the Navy*. Total Quality Leadership Office. http://unpan1.un.org/intradoc/groups/public/docu-ments/ASPA/UNPAN002503. pdf

25
고객 충성도와 유지 모형

조직에 대한 고객의 충성도와 이를 유지하는 것은 조직의 성과에 핵심을 구성한다. 일반적으로 신규고객의 유치보다는 기존의 우량 고객의 유지가 적은 비용으로 더욱 향상된 조직의 성과를 창출할 수 있다.

고객 충성도는 고객 만족과 관련이 있으며, 재구매라는 행태적 충성도와 브랜드에 대한 정신적 충성도로 표현된다.

고객의 구매행태가 고객의 충성도로 전환되는 과정은 <그림 10-21>과 같이 묘사될 수 있다. 고객의 충성도는 대상 브랜드에 대한 상대적 태도와 재구매 빈도와의 관계에서 <그림 10-22>와 같은 모습을 보인다. 이 외에 충성도에 영향을 주는 변수를 보면 <그림 10-23>과 같은 요인들이 제시되고 있다.

충성도 관리를 위해서 다음과 같은 활동이 요구된다.

◆정기적인 서베이와 행태적 자료를 통해 충성도 수준을 평가

◆현재의 충성도 수준을 경쟁자의 수준으로 벤치마킹

◆충성도와 관련된 구성원 고객의 문제점을 확인

◆조직 전체에게 조사 결과를 체계적으로 전달

◆조직의 인센티브, 기획 및 예산과정에 충성도와 유지 목표를 설정

◆고객의 유동률을 줄이기 위한 새로운 프로그램 개발

◆장기적인 충성도를 희생하면서 단기적 충성도를 높이는 활동을 억제

◆고객 충성도 제고를 위한 프로그램 집행

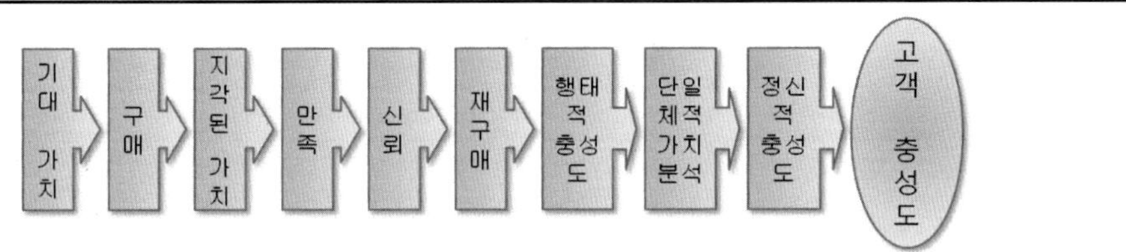

* 자료: Michele Costabile.

〈그림 10-21〉 고객 구매 행태 모형

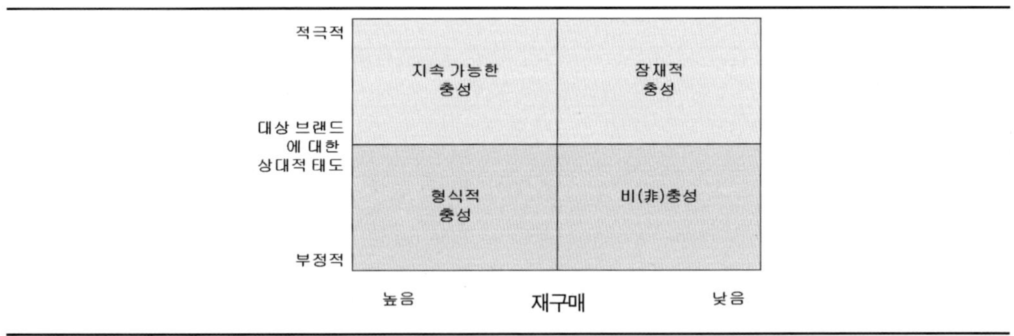

〈그림 10-22〉 정신과 행태적 차원에 기초한 충성도 유형

충성도에 영향을 주는 요인

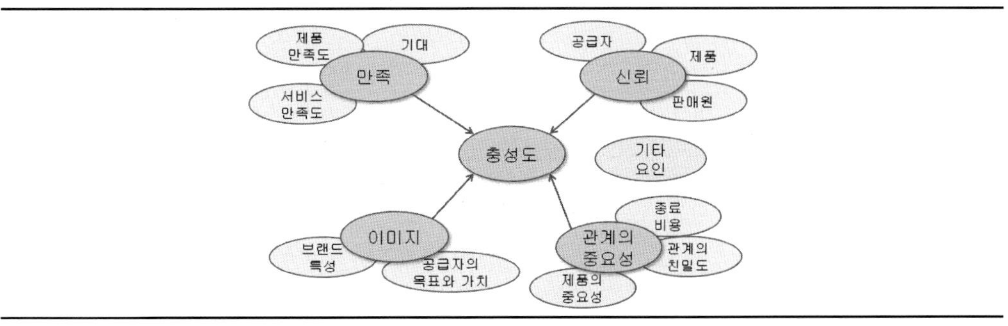

* 자료: Kuusik, 2007.

〈그림 10-23〉 충성도에 영향을 주는 요인

활용

◆ 적절한 고객 충성도 관리는 조직의 효과성이나 이윤 창출에 이바지하는 고객과 지속적 관계를 유지하게 한다.

◆ 고객이나 구성원의 소개로 고객을 증대시킬 수 있다.

◆ 생산성 향상 및 충원과 교육비용을 절감할 수 있다.

◆ 장기적인 재정 성과와 주주의 가치를 개선하는 데 이바지한다.

【참고자료】

Michele Costabile, A dynamic model of customer loyalty; http://www.impgroup.org/uploads/papers/43.pdf

Andres, K. (2007). *Affecting Customer Loyalty: Do Different Factors Have Various Influences In Different Loyalty Levels?*. Tartu University Press; www.tyk.ee

제11장

전략평가 및 피드백

전략적 기획 과정에서 평가는 조직의 실제 활동 및 성과를 이미 정해진 기준이나 목표와 비교하여 잘못된 것을 시정 조치하기 위하여 실시된다. 평가는 조직이 그의 비전과 임무를 얼마나 잘 달성하고 있고, 그의 운영 원리대로 운영되고 있는지에 대하여 질적·양적으로 판단하는 활동이다. 평가에 의하여 전략적 계획의 성과가 기대 수준에 미치지 않았거나 계획대로 집행되지 않았을 경우에는 통제와 수정활동이 필요하게 된다.

전략적 관리에서 평가는 모든 것을 다 평가하기보다는 핵심적인 것을 대상으로 평가하여 조직 활동에 대한 통제의 효율성과 효과성을 제고할 것을 요구한다.

전략적 관리에서 평가의 기본적인 목적은 다음과 같다.

◆ 변화를 위한 동기부여

평가에 의하여 얻은 정보는 변화의 필요성과 방향에 필요한 정보를 제공해 줄 수 있다. 특히 고객 지향의 평가와 벤치마킹에 의한 평가는 결과 지향의 전략적 관리를 추진하는 데 매우 중요한 정보를 제공해 주게 된다.

◆ 전략변화에 필요한 정보 제공

평가는 성과가 높은 영역이 어느 부분이고, 어느 부분이 개선될 필요가 있는지에 대한 정보를 제공해 준다. 즉 평가는 전략 변화를 위한 정보를 제공하여 상황에 적합하고 효과적인 성과를 가져올 수 있는 전략을 형성하도록 한다.

◆ 통제 및 모니터링

전략계획에 대한 평가는 전략계획의 집행 과정에 대한 통제의 기초를 형성한다. 평가 결과는 집행이 계획대로 추진되고 있는지, 계획이 잘못된 부분이 없는지에 대한 유용한 정보를 제공해 준다.

◆ 책임성의 확보

전략적 관리 활동에 대한 평가는 다양한 형태의 책임성을 확보하는 수단이 된다. 고객에 대한 책임, 위임 사항과 관련된 법적인 책임, 자기의 직무와 관련된 직무상의 책임은 평가에 의하여 확보될 수 있는 것들이다.

01

전략적 평가시스템

전략평가 시스템은 <그림 11-1>과 같이 평가여건, 평가내용 및 이를 전략적 기획과정에 환류시키는 활동으로 구성된다. 전략적 평가시스템이 제대로 작동하기 위해서는 이 세 가지 요소들이 적절하게 작동하여야 한다.

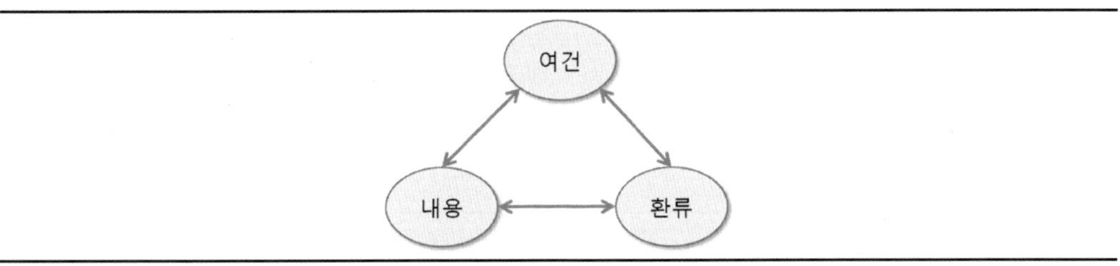

〈그림 11-1〉 전략 평가시스템의 기본체제

◢ 평가의 여건

평가여건은 평가할 수 있는 조직의 제도적 메커니즘이나 문화를 의미하는 것으로써 평가여건이 조성되지 않으면 합리적인 평가를 수행할 수 없을 뿐만 아니라 평가결과를 활용하지 못하게 된다. 평가의 여건과 관련하여 고려되어야 할 사항들을 보면 다음과 같다.

- 평가는 가능한가?
- 평가의 준비는 되어 있는가?
- 평가의 필요성은 있는가?
- 평가의 목적은 무엇인가?
- 평가의 비용과 효과는 어떠한가?
- 평가 여건은 환경요소를 얼마나 반영하고 있나?

◢ 평가의 내용

평가의 내용은 무엇을 누가 언제 어떻게 평가할 것인가와 관련된다. 평가내용에서는 다음과 같은 것들이 고려되어야 할 것이다.

- 무엇을 평가할 것인가?
- 누가 평가할 것인가?
- 평가의 기준은 있는가?

- 언제 평가할 것인가?

■ 평가의 환류

평가의 환류는 평가의 결과를 바탕으로 전략의 유지, 수정, 종결하는 것으로써 환류가 없는 평가는 평가의 적극적인 목적을 달성할 수 없게 된다. 평가의 환류 단계에서 논의되는 것으로는 다음과 같은 것들이 있다.

- 평가의 결과는 무엇을 의미하는가?
- 평가의 결과는 어느 부문에 반영할 것인가?
- 평가의 결과는 어떻게 반영할 것인가?

이상의 구성요소로 이루어진 전략 평가시스템은 <그림 11-2>와 <표 11-1>과 같이 정리하여 볼 수 있다.

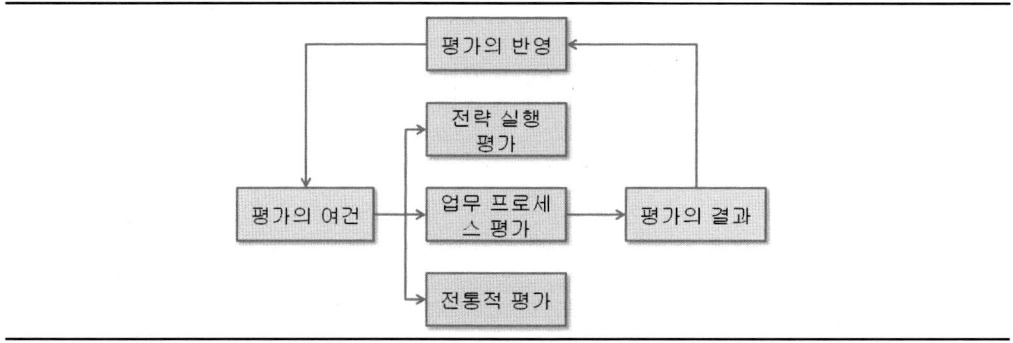

〈그림 11-2〉 전략 평가시스템의 기본체제

〈표 11-1〉 전략 평가시스템의 체계도

	계획영역	집행영역	평가영역
평가여건	◆전략 형성 체계의 특징	◆권한위임의 정도	◆평가체계의 유무
평가내용	◆사전평가	◆과정평가	◆총괄평가 －사업평가 －개인평가
평가환류	◆전략의 수정	◆인센티브, 인사관리업무절차 개선	◆평가지표, 평가 기법의 개선
	투 입	⇔	산 출

【참고자료】

조동성·신철호 (1997), 『14가지 경영혁신 기법의 통합 모델』, 아이비 에스 컨설팅 그룹.

02
통합 성과관리 시스템

의의

통합 성과측정 시스템은 전략적 계획과 성과측정을 유기적으로 연계하는 시스템이다. 양자가 연계되지 않을 때에 전략적 계획의 집행 효과성을 확보하기 어렵고, 성과측정의 평가 기능을 제대로 확보할 수 없게 된다. 성과관리 시스템의 공통적인 구성요소를 보면 전략적 기획(strategic planning), 운영계획(operational plans), 성과측정(performance measurement), 성과정보 공개(reporting)의 네 가지로 구성된다.

전략적 기획

성과관리는 전략적 기획이 추구하는 조직의 임무, 비전, 목적을 달성하기 위한 수단이다. 그러므로 성과관리 시스템은 전략적 계획의 기본 틀 속에서 작동하게 된다. 전략적 계획이 없이 운영되는 성과관리는 목적이 없는 시스템이 될 위험이 있다.

운영계획

성과계획 또는 행동계획으로도 불리는 운영계획은 전략적 계획을 집행하기 위한 수단이며 성과관리의 기초를 구성한다. 성과관리는 행동계획을 수립하기 위한 기초를 제공하고 행동계획이 추진하는 구체적인 목표의 달성 정도를 모니터링하고 평가하는 수단이다.

성과측정

성과관리는 성과에 대한 측정을 바탕으로 관리하는 운영 방법이다. 성과측정은 행동계획에서 제시한 목표와 실제 달성한 성과 간의 차이를 확인하는 것이다.

성과정보 보고

성과정보 보고는 최고관리자, 고객, 이해관계자에게 조직의 성과정보를 공개하여 책임성을 확보하기 위한 활동이다. 성과정보의 보고는 책임성 확보 이외에 인센티브와 연계, 다음 연도 행동계획의 수정 등을 위한 환류 정보의 산출을 주요 목적으로 한다.

성과관리에 대한 과정모형

성과관리 과정은 <그림 11-3>과 같이 6단계로 구분할 수 있다.

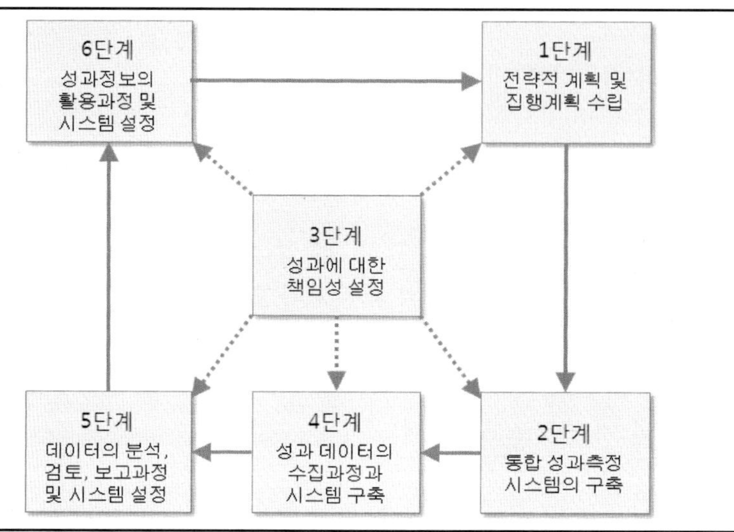

* 자료: PBM SIG, 2001.

〈그림 11-3〉 성과관리 과정

성공적인 성과측정 시스템의 특징

OECD에서는 성과관리 시스템이 성공하기 위한 조건으로 다음과 같은 것을 제시하고 있다.

◆ 리더십(leadership): 성과관리 시스템의 성공은 강력한 리더십이 없이는 불가능하다.

◆ 실질적 참여(commitment): 모든 구성원(특히 리더십의 지위에 있는 사람)이 프로그램에 헌신적으로 참여하여야 한다. 프로그램에 대한 참여의 정도가 성과관리 시스템의 성공 정도를 결정한다.

◆ 포용(involvement): 성과관리는 포용적이어야지 배타적이어서는 아니 된다. 그래서 모든 관련자가 과정에 포함되도록 하여야 한다. 특히 이해관계자, 고객과 직원들이 과정의 처음부터 포함되도록 하여야 한다.

◆ 커뮤니케이션(communication): 커뮤니케이션은 관련된 사람들을 포함하는 데 필수적인 사항이다. 성과관리에서 커뮤니케이션은 일시적으로 이루어져서는 아니 되고 지속적인 과정이 되어야 한다. 커뮤니케이션 활동은 관련된 모든 사람이 과정의 모든 것을 알 수 있도록 다양하게 이루어져야 한다.

◆ 환류(feedback): 지속적인 환류는 성과관리가 효율적으로 운영될 수 있도록 하는 데 도움을 주게 된다. 또한 과정에 개입한 이해관계자, 고객과 직원으로부터도 다양한 의견을 수렴하여야 한다.

◆ 자원(resources): 명확한 성과관리는 적절한 자원(사람, 돈, 장비 등)의 지원이 있어야 한다. 그렇지 않으면 시스템이 제대로 작동하지 않게 된다.

◆고객 확인(customer identification): 성과관리에서 고객 확인은 매우 중요하다. 고객의 욕구를 확인하고 욕구를 충족시켜 주지 못하면 실패할 수밖에 없다. 성과관리는 고객을 항상 마음속에 두어야 한다.

◆학습과 성장(learning and growth): 성과관리는 정체된 과정이 아니다. 성과관리는 학습과 성장을 요구한다. 그러므로 조직은 새로운 기술과 변화에 보조를 맞추도록 하여야 한다.

◆환경감시(environmental scanning): 성과관리는 정체된 환경에서 작용하지 않는다. 내적·외적 환경은 조직에 대한 위협과 기회의 요인으로 지속적인 모니터링이 있어야 한다.

◆목적의식(sense of purpose): 성과관리가 성공하기 위해서는 항상 명확한 목적의식을 유지하는 것이 무엇보다 중요하다.

◆조직 능력(organizational capacity): 조직의 이념에 대하여 조직구성원들이 헌신적으로 참여할 수 있는 능력은 성공의 중요한 요소가 된다.

【참고자료】

PBM SIG(Performance-Based Management Special Interest Group). (2001). *The Performance-Based Management Handbook:* Vol. 1. http://www.orau.gov/pbm.

OECD, Public Management Service. (1997). *In Search of Results: Performance Management Practices*. Paris: OECD. http://www.oecd.org/dataoecd/18/12/36144694.pdf

03
언제 전략적 계획을 수정할 것인가

모든 계획은 수립되자마자 시대에 뒤떨어진 것이 된다. 장기적인 비전과 임무를 달성하기 위한 전략적 계획은 일정한 목표를 달성하였거나 환경의 복잡성과 불안정성이 증대하면 계획의 실행 가능성을 높이기 위해 수정되어야 한다. 계획의 수정에 참고할 수 있는 것으로 데이비드(David)는 <표 11-2>를 제시하고 있다.

〈표 11-2〉 전략평가 판단 매트릭스

조직 내부의 전략적 위치에 중대한 변화가 발생하였는가?	조직 외부의 전략적 위치에 중대한 변화가 발생하였는가?	조직은 제시한 목표 달성에 만족할 만한 진전이 있었는가?	결과
아니요	아니요	아니요	수정이 필요함
예	예	예	수정이 필요함
예	예	아니요	수정이 필요함
예	아니요	예	수정이 필요함
예	아니요	아니요	수정이 필요함
아니요	예	예	수정이 필요함
아니요	예	아니요	수정이 필요함
아니요	아니요	예	현재의 전략적 과정을 지속함

* 자료: David, 2006.

【참고자료】

David, Fred R. (2006). *Strategic Management: Concepts of Strategic Management*. New Delhi: Prentice-Hall of India.

04
학습조직

의의

학습조직은 조직이론에서 오랜 역사를 가진다. 대표적인 학자인 센게(Senge)는 학습조직을 "자신이 원하는 결과를 창조하기 위해 사람들이 지속해서 자신의 능력을 배양하고, 집단적인 열망이 자유롭게 이루어지며, 어떻게 서로 배울 것인가에 대하여 학습하는 조직"으로 정의하고 있다. 그러면서 학습조직의 특징으로 시스템적 사고, 개인적 숙달, 정신적 모형, 비전의 공유, 팀 학습의 5가지를 제시하고 있다.

◆ 지식 정보화 사회에서 학습의 필요성은 환경 변화와 함께 확대되고 있는 정보의 양에 적응하여야 할 필요성과 밀접한 관계가 있다.

◆ 전략적 기획에서 학습조직은 일회적으로 마무리될 수 있는 과정이 아닌 지속적인 과정이고, 장기적인 과정이라는 차원에서 더욱 중요시된다.

◆ 조직학습의 결과는 새로운 것을 수행할 수 있는 능력의 변화 이외에 이를 조직 전반에 확산하여 공유하도록 한다.

학습 조직은 전통적 학습과 비교하여 다음과 같은 특징을 가진다.
◆ 지속적이며 미래의 조직 수요와 전략적으로 연계된 학습
◆ 개인적 숙련과 가정에 도전하고 탐구하는 학습
◆ 집단발전과 협조적 기술에 초점을 두는 학습
◆ 이전에 획득한 기술을 반복적으로 축적하고 발전시키는 발전적인 학습
◆ 모든 사람의 학습 기회를 높이는 신축적 조직 구조

학습 조직은 조직에 다음과 같은 것을 제공한다.
◆ 혁신 수준의 유지와 경쟁 유지
◆ 외부 압력에 대한 효과적인 대응
◆ 고객의 욕구와 자원을 더욱 잘 연계하는 지식 습득
◆ 모든 수준에서 성과 개선
◆ 고객 지향에 의한 기업 이미지를 높임
◆ 조직 내 변화의 속도를 높임

학습조직 구축 요건

■ 지속적인 학습 기회의 창출

학습조직을 위해 조직은 개인 또는 집단이 학습할 수 있는 기회를 제도적으로 제공하여야 한다. 이와 함께 구성원은 언제 학습하고 무엇을 학습하여야 하는지를 인식해야 한다.

■ 탐구심과 대화의 촉진

개인 및 집단 학습에서 학습을 촉진하기 위해서는 탐구심이 있어야 한다. 그리고 상호 대화에 의한 커뮤니케이션이 요구된다.

■ 협력과 팀 학습의 조장

팀과 네트워크는 지식을 조직 전체에 확산하는 메커니즘이다. 팀 학습은 다양한 조직구성원으로 팀을 구성하여야 효과성을 가진다. 그리고 팀 간에는 경계를 넘어서는 네트워크를 구성하여 상호연계가 강화될 수 있도록 하여야 한다.

■ 학습을 포착하고 공유할 수 있는 체제의 구축

학습의 결과는 조직에 저장하여 모든 구성원이 공유할 수 있도록 하여야 한다. 그리고 학습한 것을 유지하여 활용할 수 있도록 하는 것에도 관심을 가져야 한다.

■ 공유된 비전을 가질 수 있도록 구성원에게 권한을 부여

학습조직을 촉진하기 위해서는 경직적이지 않은 조직이 형성되고, 참여적인 조직이 되어야 한다. 조직의 구조와 조직문화가 개인에게 권한을 부여하도록 하여야 한다. 이에는 실패를 할 수 있는 권한도 부여하여야 한다.

■ 조직과 환경의 연계

학습조직은 내적 환경과 외적 환경과의 상호 의존성을 강조한다. 환경과 조직이 연계되지 않은 학습조직은 고객과 유리된 조직이고, 목적 없는 학습조직이 될 수 있다.

【참고자료】

조동성·신철호 (1997),『14가지 경영혁신 기법의 통합 모델』, 아이비 에스 컨설팅 그룹.

Watkins, K. E. and Marsick, V. J. (1993). *Sculpting the Learning Organization: Lessons in the Art and Science of Systemic Change*. San Francisco: Jossey-Bass.

http://en.wikipedia.org/wiki/Learning_organization

박홍윤

연세대학교 대학원 행정학과 졸업(행정학 석사)
서울대학교 대학원 행정학과 졸업(행정학 박사)
전) 충주대학교 기획협력처장, 기획연구처장
현) 한국 교통대학교 행정학과 교수

『주관식 행정학』(1996)
『정책학 개론』(1999)
『공공조직을 위한 전략적 기획론』(2009)
『정책평가론』(2012)
「지방자치단체의 전략적 비전에 대한 내용 분석」(2008)
「주요업무 계획의 전략 방향 진술 형식과 일관성 분석」(2007)
외 다수

조 직 을 위 한

전략적 관리 기법 200가지

초판인쇄 | 2013년 3월 15일
초판발행 | 2013년 3월 15일

편 저 자 | 박홍윤
펴 낸 이 | 채종준
펴 낸 곳 | 한국학술정보㈜
주   소 | 경기도 파주시 문발동 파주출판문화정보산업단지 513-5
전   화 | 031) 908-3181(대표)
팩   스 | 031) 908-3189
홈페이지 | http://ebook.kstudy.com
E-mail | 출판사업부 publish@kstudy.com
등   록 | 제일산-115호(2000. 6. 19)

ISBN   978-89-268-4171-6 13320 (Paper Book)
         978-89-268-4172-3 15320 (e-Book)

 이담 Books 는 한국학술정보(주)의 지식실용서 브랜드입니다.